VISTAS HISPÁNICAS

INTRODUCCIÓN A LA LENGUA Y LA CULTURA

CLAY BEN CHRISTENSEN
Applied Spanish Linguistics
San Diego State University

DAVID E. WOLFE
Second Language Education
Temple University

CLEMENS L. HALLMAN
Contributing Author

Rand McNally College Publishing Company / Chicago

For Marty, Debby, Dan, Andy
and Nancie, Eric, Deron

And for our parents

Credits:

Cover Design by Carol Robak

Francisco Lomelí: native speaker language consultant

Illustrations by Jon McIntosh

Cartoon on p. 559 by Lukas

Black and White Photographs
American Airlines: 31
Center for Cuban Studies: 517, 522, 526 L., R.
Ben Christensen: 128, 204, 244 / Mario Chacon: 567
Colombia Tourist Information Service: 177, 182 R., 422 R.
Delta Airlines: xxviii
R. Eckelhoefer: 227, 242 R., 606
Editorial Everest: 420
Jerry Elliott: 12, 101, 316, 495 L., 538, 609 R.
Forbert/FPG: 10
FPG: 58, 581, 271 L.
Jerry Green: 116, 269, 274, 295, 297, 303
Jerry Frank: 88, 110, 114 L., 118, 144, 148 L., 148 R., 153, 156, 167, 172, 182 L.,
    186, 199, 211, 216, 238, 242 R., 246, 293, 396, 403, 422 L., 405, 556 L., 574,
    590, 612
Peter Gridley: 23
Milt and Joan Mann: 379
Mexican National Tourist Council: 7, 26, 38, 42, 55, 233, 284
Ministerio de información y turismo: 308, 322, 426
Panama Government Tourist Bureau: 258, 267
Ted Powers: 384, 390, 392 L.
Real Madrid Club de Fútbol: 585 L., R.
Roz Reinhard: 530
Carlos Rodriguez: 364
Jos. Schlitz Brewing Company: 262
Sven Simon/Katherine Young: 271 R.; 453 L.; 500
Elizabeth Timberman/FPG: 453 R.
UPI: 392 R.; 463
Von Kenol/Katherine Young: 271 R.
David Wolfe: 70, 86, 295, 497, 543, 560, 609 L.
Katherine Young: 84 L. 84 R., 114 R., 336 L., 336 R., 495 R.; 437

Page 468 (Clockwise from top)
American Airlines, Katherine Young, Jerry Elliott, Colombia Tourist Information Service,
Katherine Young, Jerry Elliott, Panama Government Tourist Bureau, Panama Government
Tourist Bureau

Color Photographs (in order of appearance)
Robert Frerck, Ministerio de información y turismo; Robert Frerck, Arthur Hartzfeld; Larry
Reynolds, David Wolfe, Larry Reynolds; Arthur Hartzfeld, Ministerio de información y turismo;
Panama Government Tourist Bureau, Panama Government Tourist Bureau; David Wolfe, Robert
Frerck; David Wolfe, Robert Frerck; Robert Frerck, Ministerio de información y turismo, Ihor
and Edwina Zujewskyj; Larry Reynolds, Larry Reynolds, Ben Christensen; Ministerio de infor-
mación y turismo, Robert Frerck; Larry Reynolds, David Wolfe; Robert Frerck; David Wolfe,
Robert Frerck, Robert Frerck; Tom Davies, Robert Frerck, David Wolfe; Robert Frerck, David
Wolfe; *Collage* courtesy of Peter Ferry, Anna María Labrador, Francisco Lomelí, Don Law, Ben
Christensen and David Wolfe

Current Printing (last digit)

77 78 79 15 14 13 12 11 10 9 8 7 6 5 4 3 2 1

Library of Congress Catalog Card Number 76-14380

CONTENTS

PREFACE

PRIMERA VISTA: MÉXICO
Al principio   1
Diálogo: **En un café**   2
Conceptos gramaticales
   1 **Gender of nouns**   4
   2 **Singular and plural**   5
   3 **The definite article**   6
   4 **Indefinite articles**   6
   5 **Agreement**   8
   6 **Subject pronouns and the verb**   8
   7 **Second person: formal and informal**   10
   8 **Subject pronouns and verb endings**   11
Entremés: **Los números**   13
Conceptos gramaticales
   9 ***A*-type verbs**   16
   10 ***Ser,* to be**   17
   11 **Simple negation**   19
Una vista del idioma español: **El alfabeto**   20
Comunicación/Personalización   20
Sección cultural: **Vistas de la universidad**   23
Vocabulario   25

SEGUNDA VISTA: MÉXICO
Al principio   27
Diálogo: **En una discoteca**   28
Conceptos gramaticales
   12 **Agreement of adjectives and nouns**   32
   13 **Question derivation**   34
   14 **Sentence types**   38
   15 **The verb *hacer***   40
   16 **Regular *E*- and *I*-type verbs**   41
Entremés: **Los días de la semana; La hora**   43
Conceptos gramaticales
   17 ***Hay***   46
   18 **The verb *ir***   47
   19 **Contractions: *al, del***   48
   20 **The verb *estar***   49
   21 **The verb *ver***   50

   22 **The verb *decir* (*e* → *i*)**   51
   23 **The verb *tener* (*e* → *ie*)**   52
Una vista del idioma español: **Sounds; Capitalization**   52
Comunicación/Personalización   53
Sección cultural: **El calendario azteca o la piedra del sol**   55
Vocabulario   57

TERCERA VISTA: VENEZUELA
Al principio   59
Diálogo: **En la universidad**   60
Conceptos gramaticales
   24 ***Ser* vs. *estar***   64
   25 **Verbs with *-go* in the first person singular**   68
   26 **Present progressive tense**   69
   27 **Personal *a***   72
Entremés: **Los colores; La ropa**   72
Conceptos gramaticales
   28 **Possession with *de***   75
   29 ***Ser* + *de* + noun**   76
   30 **Compound interrogatives**   76
   31 **Other endings for nouns**   77
   32 **The verb *venir* (*e* → *ie*)**   78
   33 **Presentation of other common verbs**   79
Una vista del idioma español: **Syllable stress; Pronunciation review**   81
Comunicación/Personalización   83
Sección cultural: **Los tomistas en Carabobo, Venezuela**   84
Vocabulario   86

CUARTA VISTA: ARGENTINA
Al principio   89
Diálogo: **Antes de un examen**   90
Conceptos gramaticales
   34 **The direct object of verbs**   94

35 **Direct object pronouns** 94
36 **Other direct object pronouns** 96
37 **Variable positions of direct object pronouns** 97
38 **Possessive adjectives** 98
39 **Noun phrases and adjectives** 100
40 **Question words: *¿cuál (es)?, ¿qué?*** 101
Entremés: **¡Más números!; Meses del año y las fechas; El horóscopo y los signos** 103
Conceptos gramaticales
41 ***Querer* (e → ie), *poder* (o → ue), *conocer*** 106
Una vista del idioma español: Strong-stressed vowels and diphthongs; **Sinalefa** 111
Comunicación/Personalización 113
Sección cultural: **Un vistazo de la Argentina** 114
Vocabulario 117

QUINTA VISTA: CHILE
Al principio 119
Diálogo: **Una entrevista** 120
Conceptos gramaticales
42 **Indirect object** 124
43 **The verbs *fascinar, gustar, interesar*** 126
44 **The verb *parecer*** 129
45 **More stem-changing verbs** 130
Entremés: **Las partes del cuerpo** 135
Conceptos gramaticales
46 **Past participles** 137
47 **Position of adjectives** 138
48 **Adjectives as nouns** 141
49 **The neuter article *lo*** 141
Una vista del idioma español: **Consonants /d/, /b/, and /g/** 143
Comunicación/Personalización 144
Sección cultural: **Unas pequeñas miradas a Chile** 146
Vocabulario 148

REPASO I 149
SEXTA VISTA: ECUADOR
Al principio 157
Diálogo: **Un problema político** 158
Conceptos gramaticales
50 **Present perfect tense** 164
51 **Neuter pronouns: *lo, ello*** 166
52 **Demonstrative adjectives** 168
53 **Demonstrative pronouns** 170
Entremés: **Las estaciones del año; Los números ordinales** 171
Conceptos gramaticales
54 **Prepositions followed by a verb** 173
55 **Verb + infinitive** 174
56 **More stem-changing verbs** 175
Una vista del idioma español: **Vibrants: the consonants /r/ and /rr/** 179
Comunicación/Personalización 180
Sección cultural: **Costeños y serranos en el Ecuador** 182
Vocabulario 185

SÉPTIMA VISTA: EL PERÚ
Al principio 187
Diálogo: **Una cuestión de dieta** 188
Conceptos gramaticales
57 **Past Tense: perfective** 193
58 **Two object pronouns together** 195
59 **Two *l*-type pronouns together** 196
60 **Prepositions** 197
61 **Prepositional object pronouns** 198
Entremés: **El tiempo** 201
Conceptos gramaticales
62 **Special verbs with *haber*** 203
63 **Verbs of motion + *a* + infinitive** 204
64 ***Aquí, ahí, allí, acá, allá*** 205
65 **Some verbs in the perfective** 206
Una vista del idioma español: **Laterals: Rhythm** 209
Comunicación/Personalización 210
Sección cultural: **Indio, cholo — y la educación para todos** 212

Vocabulario 215

OCTAVA VISTA: COSTA RICA

Al principio 217
Diálogo: **Una visita a San José** 218
Conceptos gramaticales

66 **Perfective of *E*- and *I*-type verbs** 223
67 **Imperfective tense** 225
68 **Imperfective and perfective contrasted** 228

Entremés: **Juegos y deportes** 230
Conceptos gramaticales

69 **Double negatives** 233
70 **The reflexive construction** 234
71 **Reflexives with other verb forms** 237
72 **Verbs with irregular stems in the perfective** 239

Una vista del idioma español: **Voiceless stops: consonant sounds /p/, /t/, and /k/** 240
Comunicación/Personalización 240
Sección cultural: **Problemas de los tiempos modernos** 242
Vocabulario 245

NOVENA VISTA: PANAMÁ

Al principio 247
Diálogo: **El canal** 248
Conceptos gramaticales

73 **Imperfective: a continuation** 253
74 **Review of stem-changing verbs** 255
75 **Infinitive *-r* form used as a noun** 256
76 **Intensifying adverbs and adjectival *-ísimo*** 259

Entremés: **Las profesiones y las ocupaciones** 260
Conceptos gramaticales

77 ***Tener* in common expressions** 262
78 ***Que*-clauses as adjectives** 263

79 ***Que*-clauses as noun phrases** 264
80 **Introduction to *por* and *para*** 265
81 **More verbs with irregular stems in the perfective** 266

Una vista del idioma español: **Spirants; Affricates** 268
Comunicación/Personalización 268
Sección cultural: **Panamá: en busca de control del canal** 271
Vocabulario 273

DÉCIMA VISTA: ESPAÑA

Al principio 275
Diálogo: **¡Qué tenorio!** 276
Conceptos gramaticales

82 **Adverbs of time with the imperfective** 280
83 ***Ser, ir, dar* in the perfective** 281
84 **Past progressive tense** 283

Entremés: **El sistema centígrado y métrico** 285
Conceptos gramaticales

85 ***Por* and *para*** 288
86 ***Estar* in common expressions** 291
87 **Deletions** 292

Una vista del idioma español: **Nasals; Palatals** 293
Comunicación/Personalización 294
Sección cultural: **El machismo: ¿Es genético o aprendido?** 295
Vocabulario 298

REPASO II 299

VISTA ONCE: GRANADA

Al principio 309
Diálogo: **Unos días para celebrar** 310
Conceptos gramaticales

88 **Commands (the imperative)** 315
89 **Commands: irregular forms** 318
90 **Pronouns with commands** 320
91 **Reflexive pronouns with commands** 323

Entremés: **Dichos, proverbios y refranes** 324

Conceptos gramaticales
92 **Impersonal phrases** 328
93 **Nominalization of** *que*-**clauses and infinitive phrases** 329
94 **Comparisons of inequality** 331
Una vista del idioma español: **The command form of the** *voseo* 333
Comunicación/Personalización 334
Sección cultural: **Los gitanos de Andalucía** 336
Vocabulario 339

VISTA DOCE: PUERTO RICO
Al principio 341
Narrativa: **De un periódico: cartas al director** 342
Conceptos gramaticales
95 **The subjunctive mood: introduction** 347
96 **Formation of the present subjunctive** 349
97 **Subjunctive with** *tal vez* **and** *quizás* 352
98 **The "Let's" command form** 353
Entremés: **¿Es usted un(a) turista bueno(a)?** 354
Conceptos gramaticales
99 **Comparison of equal amounts** 355
100 **Comparisons:** *tanto como* 358
101 **Perfectives: verbs with** *-car, -zar, -gar* 358
102 **Verbs with** *-uv-* **in the perfective** 359
Una vista del idioma español: **Los adverbios** 360
Comunicación/Personalización 362
Sección cultural: **Puerto Rico me encanta . . .** 364
Vocabulario 367

VISTA TRECE: MÉXICO-AMERICANOS
Al principio 369
Narrativa: **Un "Newsletter" chicano** 370

Conceptos gramaticales
103 **Present tense for future time** 375
104 **Review of** *ir* + *a* + **infinitive** 376
105 **The future tense** 377
106 **The superlative of adjectives** 379
Entremés: **La cena: un rompecabezas** 381
Conceptos gramaticales
107 **Subjunctive in noun clauses** 382
108 *Conocer, poder, querer, saber:* **perfective and imperfective** 384
109 **Five verbs +** *-ndo* **form** 386
Una vista del idioma español: **El caló de los chicanos** 387
Comunicación/Personalización 389
Sección cultural: **Viva La Raza** 390
Vocabulario 395

VISTA CATORCE: BOLIVIA/PARAGUAY
Al principio 397
Narrativa: **El periódico y el radio** 398
Conceptos gramaticales
110 **Indirect commands** 404
111 **Adverbial clauses with subjunctive** 406
112 *Cuyo* **to express possession** 408
113 **Stressed possessives: adjectives and pronouns** 409
Entremés: **Su escritura y usted** 412
Conceptos gramaticales
114 **Past perfect tense** 414
115 **Conjugated verb +** *haber* + *-do* 415
116 **Three verbs meaning** *to get* **(something)** 416
117 **The definite article with titles** 417
118 **The definite article for possession** 418
Una vista del idioma español: **Unas palabras compuestas** 419
Comunicación/Personalización 420
Sección cultural: **Bolivia: tierra rodeada** 422

Vocabulario 425

VISTA QUINCE:
LA MUERTE
Al principio 427
Narrativa: **La muerte en el mundo
hispánico** 428
Conceptos gramaticales
119 **Conditional tense** 433
120 **True passive voice** 435
121 **Passive voice with reflexive
verb** 437
122 **More subjunctives: doubt or
denial** 439
123 **Redundant direct object pronouns** 441
Entremés: **Representación de la
muerte** 442
Conceptos gramaticales
124 **Pero, sino, and sino que** 444
125 **Exclamations** 447
126 **Change: y → e and o → u** 448
127 **Equivalents of to become** 449
Una vista del idioma español: **Más palabras
compuestas
450**
Comunicación/Personalización 451
Sección cultural: **El funeral en dos países
hispánicos** 453
Vocabulario 456

REPASO III 457
VISTA DIECISÉIS:
LA MUJER
Al principio 469
Narrativa: **La mujer en el mundo
hispánico** 470
Conceptos gramaticales
128 **Imperfect (past) subjunctive** 475
129 **Irregular verbs in the past
subjunctive** 479
130 **Past subjunctive with como si** 480
131 **Definite article + relative
pronoun** 482

Entremés: **La numerología y usted** 484
Conceptos gramaticales
132 **Neuter relative pronoun** 485
133 **¿Quién(es)? and quien(es)** 487
134 **More present subjunctive** 488
135 **Future of probability** 490
136 **Conditional of probability** 491
Una vista del idioma español: **Los sufijos
femeninos
492**
Comunicación/Personalización 493
Sección cultural: **Los papeles cambiantes
en el mundo
hispánico** 495
Vocabulario 499

VISTA DIECISIETE: CUBA
Al principio 501
Narrativa: **Una carta de Cuba** 502
Conceptos gramaticales
137 **If-clause with subjunctive +
conditional clause** 508
138 **Softened statements with past
subjunctive** 510
139 **Subjunctive with indefinite
antecedent** 512
Entremés: **En el restaurante: el menú** 514
Conceptos gramaticales
140 **Subjunctive in the present perfect
tense** 517
141 **Comparisons of sameness** 518
142 **Stating time with hacer** 520
143 **The equivalent of ago** 521
Una vista del idioma español: **Los sufijos
masculinos;
Los prefijos
523**
Comunicación/Personalización 524
Sección cultural: **Cuba: primer país
comunista en el mundo
occidental** 526
Vocabulario 529

VISTA DIECIOCHO:
CENTROAMÉRICA
Al principio 531

Narrativa: **Unas preguntas proble-
máticas** 532
Conceptos gramaticales
144 **Verbs that take subjunctive or
infinitive** 539
145 **Subjunctive in questions of
doubt** 540
146 *Mismo* **as reflexive** 542
147 **Reciprocal use of the plural
reflexive** 544
148 **Reflexive for unplanned
events** 544
Entremés: **Los gestos** 546
Conceptos gramaticales
149 **Three verbs of obligation** 549
150 **The redundant** *lo* **with** *todo* 551
151 *Sin* **+ infinitive as adjective** 552
Una vista del idioma español: **La variación
del vocabu-
lario en
varios
países** 553
Comunicación/Personalización 554
Sección cultural: **La United Fruit Co.** 556
Vocabulario 559

VISTA DIECINUEVE: GUATEMALA

Al principio 561
Narrativa: **Los de abajo y los de arriba** 562
Conceptos gramaticales
152 **Expressions of time with** *desde
hace* 568
153 **Past perfect subjunctive in hypothetical statements** 569
154 **Future perfect tense** 571
155 **Past participle phrase for a whole
clause** 572
Entremés: **La música** 573

Conceptos gramaticales
156 **Verbs followed by a preposition** 575
157 **Augmentative/depreciative and
diminutive suffixes** 577
158 **Accent shift in** *-iar* **and** *-uar*
verbs 579
Una vista del idioma español: **Las expresiones idio-
máticas** 580
Comunicación/Personalización 583
Sección cultural: **El fútbol en el mundo
hispánico** 585
Vocabulario 589

VISTA VEINTE: EL DESARROLLO

Al principio 591
Narrativa: **El desarrollo y la educación** 592
Conceptos gramaticales
159 **The singular form** *todo* **for
plural** 598
160 *Deber (de)* **+ infinitive verb** 599
Entremés: **Unas señales para el control del
tránsito** 600
Conceptos gramaticales
161 *Tener* **and** *hay* **in similar constructions** 603
162 *De*-phrase as adjective 604
Una vista del idioma español 605
Comunicación/Personalización 607
Sección cultural: **La gente y algunos
problemas** 609
Vocabulario 616

REPASO IV 617

Verb charts
Vocabulary
Index

PREFACE

To the teacher

Vistas hispánicas is a beginning College level Spanish text. As the title implies, the book presents a series of **vistas** or points of view of Hispanic culture. These vary to include the more traditional form of introductions as well as essays on the emerging role of women today and the Gypsies of southern Spain.

North Americans tend to stereotype Spanish-speaking people. The themes treated in the dialogs, narratives, and cultural readings show the diversity in the Hispanic world and that, however we may want to generalize, generalizations are always subject to revision. We want students to recognize that Chileans, Mexicans, Panamanians, and Spaniards, while sharing a common language (and perhaps some common values), are different people with different life styles that are influenced by geography, climate, ethnic make-up, educational opportunity, as well as many other factors.

There are twenty **vistas** and four **Repasos**. Each **vista** contains the following components:

Al principio

This section is an overview of the chapter informing the student of the setting of the country or topic to be discussed, the salient grammar points to be treated, and some pre-motivational device to entice the student to be on the look out for material in the chapter. **Al principio** orients the students, giving them direction prior to beginning the lesson. After completing the lesson, students may look over the **Al principio** to appreciate how much they have learned.

Diálogo or Narrativa

Each **vista** opens with a dialog or narrative, emphasizing one of the Hispanic countries, or some important aspect of Hispanic culture.

The dialog/narrative is the primary vehicle for introducing new vocabulary and grammar. Each dialog/narrative has an accompanying side-by-side English equivalent that allows the student to know the meaning of what s/he is learning at all times.

The first four dialogs are relatively short providing material for those instructors who wish to have students memorize dialogs or role-play them in class. Dialogs 5 to 11 are generally longer and are not intended for memorization (although selected passages could be meorized if one desired). The narratives (**vistas** 12 to 20) are not intended to be memorized.

The dialog/narrative is followed by the **Notas culturales** that comment in English on certain cultural aspects of the preceding selection.

A section entitled **Observaciones** follows the **Notas culturales**. It contains key phrases that are intended to highlight new vocabulary, expressions, or structures. This section is in English for translation and is a device to help students focus more intensely on certain key phrases contained in the dialog/narrative.

Each dialog or narrative is systematically reviewed by key questions on the content in the **Repaso del diálogo/Repaso de la narrativa** section. These questions not only review the content of the material but check grammatical comprehension and sensitivity. (This concept is developed more fully in the *Teacher's Manual*.) **Ejercicios gramaticales** intended to drill key vocabulary and structures "seeded" in the dialog or narrative complete the sequence.

The instructor may wish to have the students look at the **Observaciones** and **Preguntas** before they read the dialog/narrative as a guide to what to look for when reading. The dialog/narrative is treated in seven ways in *Vistas hispánicas* and the student is given abundant exposure (spoken and listening comprehension) to it in order to enhance his/her comprehension.

1. the introduction and drilling of the material in class
2. the English equivalents that insure meaning at all times (in class, in the laboratory, in individual study)
3. the **Observaciones** that are selected to reinforce new vocabulary, idioms, or structures
4. the **Repaso del diálogo/Repaso de la narrativa** that systematically reviews the content for meaning (lexical and syntactical)
5. the **Ejercicios gramaticales** presenting a series of quick drills on the material
6. the laboratory practice with the tape, repeating key material, writing dictated passages
7. the listening comprehension quiz (true/false) on each dialog or narrative

These seven ways may all be used to work toward total comprehension, or the instructor may select any combination of them for variety.

Conceptos gramaticales

Grammar is introduced in the following format: examples are given, brief rules are stated, and immediate practice of the concept follows. There is a deliberate attempt to keep to a minimum the number of mechanical drills (drills that can be completed without comprehension) in favor of meaningful drills with special emphasis on questions that require the student to choose between competing alternatives. The drills rely heavily on vocabulary from previous lessons and from the dialog or narrative under study. New vocabulary is not a burden in order to allow the student to understand the message and to concentrate on the concept being drilled.

Entremés

The **Entremés** is a variation from the intensive drill work of the dialog/narrative and the grammatical exercises. This section includes such topics as **la ropa, los números,** and **el sistema métrico;** later **entremeses** include a game of logic and other items of interest to students such as numerology. However, these change-of-pace activities are language-related and are not presented in a vacuum and then dropped. After this pause, the last half of each chapter begins with more **conceptos gramaticales**.

Una vista del idioma español

While the entire text can be seen as treating **el idioma español,** this section focuses on one aspect of it. This section in early chapters treats specific sounds to be isolated for practice and spelling and pronunciation problems. Later chapters treat such notions as the **voseo** command form, the formation of compound words, prefixes and suffixes, and vocabulary unique to various Hispanic countries. This section, then, takes a look at one small aspect of the Spanish language. We prefer the spacing of these topics throughout the entire 20 chapters rather than having an introductory section dealing specifically with the sounds of Spanish only. The **Vista del idioma español** permits a broader treatment of specific features of the language of which sounds is a part. We prefer to space the treatment of the major sound difficulties throughout the early **vistas**. There is no ''proof'' of whether this approach or an introductory chapter treating the Spanish sound system is advantageous.

The teaching of pronunciation is elusive. Some believe that contrastive analysis, and descriptions of sounds and the position of the tongue, teeth, and the like, are necessary. Another view holds that the learner will not have a good pronunciation unless s/he holds high, positive attitudes towards the people of that culture. (These attitudes may have a direct relationship to how well the learner is doing.) To spend an inordinate amount of time drilling sounds may not be productive, especially if the drilling is not particularly relevant or important to the learner *at that time.* Therefore, a good pronunciation (or good reading/listening skills) may be more controlled by the learner than by the instructor.

Comunicación/personalización

The **Communicación/personalización** section is intended to give the student (and the teacher) a chance to interact in a more personal way using the grammar concepts of each **vista** and his/her own beliefs, attitudes, imagination, and experiences. This section uses language for real and personal communication. While students need not be aware that they are using grammar concepts, the instructor should be.

Each one of these sections begins with an interview. This is followed by **Actividades personales** containing a variety of activities such as rank ordering, forced-choice options, unfinished sentences, imaginative fill-ins, and fantasy situations.

These activities are designed to maximize student interaction in a nonevaluative situation. They allow the student to take *linguistic* risks while communicating personal information. The **Comunicación/Personalización** section is placed near the end of each **vista,** after the grammatical concepts have been analyzed and practiced. In essence, **Comunicación/Personalización** is a major objective of **Vistas hispánicas.**

Sección cultural

This section focuses on various aspects of Hispanic culture. It may treat the country in which the chapter is set or aspects that have some generalizability in the Hispanic world, such as **regionalismo** or **patria chica.** The format varies. Sometimes a series of short paragraphs, **vistazos,** are given. Others treat the country, or some aspect of it, in greater detail. The items presented give a panoramic view of the Hispanic world today with the awareness that culture is always evolving.

The **Sección cultural** presents some new vocabulary, which is glossed in the margin. The reading utilizes grammar points from the chapter under study and earlier chapters in the book. **Preguntas** follow the selection although the instructor might want to encourage the students to look at these first as they key into new vocabulary in the reading, reinforce a grammar concept, or focus on an important cultural issue.

Vocabulario

A vocabulary list of new words used in each **vista** is presented and organized by categories: nouns, verbs, adjectives, adverbs, prepositions, and expressions. The definite article is provided for each noun. In this way there is visual and/or oral reinforcement for such nouns as **el agua, la foto, la actitud,** and **el policía.** The list can be useful for the instructor who needs to know specific vocabulary for test or quiz preparation and as a check for students of what vocabulary they have covered in a specific chapter.

There are approximately 2000 words used in the text. Of these, about 600 (30 per cent) are cognates or near cognate. Many of these 2000 words include days of the week, months of the year, foods, clothing, numbers, colors, sports, and parts of the body. Vocabulary is reentered as often as possible in other dialogs/narratives, cultural readings, grammar examples and drills, workbook exercises, and quizzes over the dialog/narrative, and in the ''cloze'' procedure (see Workbook) for the **Sección cultural**. A diligent effort is made to incorporate as much of the new vocabulary in the **preguntas** sections to facilitate the learning of the vocabulary for subsequent practice activities.

Repasos

Review chapters appear after lessons 5, 10, 15, and 20. There are brief review notes on selected grammar points followed by various kinds of exercises. An optional interview model appears in **Repasos** I and II. A section entitled **El humor hispánico y otras cositas** includes jokes, riddles, sayings, proverbs, and an additional **Situación de fantasía.**

Key **conceptos gramaticales** are reviewed more than once: for example, *ser/estar* is reviewed in **Repasos** I, II, and III; the perfective (preterit)/imperfective is reviewed in **Repasos** II and III; the subjunctive is reviewed in **Repasos** III and IV. Since these concepts are often the most confusing for the North American student, the additional systematic review should help keep the concept in his or her mind and bring about eventual mastery.

Supplementary Materials The following components supplement the text:
Student Workbook/Laboratory Manual. Each chapter of the workbook/lab manual corresponds to a chapter in the text. Each chapter tape is approximately 30 minutes and includes a reading of the dialog/narrative with pauses provided for repetition. (In later lessons key sentences were selected for that purpose.) The dialog/narrative is followed by a true/false listening compre-

hension quiz, a dictation, and oral drills written specifically for the manual. The workbook/lab manual also contains additional written exercises and programmed grammar exercises that are cross-referenced in the text.

A "cloze" reading device is provided to check on comprehension. It is a modification of the usual "cloze" technique that eliminates every seventh word. It has been modified to check specific vocabulary retention (especially new vocabulary), verb forms, noun markers, and function words. A lexicon is provided so that the student may refer to it. His/her task is to determine whether the blank space is best filled by a noun, adjective, preposition, and the like and to refer to the lexicon to find the word that makes the most sense in that slot. The "cloze" technique, while checking on comprehension, also helps develop grammatical sensitivity. It can also be used as a testing technique with or without the lexicon provided.

Instructor's Manual. Each chapter of this manual corresponds to a text chapter. Suggested teaching plans are given as well as notes on how to use some of the material in the **Comunicación/Personalización** section. Sample tests are provided as well as answers to the exercises in the text and the student workbook.

Vistas hispánicas emphasizes the acquisition of all four language skills. A major goal of the text is to have the learner use Spanish for talking about himself/herself and others. This goal is emphasized beginning with the first *vista* and culminating with the last one.

To the student

Second-language learning is skills-oriented. To practice communicating fluently in a second language, one must de-emphasize the facts of grammar in the classroom and focus more on practicing the language structures necessary to developing the skill of communication.

Language practice in the classroom may be more efficient and helpful to the learner when the class period is devoted primarily to using the language through listening and speaking. You will benefit more if you analyze the grammar explanations outside class. Check the explanations against the examples **(ejemplos)** and chart information.

Learning to express oneself in Spanish is different from studying facts in history, chemistry, or accounting; it is more like learning to play a musical instrument. To play a piano well, one must practice frequently, not once a week for half an hour, but every day. Acquiring a skill requires frequent, steady practice.

To facilitate this activity, each lesson **(vista)** in this book has an introductory dialog or narrative that is followed by a set of grammatical exercises **(ejercicios gramaticales)**. These exercises and the fundamental questions that we have provided may be viewed as equivalents to the basic scales in music. The exercises are designed to help the learner become familiar with certain structures presented in the dialog or narrative. In addition to the vocabulary and grammatical structures presented in the dialogs and narratives and the exercises used to review these, each lesson contains several grammatical concepts **(conceptos gramaticales)** and exercises to aid the learner in strengthening his or her intuition of the correct structure of Spanish. An awareness of the grammar and

practice of its application in drill exercises help one to acquire this language intuition.

Once you know the sound system, you can help yourself immensely by applying that knowledge to reading aloud. Each **vista** ends with a cultural reading selection. As soon as you can, we suggest that you practice reading these selections aloud during your private studies. Another requirement of second-language learning is moving your lips, tongue, jaw, and all facial muscles to articulate sequences of new sounds to express meaning in the Spanish language. To achieve this goal, we suggest that you become familiar with the vocabulary and groups of words in the reading selections. Study and practice these and all other exercises; drill each set of exercises aloud and identify the structure that is common in each set. Reading aloud may be one of the most significant activities you can do to improve fluency.

We suggest that you read aloud for about twenty minutes in the morning and twenty minutes in the afternoon or evening. Read the same short passage several times rather than reading as much as you can only once during those twenty minutes. Each time you read the passage, pay particular attention to different aspects of the text: the sounds, the linking of words, specific combinations of words, the overall meaning, and new words. The person who maintains this kind of reading program, in addition to the usual amount of study to prepare for the following class, will have a definite advantage in a month or two over the learner who invests time and energy in only the ''normal'' preparation of a lesson.

Awareness of the grammatical structures may be a significant aid in the development of your fluency in Spanish. The initial dialogs contain simple structures and useful vocabulary. Learn the structures and vocabulary of lesson one **(Primera vista)** before proceeding to lesson two. Language learning is somewhat akin to learning mathematics; it is essentially a sequential task. You must learn A before B; and A and B are to be learned before C.

Some people find learning a second language in the classroom a relatively easy task; others have a more difficult time. This ease or difficulty depends greatly on how the individual learner is "wired" to hear and imitate sequences of foreign sounds. The person who experiences greater difficulty in hearing, storing, and imitating sequences of foreign sounds will have to spend more time practicing than someone who is better "wired" for the task. It should be understood, however, that practically anyone can learn Spanish; the difference is in how rapidly. We suggest that you pace your practice of the language against your own inabilities. Keep practicing until you have mastered the sounds, vocabulary, and sequences of words.

Second-language learning is achieved in direct proportion to the amount of contact time the learner has with the language. Logging in many hours of speaking (via reading aloud) will significantly increase your contact time even when the teacher is not available to help you.

In terms of how to study the introductory dialog or narrative at the beginning of each **vista,** we suggest that you look first at the questions at the end of the selection as a cue of what to look for; then read the entire dialog or narrative once or twice. Next, take a short segment of it for in-depth study to understand its meaning and how the sentences are constructed. You should become very familiar with the content and meaning of the dialogs and narratives because it is from these that the later grammar points and exercises are derived.

The language lab is important for listening to the language. The lab, you will find, is a beneficial adjunct to the classroom. It enables you to hear the dialogs and narratives as often as you want. Frequent listening to the native voices on the tapes will help you imitate and learn the lesson content reasonably well. We encourage you to frequent the lab and to use your workbook as a learning tool. The workbook is a writing manual used to supplement the textbook and classroom practice to help you understand the structure of the language.

In this course you will invest time and energy. You will build a foundation upon which you can continue to build and refine your proficiency in Spanish. For many of you, Spanish will become a professional tool in connection with your chosen career. For others it will be a means of survival in foreign travels: Still, for others the learning will be used for a pleasurable end, exclusively. Whatever your goal, we hope you have a satisfying experience in this course.

C. B. C.
D. E. W.

Acknowledgements

A work of this nature is the result of the influence of many people, past and present. Many of our students helped fieldtest either the materials or the activities found in the text. Several colleagues lent their support to the various cultural notions we have presented and to the basic format of the book. We are indebted to our own teachers and to the various theoreticians on whom we have drawn for guidance.

We are extremely grateful to the members of the Dean's Office of the College of Arts and Letters at San Diego State University, and especially to Helen Savage, for their interest in facilitating the preparation of the final draft and to June Schilling, Jan Goode, and other members of the Word Processing Center at San Diego State who worked endless hours typing the manuscript.

To Gustavo Sagade, Chairman of the Spanish and Portuguese Department at San Diego State, we extend our appreciation for his encouragement and technical advice.

To Frank Daly of the Media Design Center at Temple University we owe our thanks for his help in the processing many of the pictures used in the text.

We wish to pay particular tribute to Charles H. Heinle, our editor at Rand McNally. Charles' interest in foreign-language education is that of an editor and teacher. His awareness of the needs of our profession has helped us prepare a better text.

Our warmest and greatest appreciation goes to Judy Keith for her early suggestions in the preparation of the manuscript and for successfully bringing the entire work to fruition.

To Jenny Gilbertson and Kevin Thornton of the Production Department we extend our praise for managing the various components and for keeping us on schedule.

To Carol Robak, who designed the book, we express our gratitude for her sensitivity to understanding the purposes we had for teaching Spanish to American students.

Finally, we thank Marty and Nancie whose support we needed during the ''highs'' and ''lows'' of a very long, but equally rewarding, effort.

Our appreciation to you all.

We are also thankful to the following reviewers whose critical comments, throughout the progress of the text, were invaluable.

Milton M. Azevedo, University of California at Berkeley
Clayton Baker, Indiana University
Harold L. Cannon, California State University—Long Beach
Alan Garfinkle, Purdue University
Jerald R. Green, Queens College (CUNY)
Janet Mobley, University of Minnesota
Robert Modee, Northeastern University (Connecticut)
Carlos H. Monsanto, University of Houston
Julian T. Randolph, San Francisco State University
Keith Sauer, Fresno State University
Philip D. Smith, Jr., West Chester State College (Pa.)
Irene Stanislawczyk, Central Connecticut State College
Charles Stansfield, University of Colorado
H. Tracy Sturcken, Pennsylvania State University

We are especially indebted to Francisco A. Lomelí, of the University of New Mexico, who reviewed the manuscript on numerous occasions and made innumerable helpful suggestions, as well as serving as our native speaker language consultant.

LAS REGIONES HISPÁNICAS

Puerto Rico

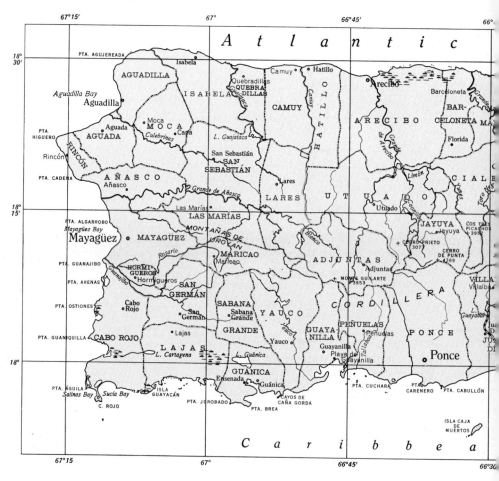

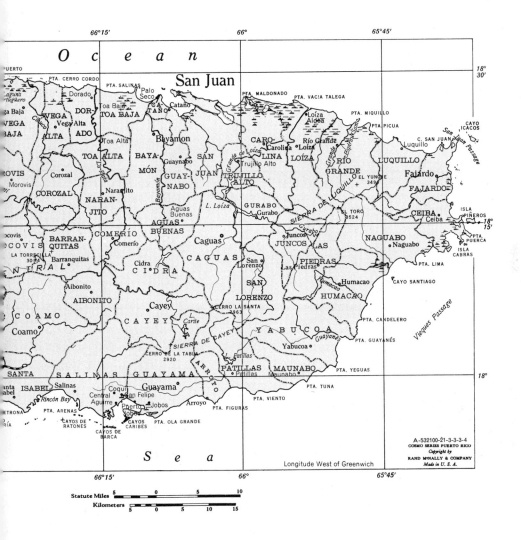

O c e a n

PUERTO

PTA. CERRO CORDO

Laguna
Tuguero

a Baja

VEGA
BAJA

ROVIS

Morovis

covis

NTRAL

COAMO

Coamo

SANTA

ISABEL
Santa
Isabel

ETRONA

RÍA

Dorado

VEGA
ALTA

Vega Alta

COROZAL

Corozal

BARRAN-
QUITAS

LA TORRECILLA
3034

Aibonito

AIBONITO

PTA. ARENAS

PTA. SALINAS

Toa Baja

DOR-
ADO

Toa Alta

TOA ALTA

Naranjito

NARAN-
JITO

COMERÍO

Comerío

Barranquitas

Cidra

CIDRA

Cayey

CAYEY

Palo
Seco

CA-
TANO

TOA BAJA

BAYA-
MÓN

Guaynabo

GUAY-
NABO

AGUAS
BUENAS

Aguas
Buenas

San Juan

Catano

Bayamon

SAN
JUAN

TRUJILLO
ALTO

L. Loíza

GURABO

Gurabo

Comerío

Caguas

CAGUAS

San
Lorenzo

SAN
LORENZO

CERRO LA SANTA
2863

L.
Carite

SIERRA DE CAYEY

CERRO DE LA TABLA
2920

ARROYO

SALINAS

Salinas

Central
Aguirre

Coquí

San Felipe

Puerto
Jobos

CAYOS DE
RATONES

CAYOS DE
BARCA

GUAYAMA

Guayama

Jobos

Arroyo

PTA. OLA GRANDE

PTA. VIENTO

S e a

PTA. MALDONADO

Loíza
Aldea

CARO-
LINA

Carolina

SAN
JUAN

Trujillo Alto

Gurabo

GURABO

Juncos

JUNCOS

San
Lorenzo

Las Piedras

LAS
PIEDRAS

Yabucoa

YABUCOA

Yabucoa

L. Patillas

PATILLAS

Patillas

MAUNABO

Maunabo

PTA. FIGURAS

PTA. VACÍA TALEGA

Río Grande

LOÍZA

Grande de Loíza

RÍO
GRANDE

EL YUNQUE
3496

SIERRA DE LUQUILLO

EL TORO
3524

Juncos

Gurabo

Humacao

HUMACAO

Humacao

PTA. CANDELERO

Guayanés

PTA. GUAYANÉS

Maunabo

PTA. YEGUAS

PTA. TUNA

PTA. MIQUILLO

PTA PICUA

Luquillo

LUQUILLO

C. SAN JUAN

Fajardo

FAJARDO

CEIBA

Ceiba

NAGUABO

Naguabo

CAYO SANTIAGO

PTA. LIMA

CAYO
ICACOS

San Juan Passage

ISLA
PIÑEROS

PTA.
PUERCA

ISLA
CABRAS

Vieques Passage

18°
30'

18°
15'

18°

66°15'   66°   65°45'

66°15'   66°   65°45'

Longitude West of Greenwich

A -532100-21-3-3-3-4
COSMO SERIES PUERTO RICO
Copyright by
RAND M?NALLY & COMPANY
Made in U. S. A.

Statute Miles 5   0   5   10
Kilometers   5   0   5   10   15

Spain and Portugal

Mexico

COSMO SERIES MEXICO
A-531600-21-5-6.6-12
Copyright by
RAND MCNALLY & COMPANY
Made in U. S. A.

Central America

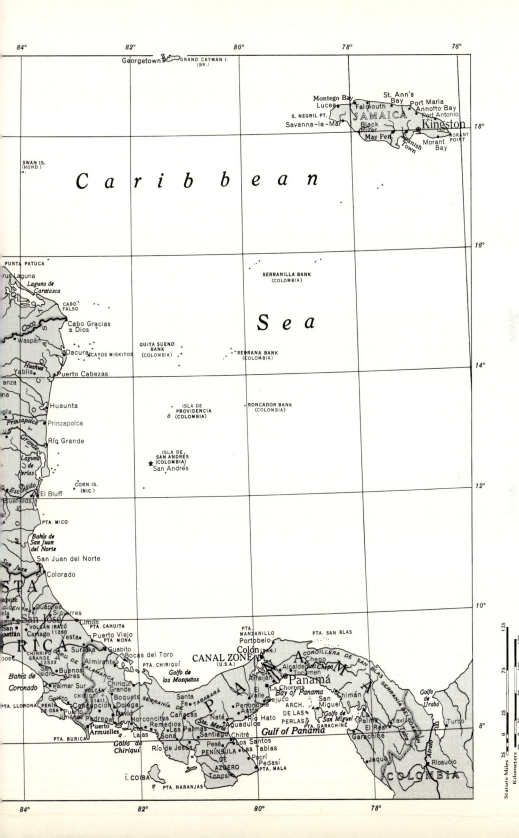

Georgetown ⌒ GRAND CAYMAN I.
(BR.)

C a r i b b e a n

SWAN IS.
(HOND.)

Montego Bay
Lucea
S. NEGRIL PT.
Savanna-la-Mar

St. Ann's
Bay
Falmouth
Port Maria
Annotto Bay
JAMAICA
Port Antonio
Black
River
Kingston
May Pen
Spanish
Town
Morant
Bay
MORANT
POINT

S e a

PUNTA PATUCA
Laguna
Laguna de
Caratasca
CABO
FALSO
Cabo Gracias
a Dios
Coco
Waspan
Huahua
Yablis
Dacura
CAYOS MISKITOS
Puerto Cabezas

SERRANILLA BANK
(COLOMBIA)

QUITA SUENO
BANK
(COLOMBIA)
SERRANA BANK
(COLOMBIA)

Huaunta
Prinzapolca
Prinzapolca
Río Grande
Grande
Laguna
de
Perlas
Escondido
Bluefields
El Bluff

ISLA DE
PROVIDENCIA
(COLOMBIA)

RONCADOR BANK
(COLOMBIA)

ISLA DE
SAN ANDRÉS
(COLOMBIA)
San Andrés

CORN IS.
(NIC.)

PTA. MICO
Bahía de
San Juan
del Norte
San Juan del Norte
San Juan
Colorado

STA
Zapote
OLDEN
Guapiles
Siquirres
San José
San
Cartago
VOLCÁN IRAZÚ 11260
Vesta
RICA
CHIRRIPO
GRANDE
12533
San
Isidro
Buenos
Aires
Palmar Sur
Bahía de
Coronado
El Rio
CHIRIQUI
Concepción
PTA. LLORONA
PENIN
DE OSA
Puerto
Jiménez
Padregal
David
PTA. BURICA
Puerto
Armuelles
Golfo de
Chiriquí
Río de Jesús
Í. COIBA
PTA. NARANJAS

Limón
PTA. CAHUITA
Puerto Viejo
PTA. MONA
Sureka
Guabito
Almirante
Bocas del Toro
PTA. CHIRIQUÍ
Golfo de
los Mosquitos
Chiriquí
Grande
VOLCÁN
Boquete
Dolega
Horconcitos
Remedios
Las Palmas
Lajas
Soná
Santiago
PENÍNSULA
DE
AZUERO
Tonosí
SERRANÍA DE
TABASARÁ
P
Santa
Fe
Cañazas
STA. MARÍA
Pesé
Las Tablas
Pocrí
Pedasí
PTA. MALA

PTA.
MANZANILLO
Portobelo
CANAL ZONE
(U.S.A.)
Colón (PAN.)
PTA. SAN BLAS
CORDILLERA DE SAN BLAS
Alcalde
Chepo
Tocumen
La Chorrera
Panamá
Arraiján
Bejuco
El
Valle
Antón
ARCH.
DE LAS
PERLAS
Penonomé
Natá
Aguadulce
Río Hato
Chitré
Los Santos
Bay of Panama
Chimán
San
Miguel
Golfo de
San Miguel
PTA. GARACHINÉ
Garachiné
Gulf of Panamá

P A N A M A
SERRANÍA DEL DARIEN
A
Golfo de
Urabá
Turbo
La
Palma
El Real
Yaviza
Tuira
Jaqué
Riosucio
Atrato
COLOMBIA

84° 82° 80° 78° 76°
18°
16°
14°
12°
10°
8°

Statute Miles 25 0 25 75 125
Kilometers 25 0 25 75 125 175

South America

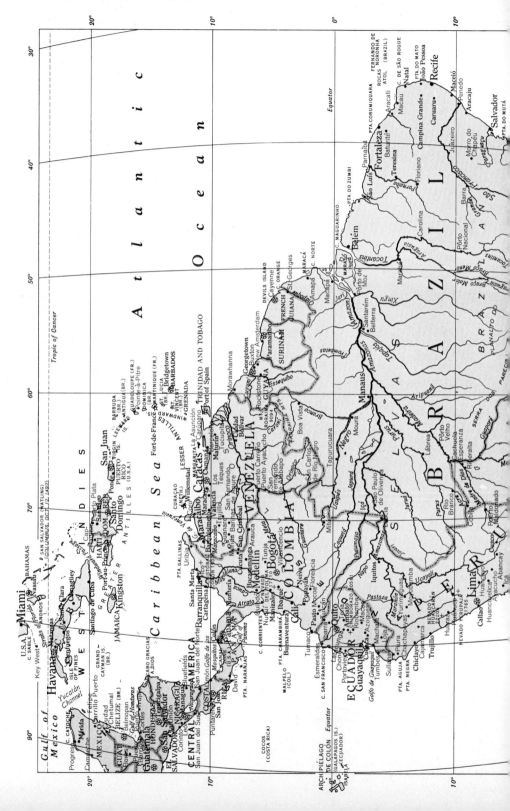

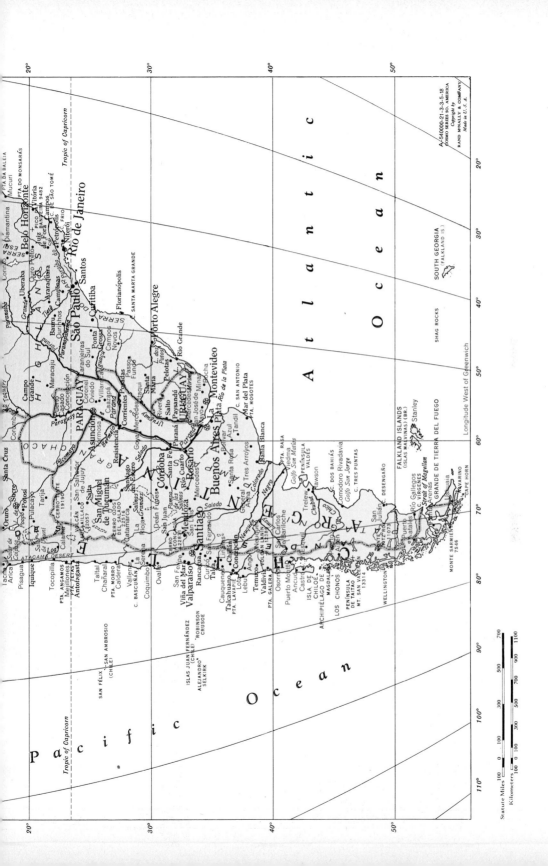

A-540000-21-3-3-5-18
FORMO SERIES SO. AMERICA
Copyright by
RAND MCNALLY & COMPANY
Made in U. S. A.

Tropic of Capricorn

20°   30°   40°   50°

A t l a n t i c

O c e a n

SOUTH GEORGIA
(FALKLAND IS.)

SHAG ROCKS

Longitude West of Greenwich

20°   30°   40°   50°

PTA DA BALEIA
Mucuri
PTA DO MONSARÁS
Diamantina
Vitória
PICO DA BANDEIRA 9482
C. DE SÃO TOMÉ
Ouro Prêto
Campos
C. FRIO
Juiz de Fora
Petrópolis
Niterói
Belo Horizonte
Rio de Janeiro
SERRA

Santos
São Paulo
Campinas
Araraquara
Bauru
Ourinhos
Curitiba
SERRA
Florianópolis
SANTA MARTA GRANDE
Pôrto Alegre
Rio Grande
L. dos Patos
Pelotas

Campo Grande
Maracaju
Concepción
PARAGUAY
CHACO
Santa Cruz
Sucre
Oruro
Potosí
Lago Poopó
Pulacayo
Tarija
CERRO BONETE 19190
San Salvador de Jujuy
Salta
Calilegua
San Miguel de Tucumán
CERRO OJOS DEL SALADO 22516
Catamarca
La Rioja
Deán Funes
CERRO ACONCAGUA 22835
San Juan
Mendoza
San Luis
Córdoba
Río Cuarto
Mercedes
Santa Fe
Paraná
Rosario
Corrientes
Resistencia
Formosa
Asunción
Caazapá
Villarrica
Encarnación
Posadas
Oberá
Passo Fundo
Santa Maria
Rivera
Salto
Paysandú
Mercedes
URUGUAY
Montevideo
La Plata
Buenos Aires
Río de la Plata
C. SAN ANTONIO
PTA. MOGOTES
Mar del Plata
Tandil
Azul
Bolívar
Tres Arroyos
Bahía Blanca
PTA. RASA
General
Santa Rosa

A R G E N T I N A

Colorado
Negro
Neuquén
San Carlos de Bariloche
VOLCÁN LANÍN
Osorno
Valdivia
Temuco
Concepción
Chillán
Talca
Rancagua
Santiago
Valparaíso
Viña del Mar
San Felipe
Ovalle
Coquimbo
La Serena
Vallenar
Copiapó
Caldera
Chañaral
Taltal
Antofagasta
Mejillones
Tocopilla
Iquique
Pisagua
Arica
Tacna
ATACAMA DESERT

Río Negro
PTA. GALERA
Puerto Montt
Ancud
ISLA DE CHILOÉ
Castro
ARCHIPIÉLAGO DE LOS CHONOS
PENÍNSULA DE TAITAO
MT. SAN VALENTÍN 13314
Golfo San Jorge
Comodoro Rivadavia
C. DOS BAHÍAS
C. TRES PUNTAS
PENÍNSULA VALDÉS
Golfo San Matías
Viedma
Rawson
Trelew
Chubut

FALKLAND ISLANDS
(ISLAS MALVINAS) (BR.)
Stanley

San Julián
Puerto Santa Cruz
Río Gallegos
C. VÍRGENES
C. DESENGAÑO
Puerto Natales
Punta Arenas
Strait of Magellan
GRANDE DE TIERRA DEL FUEGO
MONTE SARMIENTO 7546
NAVARINO
Ushuaia
CAPE HORN

SAN FÉLIX SAN AMBROSIO
(CHILE)

ISLAS JUAN FERNÁNDEZ
(CHILE)
ALEJANDRO
SELKIRK
ROBINSON CRUSOE

Tropic of Capricorn

P a c i f i c

O c e a n

90°   100°   110°

20°   30°   40°   50°

60°   70°   80°

Statute Miles
100   0   100   300   500   700
Kilometers
100   0   100   300   500   700   900   1100

West Indies

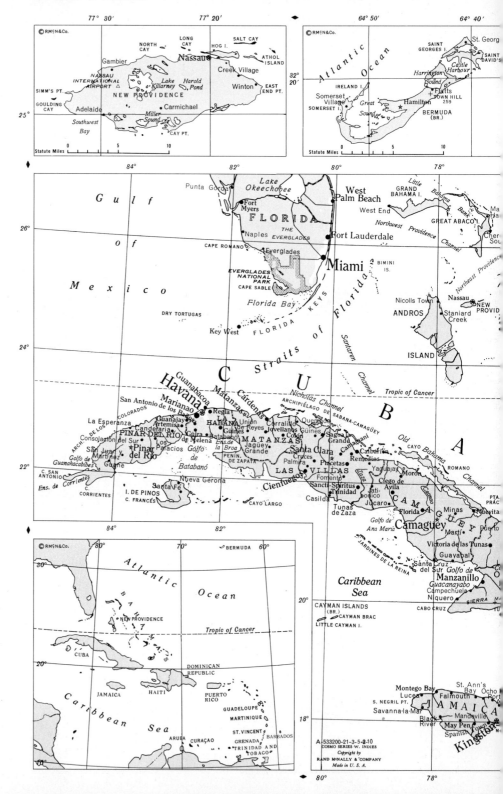

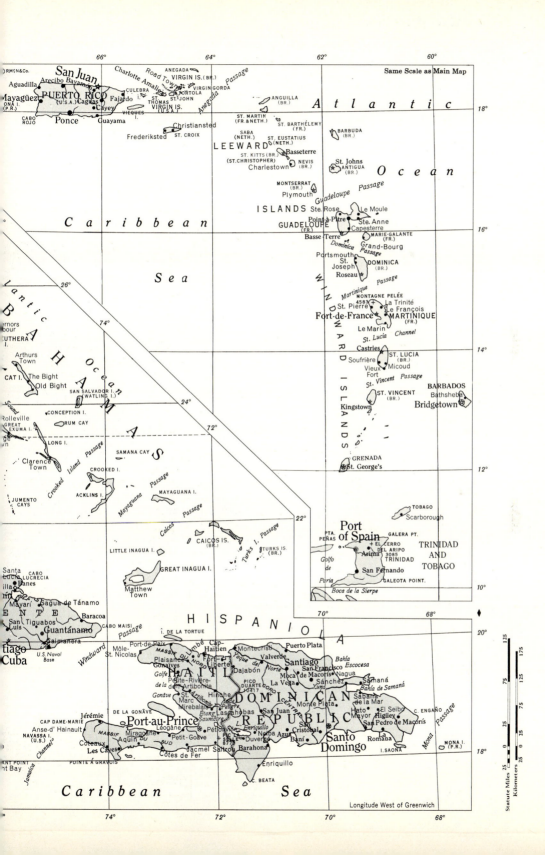

PRIMERA VISTA: MÉXICO

 Al principio

In this first lesson, or **Primera vista,** you'll meet three Mexican students: Juan, Marta and María. As you progress through the chapter:

you'll learn
1. how to ask how someone is
2. how to introduce someone
3. the use of the verb **ser,** *to be*
4. the **A**-type verbs

so look for
1. ¿Cómo estás?
2. Te presento a Marta.
3. *Soy* de Monterrey. ¿De dónde *eres?*
4. *Estudio* allí Juan *presenta* a Marta.

You'll also practice the formation of definite articles (**el mesero,** *the waiter,* **la cerveza,** *the beer*) and of indefinite articles (**un café,** *a café,* **unas amigas,** *some friends*).

Learning a new language requires a great deal of practice. Work on each exercise until you can say or write it easily.

When you finish the chapter, reread **Al principio** to see how much you have learned.

En un café

Juan y Marta están en el café cerca de la universidad de México. Entra María.	Juan and Marta are in the café near the University of Mexico. María enters.

1. *María:* Hola, Juan. ¡Qué sorpresa! ¿Cómo estás?

1. Hi, Juan. What a surprise! How are you?

2. *Juan:* Bastante bien. ¿Y tú?

2. Not bad. And you?

3. *María:* Bien. ¿Qué haces por aquí?

3. Fine. What are you doing here?

4. *Juan:* Estoy de paseo con mi novia. . . . Te presento a Marta.

4. I'm out walking with my girlfriend. . . . This is Marta.

5. *María:* Mucho gusto. ¿De dónde eres?

5. Glad to meet you. Where are you from?

6. *Marta:* Soy de Monterrey. Estudio allí en la Escuela Normal.

6. I'm from Monterrey. I'm studying at the Normal School there.

7. *Juan:* ¿Quieres una cerveza?

7. Do you want a beer?

8. *María:* Sí, gracias.

8. Yes, thanks.

9. *Juan:* Mesero, tres Dos Equis, por favor.

9. Waiter, three Dos Equis, please.

Notas culturales

1. In the first speech of the dialog there are two exclamation marks and two question marks: **¡Qué sorpresa!** and **¿Cómo estás?** In the Spanish the **¡** and **¿** ("upside down" marks) are used at the beginning of an exclamation or question. These marks forewarn the reader of the correct intonation.

2. Monterrey, Mexico's third largest city (over 1,000,000 people), is an industrial town with over 5,000 factories. Many products, including steel, iron, and textiles, are manufactured there. Its most famous plant is the Cuauhtémoc Brewery, which produces two well-known beers: **Carta Blanca** and **Bohemia.**

3. For one preparing to teach at the elementary level in many Spanish-speaking countries, the usual procedure is to attend **La Escuela Normal** after high school. The training program usually lasts two years.

4. Juan's immediate invitation to María to join him in a drink shows the Hispanic tendency to be hospitable.

5. **Dos Equis** is a very popular dark beer which is made in Mexico. **Dos Equis** means *two X's.* Appropriately, the label is marked XX.

Observaciones

What are the Spanish equivalents of the following? Base your answers on the dialog.

1. How are you?
2. Where are you from?
3. I'm from _____ .
4. I'm out for a walk.
5. Do you want a beer?
6. Near the University
7. I study there.
8. What a surprise!

Repaso del diálogo

Preguntas

1. ¿Dónde están Juan y Marta?
2. ¿Dónde está el café?
3. ¿Cómo está Juan?
4. ¿De dónde es Marta?
5. ¿Dónde estudia Marta?
6. ¿Qué quiere María?

Ejercicios gramaticales

Answer according to the models.

1. Hola, Juan. ¿Cómo está Ud.?   *Bastante bien.*
   Hola, Marta. ¿Cómo está Ud.?
   Hola, Sr. profesor. ¿Cómo está Ud.?

For X, Y, and Z, substitute the names of students in the class.

2. X, ¿de dónde es Ud.?　　　*Soy de* (place of origin).
　 Y, ¿de dónde es Ud.?　　　*Soy de* (place of origin).
　 Z, ¿ . . . ?

3. Y, ¿de dónde es X?　　　　*Es de* (place of origin).
　 Z, ¿ . . . ?

4. X, le presento a Y.　　　　*Mucho gusto.*
　 Z, . . .

5. X, ¿dónde estudia Ud.?　　*Estudio aquí en* (name of
　 Y, ¿ . . . ?　　　　　　　　school).

6. X, ¿qué hace por aquí?　　*Estudio español.*
　 Y, ¿ . . . ?

7. X, ¿qué hace y por aquí?　*Estudia español.*
　 Z, ¿ . . . ?

8. X, Juan y Marta, ¿están　　*Sí, están en el café.*
　 en el café?
　 X, Miguel y Juan, ¿están en México?
　 X, Roberto y María, ¿están en la escuela?

9. X, ¿quieres, una cerveza?　*Sí, gracias.*
　 Z, ¿ . . . ?
　 X, ¿quieres una Coca Cola?
　 Y, ¿ . . . ?
　 X, ¿quieres una Fanta?
　 Y, ¿ . . . ?

Conceptos gramaticales ⟫⟫⟫

Gender of nouns ⟍ Gender of nouns ⟍ Gender of nouns ⟍ Gender of nouns

Masculino	*Femenino*
el americano: the American	**la americana:** the American
el dinero: the money	**la universidad:** the university
el alumno: the student	**la mesa:** the table
el mesero: the waiter	**la mesera:** the waitress
el torero: the bullfighter	**la torera:** the bullfighter
el pelo: the hair	**la cara:** the face
el mexicano: the Mexican	**la mexicana:** the Mexican
el novio: the boyfriend	**la novia:** the girlfriend
un brazo: an arm	**una escuela:** a school
un libro: a book	**una oreja:** an ear
un ojo: an eye	**una pierna:** a leg
un toro: a bull	**una vaca:** a cow

1. All nouns in Spanish are of either masculine or feminine gender.

2. A large number of masculine nouns end in **o**; many feminine nouns end in **a**.

Ejercicio

Add the masculine ending **o** or the feminine ending **a** to the following nouns.

Modelos: el mexican___   *el mexicano*
          la mexican___   *la mexicana*

1. el meser___
2. el novi___
3. la cervez___
4. un tor___
5. el diner___
6. la novi___

7. la mes___
8. una vac___
9. la alumn___
10. un libr___
11. una escuel___
12. el alumn___

Singular

el libro: the book
el alumno: the student
la escuela: the school
el chico: the boy
un americano: an American

una mexicana: a Mexican

Plural

los libros: the books
los alumnos: the students
las escuelas: the schools
los chicos: the boys
unos americanos: some Americans

unas mexicanas: some Mexicans

As in English, nouns in Spanish may be singular or plural.

Ejercicio

Add the correct endings to the following nouns.

Modelos: el libr___   *el libro*
          las novi___   *las novias*

1. el tor___
2. los alumn___
3. los novi___
4. las vac___
5. las mexican___

6. un meser___
7. un american___
8. una escuel___
9. unos libr___
10. unas cervez___

Primera Vista:
México

5

Masculino

el libro: los libros
el café: los cafés
el brazo: los brazos
el ojo: los ojos

Femenino

la escuela: las escuelas
la novia: las novias
la pierna: las piernas
la oreja: las orejas

The definite article is similar to English *the:* **el, la los, las** = *the.*

Ejercicios

A. Provide **el, la, los,** or **las** for the following words.

Modelo: americano   *el americano*

1. vacas
2. alumnos
3. toro
4. novia

5. libros
6. mexicana
7. escuelas
8. cafés

B. Change the singular forms to the plural and the plural to the singular.

Modelos: el libro → *los libros*
　　　　　las vacas → *la vaca*

1. la cerveza
2. los cafés
3. la cara
4. el americano
5. las escuelas

6. el ojo
7. los brazos
8. la oreja
9. el pelo
10. las piernas

Masculino

un café   unos cafés

un mesero   unos meseros

Femenino

una cerveza unas cervezas

una vaca   unas vacas

In the singular form, the indefinite article is similar in meaning to the English *a* and *an;* in the plural form it is roughly equivalent to *some.*

Primera Vista:
México

6

Preparando el mezcal para la tequila.
¡Cuidado, no se corte la pierna!

Ejercicios

A. Provide the indefinite article **un, una, unos,** or **unas** for the following words.

Modelo: vaca   *una vaca*

1. mesero
2. alumnas
3. toro
4. amigos

5. americanos
6. novia
7. libros
8. café

B. Change the singular form to its plural form or the plural to its singular form.

Modelos: un toro → *unos toros*
        unas vacas → *una vaca*

1. un libro
2. una cerveza
3. unas piernas
4. unas escuelas
5. un ojo

6. una oreja
7. un sombrero
8. unos novios
9. unas meseras
10. un brazo

	Masculino	*Femenino*
Singular	el + libro	la + escuela
Plural	los + libros	las + escuelas
Singular	un + toro	una + vaca
Plural	unos + toros	unas + vacas

Spanish requires agreement between the article and the noun. When the noun is singular, the article must be singular; when plural, the article must be plural. Accordingly, a masculine article must be used with a masculine noun and a feminine article with a feminine noun.

Ejercicio

Change the singular form to its plural form.

Modelos: el alumno → *los alumnos*
          un café → *unos cafés*

1. el libro

2. el novio

3. la cerveza

4. el mexicano

5. la escuela

6. la novia

7. un mesero

8. una alumna

9. la cara

10. el ojo

11. el pelo

12. la pierna

13. una oreja

14. un sombrero

The following examples illustrate some subject pronouns (**yo** = *I*, **tú** = *you*, **usted** = *you*, and **ella** = *she* or **él** = *he*) and the corresponding verb forms (**estudio, estudias,, estudia**). These forms change according to whether the subject is the speaker (**yo**), the person spoken to (**tú**), or the person spoken about (**ella** or **él**).

Speaker: *Yo* estudio en la escuela. I study in school.
Spoken to: *Tú* estudias en el café. You study in the café.
          Usted estudia en la clase. You study in class.
Spoken about: *Ella* estudia en la universidad. She studies at the university.

These forms are referred to as *persons of the subject pronoun and of the verb.* The persons in these examples are in the singular; that is, only one person is involved in each case.

Singular

Person	Subject pronoun	Verb (estudiar)
1st: speaker	yo	estudio
2nd: spoken to	tú	estudias
	usted	estudia
3rd: spoken about	ella, él	estudia

The following three forms are plural. More than one person is involved.

Nosotros estudia*mos* en México.	*We* study in Mexico.
Ustedes estudia*n* en Monterrey.	*You* study in Monterrey.
Ellos estudia*n* cerca de la escuela.	*They* study near the school.

Plural

Person	Subject pronoun	Verb (estudiar)
1st: speaker	nosotros, nosotras	estudiamos
2nd: spoken to	ustedes	estudian
3rd: spoken about	ellos, ellas	estudian

Ejercicios

A. For the following sentences, identify the person by writing *speaker, spoken to,* or *spoken about.*

Modelo: Nosotros estudiamos en Madrid.   *speaker*

1. Tú estudias aquí.

2. Ellas estudian allí.

3. Ustedes estudian en el café.

4. Yo estudio con María.

5. Nosotros estudiamos allí.

6. Usted estudia aquí.

B. Complete the following by supplying a correct subject pronoun.

Modelo: _____ estudias en el café. *Tú estudias en el café.*

1. _____ estudio con Marta.

2. _____ estudian en México.

3. _____ estudia cerca de aquí.

4. _____ estudiamos allí.

5. _____ estudian en el café.

6. _____ estudias en la escuela.

C. Complete the following by supplying the correct verb form.

Modelo: Ella _____ aquí. *Ella estudia aquí.*

1. Yo _____ en la escuela.

2. Tú _____ aquí.

3. Usted _____ en Monterrey.

4. Ellos _____ con Juan.

5. Ustedes _____ cerca de aquí.

6. Ella _____ en México.

formal and informal 7 Second person: formal and informal 7 Second person: formal and informal

Second person singular

Tú estudias con Juan.

You study with John. (informal)

Usted estudia en la escuela.

You study in school. (formal)

1. In Spanish the formal and informal social levels are indicated in language by two distinct forms.

2. The informal form (e.g., **tú estudias**) may be used when addressing a person of your own social level or with whom you want a more familiar relationship.

3. The formal form (e.g., **usted estudia**) is frequently used to address a person when an intimate friendship does not exist or when more formality is required.

4. Age, sex, and social class are also important factors in determining usage, and it is sometimes difficult to know whether to use the **tú** or the **usted** form. A good rule of thumb is to use **usted** until the native speaker suggests a change to **tú**.

Second person singular

Social level	Pronoun	Verb
Informal	tú	estudias
Formal	usted	estudia

Ejercicios

A. Supply **tú** or **usted** to indicate how you might address the following.

Modelo: your teacher   *usted*

1. your friend John _____
2. your mother _____
3. your father's boss _____
4. a classmate _____
5. Mr. Fernández _____
6. a neighbor friend of
   your age _____

7. your little brother
   _____
8. Mrs. García _____
9. the college dean
   _____
10. your teacher _____

B.   Write the correct subject pronoun according to the verb form.

Modelo: María, _____ estu-
dias aquí.   *María, tú estudias aquí.*

1. Sr. Marín, _____ estudia en la universidad.
2. Marta, _____ estudias aquí.
3. Mamá, ¿dónde estudias _____?
4. Sr. profesor, ¿estudia _____ con Juan?

Second person plural

Vosotros estudiáis en
Madrid.

Ustedes estudian en
México.

You study in Madrid.
(informal)

You study in Mexico.
(informal and formal)

When addressing two or more persons on an informal social level, **vosotros** is the subject pronoun used in some parts of Spain. However, **ustedes** is the plural form used in most of the Hispanic world when speaking to two or more persons on either a formal or an informal social level. In this book we will practice the **ustedes** form in the exercises.

Second person plural

Social level	Pronoun	Verb
Informal	vosotros, vosotras	estudiáis
Formal	ustedes	estudian

and verb endings   8   Subject pronouns and verb endings   8   Subject pronouns and verb endings   8   S

Subject pronouns are related semantically to the verb endings, which indicate the subject of the verb. (See Workbook, **Primera vista,** Programmed Instruction (PI) B).

Buenos dias, señora. Dos cafés cappuccinos y un express, por favor.

Subject pronouns and present tense verb endings

	Pronouns	*Endings*	
Singular	yo	o	I
	tú	s	you (informal)
	usted	—	you (formal)
	él	—	he
	ella	—	she
Plural	nosotros	mos	we
	vosotros	is	you (informal)
	ustedes	n	you (formal, informal)
	ellos	n	they (masculine gender or combination of masculine and feminine genders)
	ellas	n	they (feminine gender)

1. In most cases the subject pronouns are not needed in Spanish to indicate who or what the subject of the verb is.

2. The verb ending and the conversational context normally supply the information needed to determine the subject of the verb.

3. The subject pronoun is often used for the purpose of clarity or for emphasis.

El estudia español.

He (not she) studies Spanish.

Usted estudia aquí.

You (not he, she, or anyone else) are studying here.

Yo estudio con María.

I (and no one else) study with Mary.

Entremés

Los números

0	cero	19	diecinueve (diez y nueve)
1	uno	20	veinte
2	dos	21	veintiuno (veinte y uno)
3	tres	22	veintidós (veinte y dos)
4	cuatro	23	veintitrés (veinte y tres)
5	cinco	24	veinticuatro (veinte y cuatro)
6	seis	25	veinticinco (veinte y cinco)
7	siete	26	veintiséis (veinte y seis)
8	ocho	27	veintisiete (veinte y siete)
9	nueve	28	veintiocho (veinte y ocho)
10	diez	29	veintinueve (veinte y nueve)
11	once	30	treinta
12	doce	31	treinta y uno
13	trece	40	cuarenta
14	catorce	50	cincuenta
15	quince	60	sesenta
16	dieciséis (diez y seis)	70	setenta
17	diecisiete (diez y siete)	80	ochenta
18	dieciocho (diez y ocho)	90	noventa
		100	cien

Ejercicio

Say the following aloud supplying the answers as you go.

Modelos: 3 + 4 = _____   *Tres y cuatro son siete.*
          3 − 1 = _____   *Tres menos uno son dos.*

4 + 5 = _____   6 − 3 = _____

6 + 2 = _____   30 − 15 = _____

7 + 2 = _____   28 − 17 = _____

10 + 3 = _____   13 − 4 = _____

9 + 6 = _____   18 − 4 = _____

Palabras útiles (Useful words)

A. Learn these words and use them in the sentences that follow.

¿Cuál es?: What / Which is?
¡Repita(n)!: Repeat! (singular and plural)
¡Escuche(n)!: Listen! (singular and plural)
otra vez: again
la clase: class
empieza: starts
termina: finishes, ends
la tarea: homework
¿A qué hora?: At what time?
a las tres (cuatro . . .): at three o'clock (four . . .)
la lección: the lesson
simpático(a): nice
estudiar: to study
¿Qué dice Juan?: What is John saying?/What does John say?
Juan dice que . . . : John is saying that . . . /John says that . . .
estudiante: student
Dígale que . . . : Tell him that . . .
para mañana: for tomorrow
¿Quién es?: Who is it?
Pregúntele a Juan.: Ask John.
Contéstele a Juan.: Answer John.
¿Cómo se dice en español? How do you say in Spanish?
la ventana: the window
la puerta: the door
por: through, by

1. La _____ de español es interesante.

2. ¿Qué dice el estudiante? El estudiante dice que la _____ de español es interesante.

3. ¿A qué hora _____ la clase de español?

4. Juan es _____, no es profesor.

5. ¿Cuál es la _____ para mañana? ¡Repita otra vez! Para _____ .

6. ¿Quién es la chica simpática en la _____ de español?

7. No entro por la ventana. Entro por la _____ .

8. ¿Qué dice? Dice que entra por la _____ .

9. La _____ para mañana es estudiar la Primera Vista.

10. La Primera Vista es la primera _____ del libro.

B. Learn the following words and rank them in each group from your most favorite, using number one (1), to your least favorite, number three (3).

1. el inglés: English
   la historia: history
   la ciencia: science

2. la filosofía: philosophy
   el español: Spanish
   las matemáticas: math

C. Following the models, answer the questions substituting the words in parentheses.

1. ¿Estudia Ud. mucho *el inglés.*
   (la filosofía, las humanidades, la historia)

   Sí, estudio mucho el inglés.

2. ¿Estudian Uds. mucho *la filosofía?*
   (las ciencias, el inglés, los números, el español)

   Sí, estudiamos mucho la filosofía.

3. ¿Estudian sus amigos mucho *las humanidades?*
   (la filosofía, la historia, las matemáticas)

   Sí, estudian mucho las humanidades.

4. ¿Estudia Ud. mucho *la historia?*
   (la ciencia, el inglés, los números, el español)

   Sí, estudio mucho la historia.

NOTE: When the name of a language is used immediately after verbs like **estudiar** and **hablar** *(to study* and *to speak* or *talk),* do not use the definite article **el** (e.g., **Estudio inglés.**). But when a word intervenes between the verb and the name of the language, use the article (e.g., **Estudio mucho el inglés.**).

D. Answer the following questions.

Modelo: X, ¿qué estudia Ud.?   *Estudio historia.*

   Y, ¿qué estudia Ud.?
   Z, ¿qué estudia Ud.?

María *entra*.	Mary *comes in (enters)*.
Te *presento* a Marta.	I *introduce* you to Marta.
Estudio en la Escuela Normal.	I *study* at Normal School.

Analysis of *entr-a-r,* to enter

Singular				Plural			
yo	entr	o	—	nosotros	entr	a	mos
tú	entr	a	s	vosotros	entr	á	is
usted				ustedes			
él, ella	entr	a	—	ellos, ellas	entr	a	n

1. As shown in the chart, most Spanish verbs have endings that indicate the number and person of the verb. (See Workbook **Primera vista**, PI B.) The third column indicates person and number. The second column indicates the type of verb, the tense, and mood.

2. For the **yo** form, however, **o** indicates tense, mood, number, and person.

Other common **A**-type verbs are:

bailar: to dance	**cantar**: to sing
contestar: to answer	**pesar**: to weigh
emplear: to use	**preguntar**: to ask (a question)
estudiar: to study	**tomar**: to drink, take (food)
hablar: to speak, talk	**sacar**: to take (out)

Ejercicios

 A. Practice using various forms of the following verbs. Do not use the subject nouns or pronouns in the response.

1. Entro en el café. (tú) → *Entras en el café.*
   (nosotros, ellos, yo, Marta, él, usted, Juan y Pablo, tú, ellas, ustedes)

2. Estudiamos en la escuela. (él) → *Estudia en la escuela.*
   (yo, Juan, ustedes, Marta, ellas, nosotros, el mesero, tú, ella)

3. Hablo español en clase. (él) → *Habla español en clase.*
(tú, ellos, los alumnos, nosotros, Pablo y yo, ella, yo, él, ellas)

4. Toma mucho chocolate. (yo) → *Tomo mucho chocolate.*
(los amigos, el mesero, tú, Marta y Juan, mi mamá, tú y yo, nosotros, el torero, las mexicanas, yo)

B. Practice for communication (Práctica para la comunicación)

Profesor	*Estudiante*
Modelos: X, ¿entra Ud. en un café o en un bar?	*Entro en un bar.*
Y, ¿qué dice X?	*X dice que entra en un bar.*

1. X, ¿entra Ud. en una conversación o en un argumento?
Y, ¿qué dice X?

2. X, ¿estudia Ud. español o la cara de un(a) chico(a)?
Y, ¿qué dice X?

3. X y Z, ¿estudian Uds. en la escuela o en el café?
Y, ¿qué dicen X y Z?

4. X y Z, ¿en clase hablan Uds. mucho o poco?
Y ¿qué dicen X y Z?

5. X, ¿practica Ud. los ejercicios mentales o los ejercicios físicos?
Y, ¿qué dice X?

◯ Ser, *to be* 10 Ser, *to be* 10 Ser, *to be* 10 Ser, *to be* 10 Ser, *to be* 10 Ser, *to be*

Soy de Monterrey.	I *am* from Monterrey.
¿De dónde *eres?*	Where *are* you from?
Juan *es* mexicano.	John *is* Mexican.
Ellas *son* estudiantes.	They *are* students.
Somos amigos.	We *are* friends.

Analysis of *ser,* to be

Singular			*Plural*		
yo	soy	—	nosotros	so	mos
tú	ere	s	vosotros	so	is
usted	es	—	ustedes	so	n
él, ella			ellos, ellas		

The verb **ser** is completely irregular. Its forms must be memorized.

Ejercicios

A. Make eight sentences by combining a word in column II with a correct form of **ser** from column I.

Modelo: Es mesero

I	II		I	II
	americano(a)			americanos(as)
Soy	estudiante		Somos	estudiantes
Es	muchacho(a)		Son	muchachos(as)
Eres	mesero(a)			meseros(as)
	torero(a)			toreros(as)
	mexicano(a)			mexicanos(as)
	amigo(a)			

B. Vocabulary learning through personal involvement. Rank the words in each set from one to three: number one (1) being your first choice and three (3) your last choice.

1. I prefer someone who is:

inteligente	intelligent
guapo(a)	handsome, good looking
simpático(a)	nice

2. I prefer someone who is:

interesante	interesting
bueno(a)	good
agradable	pleasant

3. I prefer someone who is:

desagradable	not pleasant
hermoso(a)	handsome, pretty
alegre	happy

C. Práctica para la comunicación

Modelo: X, ¿es Ud. ameri-   *Soy americano.*
        cano(a) o mexi-
        cano(a)?
        Y, ¿qué dice X?   *X dice que es . . .*
                              americano.

1. X, ¿soy profesor(a) de español o de chino?
   Y, ¿qué dice X?

2. X, ¿somos inteligentes o estúpidos?
   Y, ¿qué dice X?

3. X, los amigos de Ud., ¿son agradables o desagradables?
   Y, ¿qué dice X?

4. X, ¿es el diablo bueno o malo?
   Y, ¿qué dice X?

5. X, ¿es el toro grande o alegre?
   Y, ¿qué dice X?

6. X, ¿es Ud. estudiante o profesor(a)?
   Y, ¿qué dice X?

7. X, ¿es el/la profesor(a) inteligente o interesante?
   Y, ¿qué dice X?

8. X, ¿son las chicas de la clase bonitas o simpáticas?
   Y, ¿qué dice X?

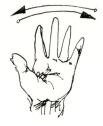 

Afirmativo

Soy mexicano.

Somos de California.

Juan es alumno.

Negativo

No soy mexicano.

No somos de California.

Juan no es alumno.

Ejercicio

Make negative sentences from the following.

Modelo: Hablamos mucho. → *No hablamos mucho.*

1. Estudio allí.

2. Hablas mucho el español.

3. Presento a María.

4. Entran los profesores.

5. Marta y Juan están en
   el café.

6. Ellos son mexicanos.

7. Estoy de paseo.

8. Soy de Los Angeles.

9. Entramos por la ventana.

10. La puerta está allí.

Primera Vista:
México

19

Una vista del idioma español

El alfabeto

In addition to the letters found in the English alphabet, the Spanish alphabet contains the letters **ch, ll, ñ,** and **rr.** Imitate your teacher's pronunciation of each letter.

A	a	J	jota	R	ere
B	be	K	ca	RR	erre
C	ce	L	ele	S	ese
CH	che	LL	elle	T	te
D	de	M	eme	U	u
E	e	N	ene	V	ve (uve)
F	efe	Ñ	eñe	W	doble v (doble u)
G	ge	O	o	X	equis
H	hache	P	pe	Y	i griega, ye
I	i	Q	cu	Z	zeta

Spell the following words out loud in Spanish.

chico soy mesero buena gusto cerveza Juan perro
mañana bien vaca Marta dos allí puerta de

Comunicación/ Personalización

Interview (Entrevista)

All students pair off. Each student is to interview another person in the class, asking questions and writing down the person's responses. **Estudiante 1** is the interviewer; **Estudiante 2** is the interviewee. **Estudiante 2** gives verbal responses in the open-ended sentences of column 2, and **Estudiante 1** writes answers.

Estudiante 1 *Preguntas*	Estudiante 2 *Oral*	Estudiante 1 *Escrito*
1. Tu nombre, por favor.	(nombre)	_____
2. ¿Hablamos inglés o español en clase?	Hablamos . . .	Hablamos _____
3. ¿Estudias en el café o en la escuela?	Estudio . . .	Estudia _____

4. ¿De dónde eres?   Soy de . . .   Es de _____

---

5. Normalmente,   Normalmente   Normalmente es
¿eres agradable o   soy . . .   _____
desagradable?

Actividades personales

A.   Learn these words first. Then answer the questions
using the model as an example.

feo: ugly   otro: other
malo: bad   solo: alone
pero: but   mucho: much
y: and   poco: a little

Modelo: ¿Estudias mucho o   *Estudio mucho.*
    poco?

1. ¿Estudias con otros o solo(a)?

2. ¿Hablas mucho o poco?

3. ¿Hablas con chicos o con chicas?

4. ¿Estudias con un amigo o con una amiga?

5. ¿Cómo eres? ¿Bueno(a) o malo(a)?

6. ¿Cómo eres? ¿Guapo(a) o feo(a)?

7. ¿Cómo es X? ¿Agradable o desagradable?

8. ¿Cómo es el profesor? ¿Agradable o desagradable?

B.   Learn the words below by ranking your preferences.
   Assign the number one (1) to the one most preferred,
   two (2) for your second preference, and so on.

1. I dislike someone who is:

   deshonesto   dishonest, immodest
   malo   bad, terrible
   tacaño   stingy

2. I dislike a class that is:

   exigente   demanding
   pesada   boring (a drag)
   difícil   difficult

3. I like a teacher who is:

   estupendo(a)   great
   gracioso(a)   funny
   honesto(a)   honest

4. I want a friend to have some of these characteristics:

amable   nice
loco(a)   crazy
chistoso(a)   funny, joking
feliz   happy

C. Learn these words also and then do the following exercises.

abuelo(a): grandparent
padre: father
madre: mother
hermano: brother
hermana: sister

novio: boyfriend
novia: girlfriend
tu: your
también: too, also

1. Answer the following questions using a form of the verb **ser**.

Modelo: ¿Cómo eres tú?   *Soy amable.*

1. ¿Cómo eres?

2. ¿Cómo es tu profesor(a)?

3. ¿Cómo es tu novio(a)?

4. ¿Cómo es el Presidente?

5. ¿Cómo es la clase de español?

6. ¿Cómo son los alumnos?

2. In each set indicate the adjective that best describes you.

1. Soy   gracioso(a).   5. Soy   loco(a).
          generoso(a).   chistoso(a).

2. Soy   amable.   6. Soy   inteligente.
          feliz.   guapo(a).

3. Soy   exigente.   7. Soy   tacaño(a).
          pesado(a).   agradable.

4. Soy   honesto(a).   8. Soy   bueno(a).
          deshonesto(a).   malo(a).

3. Now apply the above adjectives to the following people.

1. Mi padres es . . .   6. Mis hermanas son . . .

2. Mi madre (mamá) es . .   7. Mi novio(a) es . . .

3. Mi profesor(a) de   8. Mis abuelos son . . .
   español es . . .
                                 9. El director de mi
4. Mis profesores son . . .   escuela es . . .

5. Mis hermanos son . . .   10. Mi amigo(a) es . . .

4. Now compare your answers from exercise 2 with those in exercise 3. Do you note any similarities or differences?

Modelos: Soy gracioso pero mi padre es generoso.

Mis abuelos son chistosos y yo soy chistoso(a) también.

or

Mis abuelos y yo somos chistosos.

Sección cultural

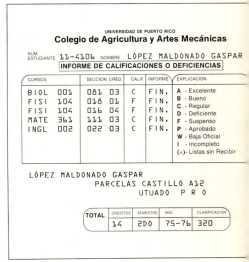

Algunos edificios de la UNAM y un informe de calificaciones.

Vistas de la universidad

La Universidad Nacional Autónoma de México (UNAM) es la universidad principal de México. La UNAM está en la capital. Las facultades de la universidad son: Derecho, Medicina, Filosofía y Letras, Química, Comercio y Administración y otras. También la universidad tiene varias escuelas, por ejemplo, la Escuela Nacional de Música y la Escuela Nacional de Economía. Otros alumnos estudian en las Escuelas Normales o en otras universidades en diferentes partes de México.

Los estudiantes son de varias partes del mundo: de México, de Guatemala y también

facultad: a college of a university
Derecho: Law
Química: Chemistry

otro: other

mundo: world

de los Estados Unidos. El profesor da conferencias, pero no da tareas. El profesor habla mucho y los estudiantes escuchan y sacan muchos apuntes.

da: gives
conferencia: lecture

apuntes: notes

El sistema de calificaciones (o notas) es diferente. Nosotros tenemos las calificaciones de A, B, C, D y F. En México y en otras partes del mundo hispánico emplean un sistema basado en números de 1 a 10. Los números 9 y 10 son los mejores. El alumno con un 9 ó un 10 es sobresaliente. El estudiante con un 7 ó un 8 es notable y con un 5 ó 6 sale aprobado. Bajo 5 es suspendido.

calificación: grade
tenemos: we have

mejor: best

sobresaliente: outstanding
notable: above average
sale: comes out
aprobado: average, passing
bajo: under, below
suspendido: failed

Preguntas

1. ¿Dónde está la Universidad Nacional Autónoma de México?

2. ¿De dónde son los alumnos de UNAM?

3. ¿Qué da el profesor?

4. ¿Qué sacan los estudiantes?

5. ¿Cómo es Ud.? ¿Un estudiante sobresaliente, notable o aprobado(a)?

Vocabulario

Nouns

el abuelo
la abuela
los abuelos
el americano
la americana
el apunte
la asignatura *assignment / subject matter*
el brazo
el café
la calificación
la capital
la cara
la cerveza
la ciencia
la clase
el chico
la chica
el derecho
el dinero
la escuela
el español
el/la estu-
  diante
la facultad
la filosofía
el hermano

la hermana
los hermanos
las humani-
  dades
el inglés
la lección
el libro
la madre
la mamá
la mañana
las matemá-
  ticas
la mesa
el mesero
el mexicano
el mundo
la novia
el novio
el ojo
la oreja
el padre
la palabra
la parte
la pierna
la práctica
el profesor
la profesora

la puerta
la química
el sistema
la sorpresa
la tarea
el torero
el toro
la universi-
  dad
la vaca
la ventana

Verbs

bailar
cantar
contestar
emplear
entrar
escuchar
estudiar
hablar
pesar
preguntar
presentar
sacar
ser
tomar

Adjectives

agradable
alegre
amable
aprobado
bastante
bueno
cuál
chistoso
desagradable
deshonesto
diferente
difícil
estupendo
exigente
feliz
feo
gracioso
guapo
hermoso
hispánico
honesto
inteligente
interesante
loco
malo
mejor

mi
mucho
muchos
normal
notable
otro
pesado
poco
principal
¡qué!
simpático
sobresaliente
solo
suspendido
tacaño
útil
varios

Adverbs

allí
aquí
bien
cerca
como
donde
  (dónde)
mañana
también

Prepositions

bajo
cerca de
con
de
en
para
por

Function words

pero
y

Expressions

estar de
  paseo
gracias
mucho gusto
por ejemplo
por favor
¡repita!
sí

Cada = each

SEGUNDA VISTA: MÉXICO

## Al principio

In this chapter you'll meet two people: Federico Gómez Montoya and Phil White. As you progress through the chapter:

you'll learn	so look for
1. two more verb classes, **E**- and **I**-type verbs	1. *Comemos* a las cinco. *Vivimos* en California.
2. that Spanish has two ways to say *to be*	2. El profesor *es* alto. El profesor *está* bien.
3. how to say that something will (is going to) take place in the near future	3. *Voy a tomar* una cerveza. *Vamos a practicar* el español. Ella *va a ser* buena.
4. the one word equivalent of *there is* and *there are*	4. *Hay* un toro. *Hay* dos bebidas.
5. how to tell time	5. *Es* la una. *Son* las dos.

You'll also learn some common verbs such as **ver**, *to see;* **decir**, *to say;* **tener**, *to have;* **dar**, *to give.* You'll also practice making contractions: **a** + **el** and **de** + **el** become **al** and **del**.

The naming system in Latin America causes problems for the American. Compare *Philip Donald White* to *Federico Jesús Gómez Montoya.* You'll discover how to understand this important difference in names. Work on the material until you can say it or write it without difficulty. Then review chapters 1 and 2.

Diálogo

En una discoteca

Juan, Federico, y María (la novia de Federico) están en una discoteca en el centro de la ciudad. Escuchan la música y comen algunas nueces con sus bebidas. Son las cinco y media, un sábado por la tarde. Más tarde entra el amigo norteamericano de Juan, Phil White, que vive con su familia.

Juan, Federico and María (Federico's girlfriend) are in a discotheque in the center of the city. They are listening to music and are eating some nuts with their drinks. It's 5:30 on a Saturday afternoon. Later, Phil White, Juan's North American friend who is living with Juan's family, comes in.

1. *Juan:* ¿A qué hora van al cine esta noche?

1. What time are you going to the movies tonight?

2. *María:* A eso de las nueve. Hay una película buena en Insurgentes.[1]

2. Around 9:00. There's a good movie at Insurgentes.

3. *Federico:* Oye, ¿quién es ese chico rubio que viene acá?

3. Hey, who's that blond guy coming over here?

4. *Juan:* Es mi amigo, Phil, que vive con nosotros. Estudia en la UNAM conmigo.

4. He's my friend, Phil, who's living with us. He's studying at UNAM with me.

1. Insurgentes is a famous boulevard in Mexico City. At the Insurgentes subway stop there is a large shopping center and the modern Insurgentes movie house.

5. *Phil:* Buenas, Juan. ¿Cómo estás? *(Se dan la mano.)*

5. Hi, Juan. How are you? *(They shake hands.)*

6. *Juan:* Bien. ¡Siéntate! Phil, mi amigo, Federico.

6. Fine. Have a seat (sit down). Phil—my friend Federico.

7. *Federico:* Federico Gómez Montoya, a sus órdenes. *(Se dan la mano.)*

7. Federico Gómez Montoya, pleased to know you (at your service). *(They shake hands.)*

8. *Phil:* Mucho gusto.

8. Happy to meet you.

9. *Juan:* Y la novia de Federico, María.

9. And his girlfriend, María.

10. *María:* María Rojas Aragón, encantada. *(Se dan la mano.)*

10. María Rojas Aragón, glad to know you (charmed). *(They shake hands.)*

11. Phil: El gusto es mío.

11. Same here. (The pleasure is mine.)

12. *Juan:* ¡Mesero!

12. Waiter!

Segunda Vista: México

Notas culturales

1. Most Latin Americans have at least four names: a first name, a middle name, and two last names or **apellidos.** North Americans have a first, middle, and last name only. In the dialog Federico's complete name **(nombre completo)** is:

Federico	Jesús	Gómez	Montoya
1	2	3	4

María's name is:

María	Consuelo	Rojas	Aragón
1	2	3	4

Phil's name is:

Phillip	Donald	White
1	2	3

For Federico and María, the third name comes from the father and the fourth from the mother. All four names are used for public documents, when enrolling in the university, and in the telephone book. The third name is used when referring to someone: Federico Gómez, María Rojas.

If María Consuelo Rojas Aragón marries Federico Jesús Gómez Montoya, her name becomes María Consuelo Rojas de Gómez. The **de** before the Gómez tells that she is married to Mr. Gómez. She could then be referred to as Sra. María de Gómez.

2. The alphabetical classification in a directory of names usually is organized in the following way: first surname, second surname, first name, and second name: García Alemán, José Gabriel.

3. Notice that Federico said to Phil **a sus órdenes,** literally, *at your service.* This is a normal polite greeting in Mexico. In Colombia it is more common to hear **a la orden**. However, in Chile **a la orden** is reserved for the military. Chilenos prefer to use **mucho gusto.**

Observaciones

Look at the dialog again. ¿Cómo se dice en español?

1. What time are you going to the movies?

2. Who is that blond guy?

3. He is my friend.

4. Sit down.

5. Happy to meet you.

6. 5:30 in the afternoon

Repaso del diálogo

Preguntas

1. ¿Dónde están los tres chicos?

2. ¿Qué escuchan?

3. ¿Qué comen con sus bebidas?

4. ¿Qué hora es? (What time is it?)

5. ¿Qué día es?

6. ¿Quién entra más tarde?

7. ¿De dónde es Phil White?

8. ¿A qué hora van al cine esta noche?

9. ¿Dónde hay una película buena?

10. ¿Con quién estudia Phil en la UNAM?

Una magnífica vista de la Catedral
de San Martín, México.

Ejercicios gramaticales

Answer according to the models.

1. ¿Con quién vive el chico   *Vive con nosotros.*
   norteamericano?
   ¿Con quién vive su madre?
   ¿Con quién vive su padre?

2. ¿A qué hora van al cine   *A eso de las nueve.*
   esta noche?
   ¿A qué hora van a la escuela?
   ¿A qué hora viene el chico acá?

3. ¿Quién es ese chico   *Es mi amigo.*
   rubio?
   ¿Quién es esa chica   *Es mi amiga.*
   rubia?
   ¿Quién es ese chico moreno?
   ¿Quién es esa chica morena?

4. Te presento a _____.   *El gusto es mío.*
   Te presento a _____.
   Te presento a _____.

5. ¿Dónde estudia el chico?   *Estudia en la universidad.*
   ¿Dónde estudias tú?
   ¿Dónde estudia su amigo?
   ¿Dónde estudia María Rojas?

Conceptos gramaticales 》》》

12 Agreement of adjectives and nouns 12 Agreement of adjectives and nouns

el chic*o* rubi*o*	unos amig*os* norteamerican*os*
Hay un*a* películ*a*.	Contestan algun*as* pregunt*as.*

The adjective must agree in number (singular or plural) and in gender (masculine or feminine) with the noun it describes.

Some adjectives show number and gender.

el chico guap*o*	los chicos guap*os*
la chica guap*a*	las chicas guap*as*

Some adjectives show number but not gender.

el chico inocente	los chicos inocent*es*
la chica inocente	las chicas inocent*es*

Some adjectives add **-es** to the final consonant to form the plural.

la lección difícil   las lecciones difícil*es*

Ejercicios: Singular → Plural

A.   The following adjectives show gender and number.

Modelo: el chico mexicano   → *los chicos mexicanos*

1. el toro bravo

2. el alumno gracioso

3. el muchacho simpático

4. la señorita tacaña

5. la casa mexicana

B.   The following adjectives show number but not gender.

Modelo: el alumno amable → *los alumnos amables*

1. el estudiante inteligente

2. la chica desagradable

3. la profesora exigente

The following adjectives also show number but not gender and require the addition of **-es** because they end in a consonant.

Modelo: una clase difícil → *unas clases difíciles*

4. la tarea fácil

5. el profesor joven (retain stress on **o** in plural of **joven**)

6. el novio feliz (**z** → **c** in the plural)

C.   The following adjectives show both gender and number (and may also function as nouns in other contexts). For these adjectives the masculine is indicated by the absence of an ending.

Modelo: el señor español → *los señores españoles*

1. la señora española

2. el profesor alemán (drop written accent in plural)

3. la profesora alemana

4. el chico francés

5. la chica francesa

D. Test Exercise: Adjective and noun agreement. Form the plural from the singular.

Modelo: el estudiante aprobado → *los estudiantes aprobados*

1. el profesor alemán
2. una nota sobresaliente
3. la profesora agradable
4. el novio feliz
5. el toro furioso

6. la chica alemana
7. una clase difícil
8. una señora amable
9. un hombre tacaño

E. The following adjectives normally come before the noun.

Masculine	Feminine	English
un	una	a, an
algún	alguna	some
ningún	ninguna	none
otro	otra	another
todo	toda	all, the whole
último	última	last
próximo	próxima	next
cierto	cierta	certain

Singular → Plural

Modelo: el otro hombre → *los otros hombres*

1. alguna nuez (z → c)
2. un profesor
3. todo el día
4. otro mundo
5. una casa
6. toda la lección (drop written accent in plural)

7. la última tarea
8. ningún otro chico (drop written accent in plural)
9. cierta nota
10. el último tango
11. la próxima clase

uestion derivation 13 Question derivation 13 Question derivation 13 Question derivation 1

A question sentence is related to a corresponding declarative sentence. The following derivations show that relationship.

Segunda Vista:
México
34

¿Qué? questions

¿Qué? asks the question *what?,* as in "*What* are you?" (an American, a student, a waiter).

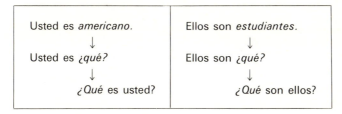

Usted es *americano.*	Ellos son *estudiantes.*
↓	↓
Usted es *¿qué?*	Ellos son *¿qué?*
↓	↓
¿Qué es usted?	¿Qué son ellos?

Ejercicio

Make a question from the declaratives.

Modelo: Paco es *torero.* → *¿Qué es Paco?*

1. Juan es *mexicano.*   3. Miguel es *mesero.*

2. Su amiga es *americana.*   4. Un toro es *un animal.*

¿Qué? also asks *what;* as in "*What* do you want for dinner?"

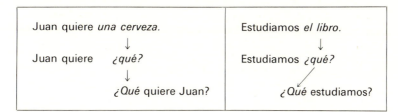

Juan quiere *una cerveza.*	Estudiamos *el libro.*
↓	↓
Juan quiere *¿qué?*	Estudiamos *¿qué?*
↓	
¿Qué quiere Juan?	¿Qué estudiamos?

Ejercicio

Modelo: La chica escucha *la música.* → *¿Qué escucha la chica?*

1. Nosotros estudiamos *química.*

2. Los estudiantes sacan *muchos apuntes.*

3. Tú estudias *la lección.*

4. Los chicos quieren *enchiladas.*

¿Cómo? questions

¿Cómo? asks the question *how?,* as in "*How* are you?" (intelligent, pleasant, well).

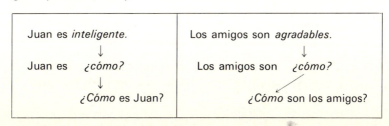

Juan es *inteligente.*	Los amigos son *agradables.*
↓	↓
Juan es *¿cómo?*	Los amigos son *¿cómo?*
↓	
¿Cómo es Juan?	¿Cómo son los amigos?

Ejercicio

Modelo: María está *bien.* → *¿Cómo está María?*

1. Los abuelos son *simpáticos.*

2. La fiesta está *agradable.*

3. Mis amigos son *chistosos.*

4. Los meseros están *descontentos.*

¿Dónde? questions

¿Dónde? asks the question *where?,* as in *''Where* is John?''
(at home, in the class, with María).

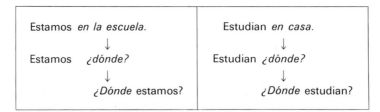

Estamos *en la escuela.*
↓
Estamos   *¿dónde?*
↓
¿Dónde estamos?

Estudian *en casa.*
↓
Estudian *¿dónde?*
↓
¿Dónde estudian?

Ejercicio

Modelo: La UNAM está *en la capital.* → *¿Dónde está la UNAM?*

1. Los amigos comen *en la discoteca.*

2. El chico rubio está *aquí.*

3. El profesor da conferencias *en la facultad.*

4. El norteamericano vive *en la casa de María.*

¿De dónde? questions

¿De dónde? asks the question *from where?,* as in *''Where* are
you *from?''* (from Madrid, from Lima.)

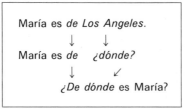

María es *de Los Angeles.*
↓   ↓
María es *de*   *¿dónde?*
↓   ↙
¿De dónde es María?

Ejercicio

Modelo: Phil White es *de Norteamérica.* → *¿De dónde es
Phil White?*

1. Tú eres *de Madrid.*

2. Uds. son *de la capital.*

3. La cerveza viene *de Monterrey.*

4. Mis padres son *de Texas.*

¿Cuánto? questions

¿Cuánto? asks the question *how much?*, as in *"How much do you eat?"* (a little bit, much, not much), or *how many?*, **¿cuántos?**, as in *"How many are here?"* Whenever **¿cuánto?** precedes a noun it must agree in gender and number with the noun.

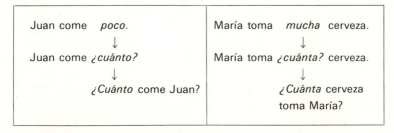

Juan come *poco.*	María toma *mucha* cerveza.
↓	↓
Juan come *¿cuánto?*	María toma *¿cuánta?* cerveza.
↓	↓
¿Cuánto come Juan?	*¿Cuánta* cerveza toma María?

Ejercicio

Modelos: El toro come *mucho.* → *¿Cuánto come el toro?*
El profe da *muchas* → *¿Cuántas conferencias da el*
conferencias. *profe?*

1. Los amigos toman *poco.*

2. Los alumnos sacan *muchos* apuntes.

3. Federico come *algunas* nueces.

4. *Pocas* personas están en la discoteca.

5. *Muchos* alumnos viven en el dormitorio.

6. María estudia *tres* horas.

Varias preguntas

Modelos: ¿Cuánto come Ud.?   *Como poco.*
¿Mucho o poco?
¿Qué es Ud.? ¿Un toro   *Soy un estudiante.*
o un estudiante?

1. ¿De dónde es Ud.? ¿De Norteamérica o de Guatemala?

2. ¿Cómo es su madre? ¿Simpática o desagradable?

3. ¿Qué estudia Ud. aquí? ¿Español o francés?

4. ¿Dónde vive Ud.? ¿En una casa o en un café?

5. ¿Qué es Ud.? ¿Estudiante o profesor?

6. ¿Cómo está Ud.? ¿Bien o mal?

7. ¿De dónde son sus abuelos? ¿De Europa o de América?

8. ¿Cuántas bebidas toma Ud.? ¿Muchas o pocas?

9. ¿Dónde estamos ahora? ¿En clase o en Monterrey?

Una playa cerca de Acapulco. Los pescadores trabajan mucho.

In the first two lessons we find the following sentence structures. As you study these sentence types you will notice that they roughly correspond to similar sentence types in English.

noun phrase	verb	noun phrase
(Yo)	soy	estudiante.
Usted	es	americano.
Miguel	es	mesero.
(Nosotros)	somos	los novios.
Ustedes	son	americanos.

NOTE: With the verb **ser** the indefinite article is usually omitted before unmodified nouns referring to an occupation, profession, political party, or nationality (e.g., **Soy americana**, not **Soy una americana**).

Segunda Vista: México

38

Ejercicio

Select an item from each column and compose at least ten sentences that are grammatically correct. Items in column three may be used more than once.

Modelo: El mesero es socialista.

I	II	III
Usted	son	de Monterrey
El mesero	soy	novio(a)
Yo	eres	dentista (masc. and fem.)
Tú	es	socialista (masc. and fem.)
Los gringos		médico
Las chicas		novios
		americana
		poeta
		secretarias
		dentistas (masc. and fem.)

noun phrase	verb	adverb phrase
Usted	es	de Monterrey.
(Yo)	soy	de América.
(Tú)	eres	de la Escuela Normal.
El mesero	está	aquí.
(Nosotros)	estamos	en la universidad.
Ellos	están	bien.

Ejercicio

Select an item from each column and compose at least ten sentences that are grammatically correct. Items in column three may be used more than once.

Modelo: Yo estoy bien.

I	II	III
Tú	eres	de la Facultad de Filosofía
El toro	soy	de ciencias
El chico rubio	es	de América
Mis amigos	son	de la universidad
María Rojas y yo	somos	de México
La cerveza	está	en el café
Yo	están	bien
Usted	estoy	aquí
Mi amigo y yo	estamos	en la discoteca
Tú	estás	de paseo

noun phrase	transitive verb	noun phrase (direct object)
Juan	quiere	una cerveza.
(Nosotros)	estudiamos	el libro.

A transitive verb means a verb that requires a direct object (noun or pronoun).

Ejercicio

Select an item from each column and compose at least ten sentences that are grammatically correct. Items in column three may be used more than once.

I	II	III
Ellos	quiere	una cerveza
Tú y yo	estudio	un libro
Federico	estudian	apuntes
Juan y tú	habla	español
Yo	quieren	un toro
	hablo	ciencias
	sacamos	algunas nueces
	da	la música
	escuchan	un taco

5 The verb **hacer** 15 The verb **hacer** 15 The verb **hacer** 15 The verb **hacer** 15 The verb ▶

¿Qué hago?	What am I doing?; What do I do?
¿Qué hace?	What's s/he doing?; What does s/he do?
¿Qué haces?	What are you doing?; What do you do?
¿Qué hacemos?	What are we doing?; What do we do?
¿Qué hacen?	What are they doing?; What do they do?

The verb **hacer** is general and requires the use of a specific verb in the answer to the question asked: for example, **¿Qué hago?** **Usted habla español.**

Ejercicio

From each sentence, form a question using **¿Qué?** plus **hace, hacen, hago, haces,** or **hacemos.** Follow the models.

Modelos: Yo *escucho* la música. → *¿Qué hace Ud.?*
Ud. *practica* español. → *¿Qué hago yo?*
Uds. *comen* mucho. → *¿Qué hacemos?*

1. Juan *entra* en el café.

2. *Escucho* la música.

3. Federico *habla* francés.

4. Los alumnos *sacan* muchos apuntes.

5. *Tomamos* una Dos Equis.

6. Los novios *comen* mucho.

7. *Estudio* ciencias.

8. Usted *entra* en el café.

9. Los estudiantes *sacan* las pistolas.

Comen algunas nueces.	They *eat* some nuts.
El norteamericano *vive* con la familia de Juan.	The North American *lives* with John's family.
Vivo en California.	I *live* in California.
En México *comemos* chiles verdes.	In Mexico we *eat* green chiles.
No *vivimos* en Madrid.	We *don't live* in Madrid.

Analysis of *com-e-r,* to eat

Singular					Plural			
yo	com	o	—		nosotros	com	e	mos
tú	com	e	s		vosotros	com	é	is
usted	com	e	—		ustedes	com	e	n
él, ella					ellos, ellas			

Analysis of *viv-i-r,* to live

Singular					Plural			
yo	viv	o	—		nosotros	viv	i	mos
tú	viv	e	s		vosotros	viv	—	ís
usted	viv	e	—		ustedes	viv	e	n
él, ella					ellos, ellas			

These two verbs follow a normal conjugation; that is, they are not considered to be irregular. Endings for regular **E**- and I-type verbs in the present tense correspond in all forms except the **nosotros** and **vosotros** forms: **comemos/vivimos** and **coméis/vivís.**

Segunda Vista:
México

Other common verbs of this type

E-type
aprender: to learn
beber: to drink
comprender: to understand
correr: to run
creer: to believe
leer: to read
responder: to answer
vender: to sell

I-type
abrir: to open
decidir: to decide
escribir: to write
partir: to depart
permitir: to permit
recibir: to receive
subir: to go up
sufrir: to suffer

Ejercicios

A. Following the **modelos**, make sentences with the correct form of the verbs. Do not use the subject pronouns or nouns in your response.

1. No como mucho en la → *No comes mucho en*
   mañana. (tú)   *la mañana.*
   (el policía, los padres, tú, yo, los profesores, Pablo y yo, María y Carmen)

2. Vivimos en un → *Vivo en un apartamento.*
   apartamento. (yo)
   (ella, tú, el estudiante, mis amigos, nosotros, yo, usted)

3. Abro la ventana. (tú) → *Abres la ventana.*
   (usted, ellos, yo, nosotros, tú, los policías, el niño)

4. Miguel escribe la nota. (yo) → *Escribo la nota.*
   (tú, usted, la profesora, mi amigo, la chica inteligente, los alumnos, yo)

Muchos turistas visitan los templos de la Pirámide del Sol de Teotihuacán.

B. Practicing **E-** and **I**-type verbs in questions

Modelo: En general, ¿come Ud. mucho o poco? *En general,*
como poco.

1. ¿Viven los mexicanos en México o en España?

2. ¿Abres la boca o la ventana?

3. ¿Comemos libros o nueces?

4. ¿Cuándo abren la discoteca? ¿En la mañana o en la noche?

5. ¿Comen los amigos enchiladas o toros?

6. ¿Viven Uds. en una casa o en una clase?

 Entremés

Los días de la semana

> lunes, martes, miércoles, jueves, viernes, sábado, domingo

Hay siete días en una semana. Repita los días. El fin de semana
tiene dos días: sábado y domingo.

1. ¿Qué día es hoy (today)?
   Hoy es lunes, martes . . .

2. ¿Qué día es mañana?
   Mañana es martes, miércoles . . .

3. Si (If) hoy es lunes, ¿qué día es mañana?
   Si hoy es lunes, mañana es martes.
   Si hoy es . . . , ¿qué día es mañana?
   Si hoy es . . . , mañana es . . .

4. ¿Qué haces los sábados y los domingos?

   Juego (I play).   Miro (I watch) la televisión.

   Tomo bebidas.   Leo.

   Trabajo (I work).   Escribo.

   No hago nada (nothing,   Como nueces.
   anything).
                                      Corro.
   Descanso (I rest).

Práctica para la comunicación

1. X, ¿qué hace Ud. los
   domingos?
   Y, ¿qué dice X?

   Los domingos yo . . .

   *X, dice que los domingos
   él/ella . . .*

2. X, ¿qué hace Ud. los sábados?
   Y, ¿qué dice X?

3. X, ¿qué hace Ud. los lunes?
   Y, ¿qué dice X?

La hora

Es la una. Son las nueve y diez. Son las seis menos cuarto.

Palabras útiles

tienes: you have
almuerzas: you have lunch
llega: he arrives
media: half past
mediodía: noon

en punto: exactly on time
temprano: early
tarde: late
a tiempo: on time
medianoche: midnight

1. ¿Qué hora es?
   Son las *tres*.
   (cuatro, ocho, diez)
   Es la una *y media*.
   (y diez, menos cuarto [menos quince], menos veinte)

Note that you use the article **la** for one o'clock and **las** for two o'clock and all hours after two. You use **es** for one o'clock and **son** for two and all hours after two.

2. ¿Qué hora tiene Ud.?
   Tengo *las dos*.
   (tres, siete, cinco y cuarto,
   ocho menos diez, la una)

4. Estudio a las *ocho*.
   (tres, cinco, nueve)

3. ¿A qué hora *estudia?*
   (almuerza, mira la televisión,
   llega a clase)

To indicate *at some hour* use **a** and **la(s)** plus a number.

a la una: at one o´clock
a las dos: at two o´clock
a las diez: at ten o´clock

Otras expresiones útiles

Hay 60 segundos en un minuto.
Hay 60 minutos en una hora.
Hay 24 horas en un día.

When a specific hour is mentioned use the preposition **de** in the time expression.

Almuerzo a la una *de la tarde.*	I eat lunch at one *in the afternoon.*
Estoy desagradable a las ocho *de la mañana.*	I´m unpleasant at eight *in the morning.*
Estudio a las diez *de la noche.*	I study at ten *at night.*

When no specific hour is mentioned use the preposition **por** or **en**.

Estudio *en la mañana.*	I study *in the morning.*
Hablamos mucho *por la noche.*	We talk a lot *at night.*
Juan es más simpático *por la tarde.*	John is nicer *in the afternoon.*

Onorio llega: tarde.
a mediodía.
a medianoche.

Note that you have an option with **mediodía** and **medianoche**: **a mediodía** or **al mediodía** and **a medianoche** or **a la medianoche.**

Ejercicios

A. Provide the appropriate preposition and expression for the time of day.

Modelos: Saco buenos   *por la mañana.*
apuntes _____
Estudiamos bien a   *de la noche.*
las ocho _____

1. Almorzamos a la una _____.

2. Vamos al cine a las ocho _____.

3. Los alumnos escuchan la conferencia _____.

4. Estudio español _____.

5. El torero sale a las cinco _____ .

B. Become familiar with these phrases. Rank them one (1) to three (3): one being your first choice, three being your last choice.

1. I prefer to be on a date
   — por la mañana.
   — por la tarde.
   — por la noche.

2. A good time for me today is
   — esta mañana
   — esta tarde.
   — esta noche.

3. I prefer to study
   — al mediodía.
   — a la medianoche.
   — a las seis de la tarde.

4. The day I like most is

   — ayer (yesterday).
   — hoy.
   — mañana.

C. Práctica para la comunicación

1. X, ¿a qué hora llega Ud. a la clase de español?
   Y, ¿qué dice X?

   Llego a la(s) . . .

   X dice que llega a la(s) . . .

2. X, ¿a qué hora almuerza Ud.?
   Y, ¿qué dice X?

3. X, ¿a qué hora estudia Ud. la lección de español?
   Y, ¿qué dice X?

Conceptos gramaticales》》》

17 **Hay** 17 **Hay** 17 **Hay** 17 **Hay** 17 **Hay** 17 **Hay** 17 **Hay**

Hay unos monos en el parque.

There are some monkeys in the park.

Hay dos bebidas.

There are two drinks.

Hay una flor.

There is a flower.

No *hay* sol hoy.
¿*Hay* un perro o un gato?

There's no sun today.
Is there a dog or a cat?

One word in Spanish, **hay**, is equivalent to the two English expressions *there is* and *there are*.

hay =   there is
          there are

Remember, with **hay** you are working with the equivalent concept of *there* plus a form of the verb *to be (is* or *are).*

Ejercicio

Practice using the single word **hay** in practical situations.

Modelo: En su clase de español,   *Hay un profesor.*
        ¿hay un profesor o
        varios profesores?

1. En el mundo, ¿hay seis continentes o diez?

2. En su clase, ¿cuántas ventanas hay?

3. ¿Hay siete días u ocho días en una semana?

4. ¿Cuántas personas hay en su familia?

The verb **ir** 18 The verb **ir** 18 The verb **ir** 18 The verb **ir** 18 The verb **ir** 18 The verb

¿Cuándo *van* Uds. al cine esta noche?

When *are you going* to the movies tonight?

No *voy* con ellos.

I'm not *going* with them.

Analysis of *ir,* to go, v-

Singular

yo	v	oy	—
tú	v	a	s
usted			
él, ella	v	a	—

Plural

nosotros	v	a	mos
vosotros	v	a	is
ustedes			
ellos, ellas	v	a	n

1. The stem for **ir** in the present tense is **v-**. Note that the **yo** form has **oy** instead of the more usual **o**. The endings used for **ir** in the present tense are those normally used for **A**-type verbs.

2. Almost all forms of the verb **ir** are followed by the preposition **a** which indicates movement or direction to or toward something or somewhere.

3. One way to express an action in the future is **ir + a + infinitive**.

Voy a hablar español.

I'm going to (will) speak Spanish.

Juan va a tomar cerveza ahora.

John is going to (will) drink some beer now.

Ejercicios

A. Practice the forms of **ir** by answering the questions.

Modelo: ¿Van Uds. a la   *Sí, vamos a la discoteca.*
           discoteca?

1. ¿Va ella a la discoteca?

2. ¿Vas tú a México?

3. ¿Va Ud. al cine esta noche?

4. ¿Van ellas a la discoteca?

5. ¿Va Pepe al café esta tarde?

B. Answer according to the model.

Modelo: ¿Va Ud. a estudiar?   *Sí, voy a estudiar.*

1. ¿Va Ud. a escuchar la   4. ¿Va Ud. a bailar esta
   música?   noche?

2. ¿Va Ud. a sacar los   5. ¿Va Ud. a decidir
   apuntes?   mañana?

3. ¿Va Ud. a tomar una
   cerveza?

Contraction of *a* + *el*

Los alumnos hablan *al* profesor.	The students talk *to the* teacher.
Juan entra *al* café.	John goes in*to the* café.
El profesor da el libro *al* chico.	The teacher gives the book *to the* boy.

1. There is a mandatory contraction between the preposition **a** and the article **el: a + el → al.**

2. There is no contraction between **a** and **la: a la orden, a la escuela.** The article **el** is different from the pronoun **él.** There is no contraction between **a** and **él.**

Ejercicio

Make ten meaningful sentences using appropriate items from the following list. Remember the contraction rule with **a.**

	I	II	III	IV
	Ustedes	va		
	El señor Blanco	van		el profesor
	Tú	vas	a	la chica
	Pablo y yo	vamos		los estudiantes
	Mi amigo	voy		la clase de español
	Tula y Pepa	hablan		la universidad
		habla		el cine
		hablamos		las niñas
		hablas		el café

Contraction of *de* + *el*

El libro es *del* profesor.

The book is *the* teacher's.

Hablamos *del* torero.

We're talking *about the* bullfighter.

El viento viene *del* oeste.

The wind comes *from the* west.

1. There is a mandatory contraction between the preposition **de** and the article **el: de** + **el** → **del.**

2. There is no contraction between **de** and **la: de la escuela.** There is also no contraction between **de** and **él: la familia de él** *his family (the family of him).*

Ejercicio

Practice making the appropriate contractions.

Modelo: Van ___ cine.   *Van al cine.*
       (a el)

1. El es ___ Café Tío Pepe.
   (de el)

2. Voy ___ Café Don Enrique.
   (a el)

3. Vemos ___ profesor.
   (a el)

4. La historia ___ mundo es
     (de el)
   muy extensiva.

5. El amigo ___ profesor
     (de el)
   es interesante.

The verb **estar** 20 The verb **estar** 20 The verb **estar** 20 The verb **estar** 20 The verb **estar**

Estoy de paseo con mi novia.

I'm out strolling with my girlfriend.

¿Cómo *estás?*

How *are you?*

Están en el café.

They're in the cafe.

Segunda Vista:
México

49

Analysis of *est-a-r,* **to be** *est-*

Singular   *Plural*

yo	est	oy	—		nosotros	est	a	mos
tú	est	á	s		vosotros	est	á	is
usted					ustedes			
est	á	—			est	á	n	
él, ella					ellos, ellas			

1. Another **A**-type verb with this pattern is **dar** *(to give).*

2. **Estar** may be used in many ways. It can indicate location, position, conditional and transitory circumstances, temporary conditions, and opinions based on unexpected conditions. These uses are reflected in several types of complements employed with **estar.**

Subject	*Verb*	*Complement*
Juan	está	bien.
Los chicos	están	en el parque.
Usted	está	en la escuela.
Mis padres	están	aquí.
El profesor	está	en la clase con los alumnos.
El taco	está	bueno.
(Nosotros)	estamos	de paseo.
(Yo)	estoy	enfermo (sick).

Ejercicio

Answer the following questions.

Modelo: ¿Dónde está usted ahora? ¿En clase o en casa?   *Estoy en clase.*

1. ¿Cómo estás? ¿Bien o mal?

2. ¿Dónde está tu amigo? ¿Con otra persona o solo?

3. En el diálogo, ¿dónde están los muchachos? ¿En un café o en una discoteca?

The verb **ser** 21   The verb **ver** 21   The verb **ver** 21   The verb **ver** 21   The verb **ver** 21

Analysis of *v-e-r,* **to see** *v-, ve-*

Singular   *Plural*

yo	ve	o	—		nosotros	v	e	mos
tú	v	e	s		vosotros	v	e	is
usted					ustedes			
v	e	—			v	e	n	
él, ella					ellos, ellas			

1. Most verbs in Spanish are regular. However, there are a few common verbs that have a change in their stem. These are called stem-changing verbs.

2. **Ver** is a two-stem verb. The two stems are **v-**, and **ve-**. Note that **ve** is used only in the **yo** form. The regular **E**-type endings apply.

3. In word lists or in dictionaries you will often see a letter after a verb. This is to remind you that the verb has a stem change (e.g., **pedir (i)** indicates that in the present tense **ped-** becomes **pid-** in some forms).

Ejercicio

Make new sentences based on the cue words in parentheses. (Do not use cue words in your responses.)

Modelo: Veo el programa de → *Ves el programa de*
televisión. (tú)   *televisión.*

(yo, los alumnos, el estudiante, mi amigo, nosotros, mi padre y yo, tú)

Analysis of *dec-i-r (e → i)*, to say *dec-, dic-, dig-*

Singular				Plural			
yo	dig	o	—	nosotros	dec	i	mos
tú	dic	e	s	vosotros	dec	—	ís
usted	dic	e	—	ustedes	dic	e	n
él, ella				ellos, ellas			

1. **Decir** has three stems, **dec-**, **dic-**, and **dig-**. Note that there is a **g** in the **yo** form. The usual **I**-type endings apply.

2. Another verb whose stem **e** changes to **i** is **pedir**. See **concepto gramatical** 45.

Ejercicio

Create sentences based on the model.

Modelo: Digo que él es   → *Dices que él es agradable.*
agradable. (tú)

(nosotros, los policías, las americanas, yo, Uds., tú, el mesero)

Analysis of *ten-e-r (e → ie)*, to have *ten-, tien-, teng-*

Singular				*Plural*			
yo	teng	o	—	nosotros	ten	e	mos
tú	tien	e	s	vosotros	ten	é	is
usted	tien	e	—	ustedes	tien	e	n
él, ella				ellos, ellas			

1. Like **decir, tener** is a three-stem verb. Note the **g** in the **yo** form. **Ten-**, the infinitive stem, is used in the **nosotros** and **vosotros** forms. The usual **E**-type endings apply. Stress falls on the **e** of **tien-**.

2. See **concepto gramatical** 41 for other verbs of the type **e → ie.**

Ejercicio

Create sentences, following the model.

Modelo: Tiene 10 pesos. (yo) → *Tengo 10 pesos.*

(ellos, yo, tú, nosotros, ustedes, mi padre, el presidente)

Una vista del idioma español

Sounds

Spanish vowels, **a, e, i, o, u,** are pronounced in a crisp, short, clear and concise manner. The pronunciation of these may give the English speaker the impression that they are cut short.

Speakers whose native language is English sometimes have a little difficulty pronouncing Spanish vowels because English vowels are more relaxed and lengthened and because the pronunciation of the vowels in English changes according to stress. In Spanish, stress does not change the pronunciation of the vowels.

Imitate the model pronunciation of these Spanish vowel pairs. The only difference between the words is the sound of one vowel.

1. /a/ and /e/
seda   sede
mesas   meses
sobras sobres

2. /a/ and /i/
nadar   nidar
paquete piquete
casa   casi

3. /a/ and /o/
malar molar
calor color
pesas pesos

4. /a/ and /u/
gastar gustar
cañada cuñada
barrita burrita

5. /e/ and /i/
seseo siseo
penar pinar
emite imite

6. /e/ and /o/
pases pasos
preposición proposición
cabes cabos

7. /e/ and /u/
legar lugar
anelar anular
pechero puchero

8. /i/ and /o/
mirar morar
lisar losar
pisada posada

9. /i/ and /u/
filero fulero
pidiendo pudiendo
ligar lugar

10. /o/ and /u/
lonita lunita
tope tupe
acosar acusar

As you may have noticed, the Spanish letter **h** does not represent any sound: for example, ~~h~~ablo, ~~h~~ijo, ~~h~~oy, ~~h~~asta, ~~h~~ora, ~~h~~acer.

Capitalization

The rules for capitalization in Spanish and English are generally the same. The following shows ways in which capitalization in Spanish differs from that in English.

1. Nouns and adjectives of nationality are not capitalized: **el chico mexicano, los americanos, el inglés.**

2. The names of the days of the week and of the months of the year are not capitalized: **el jueves, el cuatro de julio.**

3. Titles, such as **señor, señora,** and **señorita,** are not capitalized when spelled out, but their abbreviations are: **señor → Sr., señora → Sra., señorita → Srta.**

Comunicación/ Personalización

Entrevista

Preguntas	Oral	Escrito
1. ¿Quién eres?	Soy (name).	Es _____
2. ¿De dónde eres?	Soy de . . .	Es de _____
3. ¿Tienes muchos o pocos amores?	Tengo . . .	Tiene _____

Preguntas	Oral	Escrito
4. ¿Cómo estás? ¿Bien o mal?	Estoy . . .	Está _____
5. ¿Vives cerca de aquí o lejos de aquí?	Vivo . . .	Vive _____

Actividades personales

A. Rank the following by giving your first, second, and third choices for each item.

1. Estudio más
   — por la mañana.
   — por la tarde.
   — por la noche.

2. Escucho bien
   — por la mañana.
   — por la tarde.
   — por la noche.

3. Tomo mucho café
   — por la mañana.
   — por la tarde.
   — por la noche.

4. Escucho música
   — por la mañana.
   — por la tarde.
   — por la noche.

5. Estoy más cansado(a)
   — a las ocho de la mañana.
   — a las cuatro de la tarde.
   — a las once de la noche.

6. Estoy más incómodo(a)
   — en enero.
   — en junio.
   — en octubre.

7. Soy más agradable
   — por la mañana.
   — por la tarde.
   — por la noche.

8. Estoy cansado(a)
   — por la mañana.
   — por la tarde.
   — por la noche.

9. Estoy contento(a) cuando estoy
   — en una iglesia (church)
   — en clase.
   — en un café.

10. Estoy descontento(a) cuando estoy
    — en casa.
    — en clase.
    — en la biblioteca (library).

11. Estoy más contento(a)
    — en la casa de mis abuelos.
    — en la casa de mis amigos.
    — en la casa de mis tíos (aunt and uncle).

12. Estudio más
    — los sábados.
    — los domingos.
    — los miércoles.

B. Invent a verb phrase, based on any imaginative idea that comes to mind. If you cannot say it in Spanish, say it in English and the teacher will translate it. Use the **-r** form of the verb.

Modelos: Algún día voy a *viajar a la luna* (travel to the moon).
Algún día voy a *negociar la paz del mundo* (negotiate peace in the world).

Algún día voy a _____.

◀◀◀ Sección cultural

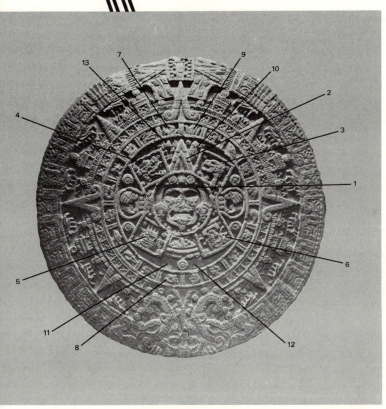

El calendario azteca o la piedra del sol

El nombre del calendario es la Jícara del Águila.

Jícara del Águila: Eagle's Cup

Pero aquí (en esta sección) el nombre que usamos es el calendario azteca o la piedra del sol.

piedra: stone

El calendario pesa veinticinco toneladas y mide 3.60 metros de diámetro. Ahora la

mide: measures

piedra está en el Museo Nacional de Arqueología en la ciudad de México. La cara (1)[1] representa el Sol, amo del cielo y de los fenómenos del universo. Las figuras en ''Λ'' (2) representan los rayos del sol. Hay cuatro soles que representan las cuatro épocas cosmogónicas: el sol del jaguar (3), el sol del viento (4), el sol de la lluvia de fuego (5) y el sol del agua (6).

amo: master
cielo: sky

rayos: rays

cosmogónico: cosmogonic (refers to theory of creation of earth)
lluvia de fuego: fire-rain

agua: water

Hay veinte días en un mes y cada día representa un nombre. Por ejemplo, el día uno es el cocodrilo (7) y el día diez es el perro (8). El día veinte, la flor (9), es el último día del mes.

cocodrilo: crocodile

Finalmente las cuatro direcciones están indicadas: el norte lleva (tiene) un símbolo de una daga (10), la lluvia simboliza el sur (11), el mono representa el oeste (12) y un mensajero (13) es el este.

daga: dagger

mensajero: messenger

Preguntas

1. ¿Cuáles son los tres nombres del calendario?

2. ¿Cuánto pesa la piedra?

3. ¿Cuánto mide?

4. ¿Dónde está el calendario azteca?

5. ¿Qué representa la cara?

6. ¿Qué representan los rayos del sol en el calendario?

7. ¿Cuántos soles hay?

8. ¿Qué representa cada sol?

9. ¿Cuántos días hay en un mes azteca?

10. ¿Es el día diez el día de flor?

11. ¿Qué día es el último del mes azteca?

12. ¿Qué lleva cada día?

13. ¿Qué símbolo representa el norte?

14. ¿Qué simboliza el sur?

15. ¿Qué representa el oeste?

16. ¿Cuál es el símbolo del este?

1. The numbers used refer to figures on the calendar on page 55.

Vocabulario

Nouns

el agua
el amo
el animal
la biblioteca
la bebida
el calendario
la casa
el centro
el cielo
el cine
la ciudad
el cocodrilo
el continente
la daga
el día
el diámetro
la dirección
la discoteca
el dormitorio
la época
el este
la familia
el fenómeno
la figura
la flor

el fuego
el gusto
la hora
la iglesia
la luna
la lluvia
la medianoche
el mediodía
el mensajero
el mes
el miembro
el minuto
el mono
el museo
la música
la noche
el nombre
el norte
la nuez
 (las nueces)
el oeste
el parque
la película
la persona
el perro
la piedra

el programa
el segundo
la semana
el sol
el sur
la tarde
la tonelada
el universo
el viento

Verbs

abrir *abierto*
almorzar (ue)
aprender
beber
comer
comprender
correr
creer
dar
decidir
decir (i) *dicho*
descansar
escribir *escrito*
estar
hacer *hecho*

hay
ir
jugar (ue)
leer
llegar
medir (i)
mirar
negociar
partir
permitir
querer (ie)
recibir
representar
responder
simbolizar
sufrir
tener (ie)
trabajar
usar
vender
venir (ie)
ver *visto*
viajar
vivir

Adjectives

algún/alguna
cada
cansado
cierto
diario
encantado
enfermo
ese/esa
este/esta
media
mío
norteamericano
próximo
su/sus
todo
último

Adverbs

acá
ahora
ayer
cuando
fines de

hoy
más
temprano

Pronouns

nada

Prepositions

a eso de
conmigo

Expressions

a la orden
a tiempo
en punto
los días
lunes
martes
miércoles
jueves
viernes
sábado
domingo

TERCERA VISTA: VENEZUELA

 **Al principio**

In this lesson you'll be introduced to the theme of student dissent in a Latin American university. In the dialog the students protest the quality of the food in their **cafetín**. In the **Sección cultural** you'll read about a situation that caused a protest. As you progress through the unit

you'll learn	so look for
1. how to say something is happening now	1. *Están saliendo* del edificio. *Estoy practicando* ahora.
2. some useful verbs that are slightly irregular	2. María *hace* la comida pero no *hago* nada.
3. how to use the verbs **ser** and **estar**	3. *Es* de la Argentina. *Está* en la Argentina.
4. to use the ''personal **a**'' before a person object	4. Veo *a* Juan. Busco *a* mi novia.
5. how to form questions with a preposition and interrogative word	5. ¿*A qué* hora? ¿*Para quién* es? ¿*De dónde* es?

You'll also interview your fellow students and discuss what you think about student protest. By the end of the unit you will have learned some practical vocabulary about aspects of student life. **¡Adelante, pues!**

En la universidad

Onorio, un estudiante de derecho de la Universidad Católica ''Andrés Bello'', en Caracas, está visitando a su amigo Gustavo en la Universidad Central de Venezuela, también situada en Caracas. Están paseando por la universidad cuando ven a unos estudiantes saliendo de los edificios, viniendo de todas partes para asistir a una manifestación estudiantil.

Onorio, a law student from Catholic University ''Andrés Bello,'' in Caracas, is visiting his friend Gustavo at the Central University of Venezuela, also located in Caracas. They are walking through the University when they see some students leaving the buildings, coming from everywhere to attend a student demonstration.

1. *Onorio:* Oye, ¿qué pasa? ¿Quién es ese tipo que está hablando a ese grupo de estudiantes?

1. Hey, what's happening? Who's that guy talking to that group of students?

Tercera Vista:
Venezuela

2. *Gustavo:* Creo que es el decano de la Facultad de Ingeniería. Está explicando a los estudiantes que están tratando de mejorar las comidas en el cafetín.

3. *Onorio:* Pues, no están escuchando. Desgraciadamente denuncian la calidad de la comida. Pienso que deben protestar la calidad de la vida.

2. I think he's the dean of the School of Engineering. He's explaining to the students that they're trying to upgrade the meals in the cafeteria.

3. Well, they're not listening. Unfortunately, they are condemning the quality of food. I think they should protest the quality of life.

4. *Gustavo:* Bueno, . . . pensando en la comida, vamos al cafetín para pasar un rato probando, gustosamente, un sandwich. Pero vamos al cafetín de "Derecho". Está más tranquilo allí.

4. Okay, . . . thinking about food, let's go to the cafeteria and spend some time eating a good sandwich (spend a while trying, deliciously, a sandwich). But let's go to the Law School cafeteria. It's quieter there.

Tercera Vista: Venezuela

Notas culturales

1. In most of Latin America **tipo** means *guy*. In Chile one uses **gallo** to make the same comment. In Mexico they say **cuate** or **tipo**. **Tío** is usually said in Spain.

2. In most Spanish-speaking countries there are at least three types of universities: public, private, and technical. The latter are career-oriented; for example, there are schools of commerce, law, engineering, mining, and agriculture. Students often live at home or in apartments in the city and commute to the university.

3. Often each different school and college within a university has a cafeteria and bar for the faculty and students.

4. Caracas, the capital of Venezuela, which means little Venice, is a large, growing metropolitan city. It is surrounded by beautiful mountains and is situated approximately ten miles from the coast. Venezuela is rich in oil and has a large quantity of iron ore in the Orinoco basin. Venezuela has one of the highest annual per capita incomes: approximately one thousand U.S. dollars.

5. One of Venezuela's national heroes is Simón Bolívar. Under his leadership, Colombians and Venezuelans secured their independence in 1821. Bolívar dreamed of a free and united Latin America. His dream did not come true partly because of the mountain and jungle barriers as well as the problems of transportation and communication that separate the regions. Once independence from Spain was earned for Venezuela and Colombia, Bolívar's troops helped liberate Ecuador, Peru, and Bolivia.

6. El **cafetín de Derecho** could be a play on words. **Derecho** refers to *law* (as in *law school*); and as a play on the word, it could mean the *political right wing* **(la derecha)**. *Political right-wingers* and *left-wingers* are **derechistas** and **izquierdistas** respectively.

Observaciones

Look at the dialog. ¿Cómo se dice en español?

1. The cafeteria meals
2. Thinking about food
3. The dean is explaining
4. Located in Caracas
5. They are not listening.
6. It is quieter there.
7. To attend a student demonstration
8. I think (believe) that . . .

Repaso del diálogo

Preguntas

1. ¿Qué estudia Onorio en la Universidad Católica?
2. ¿De qué facultad es el decano?

3. ¿Qué ven los dos amigos cuando están paseando por la universidad?

4. ¿Qué está explicando el decano a los estudiantes?

5. ¿Qué denuncian los estudiantes?

6. ¿Qué deben protestar los estudiantes?

7. ¿A dónde van para comer?

8. ¿Qué van a probar en el cafetín?

9. ¿Cómo está el cafetín de la Facultad de Derecho?

Ejercicios gramaticales

Answer according to the models.

1. ¿Quién es ese tipo? ¿El decano? *Sí, creo que es el decano.*
   ¿Quién es ese señor? ¿El profesor?
   ¿Quién es esa mujer? ¿La señora de Pepe?
   ¿Quién es esa chica? ¿La secretaria?

2. El decano, ¿está hablando a los estudiantes? *Sí, está hablando a los estudiantes.*
   Onorio y Gustavo, ¿están paseando por la universidad?
   Los estudiantes, ¿no están escuchando al decano?
   Onorio, ¿está visitando a su amigo Gustavo?
   Los oficiales, ¿están tratando de mejorar las comidas?

3. ¿A quién ve Ud.? ¿A Roberto? *Sí, veo a Roberto.*
   ¿A quién escucha Ud.? ¿Al decano?
   ¿A quién explica Ud. el problema? ¿Al decano?

4. X, ¿es Onorio estudiante de derecho o de química? *Es estudiante de derecho.*
   Y, ¿es un grupo de estudiantes o de profesores?
   Z, ¿es la comida de mala calidad o de buena calidad?
   X, ¿es la universidad de buena calidad o de mala calidad?

5. ¿Está tranquilo allí? *Desgraciadamente no, no está tranquilo allí.*

   ¿Está contento allí?
   ¿Está situado allí?
   ¿Está bien allí?

6. X, ¿en qué está pensando Ud.? ¿En la discoteca o en la comida? *Estoy pensando en la comida.*
   Y, ¿en qué está pensando Ud.? ¿En los estudios o en el cine?

Z, ¿en qué está pensando Ud.? ¿En los libros o en la comida?

X, ¿en qué está pensando Ud.? ¿En el decano o en una chica / un chico?

Y, ¿en qué está pensando Ud.? ¿En la biblioteca o en el cafetín?

7. X, ¿qué piensa Ud., que debemos protestar o estudiar?

Pienso que debemos protestar.

Y, ¿qué piensa Ud., que debemos hablar o escuchar?

Z, ¿qué piensa Ud., que debemos ser agradables o inteligentes?

X, ¿qué piensa Ud., que debemos comer más o comer menos?

8. X, ¿qué está tratando de hacer? ¿Estudiar o jugar?

Estoy tratando de estudiar.

Y, ¿qué está tratando de hacer? ¿Aprender o descansar?

Z, ¿qué está tratando de hacer? ¿Vivir bien o vivir mal?

Conceptos gramaticales ⟩⟩⟩

24 **Ser** vs. **estar** 24 **Ser** vs. **estar** 24 **Ser** vs. **estar** 24 **Ser** vs. **estar**

Both **ser** and **estar** are used as equivalents of the English verb *to be.* The choice of which verb to use in a given situation often *depends on the way the speaker perceives that situation.* You need to practice using these verbs in many different situations. The following are general guidelines for the use of **ser** and **estar.**

Ser

Ser is used to describe *what* or *how* the subject is, characteristically (size, occupation, color, and the like)

Juan Carlos *es* español.	Juan Carlos *is* a Spaniard.
La escuela *es* nueva.	The school *is* new.
La señora Aragón *es* la madre de Pepe.	Mrs. Aragón *is* Joey's mother.
Éstos *son* mis libros de español.	These *are* my Spanish books.
Soy médico.	*I'm* a doctor.
Los carros *son* grandes.	The cars *are* large.

Tercera Vista:
Venezuela

64

Ser is also used to indicate:

* origin.

Es de la Argentina.	She (He) *is* from Argentina.
Somos de los Estados Unidos.	*We're* from the United States.

* ownership, possession.

Los lápices *son* de Pedro.	The pencils *are* Peter's.
La camisa *es* del profesor.	The shirt *is* the professor's.

* the material of which something is made.

La mesa *es* de madera.	The table *is* (made) of wood.
Las paredes *son* de ladrillos.	The walls *are* (made) of bricks.
Somos de carne y hueso.	We *are* (made) of flesh and bone.

* time.

Son las tres.	*It's* three o'clock.
Es la una y veinte.	*It's* twenty after one.

* the days of the week. (Note that the article is not used in this construction.)

Es lunes.	*It's* Monday.

✓ • where or when an event takes place.

La conferencia *es* en Buenos Aires.	The lecture *is* in Buenos Aires.
La fiesta *es* en mi casa.	The party *is* in my house.
El concierto *es* hoy.	The concert *is* today.

Ejercicio

Complete each sentence with the correct form of **ser**.

1. Yo _____ americano.

2. Nosotros _____ estudiantes.

3. El padre de Juan _____ de Colorado.

4. Los hospitales _____ limpios.

5. Esa bebida _____ de Miguel.

6. La UNAM _____ grande.

7. Las casas _____ de cemento.

8. ¿La hora? Pues, _____ las cuatro y media.

9. ¿_____ hoy miércoles?

10. Pepe y yo _____ buenos amigos.

11. La ceremonia de graduación de la universidad _____ en junio.

12. Los problemas políticos _____ complicados.

13. Mi nota _____ un diez. ¡Fantástico!

14. Los juegos olímpicos _____ cada cuatro años.

Estar

Estar is used to describe conditions dealing with:

• where a subject is.

Federico *está* en Lima.	Fred *is* in Lima.
¿Dónde *están* tus padres?	Where *are* your parents?
Las flores *están* cerca de la ventana.	The flowers *are* near the window.

• how the subject is (at the moment)

El taxi *está* libre.	The taxi *is* unoccupied (free).
María Luisa *está* contenta.	Mary Louise *is* happy.
Hoy el agua *está* fría.	Today the water *is* cold.
Las chicas *están* bonitas hoy.	The girls *are* pretty today.
Estamos felices ahora.	*We're* happy now.
Ahora el cuarto para damas *está* sucio.	Now the ladies' room *is* dirty.

Ejercicio

Complete each sentence with the correct form of **estar**.

1. Mi madre _____ en casa.

2. El presidente y el vicepresidente _____ en Washington.

3. ¡Oye, tú! ¿_____ loco?

4. Los taxis no _____ libres en este momento.

5. Nosotros no _____ enfermos hoy.

6. ¡Caramba, María! Tú _____ muy bonita hoy.

7. ¿Dónde _____ los decanos?

8. ¿_____ contento tú? Sí, yo _____ contento.

Ser and estar

The choice between the use of **ser** and **estar** may depend on how the speaker perceives the situation at the time. For example, Juan, who remembers that María is regarded as a pretty girl, would generally say, **María es bonita.** However, when he sees María dressed up he tells her, **¡Estás bonita!,** because he wants to convey his personal reaction to how she looks at that moment. Still later in the day, Juan thinks to himself that **María es muy bonita. Ser** is used to express the inherent condition or quality of someone or something. **Estar** is used to convey how one reacts to a perceived change in that person or thing. Another example may serve here. Your mother's cooking is usually good. Today she makes a soup that you like very much. To express your positive reaction to it you say, **La sopa está muy buena.** In general, you know that most soup is good for you **(La sopa es buena).** Generally, **estar** would be used when a change of some kind takes place: **La Sra. está enferma. Ser** would be used when no change is involved: **Antonio es argentino.**

María está bonita   María es bonita.

Ejercicio

Complete each sentence with an appropriate form of **ser** or **estar**.

Modelos: _____ la una.   *Es la una.*
         ¿Dónde _____ el   *¿Dónde está el café?*
         café?

1. ¿De qué ciudad _es_ el Presidente de México?

2. El concierto de ''Rock'' _es_ mañana.

3. ¿_____ de paseo Uds.?

Es

4. _____ importante estudiar mucho.

está

5. Mi novio no _____ contento conmigo.

es

6. Mi padre no _____ policía.

es

7. ¿No _____ verdad?

es

8. La bomba atómica _____ de plutonio.

está

9. El cuarto para caballeros _____ a la derecha.

esta

10. El café no _____ frío.

esta

11. La discoteca _____ en la calle Hermosillo.

es

12. El guru Maharishi _____ de la India.

está

13. El cuarto para damas _____ a la izquierda.

esta

14. Mi mejor amigo _____ de paseo con mi novia.

eres

15. Tú _____ americana.

esta

16. Juan _____ aquí en la clase.

son

17. ¿De dónde _____ ellos?

esta

18. ¿Dónde _____ la clase?

soy

19. Yo _____ de Buenos Aires.

person singular 25 Verbs ending in -**go** in the first person singular 25 Verbs ending in th

No ten*go* tiempo ahora.	I don't *have* time now.
Sal*go* de la clase a las nueve.	I *leave* class at nine.
Ven*go* a clase a las ocho.	I *come* to class at eight.
Trai*go* un periódico a mi clase.	I *bring* a newspaper to my class.
Pon*go* una carta en el cajón.	I *put* a letter in the drawer.
Oi*go* la música perfecta- mente.	I *hear* the music perfectly.
Siempre di*go* la verdad.	I always *tell* the truth.
No ha*go* nada.	I don't *do* anything.

Some verbs end in -**go** in the first person form of the present tense and may be considered as part of a special category.

Ejercicio

Answer the following questions.

1. ¿Qué tiene Ud.? ¿Buena   *Tengo* . . .
   suerte o mala suerte?

2. ¿Qué tiene Ud.? ¿Frío o calor?

3. ¿Con quién sale Ud.? ¿Con chicos o chicas?

4. ¿A qué hora sale Ud. para el cine? ¿A las siete o a las nueve?

5. ¿Cuándo viene a la escuela? ¿Por la mañana o por la tarde?

6. ¿Qué trae Ud. a la clase? ¿Un libro o una pistola?

7. ¿Dónde pone Ud. el sombrero? ¿En la mano o en la cabeza?

8. ¿Dónde pone Ud. un cigarro? ¿En la boca o en la oreja?

9. ¿Qué oye Ud. en un concierto? ¿La música o el alfabeto?

Un estudiante *está visitando* a su amigo.	A student *is visiting* his friend.
Están paseando por la universidad.	They *are walking* through the university.
¿Quién es ese señor que *está hablando?*	Who is that man who's *talking?*
Están tratando de mejorar las comidas.	They *are trying* to better the meals.
Pues, no *están comiendo* ahora.	Well, they're not *eating* now.
En este momento *estoy leyendo* en español.	Right now I'm *reading* in Spanish.

Progressive forms

Verb types	Verb stem	Theme vowel	Progressive ending	
A	escuch-	-a-	-ndo	listening
E	com-	-ie-	-ndo	eating
I	abr-	-ie-	-ndo	opening

Progressive tense with *estar*

estar	-ndo	Infinitive	Progressive	English
estoy		hablar	hablando	speaking
estás		escribir	escribiendo	writing
está		caer	cayendo	falling
estamos	pensando	traer	trayendo	bringing
estáis		oír	oyendo	hearing
están		leer	leyendo	reading

Tercera Vista:
Venezuela

69

El profesor da conferencias pero no da tareas.
"¿Por qué no estoy de vacaciones?

1. In the progressive tense, only the verb **estar** is conjugated and varies according to the subject of the sentence. The progressive form **(-ndo)** does not vary. (The Spanish -**ndo** is somewhat equivalent to the English -*ing*.)

2. Some verbs are seldom used in the progressive form with **estar** (e.g., **ser, ir, estar, venir**). For example, one does not ordinarily say **está viniendo,** but **viene**; also, one usually says **voy,** not **estoy yendo.**

3. Some **E**- and **I**-type verbs require a spelling change in the -**ndo** form to maintain the correct pronunciation (e.g., **cayendo, leyendo, oyendo,** and **trayendo**). A few verbs have other sound changes, such as **dormir → durmiendo.**

4. The progressive tense is used to express the idea that something is happening (the action is in progress) at the moment. It is not used in Spanish as much as in English.

5. The -**ndo** form can stand without **estar** in certain contexts (e.g., **Durmiendo, es un ángel,** *When sleeping, he's an angel.*).

Ejercicios

A. Choice-type questions with **estar -ndo**

Modelo: ¿Estamos hablando   *Estamos hablando en*
        en español o en   *español.*
        inglés?

1. ¿Está Ud. pensando en la lección o en una persona?

2. ¿Está Ud. trabajando por una nota alta o una nota baja?

3. ¿En este momento están Uds. estudiando o comiendo?

4. ¿Estamos practicando español o inventando la bomba atómica?

5. ¿Qué estoy viendo? ¿Una clase de estudiantes o un grupo de monos?

6. ¿Está dando el profesor una conferencia o un ejercicio?

B. Choice-type questions with the **-ndo** form without **estar**

Modelo: ¿Cómo protestas en la universidad, ocupando los edificios o hablando con el decano? *Protesto hablando con el decano.*

1. ¿Cuándo piensas más, yendo a la escuela o volviendo a casa?

2. ¿Cómo pasas el tiempo, comiendo en el cafetín o tomando bebidas en la cantina?

3. ¿Cómo pasas el tiempo libre, pensando o protestando?

4. ¿Cómo pasas las vacaciones, leyendo novelas o durmiendo?

5. ¿Cómo pasas los sábados, estudiando o descansando?

C. Práctica para la comunicación

Modelo: X, ¿qué está haciendo ahora? ¿Pensando en el ejercicio o en sus problemas personales? *Estoy pensando en mis problemas personales.*

Y, ¿qué dice X? *X dice que está pensando en sus problemas personales.*

1. X, ¿en este momento está Ud. protestando o practicando?
Y, ¿qué dice X?

2. X, ¿ahora está Ud. denunciando al decano o pensando en la lección?
Y, ¿qué dice X?

3. X, ¿está Ud. trabajando en la clase o comiendo tacos?
Y, ¿qué dice X?

4. X, ¿está Ud. escuchando al profesor o probando un sandwich?
Y, ¿qué dice X?

5. X, ¿ahora está Ud. mejorando su vida o durmiendo en clase?
Y, ¿qué dice X?

6. X, este año, ¿está Ud. aprendiendo mucho o poco?
Y, ¿qué dice X?

Escucho *a* María.	I listen to Mary.
El profesor ve *a* los estudiantes.	The professor sees the students.
¿*A* quién ves?	Whom do you see?
¿Visitas *a* tu abuelo?	Do you visit your grandfather?
Él conoce *a* todo el mundo.	He knows everybody (''the whole world'' is personified).
Veo *a*l señor García.	I see Mr. García.

When the object of a verb is human or personified, an untranslatable **a** is used before the object.

Ejercicio

Read the following sentences and determine when you should use the personal **a**.

1. Juan escucha _____ la música.

2. No oigo _____ Gustavo.

3. Vemos _____ el edificio.

4. Sacamos _____ muchas notas sobresalientes.

5. Pongo _____ el dinero en la chaqueta.

6. Visitamos _____ los abuelos.

7. Miro _____ mi novio(a).

8. ¿Vas a estudiar _____ México? (not personified)

Los colores

blanco, -a: white	gris: gray
negro, -a: black	anaranjado, -a: orange
azul: blue	rosado, -a: pink
rojo, -a: red	azul marino: navy blue
verde: green	azul claro: light blue
morado, -a: purple	azul oscuro: dark blue
amarillo, -a: yellow	verde claro: light green
marrón (café): brown	verde oscuro: dark green

Entremés ⟫⟫⟫

La ropa

Unas prendas de ropa (Some articles of clothing)

el traje: suit
el pantalón: pants
los pantalones: pants, trousers
la camisa: shirt
la corbata: tie
el cinturón: belt
los zapatos: shoes
los calcetines: socks
la chaqueta: jacket
la chaqueta de sport: sportcoat
la chamarra: leather jacket
la ropa interior: underclothes
la camiseta: undershirt
los calzoncillos: briefs
el abrigo: overcoat
zapatillas: sneakers, slippers

el impermeable: raincoat
el vestido: dress
la falda: skirt
el sombrero: hat
la gorra: cap
la bufanda: scarf
la bolsa: purse
la billetera: wallet
las medias: stockings (hose)
los aretes: earrings
el collar: necklace
el pañuelo: handkerchief
el chaleco: vest
el bolsillo: pocket
el sobretodo: overcoat
las gafas, los anteojos: glasses

Ejercicio

Create several phrases by combining various articles of clothing and various colors from the preceding lists.

Modelos: *los zapatos negros*
una blusa blanca
una billetera marrón

Palabras útiles

¿Le interesa . . . ?: Are you interested in . . . ?
Le queda bien.: It fits you well.
la talla: size
¿Qué talla es Ud.? What's your size?
el nilón: nylon
la lana: wool
el algodón: cotton
la fibra sintética: synthetic fiber
estrecho, -a: narrow
ancho, -a: wide
de ancho: in width
de largo: in length
con forro: with lining
ligero, -a: light (weight)

barato, -a: inexpensive
caro, -a: expensive
largo, -a: long
corto, -a: short
el dependiente: clerk
¿En qué puedo servirle?: May I help you?
supongamos: let's suppose
cualquier: any(one)
puede: (you) can
pobre: poor
rico, -a: rich
el hombre: man
dólar, dólares: dollar(s)
centavos: cents
$1.50 (un dólar con cincuenta centavos): a dollar fifty

Ejercicios

A. Modelo: X, ¿tienes tú   *Sí, tengo un traje.*
            un traje?
            ¿Cuánto   *Cuesta más o menos*
            cuesta, más   *cuarenta y nueve dólares*
            or menos?   *con cincuenta centavos.*

1. X, ¿tienes tú un impermeable?
   ¿Cuánto cuesta, más o menos?

2. X, ¿tienes tú una chaqueta?
   ¿Cuánto cuesta, más o menos?

3. Z, ¿ . . . ?
   ¿ . . . ?

B. Modelo: X, ¿tienes una   *Sí, tengo una camisa.*
            camisa?
            ¿Te queda bien?   *Sí, me queda bien.*

1. X, ¿tienes un par de zapatos buenos?
   ¿Te quedan bien?

2. X, ¿tienes un abrigo?
   ¿Te queda bien?

3. X, ¿ . . . ?
   ¿ . . . ?

C. Modelo: ¿Qué zapatos   *Llevo zapatos . . .*
            llevas tú?
            ¿Claros u
            oscuros?

1. ¿Qué chaqueta llevas? ¿Una chaqueta barata o cara?

2. ¿Qué cinturón llevas? ¿Uno ancho o uno estrecho?

3. ¿Qué vestido llevas? ¿Uno largo o uno corto?

4. ¿Qué calcetines llevas? ¿De lana, de algodón, o de fibra
   sintética?

5. ¿Qué pantalones llevas? ¿Unos pantalones caros o baratos?

6. ¿Qué pantalones llevas? ¿De fibra sintética o de algodón?

D. Modelo: ¿De qué color   *Es anaranjada.*
            es su chaqueta?

1. ¿De qué color es su camisa?

2. ¿De qué color es su vestido?

3. ¿De qué color son sus zapatos?

4. ¿ . . . ?

Una situación práctica

Supongamos que usted quiere comprar una prenda de ropa. Usted va a una tienda grande. El dependiente dice, "¿En qué puedo servirle?" Usted dice la prenda de ropa que quiere y el color que le interesa.

Profesor	Estudiante
Modelo: X, ¿en qué puedo servirle?	Quiero *una camisa azul*.
Y, ¿en qué puedo servirle?	Quiero _____ . . .
Z, ¿ . . . ?	

Una situación de fantasía

Supongamos que usted es una persona muy pobre. Usted no tiene mucha ropa. Un día un hombre muy rico viene y dice que usted puede tener cualquier prenda de ropa. Él dice: "¿Qué prenda de ropa quiere usted?" Usted contesta: "Quiero _____ ."

⟪ Conceptos gramaticales

Possession with **de** 28 Possession with **de** 28 Posession with **de** 28 Pos

El coche es *de Juan*.   The car is *John's*.

La camisa es *del profesor*.   The shirt is *the teacher's*.

Ejercicios

A. Choice-type questions

Modelo: ¿Es el taco de   *El taco es de Marta.*
María o de Marta?

1. ¿Es Gustavo el amigo de Felipe o de Onorio?

2. ¿Es el calendario de los incas o de los aztecas?

3. ¿Son los zapatos del profesor o de la profesora?

4. El sobretodo, ¿es de Juan o de Miguel?

5. El cafetín, ¿es de los estudiantes o de los decanos?

6. La bufanda, ¿es de María o del torero?

7. Ese vestido, ¿es de la madre de María o de Juanita?

8. La nueva bomba atómica, ¿es de los chinos o de los rusos?

B. Sentence combination

Modelo: Juan tiene un   *El sombrero de Juan es*
        sombrero. / El   *grande.*
        sombrero es
        grande.

1. María tiene una blusa. / La blusa es azul.

2. El mesero tiene un cinturón. / El cinturón es negro.

3. El muchacho tiene un sobretodo. / El sobretodo es marrón.

4. Jaime tiene una camisa. / La camisa es roja.

5. Che Guevara tiene una gorra. / La gorra es negra.

6. El abogado tiene zapatos. / Los zapatos son grandes y
   largos.

er + de + noun 29 **Ser** + **de** + noun 29 **Ser** + **de** + noun 29 **Ser** + **de** + noun 29 S

La mesa es *de* madera.   The table is (made) *of* wood.

El vaso es *de* vidrio.   The glass is (made) *of* glass.

La caja es *de* cartón.   The box is (made) *of*
                                 cardboard.

A form of **ser** and **de** plus a noun may be used to express
material (what something is made of).

Ejercicio

Choice-type questions

Modelo: ¿De qué es tu blusa?   *Es de . . .*
        ¿De nilón o de algodón?

1. ¿De qué es la bomba atómica? ¿De plutonio o de cemento?

2. ¿De qué es el coctel molotov? ¿De vodka o de gasolina?

3. ¿De qué es la ventana? ¿De vidrio o de plástico?

4. ¿De qué es el cigarro? ¿De tabaco o de cartón?

5. ¿De qué son las bebidas? ¿De alcohol o de frutas?

6. ¿De qué es el lápiz? ¿De madera o de cartón?

nd interrogatives 30 Compound interrogatives 30 Compound interrogatives 30 Compound in

¿A qué hora . . . ?   At what time . . . ?

¿A qué persona . . . ?   To what person . . . ?

¿Para qué persona . . . ?	For which person . . . ?
¿En qué lugar . . . ?	In which place . . . ?
¿De qué manera . . . ?	In what way . . . ?
¿De qué es . . . ?	What is . . . made of?
¿De quién es . . . ?	Whose is . . . ?
¿Para dónde . . . ?	Toward (To) where (what place) . . . ?

The above are examples of compound interrogatives which are formed when the interrogative element (such as **qué, quién, dónde, cuándo**) is accompanied by a preposition (**de, a, para, con,** and the like.)

Ejercicio

Preguntas prácticas. Students pair off, asking each other these questions.

Modelo: ¿A qué hora comes   *Como a las ocho.*
              en la mañana?

1. ¿A qué hora sales para la universidad?
2. ¿A qué persona das una flor?
3. ¿Para qué personas es la lección de español?
4. ¿En qué edificio estudias tú?
5. ¿En qué ciudad está la capital de los Estados Unidos?
6. ¿De qué manera estudias? ¿En silencio o con música?
7. ¿De qué es la bomba atómica? ¿De aluminio o de plutonio?
8. ¿De qué es la cerveza? ¿De papel o de agua?
9. ¿De quién es la cerveza? ¿De Miguel o de Felipe?
10. ¿Con quién vas al cine? ¿Con niños o con adultos?

ings for nouns 31 Other endings for nouns 31 Other endings for nouns 31 Other endings for

Masculine

el hombre: man
el mar: sea
el señor: mister, man
el reloj: watch
el planeta: planet
el jefe: boss, chief
el cometa: comet

Feminine

la mujer: woman
la mar: sea
la mano: hand
la presidente or la
   presidenta: president
la jefe (jefa): boss, chief
la estudiante: student

what does this mean?

Tercera Vista:
Venezuela

Many masculine gender nouns do not end in **o**. A few feminine gender nouns do not end in **a**. The gender of these nouns must be memorized. Some nouns change meaning depending on whether they are masculine or feminine in gender.

el guía: guide
la guía: directory (telephone)
la coma: comma
el coma: coma, stupor

el policía: policeman
la policía: police force;
         policewoman

Any feminine noun that begins with a stressed **a** or **ha** requires the article **el**, not **la**. In the plural, however, the regular feminine plural article, **las**, is used.

el agua: las aguas (the waters)
el águila: las águilas (the eagles)

el arma: las armas (the arms, armaments)
el aula: las aulas (the classrooms)

The verb **venir** (e → ie) 32

Analysis of *ven-i-r (e → ie)*, to come ven-, veng-, vien-

Singular				Plural			
yo	veng	o	—	nosotros	ven	i	mos
tú	vien	e	s	vosotros	ven	—	ís
usted	vien	e	—	ustedes	vien	e	n
él, ella				ellos, ellas			

The verb **venir** has three stems in the present tense, **veng-** for *I come* and **ven-** and its variant **vien-**. The usual **I**-type endings are added to the stems.

Ejercicios

A. Use a form of **venir**.

Modelo: El mesero viene a → *Vienes a casa temprano.*
       casa temprano. (tú)

(el perro, las amigas, yo, nosotros, tú, María Carmen y Anita, el decano, los novios)

B. Follow the models making the requested changes.
Uds. → nosotros

Modelo: ¿Vienen Uds. del cine?   *Sí, venimos del cine.*

1. ¿Vienen Uds. de la clase?   2. ¿Vienen Uds. del cafetín?

tú → yo

Modelo: ¿Vienes de la oficina?   *Sí, vengo de la oficina.*

3. ¿Vienes a casa?   4. ¿Vienes a las ocho?

ellos (as) → Uds.

Modelo: X, pregúnteles a   *¿Vienen Uds. de la oficina*
esas chicas si   *del decano?*
vienen de la oficina
del decano.

5. X, pregúnteles a esos muchachos si vienen del cafetín.

6. X, pregúnteles a Y y Z si vienen a clase mañana.

él, ella → tú

Modelo; X, pregúntele a Y si   *¿Vienes de una clase de*
viene de una clase   *historia?*
de historia.

7. X, pregúntele a Y si viene del cine.

8. X, pregúntele a Z si viene con nosotros.

Hacer	Poner	Salir
hago	pongo	salgo
haces	pones	sales
hace	pone	sale
hacemos	ponemos	salimos
hacéis	ponéis	salís
hacen	ponen	salen

Hacer

Ejercicios

A. Modelo: Onorio hace → *Haces la comida.*
la comida. (tú)
(yo, María, nosotros, los meseros, el azteca, tú, el jefe,
ustedes)

B. Práctica para la comunicación

Modelo: X, ¿hace Ud. el café   *Hago el café.*
o el sandwich?
Y, ¿qué dice X?   *X dice que hace el café.*

Tercera Vista:
Venezuela

1. X, ¿hacemos la lección en clase o la comida?
   Y, ¿qué dice X?

2. X, ¿hacen los estudiantes una manifestación o una discusión?
   Y, ¿qué dice X?

Poner

Ejercicios

A. Modelo: Juan pone → *Ponemos las flores en la*
   las flores en la *mesa.*
   mesa. (nosotros)

(ellos, yo, mi madre, el señor, usted y yo, los monos, tú)

B. Práctica para la comunicación

Modelo: X, ¿pone el sand- *Pongo el sandwich en la*
   wich en la boca o *boca.*
   en el bolsillo?
   Y, ¿qué dice X? *X dice que pone el sandwich*
   en la boca.

1. X, ¿ponen los meseros la cerveza en la mesa o en el zapato?
   Y, ¿qué dice X?

2. X, ¿dónde ponemos los libros? ¿En la biblioteca o en el sandwich?
   Y, ¿qué dice X?

3. X, ¿dónde pone el profesor el libro? ¿En la mesa o en la cabeza?
   Y, ¿qué dice X?

Salir

Ejercicios

A. Modelo: Los mucha- → *Sales de la discoteca a las*
   chos salen *once.*
   de la discoteca
   a las once. (tú)

(él, yo, ustedes, tú, tus abuelos, nosotros, los jefes, mi amigo)

B. Práctica para la comunicación

Modelo: X, ¿cuándo sale *Salgo para las clases en la*
   Ud. para las clases? *noche.*
   ¿En la mañana o en
   la noche?
   Y, ¿qué dice X? *X dice que sale para las*
   clases en la noche.

1. X, ¿con quién sale Ud. para el cine? ¿Con chicos o chicas?
   Y, ¿qué dice X?

2. X, ¿para dónde salen sus amigos los sábados? ¿Salen para los cines o para las fiestas?
   Y, ¿qué dice X?

# Una vista del idioma español

Syllable stress

Spanish spelling clearly indicates which syllable is stressed. Stress is extremely important in Spanish because it can make a difference in meaning, for example:

estas (these)	estás (you are)
papa (potato)	papá (father)
llamo (I call)	llamó (he called)

The written accent in Spanish is used principally to indicate a change in the normal stress pattern or to distinguish between two words that are alike in other ways.

1. Words ending in a vowel or in **n** or **s** are stressed on the next-to-last syllable.

words ending in a vowel		*words ending in* **n** *or* **s**	
hermano	her-**ma**-no	buenos	**bue**-nos
todo	**to**-do	conocen	co-**no**-cen
boleto	bo-**le**-to	hablan	**ha**-blan
familia	fa-**mi**-lia	estamos	es-**ta**-mos

2. Words ending in a consonant *other* than **n** or **s** are stressed on the last syllable.

usted	us-**ted**	español	es-pa-**ñol**
verdad	ver-**dad**	señor	se-**ñor**
Miguel	Mi-**guel**	caminar	ca-mi-**nar**
practicar	prac-ti-**car**	calor	ca-**lor**

The words in points 1 and 2 show a common Spanish stress pattern. They do not carry a written accent because they follow the normal rule. Spanish words that break the rule need to carry a written accent (in the written form of the language) to inform the reader of the change. Examples: **razón, cortés, perdón, abrió.**

Tercera Vista:
Venezuela

3. All other words require a written accent on the stressed syllable.

sábado   olv**í**deselo

ol**ím**pico   tel**é**fono

4. A written accent is used in Spanish to distinguish words that are spelled the same.

si (if)   sí (yes)   te (you)   té (tea)

mi (my) mí (me)   tu (your) tú (you)

5. Words used for interrogation and exclamation such as **como, cuando, cuanto, que, cual, quien** always carry a written accent when they are used as interrogative and exclamatory words.

¡Qué tontería!   What a stupid (foolish) thing!

¿Cómo dices eso?   How do you say that?

6. The Spanish **i** and **u** when stressed and next to **a, e,** or **o** carry a written accent mark. Example: **días.**

Ejercicios

1. Underline the stressed syllable in the following words.

two syllables	*three syllables*	*four syllables*
pa/pa	bo/le/to	Gua/te/ma/la
lla/mo	es/ta/mos	es/cu/chan/do
gru/po	her/ma/na	ex/pli/can/do
chi/co	de/ca/no	e/de/fi/cios
di/ces	co/mi/das	es/tu/dian/tes

2. Where does the stress fall on the following words? First or second syllable?
hola, señor, estas, todo, usted, carro, piso, oye, vida, verdad

3. Where does the stress fall on the following words? First, second, or third syllable?
muchacho, caminar, español, Colombia, víbora, tratando, cafetín, protestar

4. Underline the stressed syllable in these words.
fábula, fenómeno, jíbaro, pésame, áspero

Pronunciation review

As you recall, the Spanish alphabet includes the letters found in the English alphabet plus the following letters:

ch, ll, ñ, rr.

Imitate your model's pronunciation of the following words:

muchacho	llamo	niño	perro
chico	silla	año	barro
cancha	ella	daño	carro
chasco	llave	leña	rojo
ancho	pilla	cuña	pelirrojo

Communicación/ Personalización

Entrevista

Preguntas	Oral	Escrito
1. ¿Cómo te llamas?	Me llamo . . .	Se llama _____
2. ¿A qué hora sales para la escuela?	Salgo a las . . .	Sale a las _____
3. ¿Qué haces en la noche? ¿Estudias o miras la TV?	En la noche . . .	En la noche _____
4. ¿A qué hora vienes a clase?	Vengo a las . . .	Viene a las _____
5. ¿Qué denuncias más? ¿El alcohol o las drogas?	Denuncio más . . .	Denuncia más _____

Actividades personales

A. Preguntas

1. ¿Cuándo estás más contento(a), dando amor o recibiendo amor?

2. ¿Cuándo estás más nervioso(a), estando en la oficina del dentista o hablando con el profesor?

3. ¿Cómo discutes con otros estudiantes, exagerando los puntos o atacando sus ideas?

4. ¿Cómo decides algo, discutiendo con otros o pensando en su solución?

5. ¿Cómo vas a las clases, corriendo o andando?

6. ¿Cómo quieres estudiar la cultura mexicana, viviendo en México o leyendo libros?

B. Answer the following questions.

1. ¿Cuántas tareas tienes?

2. ¿Qué asignaturas estudias?

3. ¿En qué facultad estudias?

4. ¿Cuánto estudias? ¿Mucho o poco?

5. ¿Dónde estudias? ¿En el café, en casa, en la escuela, o en otro sitio?

Sección cultural 〉〉〉

Protestar es una diversión popular.
Una manifestación estudiantil en la Escuela de Medicina.

Los tomistas en Carabobo, Venezuela

Algunos estudiantes universitarios hoy están ocupando la Facultad de Derecho de La Universidad de Carabobo. Estos estudiantes forman un llamado comité de toma. La mayoría de los alumnos son de unos quince años. Están en la Facultad porque no han aprobado los exámenes de entrada. El grupo estudiantil pide una nueva oportunidad para hacer el examen. De otra manera los estudiantes suspendidos van a perder todo el año escolar.

llamado: so-called
comité de toma: take-over committee
mayoría: majority
porque: because
han aprobado: have passed

entrada: entrance

pide: ask for

de otra manera: otherwise

perder: to lose

escolar: school

Los tomistas están poniendo cadenas en las puertas de la Escuela de Derecho y están pintando numerosas peticiones en las paredes reclamando una nueva oportunidad para presentarse al citado examen.

cadenas: chains

reclamando: requesting
citado: abovementioned, cited

Los estudiantes están consultando con el decano de la Facultad de Derecho, el doctor Joaquín Sánchez. Él dice que legalmente no existe ninguna solución para el conflicto. Pero los tomistas están escribiendo una comunicación a los oficiales universitarios solicitando la reconsideración de una solución justa.

ninguna: not one (any)

Preguntas

1. ¿Qué están haciendo algunos estudiantes universitarios?

2. ¿Qué comité forman estos estudiantes?

3. ¿Por qué están ocupando la Facultad?

4. ¿Qué pide el grupo estudiantil?

5. ¿Quiénes van a perder todo el año escolar?

6. ¿Dónde están poniendo cadenas?

7. ¿Qué están pintando en las paredes?

8. ¿Qué están reclamando?

9. ¿Cómo se llama el decano?

10. ¿Quién está consultando con los tomistas?

11. ¿Qué dice el decano Sánchez?

12. ¿A quiénes están escribiendo una comunicación los tomistas?

13. ¿Qué solución quieren los estudiantes?

Niños venezolanos jugando en el parque.

Vocabulario ⟫⟫⟫

Nouns

el abogado	la billetera	el cajón	la camiseta	el collar	el conflicto
el abrigo	la bolsa	el calcetín	la carne	el coma	la corbata
el algodón	la bufanda	la calidad	la carta	la coma	el cuarto
el año	el caballero	los calzon-	el cartón	la comida	el chaleco
los anteojos	la cadena	cillos	el carro	el comité	la chamarra
el arete	el cafetín	la calle	el cinturón	la comuni-	la chaqueta
	la caja	la camisa	el coche	cación	el decano

el/la depen-
diente
el/la dere-
chista
el derecho
el edificio
la entrada
el examen
la falda
la fibra
la fiesta
el forro
las gafas
la gorra
el grupo
el guía
la guía
el hombre
el hueso
el imper-
meable
la ingeniería
el/la izquier-
dista
la jefa
el/la jefe
la lana

el libro
la madera
la manifes-
tación
la mano
el mar
la mayoría
la media
el médico
la mujer
el nilón
el oficial
la oportu-
nidad
el pantalón
los pantalo-
nes
el pañuelo
la pared
el periódico
la petición
el planeta
el policía
la policía
la presidenta
el presidente
el rato

la reconsi-
deración
el reloj
la ropa
el sandwich
el sobretodo
la solución
el sombrero
la talla
el taxi
el tiempo
el tipo
la toma
el/la tomista
el vaso
la verdad
el vestido
la vida
el vidrio
la zapatilla
el zapato

Verbs

asistir a
aprobar (ue)
caer

consultar
deber
denunciar
existir
explicar
formar
mejorar
ocupar
oír
pasar
pasear
pedir (i)
pintar
poner *puesto*
probar (ue)
protestar
reclamar
salir
solicitar
traer
tratar
visitar

Adjectives

amarillo
anaranjado

ancho
azul
barato
blanco
caro
católico
central
citado
claro
corto
escolar
estrecho
estudiantil
gris
integrado
justo
largo
libre
ligero
limpio
llamado
marino
marrón
morado
negro
ningún
nuevo

numeroso
oscuro
pobre
rico
rojo
rosado
sintético
situado
tranquilo
universitario
verde

Adverbs

desgraciada-
mente
gustosa-
mente
legalmente

Expressions

de otra ma-
nera
¿En qué puedo
servirle?
¿Le interesa
. . . ?

CUARTA VISTA: ARGENTINA

◀◀◀ Al principio

In this chapter we move to Argentina. The dialog will introduce you to some typical use of Spanish in Argentina and other parts of Latin America. The **Sección cultural** gives a panoramic view of the potential and the problem (political and economic) of this large nation. As you progress through the unit

you'll learn

1. how to form direct object pronouns

2. that direct object pronouns can precede or follow **-ndo** and **-r** forms

3. how to form and use possessive adjectives

4. more useful verbs with stem changes

5. how to change sentences that contain a noun and an adjective

so look for

1. Julio *lo* tiene. La policía *nos* busca.

2. *Los* está buscando *or* está buscándo*los;* no *lo* puedo ver *or* no puedo ver*lo.*

3. Hablo con *mi* profesor. David está buscando *sus* libros.

4. Mi novia *quiere* algo. No *queremos* nada.

5. los *estudiantes* están *suspendidos* → los *estudiantes suspendidos*

In addition you'll learn numbers up to **un millón,** the months of the year, and the horoscope sign for each month. You will also find out what the word **argentina** means.

Diálogo

Antes de un examen

Son las ocho de la mañana y David tiene que salir para sus clases pero no sabe dónde están sus libros y está buscándolos. Los pierde a menudo. Pregunta a su mamá y lo bueno es que ella sabe exactamente dónde están.

It's eight o'clock in the morning and David has to leave for his classes. He doesn't know where his books are and he's looking for them. He often loses them. He asks his mother and fortunately (the good thing is that) she knows exactly where they are.

1. *David:* Mamá, ¿vos sabés (tú sabes) dónde están mis libros? Tengo que salir para la universidad y no puedo encontrarlos.

1. Mom, do you know where my books are? I have to leave (for the university) and I can't find them.

2. *Mamá:* Siempre estás estudiando pero no sabés (sabes) dónde ponés (pones) tus cosas.

2. You're always studying but don't know where you put your things.

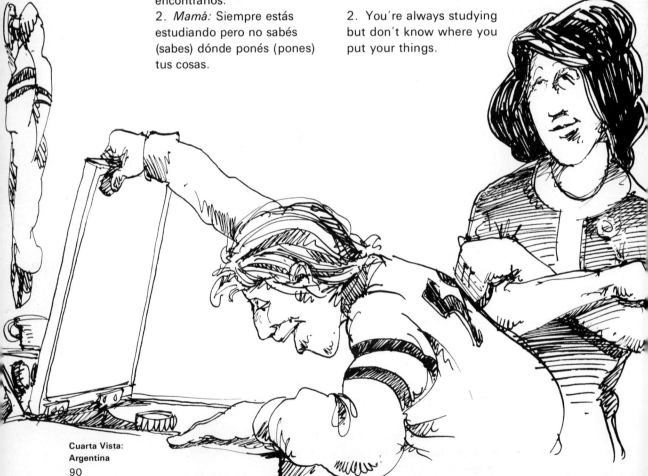

Cuarta Vista:
Argentina

3. *David:* ¡Ay, Mamá! ¡Basta de eso! Pepe viene a buscarme porque tenemos que sufrir un examen en filosofía y queremos llegar temprano.

3. Ah, Mom. Enough. Pepe's coming to get me because we have to take a philosophy exam and we want to get there (arrive) early.

4. *Mamá:* Bueno, hijo. No quiero inquietarte más . . . Están en tu alcoba debajo de la cama, con las revistas. *(David va a su alcoba y los halla debajo de la cama.)*

4. Okay, son. I don't want to worry you any more. They're in your bedroom under the bed, with the magazines. *(David goes to his room and finds them under his bed.)*

5. *David:* ¡Macanudo! Aquí los tengo. Sin los libros no puedo estudiar para el examen. Ahora necesito una lapicera. Mamá, ¿me das tu lapicera?

5. Great! Here they are. (Here I have them.) Without the books I can't study for the exam. Now I need a pen. Mom, would you please give me your pen?

6. *Mamá:* Sí, hijo. Aquí la tenés (tienes). Pero no la pierdas, ¡eh!

6. Yes. Here it is. But don't lose it, o.k.?

7. *David:* Claro que no. De costumbre la guardo en el bolsillo de mi camisa. Chau, Mamá.

7. Of course not. As usual I'll keep it in my shirt pocket. Bye, Mom.

8. *Mamá:* Hasta luego, che. Buena suerte en el examen.

8. So long, che. Good luck on the test.

Cuarta Vista: Argentina

91

Notas culturales

1. In Argentina, as well as in some other Spanish-speaking countries, such as Uruguay, parts of Chile, Costa Rica, and Guatemala, use is made of **voseo,** a term that indicates the use of **vos** in the second person singular instead of **tú.** Stress is also changed on the verb: for example, **vos sabés** instead of **tú sabes** and **vos ponés** instead of **tú pones.** Some words are spelled differently. For example, instead of **tú tienes** one would say **vos tenés.** Instead of **quieres** it would be **querés.** How would the Argentines say: **tú hallas, tú sabes, tú entras, tú pierdes?**

2. Typical Argentine words include: **macanudo,** *fantastic;* **lapicera,** *ball-point pen* (**bolígrago** in Spain, **pluma** in many other Spanish-speaking countries); **che,** *fellow, guy, man;* **regio,** *fantastic, great, far out;* **¡qué plato!,** *how funny, how amusing;* and **chau,** *good-bye, so long.* This expression, from **ciao,** shows the Italian influence on the Spanish language in Argentina.

Observaciones

Look at the dialog again. ¿Cómo se dice en español?

1. He is looking for them.
2. I can't find them.
3. Do you know?
4. Enough of that!
5. Fantastic!
6. Don't lose it *(la lapicera).*
7. Good luck.
8. Here they are.
9. Take an exam.
10. He finds them.
11. He often loses them.

Repaso del diálogo

Preguntas

1. ¿Qué hora es en el diálogo?
2. ¿Quién tiene que salir para sus clases?
3. ¿Qué tiene que hacer David a las ocho de la mañana?
4. ¿Qué está buscando David?
5. ¿Quién sabe exactamente dónde están los libros?
6. ¿Quién viene a buscar a David?
7. ¿En qué materia tiene que sufrir un examen?
8. ¿Cuándo quieren llegar a la universidad?
9. ¿Dónde halla David los libros?
10. ¿Qué no puede hacer sin los libros?
11. ¿Dónde pone David la lapicera?

Ejercicios gramaticales

Answer according to the models. (Conteste según los modelos.)

1. ¿Quién tiene que salir para sus clases? ¿David?   *Sí, David tiene que salir para sus clases.*
   ¿Quién no sabe dónde están sus libros? ¿David?
   ¿Quién está buscándolos? ¿David?
   ¿Quién pregunta a su mamá? ¿David?
   ¿Quién sabe exactamente dónde están los libros? ¿La mamá?

2. ¿Qué tiene que hacer David? ¿Salir para sus clases?   *Sí, tiene que salir para sus clases.*
   ¿Qué tiene que hacer? ¿Sufrir un examen?
   ¿Qué está debajo de la cama? ¿Los libros?
   ¿Qué tiene en su camisa? ¿Un bolsillo?

3. ¿Dónde los pone? ¿En su alcoba?   *Sí, los pone en su alcoba.*
   ¿Dónde los halla? ¿Debajo de la cama?
   ¿Dónde la guarda? ¿En el bolsillo?
   ¿Dónde la pierde? ¿En la universidad?

4. X, ¿tienes tu lapicera?   *Sí, aquí la tengo.*
   Y, ¿tienes tu revista?
   Z, ¿tienes tu petición?
   X, ¿tienes tu bebida?

5. X, ¿estás buscando el libro?   *No, no estoy buscándolo.*
   Y, ¿estás buscando la bomba atómica?
   Z, ¿estás buscando las pistolas?
   X, ¿estás buscando los pesos argentinos?

6. X, ¿qué necesita Ud. en el examen?   *En el examen, necesito buena suerte.*
   Y, ¿qué necesita en la vida?
   Z, ¿qué necesita en la universidad?
   X, ¿qué necesita en el conflicto?

7. ¿Me das[1] tu lapicerca?   *Sí, aquí la tienes.*
   ¿Me das tu pluma?
   ¿Me das tu petición?

8. ¿Nos das el libro?   *Sí, aquí lo tienen.*
   ¿Nos das el calendario?
   ¿Nos das el número de teléfono?
   ¿Nos das el sandwich?

1. A polite way of asking for something. **¿Me das el libro?**, *Will you give me the book? Please* is implied.

9. Tengo las revistas.   ¿Me las da Ud.?
   Tengo las pistolas.
   Tengo las nueces.
   Tengo las fotos.

10. X, ¿sabe Ud. la verdad?   Sí, yo la sé.
    Y, ¿sabe Ud. la dirección?
    Z, ¿sabe Ud. la respuesta?
    X, ¿sabe Ud. la lección?

11. ¿Me ve bien?   Claro que sí.
    ¿Me entiende bien?
    ¿Me oye bien?

Conceptos gramaticales ⟫⟫

Tengo *un libro*.	I have *a book*.
Juan busca *una camisa*.	John is looking for *a shirt*.
El profesor da *la conferencia*.	The professor gives *the lecture*.
Escuchamos *la música* en casa.	We listen to *the music* at home.

Many verbs (called transitive verbs) require an object: the direct object.

The direct object pronoun may take the place of the direct object. The pronoun is placed before the verb.

lo, la = it

los, las = them

Tengo el libro.
↙
Lo tengo.   I have *it* (the book).

Juan busca *la camisa*.
↙
Juan *la* busca.   John looks for *it* (the shirt).

El profesor da *la conferencia*.
↙
El profesor *la* da.   The teacher gives *it* (the lecture).

Leemos *las revistas.*

　　　↙

　　Las leemos.　　　　　　We read *them* (the
　　　　　　　　　　　　　magazines).

Necesito *los libros.*

　　　↙

　　Los necesito.　　　　　I need *them* (the books).

¿Usas *tu pluma?*

　　　↙

　　¿La usas?　　　　　　Do you use *it?* (your pen)

Él sabe *que estamos aquí.*[1]

　　　↙

　　Él lo sabe.　　　　　He knows *it* (that we are
　　　　　　　　　　　　here).

Ejercicios

A. Change the direct object to the corresponding direct
object pronoun: **lo, la, los, las.** (Cambie el objeto
directo al pronombre del objeto directo: **lo, la, los, las.**)

Modelo: Juan tiene *la*　　→　*Juan la tiene.*
　　　　camisa.

1. Tengo *el libro de Juan.*

2. Tenemos *las flores.*

3. ¿Tienes *mi pluma?*

4. Pablo y María tienen *los exámenes* mañana.

5. Los chinos tienen *la bomba.*

6. Sabemos *el número de Juanita.*

7. Saben *las notas de filosofía.*

8. ¿Sabes *los colores de la escuela?*

9. El profe sabe *que yo digo verdad.*

10. Veo *la casa.*

11. Federico ve *al mesero del café.*

12. Veo *la manifestación estudiantil.*

13. Veo *unos monos* allí.

14. Comemos *unas nueces.*

15. Yo sé *la verdad.*

---

1. A direct object that is in the form of a phrase or clause may also be converted
into a pronoun if the meaning is clear from the context.

B. Preguntas

Answer according to the model. (Conteste según el modelo.)

Modelos: X, ¿ve Ud. *la ventana?*   *Sí, la veo.*

        Y, ¿quién la ve?   *X la ve.*
        X, ¿sabe Ud. que hoy es lunes?   *Sí, lo sé.*
        Y, ¿quién lo sabe?   *X, lo sabe.*

1. ¿Ve Ud. *el calendario azteca?*
2. ¿Sabe Ud. *el número de su teléfono?*
3. ¿Sabe Ud. *que los chinos tienen la bomba?*
4. ¿Tiene Ud. *el dinero en su bolsillo?*
5. ¿Ve Ud. *este lápiz?*
6. ¿Ve Ud. *esta pluma?*
7. ¿Sabe Ud. *que los estudiantes están protestando?*
8. ¿Escucha Ud. *a otras personas?*
9. ¿Guarda Ud. *sus cosas* debajo de la cama?
10. ¿Cree Ud. *al profesor?*

Juan *me* ve.	John sees *me*.
La policía *nos* busca.	The police are looking for *us*.
Te necesito.	I need *you*.
Los puedo encontrar.	I can find *you* (all of you).

Singular	Plural
me = me	nos = us
te = you (informal)	os = you (informal)
lo = you, him (masculine)	los = you, them (masc.)
la = you, her (feminine)	las = you, them (feminine)

A él, *lo* veo mucho.	I see *him* a lot.
A Uds., *las* escucho frecuen*temente.*	I listen to *you* (more than one woman) frequently.

Since **lo, la, los,** and **las** may mean several different things, one runs the risk of being misunderstood unless the immediate context clarifies the meaning of these pronouns. In the absence of an immediate contextual reference, the meaning can be clarified by use of an additional phrase. Note that the phrase precedes the direct object pronoun and that it is set off by a comma.

For clarity use	With
a él, a ellos a Ud., a Uds. (masc.)	lo, los
a ella, a ellas a Ud., a Uds. (fem.)	la, las

Ejercicio

A. Change the direct object to a direct object pronoun.
(Cambie el objeto directo al pronombre del objeto directo.)

Modelo: ¿Ve Ud. a la profesora?   *Sí, la veo.*

1. ¿Escucha Ud. a Juan?

2. ¿Me mira Ud.? (me = Josefina)

3. ¿Oye Ud. a María?

4. ¿Nos invita Ud. a la fiesta? (nos = Pepe y Paco)

5. ¿Espera Ud. a Juan en casa?

6. ¿Me oye bien? (me = David)

7. ¿Me puedes ver? (me = la mamá)

8. ¿A Juanita y a mí, nos halla en la fiesta? (mí = Paco)

9. ¿A ellas, las invitas a la fiesta?

10. ¿Al decano, lo visitan Uds.?

With simple verbs the pronoun is placed immediately before that verb.

Lo escuchan.	They listen to *it.*
Me ve.	S/he sees *me.*

With complex verbs the pronoun may be positioned immediately before the first verb form or after and attached to the second verb form, the -**ndo** or -**r** form.

Los está buscando.	He is looking for *them*.
No *los* puedo encontrar.	I cannot find *them*.
Está buscándo*los*.	He is looking for *them*.
No puedo encontrar*los*.	I cannot find *them*.

Any -**ndo** verb form is normally stressed on the vowel preceding the -**ndo** ending (**busc**a**ndo, comi**e**ndo**). When a pronoun is added to the -**ndo** form, an accent mark is used in the written form of the word. This written accent mark is needed to maintain the original stress: **buscándolos, pintándola, comiéndolo.**

Ejercicio

Change the direct object pronoun from its position before the first verb form to its position after the second verb form.
(Cambie el pronombre del objeto directo de su posición antes del primer verbo a su posición después del segundo verbo.)

Modelo: Lo está escuchando. → *Está escuchándolo.*

1. La estamos buscando.
2. Los puedo encontrar.
3. Me está escuchando.
4. Lo puede llevar.
5. Nos está representando.
6. Lo puedo estudiar.
7. Te está pintando.
8. Los podemos perder.
9. Las estoy escribiendo.
10. Lo estamos solicitando.
11. Me viene a buscar.
12. Lo voy a ver.
13. No te quiero inquietar.
14. Lo tenemos que sufrir.
15. Los deben denunciar.

ssessive adjectives 38 Possessive adjectives 38 Possessive adjectives 38 Possessive adjectives

mi libro: my book	nuestra comida: our meal
mis libros: my books	nuestras comidas: our meals
tu amigo: your friend	su examen: his, her, your, or their test
tus amigos: your friends	sus exámenes: his, her, your, or their tests

	Sing.	Pl.		Sing.	Pl.
my	mi	mis	our	nuestro, -a	nuestros, -as
your	tu	tus	your	vuestro, -a	vuestros, -as
his, her			their	su	sus
your (sing.)	su	sus	your (pl.)		
its					

The possessive adjective agrees in number with the noun it precedes. The forms **nuestr-** and **vuestr-** also have to agree in gender.

Ejercicios

A. Change the noun and possessive adjective from the singular to the plural. Make necessary verb changes. (Cambie el sustantivo y adjetivo posesivo del singular al plural. Haga los cambios necesarios del verbo.)

Modelo: Veo su casa. → *Veo sus casas.*

1. Estudiamos nuestra petición.

2. Te presento a mi padre.

3. Pablo habla de su abuelo.

4. Mi amigo es tacaño.

5. Hablamos con nuestro decano.

6. El símbolo representa tu nombre.

7. Tu clase está en la sección de filosofía.

8. David está buscando su libro.

9. Nuestra familia no vive aquí.

10. ¿Dónde está su nota?

B. Change the noun and possessive adjective from the plural to the singular. Make necessary verb changes. (Cambie el sustantivo y adjetivo posesivo del plural al singular. Haga los cambios necesarios del verbo.)

Modelo: Vemos sus libros. → *Vemos su libro.*

1. Nuestras lecciones son difíciles.

2. Hablan con tus padres.

3. Enrique presenta a sus padres.

4. Mis amigas son simpáticas.

5. Hablas con tus profesores.

Cuarta Vista:
Argentina

6. ¿Escribes a tus abuelos?

7. Escribimos a nuestros senadores.

8. Nuestras bebidas están frías.

Basic sentence	Noun phrase
El mesero es mexicano.	el mesero mexicano
La música es de Argentina.	la música de Argentina

Noun phrases in which an adjective describes a noun are closely associated with certain basic sentences. Phrases such as **de Argentina** may function as adjectives and describe nouns.

Ejercicio

Change the following sentences to noun and adjective combinations by deleting the verb. (Cambie las siguientes frases a combinaciones de nombre y adjetivo, eliminando el verbo.)

Modelo: Tu pluma es bonita. → *tu pluma bonita*

1. Ese chico es rubio.

2. La película es buena.

3. La universidad es mexicana.

4. El sistema está basado en números.

5. El estudiante es notable.

6. Los alumnos salen aprobados.

7. Un sistema es diferente.

8. Los estudiantes están suspendidos.

9. El calendario es azteca.

10. Las bebidas están frías.

11. Los rayos son del sol.

12. Los estudiantes son universitarios.

13. La solución es justa.

14. La vida es tranquila.

Cuarta Vista:
Argentina

15. El museo es nacional.

16. Las puertas son de la escuela.

La famosa carne asada en la Argentina.
`` ¿Quiere Ud. un poco de carne asada?''

¿Cuál?, ¿cuáles?

¿Cuáles son sus nombres?	*What (which ones)* are their names (from among all the possible existing names)?
¿Cuál es la capital?	*What (which one)* is the capital (of all the existing cities)?

¿Cuál? or **¿cuáles?** asks for a selection from among various possibilities.

Cuarta Vista:
Argentina
101

Form questions using **cuál(es)**. (Forme preguntas usando *cuál[es]*.)

Modelo: Ese hombre es su padre.   *¿Cuál es su padre?*

1. Lima es la capital del Perú.

2. El diez es la nota de María.

3. El señor Sánchez es el decano.

4. El lunes y martes son los días de vacaciones.

5. Gómez es el apellido de Federico.

6. Los dos meseros son los novios de Isabel y María.

7. Los alumnos norteamericanos viven con nosotros.

8. La música que escuchamos es latina.

¿Qué?

¿Qué es un calendario?   *What* is a calendar?

¿Qué es ese profesor?   *What* is that professor? (an American, a democrat)

¿Qué? asks for a definition of what something is.

Ejercicio

Form a question using **qué**. (Forme una pregunta usando *qué.*)

Modelo: Un taco es una   *¿Qué es un taco?*
        comida mexicana.

1. Uds. son americanos.

2. Un apellido es un nombre.

3. Una cerveza es una bebida.

4. Un toro es un animal.

5. El lunes es el nombre de un día.

6. Un decano es un oficial de la universidad.

7. México es un país hispánico.

Summary

Cuál is viewed as a pronoun and asks the question, *Which one?* It acts as a substitute for the noun that presumably will be used to answer the *¿cuál?* question. **Qué** functions as an adjective and may stand before the noun.

¿Cuál es el coche de María?   Which one is Mary's car?

¿Qué coche tiene Juan?   What (kind of) car does
John have?

Ejercicio

Make **qué** and/or **cuál** questions from the following
sentences. (De las siguientes frases, forme preguntas usando
qué o cuál o las dos.)

Modelo: El profesor de   *¿Cuál es el amigo de Felipe?*
México es el amigo   *¿Qué profesor es el amigo*
de Felipe.   *de Felipe?*

1. Tengo el libro de Juan.

2. Veo la manifestación estudiantil.

3. Miguel es el mesero del Café Tío Pepe.

4. Estudiamos español.

5. El fuego es un elemento del universo.

6. La conferencia que da el Profesor Fente es de historia.

7. Ese toro es uno de los animales del Sr. Gómez.

8. La raza antigua de México es azteca.

⫻Entremés

¡Más números!

100	cien	700	setecientos, -as
200	doscientos, -as	800	ochocientos, -as
300	trescientos, -as	900	novecientos, -as
400	cuatrocientos, -as	1000	mil
500	quinientos, -as	2000	dos mil
600	seiscientos, -as	1,000,000	un millón

101	ciento uno	210	doscientos diez
130	ciento treinta	1500	mil quinientos
1977	mil novecientos setenta y siete		

Un is used before **millón** but not before **cien** or **mil**. If a noun follows **millón** the preposition **de** must precede the noun: **un millón de habitantes.**

When followed by nouns, the numbers 200—900 function as adjectives. They must agree in gender and number with those nouns.

doscientos libros

doscientas personas

novecientos estudiantes

novecientas personas

Numbers ending in **-ún** or **-una** (**veintiún, veintiuna,** for example) correspond in gender with the nouns they modify.

veintiún chicos

veintiuna chicas

The number 100 does not vary when followed by a noun.

cien países

cien pesos

cien españolas

From 101—199, use the following pattern:

ciento cinco pesos

ciento cuarenta y cinco personas

ciento ochenta y dos días

ciento noventa y nueve cervezas

Also note that the numbers 500, 700, and 900 deviate slightly from the usual pattern.

Meses del año y las fechas

En un año hay doce meses. Son: enero, febrero, marzo, abril, mayo, junio, julio, agosto, septiembre (setiembre), octubre, noviembre, y diciembre. Months of the year, like days of the week, are usually not capitalized.

¿Cómo se dice el año?

1984: mil novecientos ochenta y cuatro

     1   9   8   4

1879: mil ochocientos setenta y nueve

     1   8   7   9

1776: mil setecientos setenta y seis

     1   7   7   6

1492: mil cuatrocientos noventa y dos

     1   4   9   2

In Spanish you say **el primero** for the first day of the month. For the other days use **el** plus a cardinal number.

    el primero de agosto   el cinco de mayo

El veinticinco de diciembre es la Navidad (Christmas).

Práctica para la comunicación

Modelo: X, ¿cuándo es su   *Es el 2 de mayo.*
        cumpleaños
        (birthday)?
        Y, ¿qué dice X?   *X dice que es el 2 de mayo.*

1. Y, ¿cuándo es su   *Es el . . . de . . .*
   cumpleaños?
   Z, ¿qué dice Y?   *Y dice que es el . . .*
                            de . . .

2. X, ¿cuál es la fecha de la independencia de los Estados
   Unidos?
   Y, ¿qué dice X?

3. X, ¿cuál es la fecha de hoy?
   Y, ¿qué dice X?

4. X, ¿cuál es el primer día del año?
   Y, ¿qué dice X?

5. X, ¿cuál es el último día del año?
   Y, ¿qué dice X?

6. X, ¿en qué año estamos?
   Y, ¿qué dice X?

7. X, ¿cuál es la fecha de su cumpleaños?
   Y, ¿qué dice X?

El horóscopo y los signos (Zodiac signs)

Cáncer: el 21 de junio hasta el 22 de julio

Leo: el 23 de julio hasta el 22 de agosto

Virgo: el 23 de agosto hasta el 22 de septiembre

Libra: el 23 de septiembre hasta el 22 de octubre

Escorpión: el 23 de octubre hasta el 22 de noviembre

Sagitario: el 23 de noviembre hasta el 21 de diciembre

Capricornio: el 22 de diciembre hasta el 20 de enero

Acuario: el 21 de enero hasta el 19 de febrero

Piscis: el 20 de febrero hasta el 20 de marzo

Aries: el 21 de marzo hasta el 19 de abril

Tauro: el 20 de abril hasta el 20 de mayo

Géminis: el 21 de mayo hasta el 20 de junio

Su horóscopo para hoy	Your horoscope today
Usted es inteligente y su mejor ventaja es la alegría. Su habilidad para pensar irrita a las personas que rara vez piensan. Descanse un poco esta tarde y durante la noche. El tiempo es importante para el éxito de su proyecto actual. No olvide estudiar español un ratito.	You are intelligent and your best trait (advantage) is happiness. Your ability to think irritates people who rarely think. Rest a little this afternoon and during the night. Time is important for the success of your present project. Don't forget to study Spanish a little bit.

Práctica para la comunicación

Modelo: X, ¿en qué mes celebramos la Navidad?
Y, ¿qué dice X?

Celebramos la Navidad en diciembre.

X dice que celebramos la Navidad en diciembre.

1. X, ¿cuándo es su cumpleaños?
   Y, ¿qué dice X?

2. X, ¿cuál es su signo?
   Y, ¿qué dice X?

3. X, ¿cuándo celebramos la Independencia?
   Y, ¿qué dice X?

Conceptos gramaticales »»»

41 **Querer (e → ie), poder (o → ue), and conocer**

Analysis of *querer (e → ie),* to wish, to want *quer-, quier-*

Singular			Plural		
yo	quier	o —	nosotros	quer	e mos
tú	quier	e s	vosotros	quer	é is
usted	quier	e —	ustedes	quier	e n
él, ella			ellos, ellas		

1. All of the singular forms use the **quier-** stem. **Quer-** is used only in the **nosotros/vosotros** forms. The usual present tense endings for **E**-type verbs apply. When practicing this verb, focus your attention on the two stems.

2. Be sure to place the stress on the **e** of **quier-**.

3. More stem-changing verbs of this pattern are presented in the next chapter, **Quinta vista.**

Ejercicios

A. Change according to the models. (Cambie según los modelos.)

Modelo: Ella quiere algo → *Quiero algo para tomar.*
para tomar. (yo)

(la novia, nosotros, ustedes, el perro, tus amigos, yo, tú, María y Paco)

B. Cambie según los modelos.
Uds. → nosotros

Modelo: ¿Quieren Uds. *Sí, queremos probarla.*
probarla?

1. ¿Quieren Uds. estudiar?

2. ¿Quieren Uds. explicarlo?

3. ¿Quieren Uds. pintarla?

nosotros → Uds.

Modelo: Queremos ir al *¿Quieren Uds. ir al cine?*
cine.

4. Queremos ir al edificio.

5. Queremos ir a la oficina del decano.

6. Queremos ir al centro.

tú → yo

Modelo: ¿Quieres un *Sí, quiero un cigarrillo.*
cigarrillo?

7. ¿Quieres una cerveza?

8. ¿Quieres un sandwich?

9. ¿Quieres algunas nueces?

yo → tú

Modelo: Quiero dormir.   ¿Quieres dormir?

10. Quiero discutir el problema.

11. Quiero ver la película.

12. Quiero ir a la discoteca.

nombre → ellos, ellas

Modelo: ¿Quieren tomar   Sí, quieren tomar algo.
        algo Paco y Felipe?

13. Los García, ¿quieren ir al cine?

14. Juan y María, ¿quieren ir a oír discos?

15. Beto y Paco, ¿quieren celebrar la fiesta?

nombre → él, ella

Modelo: ¿Quiere José ver al   Sí, quiere ver al decano.
        decano?

16. ¿Quiere María salir para sus clases?

17. ¿Quiere Paco representar la universidad?

18. ¿Quiere David almorzar en el cafetín de Derecho?

Some other common verbs whose **e** changes to **ie,** as in the verb
querer, are:

tener → tien-	perder → pierd-
sentir → sient-	venir → vien-
pensar → piens-	sentar → sient-
	entender → entiend-

Analysis of *poder (o → ue),* to be able, can *pod-, pued-*

Singular				*Plural*			
yo	pued	o	—	nosotros	pod	e	mos
tú	pued	e	s	vosotros	pod	é	is
usted	pued	e	—	ustedes	pued	e	n
él, ella				ellos, ellas			

1. **Poder** has two base forms, **pod-** and **pued-,** in the present
tense. Notice that **pued-** is used for all singular forms and for
ellos, the third person plural. **Pod-** is used for **nosotros** and

vosotros and is the base of the infinitive **poder**. **E**-type verb endings apply to **poder**. Therefore, when practicing the verb, focus your attention more on the two base forms.

2. Be sure to place the stress on the **e** of **pued-**.

Ejercicios

A. Cambie según el modelo.

Modelo: ¿Puedes usar el   → *¿Puedo usar el teléfono?*
          teléfono? (yo)

(Mari Carmen, él y yo, el comité, yo, los tomistas, tú, Raúl y yo)

B. Answer using a form of **poder**. (Conteste usando una forma del verbo *poder*.)

Modelo: ¿Pueden Uds. ir al   *Sí, podemos ir al cine.*
          cine?

1. ¿Puedes tú comprender el problema?

2. ¿Puede Raúl comprender el problema?

3. ¿Puedes protestar esta tarde?

4. ¿Podemos venir esta noche?

5. ¿Pueden Uds. abrir la ventana?

6. ¿Pueden ellos jugar al béisbol?

7. ¿Puedes terminar la tarea?

8. ¿Pueden Uds. tomar cinco cervezas?

C. Change the singular forms of the verb to the plural and the plural to the singular.

Modelos: Puede estar aquí.   → *Pueden estar aquí.*
          ¿Puedo ver?   → *¿Podemos ver?*

1. ¿Puedo llamar por teléfono?

2. Puede ver la televisión.

3. ¿Podemos terminar pronto?

4. Pueden llegar a las ocho.

5. ¿Puedo descansar un momento?

Some other common verbs whose **o** changes to **ue** as in **poder**

volver → vuelv-   dormir → duerm-

contar → cuent-   recordar → recuerd-

Analysis of *conocer* to know a person or place
conoc-, conozc-

Singular				Plural			
yo	conozc	o	—	nosotros	conoc	e	mos
tú	conoc	e	s	vosotros	conoc	é	is
usted	conoc	e	—	ustedes	conoc	e	n
él, ella				ellos, ellas			

Conocer means to know or to be acquainted with someone or some place. Except for the **yo** form, this verb functions like any regular **E**-type verb. Note the **zc** combination in the **yo** form.

Ejercicios

A. Conteste según el modelo.

Modelo: Conocemos el → *Conoces el Museo Nacional.*
Museo Nacional.
(tú)

(él, mis amigos, el oficial, mi mamá, yo, Gustavo y yo, ellos)

Un café en Buenos Aires. Los cafés al aire libre vienen de la influencia europea.

B. Use the appropriate questions and answers based on the model. (Use las preguntas y respuestas apropiadas según el modelo.)

Modelo: Julio, ¿conoces a María?　　　*Sí, conozco a María.*
¡Pregúntale a David!　　　*¿Conoces a María?*

David, ¡conteste!　　　*Sí, conozco a María.*
¿Conoce David a María?　　　*Sí, conoce a María.*

1. Señor González, ¿conoce Ud. al profesor?
   ¡Pregúnteles a Josefina y a Carmen!
   Josefina y Carmen, ¡contesten!
   ¿Conocen Josefina y Carmen al profesor?

2. Tomás, ¿conoces México?
   ¡Pregúntale a Chela!
   Chela, ¡contesta!
   ¿Conoce Chela México?

 Una vista del idioma español

Strong-stressed vowels and diphthongs

Spanish vowels are pronounced with greater tenseness of the tongue. The pronunciation of the Spanish vowel should remain the same throughout the duration of the vowel, not change as in English.

English speakers tend to make diphthongs (more than one sound) of all Spanish simple, strong-stressed vowels. Imitate the following words and note the difference in sounds.

Strong-stressed vowels

English	Spanish	English	Spanish
may	me	tea	ti
pay	pe	two	tu
ray	re	low	lo
me	mi	know	no
see	si	dough	do

Diphthongs

English	Spanish
ray	rey
boy	voy
chow	chau

Spanish single vowel	Spanish diphthong
mala	maula
pata	pauta
bala	baila
dedo	deudo

You will notice that there are many words in English and in Spanish that are similar. Your tendency will be to pronounce the Spanish like English.

Imitate the pronunciation of the following words.

English	Spanish	English	Spanish
product	producto	conversation	conversación
chocolate	chocolate	doctor	doctor
cost	costo	tropical	tropical
hospital	hospital	October	octubre

Sinalefa

In English we often run words together in normal speech; for example, ''Jeet jet?'' is short for ''Did you eat yet?'' Spanish, like English, also fuses words together. To the unaccustomed ear it seems that the Spanish speaker is talking rapidly. This fusion of vowels between words is called **sinalefa.**

When a vowel sound occurs at the end of one word and at the beginning of the next, the two vowels are pronounced as one. Imitate these words:

de español	¿Qué va a hacer?
¿Qué es?	como Onorio
Va al parque.	lee eso

When two different vowels come together, one at the end of a word and one at the beginning of the next word, the vowels combine to form one syllable. Imitate these words:

¿Cómo está?	Está enfermo.
Habla inglés.	esa hora
eso es	otro amigo

Usually the final consonant of the word is pronounced with the vowel at the beginning of the next word. Imitate the following words:

el hombre	los alumnos	los ojos
Buenos Aires	más horas	los osos

⫸Comunicación/
Personalización

Entrevista

Preguntas	Oral	Escrito
1. ¿Cómo te llamas?	Me llamo . . .	Se llama _____
2. ¿Qué necesitas más? ¿Buena suerte o mucho dinero?	Necesito . . .	Necesita _____
3. ¿Dónde pones tus libros? ¿En la mesa o debajo de la cama?	Los pongo . . .	Los pone _____
4. ¿Cuándo tienes que salir para tus clases? ¿Temprano o tarde?	Tengo que . . .	Tiene que _____
5. ¿Qué me puedes dar? ¿Una sonrisa (smile) o una buena palabra?	Te puedo dar . . .	Me puede dar _____

Actividades personales

A. Using **puedo**, list five things that you can do well. For example:

Puedo _____ . *Puedo preparar tacos.*

Trade your list with a classmate and give a brief oral summary to the class of the things the other person can do well.

B. Now list five things that you can't do well but would like to. For example:

No puedo aprender matemáticas.

C. Situación: Supongamos que usted vive en Buenos Aires. Usted ve que las personas de Buenos Aires tienen muchas características que usted tiene. ¿Cómo son las personas de Buenos Aires?

Modelo: Ellos son *corteses.*

Ellos son _____ .

La industria petrolífera no es tan extensa como debe ser.
Una manifestación política en Buenos Aires.

Un vistazo de la Argentina

La Argentina es un gran país con mucha variedad de recursos naturales. En tamaño la República Argentina ocupa el segundo lugar de todos los países latinoamericanos. El Brasil es el país que ocupa el primer lugar y es más grande que los Estados Unidos. La Argentina no es tan grande como los Estados Unidos, pero tiene una vasta riqueza natural que puede ser de mucha importancia para el resto del mundo.

La tierra argentina es extremadamente fértil. Toda clase de vegetación puede cultivarse en

vistazo: large view

recursos: resources
tamaño: size

tan grande como: as big as

tierra: land

Cuarta Vista:
Argentina

114

su rica tierra: árboles, granos (como el trigo, el maíz y la cebada), verduras y legumbres, y millares de otras plantas domésticas y silvestres. Además, el ganado argentino es muy famoso y lo exportan por todo el mundo.

trigo: wheat

maíz: corn
cebada: barley
verduras: green vegetables
legumbres: vegetables
millares: thousands
además: besides
ganado: cattle

Uno de los recursos más abundantes de la Argentina es el petróleo. Allí hay mucho petróleo bajo la tierra a lo largo del país, desde el norte hasta el sur, pero tienen problemas en sacarlo. Existen varios obstáculos. La política presenta el obstáculo más grande y por eso el desarrollo de la industria petrolífera no es tan extenso como debe ser. ¡Y los argentinos lo saben!

a lo largo de: the length of

desde . . . hasta: from . . . to

desarrollo: development

Después de muchos años de controversias apasionadas, la política argentina todavía está llena de problemas. La mayoría de los argentinos esperan una temporada de paz y seguridad económica. Pero una economía estable no puede existir sin una política estable. Muchas veces los problemas políticos pueden ser solucionados por las personas de buena voluntad y en la Argentina hay muchas personas de ese carácter. Los argentinos saben que la buena voluntad es más importante que el dinero o la plata, y esta palabra en un sentido es el significado de la palabra *argentina*.

después de: after

llena de: filled with

una temporada de paz: a time of peace

veces: times

voluntad: will

plata: silver
sentido: sense
significado: meaning

Preguntas

1. ¿Cómo es la Argentina?

2. En Latinoamérica, ¿qué lugar ocupa?

3. ¿Qué país es más grande que los Estados Unidos?

4. ¿Para quién puede ser de mucha importancia la vasta riqueza argentina?

5. ¿Qué se puede cultivar en la rica tierra argentina?

6. ¿Qué hacen con el ganado?

7. ¿Por dónde lo exportan?

8. ¿Qué hay bajo la tierra argentina?

9. ¿Qué problemas existen en sacar el petróleo?

10. ¿Qué espera la mayoría de los argentinos?

11. ¿Sin qué no puede existir una política estable?

12. ¿Cuántas personas tienen el carácter de buena voluntad?

13. ¿Qué es más importante que el dinero?

14. ¿Cuál es el significado de la palabra *argentina?*

 Vocabulario

Nouns

la alcoba
el bolsillo
la cama
la cebada
la contro-
  versia
la cosa
el cumplea-
  ños
el desarrollo
la fecha
el ganado
la hija
el hijo
la impor-
  tancia

la industria
la lapicera
la legumbre
el maíz
el mes
la Navidad
el obstáculo
la paz
el petróleo
la plata
la pluma
el recurso
la revista
el sentido
el significado
el signo
la sonrisa
la suerte

el tamaño
la temporada
la tierra
el trigo
la variedad
las verduras
la voluntad

Verbs

buscar
conocer
encon-
  trar (ue)
esperar
existir
guardar
hallar
inquietar (se)

nacer
necesitar
poder (ue)
querer (ie)
saber
tener (que)

Adjectives

apasionado
doméstico
estable
fértil
macanudo
natural
petrolífero

Adverbs

además

exactamente
lleno de
siempre

Prepositions

debajo de
después de
sin

Conjunctions

porque

Expressions

¿A cuánto
  estamos?
a menudo
basta de eso
buena suerte

claro que no
de costumbre
lo bueno
muchas
  veces
los meses
enero
febrero
marzo
abril
mayo
junio
julio
agosto
septiembre
octubre
noviembre
diciembre

QUINTA VISTA:
CHILE

Al principio

From Argentina we move to Chile, which has a long history of democracy and a strong tradition of public education for all. In the dialog a favorite pastime of **rompecabezas** *(riddles)* is mentioned. As you proceed through the chapter

you'll learn
1. indirect object pronouns
2. that adjectives precede or follow nouns
3. the past participle of verbs
4. five verbs that deviate from the normal pattern

so look for
1. *Les* enseño a los niños.
2. su *larga* tradición, una entrevista *amistosa*
3. distingu*ido,* gust*ado*
4. Me *interesa* la idea. Nos *gustan* las clases.

You'll practice the parts of the body and learn how to say *I have a head cold* (**Estoy constipado**) and *I have the flu* (**Tengo gripe**).

This is the last chapter before **Repaso** I. Before completing the **Repaso,** briefly review chapters 1—4.

Diálogo ⟩⟩⟩

Una entrevista

Patricio, un periodista estudiantil de la Universidad de Santiago, está en el despacho privado de un joven diplomático chileno, el distinguido Sr. Enrique Guillén, donde tiene lugar una entrevista. Patricio le ha hecho varias preguntas acerca de su vida personal. Patricio está un poco nervioso y le hace algunas preguntas abruptas. Ha sido una entrevista amistosa.

Patricio, a student journalist at the University of Santiago, is in the private office of a young Chilean diplomat, the distinguished Mr. Enrique Guillén, where an interview is taking place. Patricio has already asked him various questions about his personal life. Patricio is a bit nervous and asks him several abrupt questions. It has been a friendly interview.

1. *Patricio:* Veo que a los cuarenta años. Ud. ha tenido un gran éxito en su vida.

1. I see that at the age of forty you have had great success in your life.

2. *Sr. Guillén:* Gracias. Es muy amable.

2. Thanks. You're very kind.

3. *Patricio:* ¿Cuántas horas trabaja Ud. diariamente?

3. How many hours do you work daily?

4. *Sr. Guillén:* Catorce horas. Creo que los jóvenes de hoy deben ocuparse en sus estudios y en un trabajo útil para disciplinarse y sobresalir en su campo profesional.

4. Fourteen. I believe today's young people should be busy in their studies and in useful jobs to discipline themselves and excel in their professional fields.

5. *Patricio:* Este . . . ¿Tiene Ud. algún vicio?

5. Uhhh . . . Do you have any vices?

6. *Sr. Guillén:* Pues, tomo buen coñac y fumo puros cuando me los regalan.

6. Well, I drink good cognac and smoke cigars when they are given to me.

7. *Patricio:* ¿Pasatiempos?

8. *Sr. Guillén:* Me gusta estar con la familia. Les enseño a mis niños a resolver rompecabezas como entrenamiento para solucionar los problemas de la vida y para mejorar su habilidad mental. Y también los trenes en miniatura. Los construyo.

9. *Patricio:* ¿Qué piensa Ud. de las películas eróticas?

10. *Sr. Guillén:* Me gustan. Siempre he pensado que la gente debe escoger las películas libremente, según sus propios gustos. Estoy en contra de la censura. Este . . . Las veo a menudo, pero . . . no publique eso, ¡ja-ja!

11. *Patricio:* ¿Tiene alguna preferencia musical?

12. *Sr. Guillén:* Wagner porque es una música de razón y también la moderna para saber lo que pasa con la juventud.

13. *Patricio:* Ya es hora de irme. Me ha gustado la entrevista.

14. *Sr. Guillén:* El gusto es mío.

7. Interests? (Hobbies)

8. I like to be with my family. I teach my children to solve riddles as training for resolving their problems in life and to improve their mental ability. And miniature trains. I build them.

9. What do you think about erotic films?

10. I like them. I have always thought that people should choose movies freely, according to their own tastes. I'm against censorship. Uh . . . I see them frequently, but . . . don't publish that, ha-ha!

11. Do you have some preference in music?

12. Wagner because it's intellectual music and also modern music in order to know what's happening with young people.

13. It's time for me to go now. I have enjoyed the interview.

14. It's my pleasure.

Notas culturales

1. Chile has a high literacy rate. Its population is about 65 percent mestizo, 26 percent Spanish, and 5 percent Indian. Germans, French, British, and Italians comprise the rest of the population.

2. In political democracy, Chile is one of the leading Spanish-speaking countries in the world. For many years it had a democratic government; however, changes occurred after the Allende period when the Allende government was overthrown by a military coup *(un golpe de estado)*.

3. Chile has been a leading influence in the arts. Two outstanding writers were Gabriela Mistral (1889—1957) and Pablo Neruda (1904—1973). Neruda expressed many Latin American feelings toward foreign involvement, particularly that of the United States in local industry with his famous poem *LA UNITED FRUIT CO.* (You will read the poem in **Vista dieciocho.**) Pablo Neruda received the Nobel Prize for literature in 1971 and Gabriela Mistral in 1945.

Observaciones

Look at the dialog again.

1. Private office
2. Distinguished diplomat
3. Student journalist
4. Do you have any vices?
5. Erotic films
6. Hobbies (leisure-time activities)
7. I see them often.
8. Life's problems

¿Cómo se dice en español?

9. I'm against
10. I have often thought
11. At forty years of age
12. What (that which) is happening
13. I've enjoyed the interview.
14. When they give them to me

Repaso del diálogo

Preguntas

1. ¿Qué es Patricio?
2. ¿En qué universidad estudia Patricio?
3. ¿Con quién hace Patricio la entrevista?
4. ¿Dónde tiene lugar la entrevista?
5. ¿Cómo es el diplomático?
6. ¿Sobre qué le ha hecho algunas preguntas?
7. ¿Cómo ha sido la entrevista?

8. A los cuarenta años, ¿cómo ha sido la vida del Sr. Guillén?

9. Según el diplomático, ¿en qué deben ocuparse los jóvenes de hoy?

10. ¿Para qué deben ocuparse en sus estudios?

11. ¿Qué vicio tiene el Sr. Guillén?

12. ¿Para qué les enseña a sus niños a resolver rompecabezas?

13. ¿Qué piensa Guillén de las películas eróticas?

14. ¿Por qué es la música moderna una preferencia musical?

Ejercicios gramaticales

Conteste según los modelos.

1. ¿Qué es Patricio? ¿Un periodista estudiantil o profesional?   *Patricio es un periodista estudiantil.*

   ¿Qué es el Sr. Guillén? ¿Un diplomático colombiano o chileno?

   ¿Qué películas le gustan? ¿Las películas eróticas o las películas infantiles?

   ¿Qué trenes construye? ¿Trenes grandes o trenes en miniatura?

   ¿Qué preguntas le ha hecho? ¿Preguntas amistosas o preguntas difíciles?

   ¿Qué le ha gustado? ¿El periódico o la entrevista?

2. ¿Ha sido su vida un gran éxito o un gran fracaso?   *Ha sido un gran éxito.*

   ¿Cree Guillén en un trabajo útil o inútil?

   El despacho, ¿es público o privado?

   ¿Les enseña a los niños pequeños o a los adultos viejos?

   ¿Les enseña rompecabezas buenos o vicios malos?

   ¿Le hace preguntas amistosas o comidas deliciosas?

   ¿Le regalan trenes en miniatura o puros largos?

3. ¿Le gusta la censura?   *No, estoy en contra de la censura.*

   ¿Le gustan los cigarros?

   ¿Le gustan las drogas?

   ¿Le gusta el tráfico de drogas?

4. ¿Qué piensa Ud. de la entrevista?   *Me ha gustado la entrevista.*

   ¿Qué piensa Ud. de la película?

   ¿Qué piensa Ud. del periódico?

   ¿Qué piensa Ud. del diplomático?

Les enseño *a los alumnos* mis trenes.	I show my trains to *them* (the students).
Nos hace algunas preguntas.	She asks *us* some questions.
Fumo puros cuando *me* los regalan.	I smoke cigars when they give them to *me*.
Te digo la verdad.	I'm telling *you* the truth.
El profe *le* dice la verdad *a usted*.	The teacher tells *you* the truth *(to you)*.

1. In English, the indirect object may be preceded by the prepositions *to* or *for* (*for* us, *to* him).

2. In Spanish, the indirect object is usually preceded by **a (a María, a mi padre, a los alumnos).**

3. The direct object of the verb is often that thing which is given *to* someone (indirect object) or is destined *for* someone or something (indirect object).

4. In Spanish the indirect object pronoun is almost always used even when there is an indirect object noun in the sentence: for example, **Les enseño a los alumnos mis trenes.** English-speakers learning Spanish tend to say **Enseño a los alumnos,** forgetting the redundant indirect object pronoun.

Indirect object pronouns

	Singular		Plural	
1st Person	to, for, me	*me*	to, for, us	*nos*
2nd Person	to, for, you (informal)	*te*	to, for, you (informal)	*os*
	to, for, you (formal)	*le*	to, for, you (formal)	*les*
3rd Person	to, for, him, her	*le*	to, for, them	*les*

Because the 3rd person indirect object pronoun may be ambiguous, that is, may refer to any one of several persons (him, her, you, them, Paul, Mary), an accompanying phrase is often necessary to clarify to whom the pronoun refers. The pronoun, together with the accompanying phrase, forms one unit of thought, the indirect object.

Quinta Vista: Chile

Indirect object pronoun			Clarifying phrase
Paco	*le*	da el libro	*a María* (or *a ella*).
Yo	*le*	doy el dinero	*al mesero* (or *a él*).
Felipe	*les*	explica la situación	*a mis padres* (or *a ellos*).
Yo	*les*	escribo una carta	*a mis amigas* (or *a ellas*).
El mesero	*les*	da el cambio (change)	*a Uds.*
Patricio	*le*	hace preguntas	*a Ud.*

At times a phrase may be used with the other indirect object pronouns. Here the accompanying phrase is used *not* for clarity, since **me, te, nos,** and **os** are not ambiguous, but to give emphasis to the indirect object pronoun.

Indirect object pronoun	Accompanying phrase
me	a mí
te	a ti
nos	a nosotros, -as
os	a vosotros, -as

Ejercicios

A. Conteste según el modelo.

Modelo: ¿A quién le enseña   *Le enseño el problema a*
Ud. el problema?   *Paco.*
¿A Paco o a
Miguel?

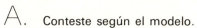

1. ¿A quién le hace Ud. la pregunta? ¿A María o a Carmen?

2. ¿A quién le escribe Ud. la carta? ¿A su padre o a su madre?

3. ¿A quién le dice Ud. la verdad? ¿A su amigo o al mesero?

4. ¿A quién le doy la nota? ¿Al alumno o al toro?

5. ¿A quién le abre Ud. la puerta? ¿A la abuela o al mesero?

6. ¿A quién le abre Ud. la boca? ¿Al dentista o al presidente?

7. ¿A quién le escucha Ud.? ¿Al profesor o al perro?

8. ¿A quién le da Ud. el dinero? ¿A mí o al decano?

9. ¿A quién le enseña Ud. la pistola? ¿Al policía o al criminal?

B. Conteste según el modelo.

Modelo: ¿Me das el libro?   *Sí, te doy el libro.*

1. ¿Me abres la boca?

2. ¿Nos presentas a tu mamá?

3. ¿Nos enseñas tu casa?

4. ¿Me dices la verdad?

5. ¿Le haces una pregunta al alumno?

6. ¿Me das un regalo?

7. ¿Les explicas el problema a él y a ella?

8. ¿Nos regalas algo?

9. ¿Me escoges una buena película?

10. ¿Me pasas un lápiz?

Group A

I	II	III	
Le	fascina	el tren.	The train fascinates her.
Nos	interesa	el fútbol.	Football interests us.
Me	gusta	la idea.	The idea pleases me. (I like the idea.)

Group B

I	II	III	
Le	fascinan	los niños.	Kids fascinate him.
Nos	interesan	las películas.	Movies interest us.
Me	gustan	los chicos.	The guys please me. (I like the guys.)

Group C

I	II	III	
Nos	fascina	viajar.	Traveling fascinates us.
Les	interesa	ir.	Going interests them.
Me	gusta	comer.	Eating pleases me. (I like to eat.)

The verbs **fascinar**, **gustar**, and **interesar** function differently than verbs like **hablar**, **salir**, and **comer**.

1. Note that in Group A the subject appears *after* the verb. Since the subject is singular, the verb in column II is singular (it agrees). The person or persons to whom the action refers is expressed in Spanish by the indirect object pronouns: **me**, **te**, **le**, **les**, and **nos** (column I).

2. In terms of structure, **gustar** is equivalent to the English *to please.* In terms of meaning, **gustar** is equivalent to the English *to like.* For example, when you say *I like the music,* you imply *the music pleases me.* You should learn to associate the English concept *like* with the phrase *pleases* or *is pleasing* or *are pleasing* since it parallels the Spanish way of expressing the concept. (See workbook **Sexta vista**, PI#A.)

3. In Group B the subjects follow the verbs. Since they are plural, the verbs are also plural.

4. Note that in Group C the words in column III are infinitives, **-r**-type verbs. When an infinitive follows verbs like **gustar**, the verb form is always singular.

5. Three other verbs of this type are **molestar**, *to bother,* **importar**, *to matter,* and **faltar**, *to lack.* When you are in need of something, you can express that need in two ways: **Necesito algo** or **Me falta algo** (lit., something is lacking to me).

Ejercicios

A. Conteste según el modelo.

Modelo: ¿Qué te gusta más?   *Me gusta más la limonada.*
        ¿La limonada o la
        cerveza?

1. ¿Qué te gustan más? ¿Los programas de televisión o las películas de cine?

2. ¿Qué te gusta más? ¿Una *A* o una *C?*

3. ¿Qué te fascinan más? ¿Los chicos o las chicas?

4. ¿Qué te interesa menos? ¿El fútbol o el básquetbol?

5. ¿Qué te gusta hacer más? ¿Leer el periódico o mirar la televisión?

6. ¿Qué te importa más? ¿Sobresalir o fracasar?

7. ¿Qué te fascinan más? ¿Los monos o los perros?

8. ¿Qué música te interesa más? ¿La clásica o la moderna?

9. ¿Qué te falta más? ¿Estudiar o viajar?

Un barrio en las montañas de Chile.

B. Choose a word or words from each column and write at
least fifteen sentences. Use as many of the words from
columns I and II as possible.

Modelos: *Le gusta cantar.*
Me interesa el problema.

I	II	III
Me	gusta	cantar
Te	gustan	jugar al fútbol
Nos	interesa	estudiar
Les	interesan	esquiar
Le	fascina	viajar
	fascinan	tomar cerveza
	importa	la polución del agua
		los monos
	importan	las películas eróticas
	molesta	los problemas criminales
	molestan	la ciudad
	falta	la política
	faltan	las clases
		la música clásica
		dinero
		los niños inteligentes

Me parece interesante.	It seems interesting to me.
Nos parecen tristes.	They seem sad to us.

Like **gustar** and **interesar, parecer** *(to seem, appear)* may also have an indirect object pronoun associated with it. **Parece** and **parecen** are the forms of **parecer** that are used most frequently.

Ejercicio

Choose a word from each column and make at least ten sentences. There must be number agreement between columns II and III.

I	II	III
Me		interesantes
Le	parece	honesta
Nos	parecen	amables
Les		fuerte
Te		mexicanos
		alemán
		generosa
		enfermos

Ejercicios

A. Conteste según el modelo.

Modelo: Esta materia, ¿a Ud. le parece intere- sante o aburrida? – boring.   *Me parece interesante.*

1. Sus amigos, ¿le parecen personas normales o anormales?

2. Este ejercicio, ¿le parece útil o inútil?

3. El cafetín de aquí, ¿le parece bueno o malo?

4. El sistema de calificaciones de aquí, ¿le parece justo o injusto?

B. Conteste según el modelo.

Modelo: ¿Qué te parece mejor? ¿La paz o la guerra?   Me parece mejor la paz.

1. En general, ¿qué te parece más útil? ¿El trabajo o el descanso?

2. ¿Qué te parece más importante? ¿Tu familia o tu campo profesional?

Quinta Vista:
Chile

3. ¿Qué te parece más esencial? ¿Una casa o un coche?

4. ¿Qué les parece más útil a Uds.? ¿Una educación formal o una educación informal?

5. ¿Qué te parece más importante? ¿La ingeniería o la medicina?

C. Translate the following. (Traduzca Ud. lo siguiente.)

Modelos: Frogs fascinate him.   *Le fascinan las ranas.*
        I don't like a lot of   *No me gusta mucho cambio.*
        change.

1. He likes a good cognac.

2. Football interests us.

3. We like to watch TV.

4. I need money (money is lacking to me).

5. She likes blue.

6. Wagner fascinates him.

7. They seem happy to us.

8. We need to study more (studying more is lacking to us.)

Volver (o → ue), dormir (o → ue), sentir (e → ie), pensar (e → ie), pedir (e → i) are among the verbs with stem changes in Spanish (cf. **concepto gramatical** 41, **Cuarta vista**).

Analysis of *volver (o → ue), to return volv-, vuelv-*

Singular				Plural			
yo	vuelv	o	—	nosotros	volv	e	mos
tú	vuelv	e	s	vosotros	volv	é	is
usted	vuelv	e	—	ustedes	vuelv	e	n
él, ella				ellos, ellas			

1. Note that the infinitive stem **volv-** is used only in the **nosotros** and **vosotros** forms. **Vuelv-** is used for all other present tense forms. The usual **E**-type endings apply.

2. **Volver** means *to return to a place.* **Devolver** means *to return a thing* (e.g., a book, a pen): **Te devuelvo tu lapicera,** *I'm returning your pen.*

3. Other verbs like **volver** are **disolver,** *to dissolve;* **envolver,** *to involve; to wrap;* and **resolver,** *to resolve.*

4. Stress falls on the **e** of **vuelv-**.

Quinta Vista:
Chile

Ejercicios

A. Cambie según el modelo.

Modelo: Siempre vuelvo a → *Siempre vuelves a casa por*
casa por la tarde. (tú) *la tarde.*

(el perro, tú, nosotros, el médico, yo, los dependientes)

B. Práctica para la comunicación

Modelo: X, ¿a qué hora   *Vuelvo a las tres.*
vuelve Ud. a casa?
¿A las 3 o a las 4?

Y, ¿qué dice X?   *X dice que vuelve a las tres.*

1. X, ¿en qué mes vuelven Uds. de las vacaciones? ¿En junio
o en setiembre?
Y, ¿qué dice X?

2. X, ¿a dónde vuelven los astronautas americanos? ¿Al
Pacífico o al Atlántico?
Y, ¿qué dice X?

3. X, ¿a qué hora vuelve su padre de su trabajo? ¿A las cuatro
o a las seis?
Y, ¿qué dice X?

C. The construction **volver** plus **a** plus an infinitive means to do again what the infinitive denotes.

Vuelvo a pintar.   I paint again.

Vuelves a verlo.   You see it again.

Cambie según el modelo.

Modelo: Miro la televisión   *Vuelvo a mirar la televisión.*
otra vez.

1. Los argentinos exportan   3. Los chilenos esperan la
su ganado otra vez.   paz otra vez.

2. La política presenta el   4. Sacan el petróleo otra vez.
obstáculo otra vez.
5. Hago la tarea otra vez.

Analysis of *dormir (o → ue),* to sleep *dorm-, duerm-*

Singular				Plural			
yo	duerm	o	—	nosotros	dorm	i	mos
tú	duerm	e	s	vosotros	dorm	—	ís
usted	duerm	e	—	ustedes			
él, ella				ellos, ellas	duerm	e	n

1. **Dormir** is a two-stem verb. Like **volver,** the infinitive stem is used only in the **nosotros** and **vosotros** forms. **Duerm-** is used for all other present tense forms. The usual I-type present tense endings are used.

2. Stress falls on the **e** of **duerm-**.

Ejercicios

A. Cambie según el modelo.

Modelo: No duermo bien al → *No duerme bien al mediodía.*
          mediodía. (él)

(tú, el decano, mis abuelos, yo, Pepe y yo, los monos)

B. Conteste, usando una forma de **dormir.**

Modelo: Señor, ¿cuántas   *Duermo siete horas.*
          horas duerme?
          (siete)

1. ¿Cuántas horas duermen Uds.? (ocho)

2. ¿Cuántas horas duermen ellas? (seis)

3. ¿Cuántas horas duermes? (nueve)

4. ¿Cuántas horas duerme el profe? (diez)

5. ¡Pregúntele a alguien cuántas horas duerme!

Analysis of *sentir (e → ie),* to feel *sent-, sient-*

Singular				*Plural*			
yo	sient	o	—	nosotros	sent	i	mos
tú	sient	e	s	vosotros	sent	—	ís
usted	sient	e	—	ustedes	sient	e	n
él, ella				ellos, ellas			

1. Like the previous two-stem verbs, the infinitive stem is found in the **nosotros** and **vosotros** forms. **Sient-** is used for all other present tense forms. The usual I-type endings apply.

2. Stress falls on the **e** of **sient-**

3. **Sentir** means *to feel* things like cold, heat, and wind. The verb **tocar** is used *to feel* tangible things; for example, **No toco serpientes,** *I don't feel (touch) snakes.*

Ejercicios

A. Cambie según el modelo.

Modelo: En el invierno,   → *En el invierno siento mucho*
        siente mucho el   *el frío.*
        frío. (yo)

(el viejo, Patricio y Cati, yo, usted, tú, los alcohólicos, mi
hermano y yo)

B. Práctica para la comunicación

Modelo: X, ¿qué siente Ud.?   *Siento el frío.*
        ¿El frío o el calor?
        Y, ¿qué dice X?   *X dice que siente el frío.*

1. X, ¿qué siente su mamá? Mucha emoción o poca emoción?
   Y, ¿qué dice X?

2. X, ¿qué siente Ud.? ¿Mucha felicidad o poca felicidad?
   Y, ¿qué dice X?

3. X, ¿qué siente su mejor amigo? ¿La felicidad o la tristeza?
   Y, ¿qué dice X?

Analysis of *pensar (e → ie)*, to think *pens-*, *piens-*

Singular				Plural			
yo	piens	o	—	nosotros	pens	a	mos
tú	piens	a	s	vosotros	pens	á	is
usted	piens	a	—	ustedes	piens	a	n
él, ella				ellos, ellas			

1. The infinitive stem **pens-** is found in the **nosotros** and **vosotros** forms, while **piens-** is used for all other present tense forms. The usual **A**-type present tense endings are used.

2. Stress falls on the **e** of **piens-**.

3. To express the idea of *to think about* . . . one uses the preposition **en (pensar en . . .)**

Pienso en mis amores.   I think about my loves.

Pensamos en la luna.   We think about the moon.

4. To express the idea of *What do you think about* . . . *? (What opinion do you have of* . . . *?)*, one uses the preposition **de** in the question: **¿Qué piensa de María?**, *What do you think about Mary?*

Ejercicios

A. Cambie según el modelo.

Modelo: Pienso que lo → *Piensan que lo importante es*
importante es vivir *vivir bien.*
bien. (ellos)

(tú, los novios, el profe, yo, el joven diplomático, mi amigo
y yo, Onorio)

B. Práctica para la comunicación

Modelo: X, ¿en qué piensa Ud.? *Pienso en los vicios.*
¿En la disciplina
o en los vicios?
Y, ¿qué dice X? *X dice que piensa en los*
vicios.

1. X, ¿en qué pensamos todos los días? ¿En la comida o en
el amor?
Y, ¿qué dice X?

2. X, ¿en qué piensan los diplomáticos? ¿En la paz o en la
política?
Y, ¿qué dice X?

3. X, ¿en qué piensa Ud.? ¿En el rompecabezas o en el
trabajo?
Y, ¿qué dice X?

Analysis of *pedir (e → i),* to ask for, request *ped-, pid-*

Singular				*Plural*			
yo	pid	o	—	nosotros	ped	i	mos
tú	pid	e	s	vosotros	ped	—	ís
usted				ustedes			
él, ella	pid	e	—	ellos, ellas	pid	e	n

1. As in the previous two-stem verbs presented, the infinitive
stem **(ped-)** is found in the **nosotros/vosotros** forms. The
present tense endings for I-type verbs apply.

2. **Pedir** means *to ask for* or *to request* something. **Preguntar**
means *to ask* a question. Because of the English equivalent
construction *to ask for,* you will be tempted to use **por** after
pedir. The equivalent of *to ask for* is **pedir** *without* a preposition:
Pido café, *I ask for coffee.*

3. For another verb of the type **e → i,** see **decir, concepto**
gramatical 22.

Ejercicios

A. Cambie según el modelo.

Modelo: Lo principal que → *Lo principal que pides es*
pido es la paz. (tú) *la paz.*

(mi guru, nosotros, yo, el decano, los comités, tú, el periodista)

B. Práctica para la comunicación

Modelo: X, ¿qué pide Ud.   *Pido un coñac.*
en el café? ¿Una
Coca Cola o un
coñac?
Y, ¿qué dice X?   *X dice que pide un coñac.*

1. X, ¿qué piden los padres a los niños? ¿Cooperación o problemas?
Y, ¿qué dice X?

2. X, ¿qué pide el profe a los estudiantes? ¿Atención o dinero?
Y, ¿qué dice X?

3. X, ¿qué piden los alumnos al profe? ¿Una conferencia buena o un examen?
Y, ¿qué dice X?

 Entremés

Las partes del cuerpo

la cabeza: head
el ojo: eye
la nariz: nose
la boca: mouth
el hombro: shoulder
el brazo: arm
la muñeca: wrist
el corazón: heart
los dedos: fingers
la pierna: leg
el tobillo: ankle
los dedos del pie: toes

el cabello, el pelo: hair
la oreja: ear
la cara: face
los dientes: teeth
la garganta: throat
el cuello: neck
el codo: elbow
la mano: hand
el hígado: liver
la cintura: waist
la rodilla: knee
el pie: foot

"En boca cerrada no entran moscas."

Términos útiles

el dolor de cabeza: headache	**gordo(a):** fat
la gripe: the flu	**flaco(a):** skinny
el resfrío, el catarro: cold	**delgado(a):** thin
la tos: cough	**estar enfermo(a):** to be sick
la fiebre: fever	**estar constipado(a):** to have
la diarrea: diarrhea	a headcold
	estar resfriado: to have a cold
	tener resfrío: to have a cold

Ejercicios

A. Sustitución

1. A mí me duele *la pierna.* (My leg hurts me.)
   (el estómago, la cabeza, la mano, la muñeca, el pie, el corazón, el hígado, el codo)

2. Tengo un dolor de *cabeza.*
   (estómago, cabeza, hombro, pierna, pie, espalda, dientes)

3. ¿Está Isabel enferma? Sí, tiene *tos.*
   (fiebre, gripe, resfrío, catarro, dolor, tos, diarrea)

B. Práctica para la comunicación

Modelo: X, ¿cómo tienes el   *Tengo el pelo largo.*
        pelo? ¿Largo, corto,
        o medio largo?
        Y, ¿qué dice X?   *X dice que tiene el pelo largo.*

1. X, después de una fiesta, ¿qué te duele más? ¿La cabeza o el estómago?
   Y, ¿qué dice X?

2. X, ¿usualmente te duele más la cabeza o la garganta?
   Y, ¿qué dice X?

3. X, ¿sufres más de una tos o de un dolor de cabeza?
   Y, ¿qué dice X?

el *distinguido* señor	the *distinguished* man
una alumna *suspendida*	a *flunking* student (a student who has flunked)
un estudiante *aprobado*	a *passing* student (a student who has passed)
unos despachos *privados*	some *private* offices

The past participle is a verb form that is sometimes used as an adjective or as a noun. As an adjective, the past participle must agree in number and gender with the noun it accompanies. Most past participles have the ending -**do**. **A**-type verbs have **a** before the **do**; most **E**- and **I**-type verbs have **i** before the -**do**.

English past participles normally end in -*ed* or *en*: for example, *talked, looked, studied, eaten, spoken, been*. Some exceptions are: *gone, lost, slept, known*.

Past participles

buscar	busc	a	do	aprender	aprend	i	do
dar	d	a	do	comer	com	i	do
estudiar	estudi	a	do	dormir	dorm	i	do
hablar	habl	a	do	perder	perd	i	do
privar	priv	a	do	saber	sab	i	do
tomar	tom	a	do	salir	sal	i	do

Ejercicios

A.   Use **a** o **i** para cada palabra.

Modelos: cultiv_do → *cultivado*
          viv_do → *vivido*

1. d_do
2. ten_do
3. suspend_do
4. hall_do
5. ocup_do

6. mir_do
7. s_do
8. ped_do
9. com_do
10. gan_do

B. Change the infinitive form to the corresponding past participle.

Modelo: vivir → *vivido*

1. ocupar_____
2. estar_____
3. pensar_____
4. querer_____
5. sentir_____
6. tomar_____

7. solucionar_____
8. poder_____
9. buscar_____
10. gustar_____
11. sufrir_____
12. distinguir_____

Some verbs have irregular past participles. These forms follow no pattern and must be memorized.

Irregular past participles

hacer	hecho	ver	visto
decir	dicho	escribir	escrito
abrir	abierto	resolver	resuelto
poner	puesto	volver	vuelto

C. Cambie la forma de infinitivo a la forma correspondiente del participio pasado.

Modelo: ver → *visto*

1. hacer _____
2. poner _____
3. decir _____
4. escribir _____

5. volver _____
6. abrir _____
7. resolver _____

un diplomático *chileno*	a *Chilean* diplomat
mi vida *personal*	my *personal* life
su campo *profesional*	their *professional* field
unas entrevistas *amistosas*	some *friendly* interviews
una profesora *española*	a *Spanish* teacher
una cerveza *fría*	a *cold* beer
una rosa *roja*	a *red* rose

1. When an adjective is viewed as a characteristic that distinguishes the noun it modifies from other nouns, the adjective follows the noun: for example, **un café caliente.**

2. These adjectives tend to show nationality, state (e.g., **fría, enfermo**), color, or size or to differentiate A from B (e.g., una vida **personal**, no una vida **pública**; una película **erótica**, no una película **infantil**).

Ejercicio

Conteste según el modelo.

Modelo: ¿Qué prefiere Ud.?   *Prefiero una vida privada.*
        ¿Una vida privada
        o pública?

1. ¿Qué toma? ¿Agua fría o caliente?

2. ¿Qué prefiere? ¿Una película erótica o musical?

3. ¿Qué escucha más? ¿La música clásica o moderna?

4. ¿Qué prefiere? ¿Una clase formal o informal?

5. ¿Qué hace ahora? ¿Un ejercicio difícil o fácil?

6. ¿Qué protesta? ¿Cosas serias o injustas?

7. ¿Qué necesitamos? ¿Políticos honestos o inteligentes?

un *joven* diplomático	a *young* diplomat
la *blanca* nieve	the *white* snow
la *larga* tradición	the *long* tradition
un *buen* coñac	a *good* cognac
el *distinguido* señor	the *distinguished* man
un *gran* éxito	a *great* success
la *famosa* catedral	the *famous* cathedral
la *roja* rosa	the *red* rose
la *buena* voluntad	(the) *good* will
las *tristes* condiciones	the *sad (deplorable)* conditions

1. The adjective normally follows the noun. When it precedes the noun, the speaker is giving a personal or poetic point of view or wishes to emphasize a characteristic or quality of the noun. **La roja rosa** points out that it is the *redness* of the rose that impresses the speaker; **las tristes condiciones** emphasizes the subjective *sadness* of the situation for the speaker.

2. When the adjective is viewed as an inherent characteristic of the noun, that is, as a quality properly belonging to the noun, the adjective goes before the noun.

> un *buen* coñac (in the belief that generally cognac is a good liquor)
> una *larga* tradición (Traditions are by definition of relatively long duration.)
> la *blanca* nieve (Whiteness is inherent in snow.)
> un *gran* éxito (A success is generally thought of as momentous.)

3. In learning to speak Spanish, you must develop an intuition about adjectives used to describe the inherent quality of a noun and adjectives used to distinguish or contrast nouns of the same class. For example:

> el *frío* hielo: the cold ice (inherent characteristic)
> el hielo *sucio:* the dirty ice (distinguishing or contrasting conditions)

4. Sometimes the same adjective may precede or follow the noun depending on which aspect the speaker wishes to convey to the listener. For example:

> la *alta* montaña (attention placed on quality of tallness)
> la montaña *alta* (to distinguish from a low mountain)
> un *nuevo* coche (The car is new to me even though it is not this year's model.)
> un coche *nuevo* (This is a brand new car, this year's model, not last year's.)

Ejercicio

Translate the following by placing the adjective before or after the noun. If there are two possibilities state whether the adjective is descriptive or distinguishing (follows) or giving a personal or subjective impression on the part of the speaker or an inherent characteristic (precedes).

Modelo: the Chilean man *el señor chileno*

1. the national museum
2. the university officials
3. a vast richness
4. the private office
5. the famous cathedral in Burgos
6. the Mexican cattle
7. a wide street
8. a sad face
9. the cold ice
10. a cold beer
11. a tall man
12. the white house
13. a skinny boy
14. a brand new car
15. a good cognac

la moderna	la música moderna
la bonita	la chica bonita
los profesionales	los hombres profesionales
las eróticas	las películas eróticas
una flaca ?	una chica flaca
la mejor	la mejor nota

An adjective becomes a noun when it is accompanied by some kind of article or qualifier. That is, the original noun is deleted and the adjective becomes its substitute.

Ejercicio

Elimine Ud. el sustantivo (noun) y repita la frase indicadora.

Modelo: los pantalones rojos → *Los rojos*

1. el estudiante americano
2. la chica chilena
3. el periódico liberal
4. las palabras falsas
5. la pregunta importante
6. unas películas infantiles
7. el coñac fuerte
8. cinco notas sobresalientes
9. ocho notas notables
10. algunas notas aprobadas
11. ninguna nota suspendida
12. ese médico simpático
13. dos despachos privados

lo bueno	the good thing (part, point)
lo importante	the important aspect
lo gracioso	the funny thing (part)
lo profesional	the professional business (aspect, part)
lo misterioso	the mysterious thing
lo orgulloso	the proud part
lo triste	the sad part

When combined with an adjective, the neuter pronoun **lo** is equivalent to the English concept of *thing* (in the sense of point, matter, affair, business, part, or aspect).

Quinta Vista:
Chile

Ejercicios

A. Cambie según el modelo.

Modelo: Es importante ir a México.

Lo importante es ir a México.

1. Es difícil aprender otra lengua.

2. Es interesante entrevistar a un amigo.

3. Es bueno ser amistoso con otros.

4. Es malo fumar mucho.

5. Es natural hablar con los amigos.

6. Es útil disciplinarse.

7. Es gracioso construir trenes en miniatura.

8. Es notable hacer un trabajo profesional.

B. Conteste según el modelo.

Modelo: ¿Cuál es lo importante? Comer poco o dormir mucho?

Lo importante es comer poco.

1. ¿Cuál es lo natural? ¿Hablar con sus amigos o con sus padres?

2. ¿Cuál es lo bueno? ¿Tener mucho dinero o muchos amigos?

3. ¿Cuál es lo interesante? ¿Ver películas eróticas o viajar por México?

4. ¿Cuál es lo útil? ¿Sacar apuntes o dormir en clase?

5. ¿Cuál es lo malo? ¿Perder a un amigo o perder cinco dólares?

6. ¿Cuál es lo difícil? ¿Estudiar en casa o en la biblioteca?

7. ¿Cuál es lo fácil? ¿Escribir una carta o estudiar una lección?

8. ¿Cuál es lo mejor? ¿Estar feliz o tener dinero?

Consonants /d/, /b/, and /g/

In English differences in pronunciation of certain consonants often do not affect the meaning *(going to* vs. *gonna).* In Spanish, however, mispronunciation can lead to misunderstanding (e.g., **gol**, *goal* vs. **col**, *cabbage*).

Spanish /d/

1. Imitate your model's pronunciation of the following pairs:

dilo	daca	día	Dios	diga	el dos	el Dios	falda
lido	cada	ida	adiós	no diga	los dos	una diosa	lado

You will notice that the /d/ in the top row of pairs is *harder* than the one in the bottom row. The harder /d/ is articulated behind the upper teeth with the tip of the tongue. The /d/ sound of the bottom row is articulated by putting the tip of the tongue slightly between the upper and lower front teeth.

2. Sometimes confusion results from giving an English /d/ sound to a Spanish /d/, resulting in a Spanish sound close to a Spanish /r/. Imitate your model's pronunciation of these words:

cada	oda	lodo	codo	mida
cara	hora	loro	coro	mira

Spanish /b/

1. Spanish has two varieties of /b/. In one, the sound is articulated explosively with both lips closed at first. This sound is made at the beginning of an utterance and after /m/. Otherwise, /b/ is articulated with both lips slightly open with no explosive noise. This sound occurs between vowels and after consonants other than /m/. Imitate your model's pronunciation of the following words:

bota	bola	tambo	ambos
toba	lobo	tabo	abre

2. There is no difference in Spanish in the pronunciation of the letters *b* and *v.* Imitate your model's pronunciation of the following words:

baca	basta	haba	iba	cabe
vaca	vasta	lava	Eva	uve

Spanish /g/

Spanish has two varieties of /g/. One occurs at the beginning of an utterance and after /n/. It is a sound articulated in the back of the mouth when the back of the tongue stops the passage of air and then quickly releases it. The second variety occurs when the /g/ is in all other positions. It is articulated with a slight air passage and no total stoppage of air. Imitate your model's pronunciation of the following words:

gosa   sangre   gorda   ganga
soga   lago   luego   algo

Comunicación/  Personalización 》》

Entrevista

Preguntas	Oral	Escrito
1. ¿Cómo te llamas?	Me llamo . . .	Se llama _____
2. ¿Estás bien o estás mal?	Estoy . . .	Está _____
3. Por lo general, ¿te duele más la cabeza o el estómago?	Por lo general, me duele más . . .	Por lo general, le duele más _____
4. ¿Sufres más de resfríos o de fiebres?	Sufro más de . . .	Sufre más de _____
5. Cuando estás enfermo(a), ¿vas a la clínica o vas a casa?	Cuando estoy enfermo(a) voy . . .	Cuando está enfermo(a), va _____

Actividades personales

A. *Diez cosas que me gusta hacer.* Write ten things that you like to do. You may organize these things by seasons of the year or you may list those that you might enjoy doing at any given time. Remember that the infinitive form follows **gusta**.

Modelos: *Me gusta esquiar* (ski).
  Me gusta dormir
  diez horas.

Me gusta _____

B. Write the following symbols if they apply in the margin next to the items you have just written. You may have more than one symbol for some or all of these. Escriba:

una *S* si prefieres hacerlo solo(a) y una *O* si prefieres hacerlo con otros.

un $ si te cuesta más de $5 para hacerlo.

los números 1 hasta 5 para indicar tus cinco primeras
preferencias. El número 1 indica la primera preferencia
y el número 5 indica la última preferencia.

C. Unfinished sentences. Below is a list of sentences that
are unfinished. Finish them based on your interests or
your personal experiences.

1. Me gusta ir a las películas con _____

2. Me parece mejor _____

3. Me fascina(n) _____

4. Me gusta más la música _____

5. Me interesa hablar de _____

6. Me gusta comer _____

7. Mis profesores me parecen _____

Using the above sentences, choose any three and apply them
to any member of your family.

Modelo: A mi padre le gusta
más la música de Brahms.

D. Finish the sentences below as they apply to you.

Modelos: Lo cómico del sistema político es *escuchar a los
diplomáticos.*
Lo bueno es *sacar buenas notas.*

1. Lo importante de la vida es _____

2. Lo interesante de aprender español es _____

3. Lo útil de asistir a la universidad es _____

4. Lo malo es _____

5. Lo bueno es _____

6. Lo natural es _____

7. Lo fácil es _____

8. Lo feliz es _____

Share any five of your responses with a classmate or with the
whole class. They should try to recall one or two of your
responses from memory.

Modelo: Él/Ella dice que lo feliz es tener un perrito amistoso.

Las montañas andinas cerca de Portillo y la
Universidad de Santiago.

Unas pequeñas miradas a Chile

A lo largo de este país podemos ver una
colección de vistas de interés. Portillo,
pueblo andino, es uno de los mejores sitios
del mundo para esquiar. De hecho, Portillo
posee la belleza y las condiciones en sus
campos de esquí para poder celebrar El
Campeonato Mundial de Esquí. Y lo celebraron en 1966. La calidad de nieve del lado
chileno de los Andes es superior a la calidad
del lado argentino.

Por regla general, la política chilena es bien
conocida por su larga tradición de ser demo-
crática. Hay unas excepciones a esta regla
pero estas excepciones son muy pocas.
Muchas personas sobresalientes en sus campos lo son porque el sistema de educación
pública es muy bueno.

pequeño: small, short
mirada: glance

pueblo: town, village
andino: Andean
sitio: place, site
de hecho: in fact
posee: possesses
belleza: beauty
campo de esquí: ski slope

campeonato: championship
celebraron: celebrated
nieve: snow

por regla general: as a general rule

pocas: few

En Chile, como en todo país democrático, hay una prensa de críticas políticas y sociales. A veces la prensa critica los excesos que ocurren en el país. Por ejemplo, en la prensa chilena se ha leído que la vida diplomática en Chile parece disfrutar de muchas reuniones de gala donde menudean variedades de cocteles y otras bebidas fuertes. Según la crítica periodística, hay dos teorías que explican esta tendencia: una explica que hay mucha competencia discreta entre los diplomáticos hispánicos en Chile para ganar la popularidad. Hay otra teoría menos galante. Ciertos diplomáticos desean justificar públicamente sus grandes posesiones de licores fuertes y otras delicadezas comestibles. Aquí vemos una tendencia de muchas personas, y no sólo la de los diplomáticos en Chile.

A veces oímos que Chile ha sido descrito como el país inglés de Sudamérica, debido a la mucha influencia de los ingleses e irlandeses inmigrados a Chile. De hecho, en el siglo pasado el hombre que libertó a Chile de España fue Bernardo O'Higgins.

A menudo los estudiantes entran en las actividades políticas. Por ejemplo, los estudiantes de comunicaciones de la Universidad de Santiago han tratado de convocar un coloquio estudiantil para discutir tres problemas: el hambre mundial, el desarrollo económico de los países latinoamericanos y la expansión de la universidad chilena.

Así que, Chile es un país fascinante con una vasta variedad de habitantes, regiones geográficas, instituciones y actividades.

prensa: press
critica: criticizes
se ha leído: it has been read
disfrutar: to enjoy
menudean: serve frequently
fuerte: strong
teoría: theory
discreta: discreet
menos: less
galante: lofty, dignified
justificar: to justify
posesión: possession
delicadeza: delicacy
comestible: edible
la de: that (tendency) of
descrito: described
debido a: due to
e: y
irlandés: Irish
siglo: century
libertó: liberated
fue: was
a menudo: frequently
convocar: to convene
hambre: hunger

Preguntas

1. ¿Cómo es Portillo?

2. ¿Qué celebraron allí en 1966?

3. ¿Cómo es conocida la política chilena?

4. ¿Qué menudean en muchas reuniones de gala?

5. ¿Qué competencia se ha establecido entre los diplomáticos?

6. ¿Cómo ha sido descrito Chile?

7. ¿Qué influencia ha tenido Chile?

8. ¿Quiénes son unas personas inmigradas a Chile?

9. ¿Qué han tratado de hacer los estudiantes?

Vocabulario

Nouns

el alcohólico
el amor
la belleza
la boca
el cabello
la cabeza
el cambio
el campeo-
  nato
el campo
el campo
  de esquí
el catarro
la censura
la cintura
el codo
la colección
la compe-
  tencia
la condición
la coopera-
  ción
el coñac
el corazón
el cuello
el dedo
la delicadeza
el deseo
el despacho
la diarrea
el diente
el diplo-
  mático

la emoción
el entrena-
  miento
la entrevista
el esquí
el estudio
la excepción
el exceso
el éxito
la felicidad
la fiebre
la garganta
la gente
la gripe
la habilidad
el hambre
  (fem.)
el hígado
el hombro
la influencia
el inmigrado
el interés
el/la irlan-
  dés, -esa
la juventud
el lado
el licor
el lugar
la mirada
la muñeca
la nariz
la nieve
el pasa-
  tiempo

el/la perio-
  dista
el pie
la popula-
  ridad
la posesión
la preferen-
  cia
la prensa
el pueblo
el puro
la rana
la razón
la regla
el resfrío
la reunión
la rodilla
el rompeca-
  bezas
el siglo
el sitio
la tendencia
la teoría
el tobillo
la tos
el trabajo
la tradición
el tren
la tristeza
el uso
el vicio
el vino

Verbs

celebrar
construir
convocar
criticar   *devuelto*
devolver (ue)
disciplinar (se)
disfrutar   *disuelto*
disolver (ue)
dormir (ue)
enseñar   *envuelto*
envolver (ue)
escoger
esquiar
establecer
faltar
fascinar
fumar
gustar
haber
importar
interesar
ir (se)
justificar
libertar
menudear
molestar
nadar
parecer
pedir (i)
pensar (ie)
poseer
preferir (ie)
publicar

regalar
regresar   *resuelto*
resolver (ue)
sentir (ie)
sobresalir
solucionar
tocar   *vuelto*
volver (ue)

Adjectives

abrupto
amistoso
andino
comestible
constipado
chileno
delgado
democrático
descrito
discreto
distinguido
erótico
explicatorio
fuerte
galante
gordo
gran
ligero
misterioso
moderno
mundial
musical
natural

necesario
nervioso
orgulloso
personal
privado
professional
propio
triste

Adverbs

diariamente
libremente
públicamente
ya

Prepositions

acerca de
contra
desde
entre
según

Expressions

a lo largo de
a veces
debido a
de hecho
dolor de
  cabeza
en miniatura
estar en
  contra de
por lo general
tener lugar
volver a + *inf.*

REPASO I
(VISTAS 1, 2, 3, 4, 5)

1. Dialog résumé

Select one dialog from **vistas** 1—5 and prepare a brief summary of its main ideas or events. You will present this summary orally in class at some time during the period devoted to **Repaso** I.

2. Ser vs. estar

Both **ser** and **estar** translate in English as *to be.* English speakers find it difficult to learn to use these verbs correctly in their separate contexts. Be aware of their differences.

Ser is used:

1. with time and place when the subject is viewed as an event.

El programa es a las ocho.

La clase es en la mañana.

Los bailes son aquí.

Estar is used:

1. with time and place when the subject is viewed as a nonevent.

La discoteca está en el centro.

La ventana está a la derecha.

El toro está en la arena.

2. with the preposition **de** to indicate origin, source, material, or possession.

Soy de Los Angeles.

El libro es de papel.

El reloj es de oro.

El toro es de Juan.

3. with an adjective to indicate a permanent characteristic or situation or an inherent quality or to express impersonal ideas.

El profesor es alto.

El médico es inteligente.

La chica es muy guapa.

Es tarde.

Es importante.

Es muerto. (He's *killed* unintentionally.)

La chica es (una persona) casada.

4. with a noun to show that the subject is some kind of entity.

Mis amigos son policías.

Juan quiere ser médico.

Norteamérica es un continente.

2. with the preposition **de** to indicate position, location, time, or condition.

Estoy de vacaciones.

Juan está de paseo.

Estoy de buen (mal) humor.

Están de prisa.

3. with an adjective or adverb to indicate temporary conditions, a change of state, or personal opinions.

Estoy enfermo.

La sopa está fría.

Estamos muy cansados.

La chica está bonita hoy.

La comida está buena.

La abuela está muerta. (She's *dead*.) a change of state

Esa chica está casada con el jefe.

4. with the -**ndo** form of the main verb to indicate the occurrence of something at the present moment.

Usted está leyendo la gramática.

Estamos escuchando atentamente.

Indicate the number nearest the statement that best describes your feelings.

1. Estoy contento(a) cuando . . .

1	2	3	4	5	6	7

estoy en un grupo.　　　　　　　　　　estoy solo(a).

Un niño peruano

2. Aprendo más . . .

| 1 | 2 | 3 | 4 | 5 | 6 | 7 |

cuando estoy con amigos.   cuando estoy solo(a).

3. El poder atómico es una cosa . . .

| 1 | 2 | 3 | 4 | 5 | 6 | 7 |

muy buena.   muy mala.

4. El lunes es un día . . .

| 1 | 2 | 3 | 4 | 5 | 6 | 7 |

triste.   alegre.

5. Mi habilidad de concentración está . . .

| 1 | 2 | 3 | 4 | 5 | 6 | 7 |

mal desarrollada.   bien desarrollada.

6. Pienso que mi futuro va a ser . . .

| 1 | 2 | 3 | 4 | 5 | 6 | 7 |

pesado.   muy interesante.

7. Por lo general mis decisiones son . . .

| 1 | 2 | 3 | 4 | 5 | 6 | 7 |

mal pensadas.   bien pensadas.

8. Con respecto a mi educación estoy . . .

| 1 | 2 | 3 | 4 | 5 | 6 | 7 |

poco satisfecho(a).   muy satisfecho(a).

3. Days of the week and months of the year

1. Hoy es domingo; mañana es _____.

2. Hoy es lunes; mañana es _____.

3. Hoy es miércoles; mañana es _____.

4. Hoy es jueves; pasado mañana (the day after tomorrow) es _____.

5. Hoy es martes; pasado mañana es _____.

6. Mañana es viernes; hoy es _____.

7. Hoy es lunes; ayer fue (was) _____.

8. Hoy es domingo; ayer fue _____.

9. Los tres meses del otoño (fall) son _____, _____ y _____.

10. Los tres meses del verano (summer) son _____, _____ y _____.

11. Los tres meses del invierno (winter) son _____, _____ y _____.

12. Los tres meses de la primavera (spring) son _____, _____ y _____.

13. ¿En qué mes nació Ud. (were you born)? Nací (I was born) en el mes de _____.

4. The possessive adjective

Combine the sentences according to the model, using the appropriate form of the possessive adjective.

Modelo: Tiene un aparta-   *Su apartamento está en la*
mento./Está en la   *casa grande.*
casa grande.

1. Tenemos un carro./Está en el garaje.

2. Tienes un radio./Está en la alcoba.

3. Tenemos una casa./Está en el campo.

4. Tienen una bomba./Está en China.

5. Tenemos unos amigos./Están en la universidad.

5. Direct object pronouns

A. Answer the following questions changing the italicized words to direct object pronouns: **lo, la, los, las, me, te,** or **nos**. Make all other necessary changes.

Modelo: ¿Buscas *al profesor?*   *Sí, lo busco.*

1. ¿Estás leyendo *la novela?*

2. ¿Sabes *que hay examen mañana?*

3. ¿Conoces *a mis amigos?*

4. Estás preparando *las lecciones?*

5. ¿Es *americano?*

6. ¿Ves *a las señoras?*

7. *¿Me* buscas?

8. *¿Nos* esperas?

9. ¿Estás mirándo*nos?*

10. ¿Estimas *a tus padres?*

11. *¿Me* entiendes?

B. Práctica para la comunicación

Modelo: X, ¿está apren-   *Sí, lo estoy aprendiendo.*
        diendo español?
        Y, ¿qué dice X?   *X dice que lo está*
                                 aprendiendo.

        Z, según Y, ¿qué   *Según Y, X está*
        está haciendo X?   *aprendiéndolo.*
        X, ¿qué dice Z?   *Z dice que estoy*
                                 aprendiéndolo.

1. X, ¿está Ud. escribiendo la tarea?
   Y, ¿qué dice X?
   Z, según Y, ¿qué está haciendo X?
   X, ¿qué dice Z?

2. X, ¿está Ud. pensando en algún chico/alguna chica?
   Y, ¿qué dice X?
   Z, según Y, ¿qué está haciendo X?
   X, ¿qué dice Z?

3. X, ¿está Ud. preparando la fiesta?
   Y, ¿qué dice X?
   Z, segun Y, ¿Qué está preparando X?
   X, ¿qué dice Z?

6. Hay and gustar

A. Translations: **hay**

1. There's something (algo) under my bed.

2. There are two men under my bed.

3. Is there a beer under your bed?

4. No, there are several beers under my bed.
   <small>varias</small>

5. Is there a conclusion (conclusión)? Yes, there is.

6. There are two drunks (borrachos) under my bed.

B. Translations: **gustar**

1. What do you like?

2. I like a surprise.

3. Do you like one surprise at a time (a la vez)?

4. No, I like many surprises.

5. I have a surprise that is going to please you.

6. A surprise that is going to please me? What is it?

7. My disappearance (desaparición). Goodbye! Do you like it?

7. Entrevista

Preguntas	Oral	Escrito
1. ¿Quién eres?	Soy . . .	Es _____
2. ¿De dónde eres?	Soy de . . .	Es de _____
3. ¿Cómo estás? ¿Bien o mal?	Estoy . . .	Está _____
4. ¿Cuántos son en tu familia?	Somos . . .	Son _____
5. ¿Vives cerca de aquí?	Vivo . . .	Vive _____
6. ¿Vas mucho al cine?	Sí, voy . . . No, no voy . . .	Sí, va _____ No, no va _____
7. ¿Escuchas los discos?	Escucho . . .	Escucha _____
8. ¿Qué tomas más? ¿Cerveza o refrescos?	Tomo más . . .	Toma más _____
9. ¿Les das dinero a los pobres?	Sí, les doy . . . No, no les doy . . .	Sí, les da _____ No, no les da _____

Un rompecabezas: ¿Por qué cruza el camino el pollo?
(Para llegar al otro lado)

Dos dichos: La necesidad enseña más que la universidad.
Poco a poco se va lejos.

Una situación: Supongamos que tú sales en un programa de televisión y ganas mucha ropa nueva. Ahora vas a regalar tu ropa vieja a algunos amigos. Nombra las prendas de ropa que vas a regalar y a quién.

Modelo: Voy a regalar _____ mis zapatos _____ a _____ Jaime. _____
Voy a regalar _____ a _____

SEXTA VISTA: ECUADOR

 Al principio

From Chile we move north to Ecuador. You'll learn about regional differences within a country and that Blacks are a dominant force in the coastal town of San Lorenzo. In many cultures bribery is a way of life: it is mentioned in the dialog and in the **Sección cultural**. As you progress through the chapter

you'll learn

1. the present perfect tense

2. how to use the neuter pronouns **lo** and **ello**
3. about the demonstrative adjectives *this* and *that*

4. how to replace demonstrative adjectives with demonstrative pronouns
5. to use infinitives after prepositions

6. that some verbs are followed by an infinitive

so look for

1. No *he comido* todavía. Ya lo *hemos escrito.* — *the past participle*

2. *Lo* sé. He pensado en *ello.*

3. *aquel* puerto en el sur; *Estos* asientos están ocupados.

4. Quiero aprender *ésa.* Prefiero *aquél.*

5. para *comer;* antes de *ir*

6. ¿Qué *prefieres hacer?*

In addition you'll practice the seasons of the year and the ordinal numbers (e.g., *first, ninth*), and you'll learn four new verbs with stem changes: **encontrar (ue)**, **morir (ue)**, **perder (ie)**, and **cerrar (ie)**.

157

Diálogo

Un problema político

Raúl y Juan, dos jóvenes abogados de Quito, que queda en la sierra, se encuentran delante de la taquilla de Aerolíneas Ecuatorianas. Juan ha llegado un poco tarde. Han sacado boletos de ida y vuelta para Guayaquil, que queda en la costa del sur. Van a negociar un proyecto difícil del gobierno en la costa.

Raúl and Juan, two young lawyers from Quito, located in the mountains, meet in front of the ticket window of Ecuatorian Airlines. Juan has arrived a little late. They have round trip tickets for Guayaquil, located on the southern coast. They are going to negotiate a difficult government project on the coast.

1. *Raúl:* ¡Por fin has llegado, Juan! ¿Qué te ha pasado?

1. You've finally arrived, Juan! What happened to you?

2. *Juan:* Tenemos un lío en la oficina. Mi jefe, don Antonio . . . , después de trabajar tanto nosotros, él no ha podido conseguir los documentos legales para usar en el proyecto en Guayaquil.

2. We have a mess at the office. My boss, Don Antonio . . . , after our working so hard, he hasn't been able to get the legal documents to use in the Guayaquil project.

3. *Raúl:* Increíble. No lo creo. No ha hecho nada. Vamos. Están anunciando nuestro vuelo. No podemos hablar aquí. Tenemos que ir ahora mismo.

3. Incredible. I don't believe it. He hasn't done anything. Let's go. They're announcing our flight. We can't talk here. We have to go right now.

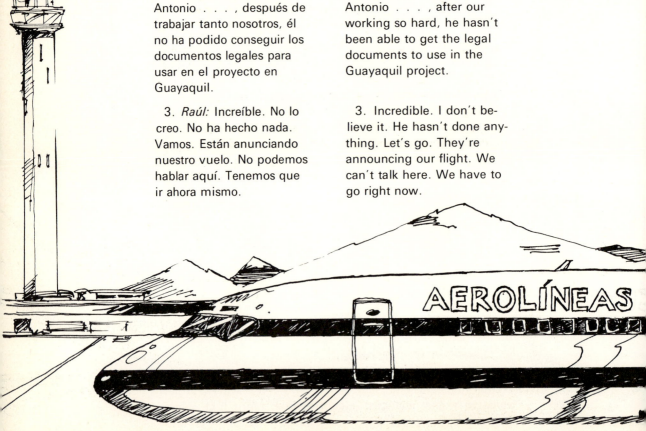

4. *Juan:* Parece que hay espacio en la cabina. Creo que podemos sentarnos juntos.

4. It seems like there's room in the cabin. I think we can sit together.

5. *Raúl:* Sí. Eso ya está arreglado. Oye, tengo una buena palanca con la azafata.

5. Yeah. That's all arranged. Look, I've got pull with the stewardess.

6. *Juan:* ¡Qué bien! Y ¡qué típico de ti!

6. Great! And how typical of you!

7. *Raúl:* Bueno, es que te he estado esperando, pues . . . Y con respecto a don Antonio . . . ¿qué problema tiene?

7. Well, I've been waiting for you. . . . And as for Don Antonio. . . , what problem is he having?

8. *Juan:* Quiere venir . . . , no quiere venir. ¡Qué sé yo! Además, no ha convencido a los abogados. Ellos no favorecen ese proyecto en Guayaquil. No están de acuerdo con ello.

8. He wants to come . . . , he doesn't want to come. How should I know? Besides, he hasn't convinced the lawyers. They don't favor that project in Guayaquil. They're not in agreement with it (the whole idea).

9. *Raúl:* Tú sabes qué problemas tenemos los serranos con los costeños del sur. Los oficiales prefieren promover un proyecto en el norte de la costa, en San Lorenzo. Los de Guayaquil ya tienen aquel puerto en el sur.

9. You know the problems we mountain people have with those southern coastal people. The officials prefer to promote a project on the northern coast, in San Lorenzo. The people of Guayaquil already have that port in the south.

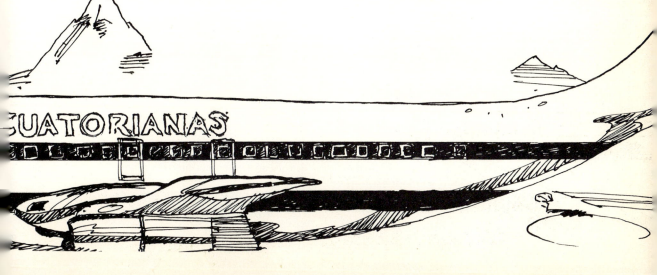

10. *Juan:* En la vista de los políticos ha sido preferible pensar en algún proyecto para el norte. ¡Qué influencia! ¡Y no dicen nada de mames para los políticos!

10. In the politician's mind (view) it's been preferable to think about some project for the north. What influence! And they don't say anything about bribes for the politicians!

11. *Raúl:* Y don Antonio, ¿viene o no?

11. And Don Antonio, is he coming or not?

12. *Juan:* No sé. También quiere ir al partido esta tarde. Probablemente viene mañana. Oye, Raúl . . . Esa rubia. ¡Me gusta!

12. I don't know. He wants to go to the game this afternoon, too. He'll probably come tomorrow. Hey, Raúl . . . That blonde. I like her!

13. *Raúl:* Sí, hombre, la veo. Vamos a sentarnos con ella.

13. Yeah, man. I see her. Let's sit with her.

14. *Juan:* Sí, sí. Yo entre ustedes dos.

14. Yeah, yeah. Me between you two.

15. *Raúl:* Hombre, jamás. ¡Ejem! Muy buenos días, Srta. Este . . . estos asientos, ¿están ocupados?

15. Never, man. Ahem. Good morning, Miss. Uhh, are these seats occupied?

16. *Señorita:* Creo que no.

16. I don't think so.

17. *Raúl:* Entonces nos sentamos aquí.

17. Then we'll sit here.

18. *Juan:* Buenos días, Srta. *(Al sentarse, oyen la voz de la azafata.)*

18. Good morning, Miss. *(On sitting down, they hear the stewardess' voice.)*

19. *Azafata:* Atención, damas y caballeros. Aerolíneas Ecuatorianas anuncia el vuelo N° 39 para Guayaquil. Abrochen su cinturón de seguridad y favor de no fumar.

19. Attention ladies and gentlemen. Ecuatorian Airlines announces flight number 39 for Guayaquil. Fasten your seat belts and no smoking, please.

Notas culturales

1. Ecuador is located on the west coast of South America: south of Colombia and north of Peru. The equator runs directly through Quito, the capital. The word **ecuador** means *equator.*

Regionalismo, *regionalism,* plays an important role in Spain and in Latin America. Regionalism is seen in this dialog with the references to **serranos** and **costeños.** Countries and regions are often divided by physical barriers—rivers, jungles, and mountains—and by racial or ethnic differences.

Physical and social mobility, two dominant North American traits, are less visible in the Hispanic world. As a result, one finds strong allegiance to a particular region. This is called **mi patria** *(my country)* or **mi patria chica,** an even smaller region. This allegiance has obvious sociological and psychological implications. Loyalties, then, are often more to the **patria chica** than to the national government.

2. Note that Juan refers to **don** Antonio. The title **don** is one of much respect and is used with one's **primer nombre.** It implies a close relationship that still calls for formality and respect due to age and class difference. It could be used with a business associate or a **padrino,** *godfather.* **Doña** is used to refer to women to show similar respect, for example, **doña Lupe, doña Bárbara.** Never use **la doña** as in **¿Está la doña?** Here **la doña** refers to a madame in a house of prostitution.

3. The abbreviation for *number* **(número)** in Spanish is N°.

4. In speech 10 Juan says, **¡Y no dicen nada de mames! Mame** in Ecuador means a *bribe.* It comes from **mamar,** *to suck,* and refers to illegal requests for money. **El está en el mame** means *he's taking a bribe.*

A more common word used in Latin America is **la mordida,** *the bite.* It also means *graft* or *bribery.* In Chile, **coima** is used instead of **la mordida.**

5. In speech 5, Raúl says, **Tengo palanca con la azafata. Palanca** means *a kind of lever* or *bar used to move something.*

"TENGO SANTOS EN LA CORTE."

Other equivalent expressions in the Hispanic world are: **Tengo cuña** *(wedge),* said in Chile, and **Tengo enchufe** (socket, plug), said in Spain. An equally poetic expression is **Tengo santos en la Corte,** *I've got saints at the Court.* This observation is similar to the North American, "It's not *what* you know, it's *who* you know."

Observaciones

Según el diálogo, ¿cómo se dice en español?

1. You've finally arrived.

2. A mess (a real problem)

3. That's already been taken care of.

4. Round trip tickets

5. What happened to you?

6. We have to go right now.

7. They don't say anything about bribes.

8. Let's sit down with her.

9. How should I know?

10. They're not in agreement with it.

Repaso del diálogo

Preguntas

1. ¿Adónde va el vuelo N° 39?

2. ¿Qué son Raúl y Juan?

3. ¿Dónde queda Guayaquil?

4. ¿Cómo se llaman los que viven en la costa?

5. ¿Dónde se encuentran los dos abogados?

6. ¿Quién ha llegado un poco tarde?

7. ¿Qué han sacado?

8. ¿Qué no ha podido hacer don Antonio?

9. ¿Con quién tiene palanca Raúl?

10. ¿Qué prefieren hacer los oficiales?

11. ¿Adónde quiere ir don Antonio esta tarde?

12. ¿Con quién quieren sentarse los dos abogados?

13. ¿Qué anuncia la azafata?

Ejercicios gramaticales

Conteste según los modelos.

1. ¿Cuándo tenemos que ir?   *Tenemos que ir ahora mismo.*
   ¿Cuándo podemos hablar?
   ¿Cuándo podemos sentarnos?
   ¿Cuándo tenemos que salir?

2. ¿Cuándo viene don   *Probablemente viene*
   Antonio?   *mañana.*
   ¿Cuándo llega la policía?
   ¿Cuándo salen los políticos?
   ¿Cuándo habla el presidente?

3. ¿Ha llegado temprano   *Creo que no.*
   Juan?
   ¿Queda Quito en la costa?
   ¿Hablan de mames?
   ¿Están ocupados los asientos?

4. ¿Qué ha hecho hoy? ¿Ha   *He tomado . . .*
   tomado una cerveza o un
   café?
   ¿Qué ha hecho hoy? ¿Ha ido a un partido o a una clase?
   ¿Qué ha hecho hoy? ¿Ha estudiado la lección o jugado
   con los monos?
   ¿Qué ha hecho hoy? ¿Ha pensado en el futuro o en el
   pasado?

5. ¿Qué tienen que hacer?   *Tenemos que estudiar*
   ¿Ir a la luna o estudiar   *español.*
   español?

   ¿Qué tienen que hacer? ¿Solucionar el problema o fumar
   puros?

   ¿Qué tienen que hacer? ¿Censurar películas o sobresalir en
   clase?

   ¿Qué tienen que hacer? ¿Trabajar mucho o dormir en clase?

6. ¿Dónde queda aquel   *Aquel puerto queda en* . . .
   puerto? ¿En el sur o en el
   norte?

   ¿Dónde queda aquella sierra? ¿En el este o en el oeste?

   ¿Dónde queda aquel petróleo? ¿Bajo la tierra o delante de
   la taquilla?

   ¿Dónde queda aquel despacho? ¿En la facultad de
   Medicina o en la de Derecho?

Conceptos gramaticales ⟩⟩⟩

50 Present perfect tense 50 Present perfect tense 50 Present perfect tense

Juan *ha llegado* un poco tarde.	Juan *has arrived* a little late.
Han sacado los boletos.	They *have gotten* their tickets.
No *he podido* conseguir los documentos.	I *haven't been able* to get the documents.
Me *ha gustado* la entrevista.	I *have enjoyed* the interview. (The interview *has pleased* me.)
Don Antonio no *ha hecho* nada.	Don Antonio *hasn't done* anything.

Person	**haber**	-do	
(yo)	He	comido.	
(tú)	Has	trabajado	mucho.
(ella, él, Ud.)	Ha	llegado	a tiempo.
(nosotros,-as)	Hemos	visto	un bikini.
(ustedes)	Han	escrito	la carta.
(ellos, ellas, Uds.)	Han	leído	el periódico.

vosotros habeis

1. The present perfect tense, a compound tense in Spanish, is
similar to that of English, for example, *has eaten, have been.*

2. The present perfect tense consists of the auxilary verb **haber** and the past participle of the main verb (e.g., **tomado, comido, llegado, sido, escrito, visto**).

3. All compound tenses in Spanish are made up of two parts. In future chapters you will study the formation and use of the past perfect, future perfect, conditional perfect, and other compound tenses.

4. The auxilary verb **haber** changes to agree with the subject. The past participle remains constant. It is either in the **-do** form or in a constant irregular form, such as, **visto, hecho, escrito, puesto.**

5. The present perfect tense is used to refer to happenings in the recent past that have a certain relevance or connection to the present moment. The emphasis here is on the notion of *recent* past.

6. In Spanish one never separates the forms of **haber** from ✓ the past participle as is possible in English (*I have never spoken Chinese,* **Nunca he hablado chino.**).

7. **Haber** is used as the auxiliary or helping verb and is not to be confused with the verb **tener,** *to have in possession* (e.g., **tengo palanca** or **tenemos dinero**).

Ejercicios

A. Preguntas. Conteste según los modelos.

Modelo: ¿Has comido ya?   *No, todavía no he comido.*

1. ¿Has sacado los boletos ya?

2. ¿Has ido a la costa ya?

3. ¿Has solucionado los problemas ya?

4. ¿Has visto mi cinturón ya?

5. ¿Has hablado con el presidente ya?

6. ¿Has pensado en el futuro ya?

7. ¿Has formado ya una opinión de esta clase?

8. ¿Has escrito ya un documento legal?

B. Conteste según el modelo.

Modelo: ¿Ha escrito Ud. *la*   *Sí, la he escrito.*
           carta?

1. ¿Ha sacado Ud. *los boletos?*

2. ¿Ha invitado Ud. *a María?*

3. ¿Ha tomado Ud. *la cerveza?*

4. ¿Ha visto Ud. *a sus amigos?*

5. ¿Ha discutido Ud. *el problema?*

6. ¿Ha censurado Ud. *al profe?*

7. ¿Ha preparado Ud. *la tarea?*

8. ¿Ha abierto Ud. *la puerta?*

9. ¿Ha devuelto Ud. *el documento?*

10. ¿Ha hecho Ud. *las enchiladas?*

C. Supongamos que Ud. está hablando por teléfono con un amigo. Ud. le hace varias preguntas sobre cosas que Ud. piensa que él está haciendo. Pero él le dice a Ud. que ya las ha hecho.

Modelo: Oye, ¿estás comiendo?   *No, hombre, ya he comido.*

1. Bueno, ¿estás estudiando?

2. Este . . . , ¿estás trabajando?

3. ¿Estás protestando?

4. Pues, ¿estás bebiendo?

5. ¿Estás fumando?

6. ¿Estás escribiendo?

7. Este . . . , ¿estás meditando?

8. ¿Estás corriendo?

9. Bien, ¿estás descansando?

10. ¿Estás almorzando?

Bueno, ya que has hecho todas estas cosas, no tengo más preguntas. Así que, adiós. Hasta pronto.

Neuter pronouns: **lo, ello** 51 Neuter pronouns: **lo, ello** 51   Neuter pron

No estoy de acuerdo con *ello.*	I don't agree with *it.*
Muchas veces piensa en *ello.*	She thinks about *it* a lot.
Lo sabemos.	We know *it.*
Ello es que hay mames.	*The fact* is (that) there are bribes.

Sexta Vista:
Ecuador

¡ . . . y no dicen nada de mames!

These neuter pronouns are somewhat equivalent to English *it* when *it* refers to something intangible that has been mentioned before. These pronouns are neuter because they refer to abstractions to which gender is not assigned. **Lo,** as you will recall, has been used to refer back to a previously mentioned **que**-clause. **Ello** may be used to refer back to a previously mentioned prepositional phrase in which case it is always preceded by the preposition of that phrase. It may also function as the subject in which case it most often appears with **es que** and means *the thing is* or *the fact is*.

Ejercicios

A. Siga los modelos.

Modelo: ¿Cree Ud. en *la*   *Sí, creo en ello.*
educación formal?
¿Está Ud. de   *No, no estoy de acuerdo*
acuerdo con *el con-*   *con ello.*
cepto de la censura?

1. ¿Tiene Ud. una opinión de *la política del Ecuador?*

2. ¿Cree Ud. en *la influencia de la televisión?*

3. ¿Hablan sus padres mucho de *su educación?*

4. ¿Está Ud. de acuerdo con *la idea de que hay corrupción en nuestro gobierno?*

5. ¿Ha leído algo sobre *la política de Latinoamérica?*

B. Siga el modelo.

Modelo: ¿Sabe Ud. *que hay*   *Sí, lo sé.*
mucha corrupción?

1. ¿Cree Ud. *que Dios nos mira todos los días?*
2. ¿Creen sus amigos *que Ud. es una persona tacaña?*
3. ¿Ve Ud. *que el mame es una práctica en muchos países?*
4. ¿Sabe Ud. *que los políticos jamás están de acuerdo?*
5. ¿Piensa Ud. *que no hay solución para los problemas del mundo?*

Ellos no favorecen *ese* proyecto en Guayaquil.	They don't favor *that* project in Guayaquil.
Quiere ir al partido *esta* tarde.	He wants to go to the game (match) this afternoon.
Esa rubia . . . , me gusta.	*That* blonde . . . , I like her.
Ya tienen *aquel* puerto en el sur.	They already have *that* port in the south.
¿Están ocupados *estos* asientos?	Are *these* seats taken (occupied)?

Demonstrative adjectives

	this / these	that / those	that / those
Masculine	*este* boleto	*ese* asiento	*aquel* vuelo
	estos boletos	*esos* asientos	*aquellos* vuelos
Feminine	*esta* casa	*esa* taquilla	*aquella* costa
	estas casas	*esas* taquillas	*aquellas* costas

1. The demonstrative adjectives are similar in Spanish and English (*this, these, that, those*). These adjectives must agree in gender and number with the noun they precede.

2. In Spanish, these adjectives have three distinct forms **est-**, **es-, aquel-**. The **est-** form refers to *this* or *these* (people or things near the speaker). The **es-** form refers to *that* or *those* (people or things that are near the person spoken to or not far away from the person speaking). The **aquel-** form refers to *that* or *those* (things or people far away or remote from the speaker or the person spoken to).

Ejercicios

A. Siga Ud. el modelo.

Modelo: El país es grande.   *Aquel país es grande.*

1. La película es erótica.

2. La discoteca queda muy lejos.

3. El pueblo andino posee una belleza increíble.

4. La universidad se llama UNAM.

5. El cine de Insurgentes es muy popular.

6. Las facultades de la universidad están cerradas.

7. Los tomistas han pintado las paredes de la escuela.

B. Siga Ud. el modelo.

Modelo: La Argentina, ¿es   *Aquel país es grande.*
grande o pequeño
aquel país?

1. Chile, ¿es largo o corto aquel país?

2. La política en el Ecuador, ¿nos afecta mucho o poco
aquella política?

3. México, ¿hay censura o no en aquel país?

4. La UNAM, ¿le parece grande o pequeña aquella universidad?

5. Los puros de Cuba, ¿son populares o no aquellos puros?

6. Las películas eróticas, ¿son interesantes aquellas películas?

C. Siga el modelo.

Modelo: La novia vive con   *Esa novia vive con nosotros.*
nosotros.

1. Las nueces que comen con sus bebidas son buenas.

2. La familia está descontenta con su política.

3. El profesor que da buenas conferencias es inteligente.

4. Los abogados prefieren otro proyecto.

5. El oficial está pidiendo un mame.

6. Las bananas de Costa Rica están verdes.

7. La película no es erótica.

8. Las azafatas son bonitas.

Sexta Vista:
Ecuador
169

D. Siga el modelo.

Modelo: El serrano es de   *Este serrano es de Quito.*
Quito.

1. Los conciertos son de música moderna.

2. Las azafatas nos ayudan en la cabina.

3. El vuelo sale dentro de media hora.

4. La ocupación que estudio es interesante.

5. La idea me es interesante.

6. Los trenes en miniatura me fascinan.

7. El fin de semana va a ser fenomenal.

8. Los boletos son de ida y vuelta.

	this / this one *these*	*that / that one* *those*	*that / that one* *those*
Masculine	éste	ése	aquél
	éstos	ésos	aquéllos
Feminine	ésta	ésa	aquélla
	éstas	ésas	aquéllas

1. Demonstrative pronouns take the place of a noun that is understood by the context.

2. Demonstrative pronouns are the same as the demonstrative adjectives except that in the written form the pronouns have a written accent mark to distinguish them from the adjectives. When the demonstrative pronoun is capitalized at the beginning of a sentence, the accent is not required. In the above chart note the position of the written accent. (It does *not* change the stress.)

Ejercicio

Conteste según el modelo, usando un pronombre demostrativo.

Modelo: ¿Quiere Ud. estudiar   *Quiero estudiar aquélla.*
aquella cultura u otra?

Sexta Vista:
Ecuador

1. ¿Quiere Ud. visitar aquel país u otro país?

2. ¿Quiere Ud. aprender esta lengua u otra?

3. ¿Quiere Ud. tomar café en ese cafetín o en otro?

4. ¿Quieren Uds. conocer aquellas culturas hispánicas u otras culturas?

5. ¿Tienen Uds. estas páginas u otras?

6. ¿A Ud. le gusta esa camisa que lleva él o no?

7. ¿A Ud. le gustan esos zapatos que lleva ella o no?

8. ¿Está aprendiendo Ud. estos puntos gramaticales o está aprendiendo otros?

◄◄◄ Entremés

Las estaciones del año

Las estaciones del año son: el verano, el otoño, el invierno y la primavera.

En Norteamérica y en España los meses del verano son junio, julio y agosto; los meses del otoño son septiembre, octubre y noviembre; los del invierno son diciembre, enero y febrero; y los de la primavera son marzo, abril y mayo.

En Sudamérica es completamente diferente. Cuando estamos en el invierno, ellos están en el verano. ¡Imagínese! ¡Celebran la Navidad en el verano!

Preguntas

1. ¿Cuáles son los meses de verano en Norteamérica? ¿En Sudamérica?

2. ¿Cuáles son los meses de primavera en Norteamérica? ¿En Sudamérica?

3. Cuándo estamos en el otoño, ¿en qué estación están en la Argentina?

Práctica para la comunicación

Modelo: X, ¿qué estación le gusta más?
Y, ¿qué dice X?

Me gusta más el verano.

X dice que le gusta más el verano.

1. X, ¿qué hace Ud. en el verano?
   Y, ¿qué dice X?

2. X, ¿qué prefiere hacer en el otoño?
   Y, ¿qué dice X?

3. X, ¿qué mes del otoño prefiere Ud.?
   Y, ¿qué dice X?

4. X, ¿en qué meses va Ud. de meriendas?
   Y, ¿qué dice X?

Los números ordinales

primero, -a: first	sexto, -a: sixth
segundo, -a: second	séptimo, -a: seventh
tercero, -a: third	octavo, -a: eighth
cuarto, -a: fourth	noveno, -a: ninth
quinto, -a: fifth	décimo, -a: tenth

1. An ordinal number functions as an adjective and must agree in gender and number with the noun. Ordinal numbers precede nouns and are normally used through *ten.* After that the cardinal numbers are used in Spanish.

2. Ordinal numbers are also used in fractions (parts of the whole). The feminine gender is used because **partes** (fem.)

Dos huasipungueras.
Los indios de Ecuador llevan una vida severa.

is implied: $\frac{2}{3}$ = **dos terceras (partes)**; $\frac{1}{4}$ = **una cuarta (parte)**, $\frac{1}{8}$ = **una octava (parte)**.

3. **Primero** and **tercero** become **primer** and **tercer** before masculine singular nouns: **el primer mes, el tercer punto.**

Práctica

Supply the ordinal number using the number cue given.

Modelo: la _____ casa (10)   *la décima casa*

1. el _____ mes (5)
2. las _____ alumnas (1)
3. el _____ día (1)
4. la _____ vista (2)
5. el _____ país (8)

6. la _____ comunicación (3)
7. el _____ modelo (3)
8. el _____ partido (2)
9. el _____ vuelo (7)
10. la _____ azafata (4)

⫸Conceptos gramaticales

Prepositions followed by a verb 54 Prepositions followed by a verb 54 Prep

después de *trabajar* tanto	after *working* so much
para *usar* en el proyecto	for *using* on the project
Al *sentarse,* oyen la voz.	Upon *sitting down,* they hear the voice.

In Spanish, whenever a verb occurs after a preposition, the verb appears in its infinitive form, the form ending in **-r.** In English the verb ends in **-ing** in this construction.

Some common prepositions

al: upon
antes de: before
después de: after
en vez de: instead of
para: for, in order to
por: by, for
sin: without

Ejercicio

Convierta la frase al revés.

Modelo: Trabajo después de   *Como después de trabajar.*
comer.

1. Al salir de casa, abro la puerta.

2. Antes de leer mucho, duermo.

3. Como para vivir.

4. Aprendemos sin estudiar.

5. Practico antes de tomar el desayuno.

6. Lee sin comprender.

7. Resolvemos el problema sin saberlo.

8. Después de ser ricos, viven miserablemente.

9. Antes de hablar de una política estable, resuelven sus problemas.

10. Estudian en vez de hablar por teléfono.

Verb + infinitive 55 Verb + infinitive 55 Verb + infinitive 55 Verb + infinitive 55 Verb

Puedo salir a las ocho.	*I can leave* at eight.
No *he podido conseguir* los documentos.	*I wasn't able to get* the documents.
Prefieren promover otro proyecto.	*They prefer to promote* another project.
¿Quieres escuchar la música?	*Do you want to listen* to the music?
Pienso viajar este verano.	*I'm thinking about traveling* this summer.

When a main verb and an infinitive appear in combination, only the first verb changes according to the subject of the verb. The second verb remains constant in its infinitive form, ending in **-r.**

Ejercicio

Conteste las siguientes preguntas según sus intereses o planes.

Modelo: ¿Qué prefiere hacer   *Prefiero ir al cine.*
        los domingos?

1. ¿Qué debe hacer Ud. después de comer?

2. ¿Qué debe hacer después de esta clase?

3. ¿Qué piensa hacer este fin de semana?

4. ¿Qué ha podido hacer esta semana?

5. ¿Qué debe hacer cuando no comprende al profe?

6. ¿Qué prefiere hacer con sus padres?

7. ¿Qué le gusta hacer los sábados?

8. ¿Qué no ha podido hacer la semana pasada?

9. ¿Qué espera hacer mañana?

10. ¿Qué debe hacer cada día?

11. ¿Qué prefiere hacer antes de venir a clase?

Encontrar (o → ue), morir (o → ue), perder (e → ie), and **cerrar (e → ie)** all have changes in their stems (cf. **conceptos gramaticales** 41 and 45).

Analysis of *encontrar (o → ue),* to find *encontr-, encuentr-*

Singular				Plural			
yo	encuentr	o	—	nosotros	encontr	a	mos
tú	encuentr	a	s	vosotros	encontr	á	is
usted				usted			
él, ella	encuentr	a	—	ellos, ellas	encuentr	a	n

1. **Encontrar,** like most two-stem verbs, maintains the infinitive stem in the **nosotros/vosotros** forms. The **o** becomes **ue** in the other forms of the present tense.

2. Stress falls on the **e** of **encuentr-.**

Ejercicios

A. Siga el modelo.

Modelo: No encuentro el → *No encuentra el boleto por*
boleto por aquí. *aquí.*
(Paco)

(nosotros, ustedes, tú, yo, los policías, el abogado, la azafata)

B. Práctica para la comunicación

1. X, ¿encuentra la solución   *Sí, la encuentro.*
del problema?
Y, ¿qué dice X?
Y, ¿la encuentra Ud. también?
Z, ¿quiénes la encuentran?

2. X, ¿dónde encuentra Ud.   *Sí, los encuentro en el*
   a los amigos, en el   *cafetín.*
   cafetín?

   Y, ¿qué dice X?

   Y, ¿también Ud. los encuentra en el cafetín?

   Z, ¿quiénes los encuentran en el cafetín?

Analysis of *morir (o → ue)*, to die *mor-, muer-*

Singular   *Plural*

yo	muer	o	—		nosotros	mor	i	mos
tú	muer	e	s		vosotros	mor	—	ís
usted	muer	e	—		ustedes	muer	e	n
él, ella					ellos, ellas			

1. **Morir,** like **encontrar,** contains an **o** in its stem. And like **encontrar** this **o** becomes **ue** in all forms except the **nosotros/ vosotros** forms. The usual present tense endings for **I**-type verbs are attached to all forms.

2. **Morir** may be used in a variety of ways such as **morir de hambre,** *to die of hunger,* or **morir de calor,** *to die of heat.* The past participle of **morir** is **muerto.**

3. Stress falls on the **e** of **muer-.**

Ejercicios

A. Siga el modelo.

Modelo: La chica muere de   → *Mueren de calor.*
        calor. (ustedes)

(yo, los serranos, mi abuelo, tú, Ana y yo, el abogado, los oficiales)

B. Práctica para la comunicación

1. X, ¿de qué muere Ud.,   *Sí, muero de hambre.*
   de hambre?

   Y, ¿qué dice X?

   Y, ¿Ud. también muere de hambre?

   Z, ¿quiénes mueren de hambre?

2. X y Z, ¿de qué mueren   *Sí, morimos de calor.*
   Uds., de calor?

   Y, ¿qué dicen X y Z?

   Y, ¿Ud. también muere de calor?

   Z, ¿quiénes mueren de calor?

Analysis of *perder (i → ie)*, to lose *perd-, pierd-*

Singular				Plural			
yo	pierd	o	—	nosotros	perd	e	mos
tú	pierd	e	s	vosotros	perd	é	is
usted él, ella	pierd	e	—	ustedes ellos, ellas	pierd	e	n

1. **Perder** contains an **e** in its stem. This **e** becomes **ie** in all forms of the present tense except the **nosotros / vosotros** forms. The past participle of **perder** is **perdido**.

2. **Perder** means *to lose a thing possessed or a moral or a physical trait. To go out of your mind* is **perder la razón**. Also, **perder** means *to miss a train, a plane, a ride, and the like.*

3. Stress falls on the **e** of **pierd-**.

El Santuario de las Lajas. ¡Imagínese Ud.!
Una iglesia en la frontera entre
Colombia y el Ecuador.

Ejercicios

A. Conteste según el modelo.

Modelo: Muchas veces → *Muchas veces pierde la*
perdemos la *dirección.*
dirección. (el piloto)

(yo, el viejo, tú, los costeños, mi amiga y yo, usted, los niños)

B. Práctica para la comunicación

1. X, ¿pierde Ud. la razón   *Sí, la pierdo.*
cuando está cansado(a)?
Y, ¿qué dice X?
Y, ¿Ud. también pierde la razón?
Z, ¿quiénes pierden la razón?

2. X y Z, ¿pierden peso sin   *Sí, perdemos peso sin*
comer?   *comer.*
Y, ¿qué dicen X y Z?
Y, ¿Ud. también pierde peso sin comer?
Z, ¿quiénes pierden peso sin comer?

Analysis of *cerrar (i → ie),* to close *cerr-, cierr-*

Singular				Plural			
yo	cierr	o	—	nosotros	cerr	a	mos
tú	cierr	a	s	vosotros	cerr	á	is
usted	cierr	a	—	ustedes	cierr	a	n
él, ella				ellos, ellas			

1. **Cerrar,** like **perder,** contains an **e** in its stem. This **e** becomes **ie** in all present tense forms except the **nosotros/vosotros** forms. Its past participle is **cerrado.**

2. Stress falls on the **e** of **cierr-.**

Ejercicio

A. Cambie las frases, según el modelo.

Modelo: De noche cerramos → *De noche cierra la puerta.*
la puerta. (mi
padre)

(el policía, los guardias, yo, la azafata, nosotros, tú, ellos)

B. Termine las frases, usando una forma de *cerrar*.

1. Antes de dormir, yo _____ la ventana de mi habitación.

2. Marta y yo siempre _____ la puerta de noche.

3. Y tú, ¿también _____ la puerta de noche?

4. Sí, pero mi hermana no la _____ .

5. Los niños siempre _____ la puerta con mucho ruido, ¿no?

 Una vista del idioma español

Vibrants: the consonants /r/ and /rr/

Spanish /r/. Imitate your teacher's pronunciation of these words: parece, para, Caracas, ahora, cara, oral, toro

To learn to distinguish the Spanish /r/, /d/, and /rd/, imitate your teacher's pronunciation of the following.

toro	todo	tordo	hora	oda	orda
cero	cedo	cerdo	tara	tada	tarda

Spanish /rr/ does not exist in English but with practice is easily learned. Practice repeating these words: perro, corro, sierra, barril, morro, zorro, torre

Practice the contrast between /r/ and /rr/ with the following words:

pero perro   coro corro
caro carro   foro forro

Spanish **r** is pronounced like /rr/ when it begins a word and when it follows **l, n,** or **s.** Imitate the following words: rubio, Roberto, razón, Raúl, rojo, ropa, rata, malrotar, honradez, las rubias, es rojo.

When /r/ comes before or after another consonant, the English-speaker sometimes experiences difficulty. Repeat these words:

/r/ before consonant	/r/ after consonant
sentarse	proyecto
cerca	madre
miércoles	gracias
irme	increíble
tarde	preferible

Comunicación/ Personalización

Entrevista

Preguntas	Oral	Escrito
1. ¿Qué enfermedades has tenido más este año? ¿Dolores de estómago o de cabeza?	Este año he . . .	Este año ha _____
2. ¿Qué libros has leído más? ¿Libros de aventura o de amores?	He leído . . .	Ha leído _____
3. ¿Qué películas has visto más? ¿Las musicales o las eróticas?	He visto . . .	Ha visto _____
4. ¿Con quién has discutido los problemas? ¿Con los padres o con los amigos?	He discutido . . .	Ha discutido _____
5. ¿Qué cosas has regalado más? ¿Libros, flores o artículos de ropa?	He regalado . . .	Ha regalado _____

Actividades personales

A. Termina cinco frases a tu gusto, usando un participio pasado o una frase apropiada. Lee tus frases a un compañero(a) o a toda la clase.

1. Recientemente he . . .

2. Siempre he querido . . .

3. Siempre he pensado . . .

4. Nunca he . . .

5. Mi padre nunca me . . .

6. En las últimas tres horas he . . .

7. En los últimos dos días he . . .

8. Un buen amigo me ha . . .

9. Mi mamá nunca me . . .

10. Recientemente no he llamado . . .

11. Recientemente he comido . . .

12. Nunca he escrito . . .

13. Nunca he viajado, pero he . . .

14. Nunca he resuelto . . .

15. Recientemente he solucionado . . .

16. Nunca he recibido . . .

17. Siempre he tenido . . .

B. Termina las frases, usando infinitivos (-r) para las primeras rayas (blanks).

Modelo: Antes de _____,   *Antes de estudiar, yo tomo*
        yo _____.   *un café.*

1. Antes de _____, yo _____.

2. Después de _____, yo _____.

3. Al _____, yo _____.

4. En vez de _____, yo _____.

5. Antes de _____, trato de _____.

6. Para _____, tengo que _____.

7. Al _____, siempre _____.

C. Una situación fantástica. Supongamos que durante los últimos dos días tú has hecho una cosa extraordinaria—algo fantástico. Eres la única persona que ha hecho esta cosa. ¿Qué has hecho? Explica la cosa que has hecho en los últimos dos días.

Modelo: He *inventado un nuevo poder atómico.*

        He _____

        Mañana vamos a decir las explicaciones en clase.

Una calle típica en Quito.
Trabajando con madera.

Costeños y serranos en el Ecuador

El Ecuador es un país andino como Chile. Al
norte queda Colombia, el Perú está situado
al sur y al este, y al oeste se encuentra el
Océano Pacífico. Hay dos cordilleras: la cordillera oriental y la occidental. Tres quintas
partes de la población ecuatoriana viven en
estas cordilleras.

cordillera: mountain range

Quito, la capital, queda en la sierra. Hay
470.000 habitantes en Quito y, como viven
en la sierra, son serranos. Guayaquil, en la
costa al sur, tiene como 690.000 personas.
Siempre ha habido una profunda desconfianza entre la gente de estas dos ciudades.
Por eso, los serranos de Quito tienen gran
interés en el desarrollo de San Lorenzo, que
queda en la costa al noroeste de la capital.
La población de la costa consiste en una
mezcla de negros, blancos, mestizos e in-

ha habido: there has been
profundo: deep
desconfianza: mistrust
gente: people

noroeste: northwest

mezcla: mixture

dios. En la región del noroeste hay dos estaciones: el verano, que dura desde junio hasta octubre, y el invierno, entre los meses de noviembre y junio. Durante el invierno hay mucha lluvia. Debido a la competencia entre Quito y Guayaquil, unos serranos han ido a San Lorenzo para ayudar con el desarrollo económico de la región. Han ayudado con la construcción del puerto, de la electricidad, de casas, y forman la gran parte de la clase alta, o el dos por ciento de toda la población. En términos de ocupaciones, estas personas son médicos, ingenieros, militares y hombres de negocios.

La clase media en San Lorenzo (el trece por ciento) consiste en mestizos y negros. Con respecto a sus ocupaciones, ellos pueden ser: oficiales del gobierno central para mantener el puerto, oficiales del gobierno local (y muchos de ellos están en el mame), maestros, carpinteros, barberos, y muchas otras. Los de la clase baja (unos mestizos y muchos negros) construyen canoas, van de pesca o de caza, o venden frutas o madera.

La clase alta siempre ha vivido mejor que las otras y así es el caso en San Lorenzo. En las mejores casas hay agua corriente y cuartos de baño. También comen bien.

Para el desayuno hay fruta, café, pan, queso y mantequilla. Al mediodía hay sopa, empanadas llenas de carne, un plato de arroz cubierto de bananas o de frijoles y café después de la comida. A eso de las ocho de la noche cenan. La cena es igual que el almuerzo excepto que hay pescado frito.

La clase media no tiene tanta suerte. La casa no tiene agua corriente y el techo es de paja o de estaño. La comida consiste en pescado, arroz, bananas, plátanos, mandioca dulce, pan y café.

La vida de la clase baja es aún peor. Comen

dura: lasts

alta: upper
en términos de: in terms of
ingeniero: engineer
negocios: business

mantener: maintain

maestro: teacher

pesca: fishing
caza: hunting

corriente: running

pan: bread
queso: cheese
mantequilla: butter

empanada: turnover
carne: meat
arroz: rice
cubierto: covered
frijol: bean

igual: the same

pescado: fish
frito: fried

tanta: as much

techo: roof
paja: straw
estaño: tin

plátano: plantain
mandioca: manioc
dulce: sweet

aún: yet
peor: worse

Sexta Vista:
Ecuador

sólo dos veces diariamente. Toman la "culada" (pescado frito con plátano y un café) temprano por la mañana antes de ir a trabajar. La comida principal (llamada *merienda* en el Ecuador) consiste en pescado, arroz, mandioca dulce, plátano, fruta fresca, y a veces carne de puerco, sardinas, o atún. La señora y los niños comen cuando la comida está preparada; el padre come al regresar de su trabajo.

puerco: pork
atún: tuna fish

Así es la vida en una ciudad costeña del Ecuador.

Preguntas

1. ¿Cuáles son las dos cordilleras del Ecuador y dónde vive la mayoría de la población ecuatoriana?

2. ¿Qué ha habido siempre entre la gente de Quito y Guayaquil?

3. ¿En qué tienen interés los serranos?

4. ¿Cómo han ayudado los serranos a los habitantes de San Lorenzo?

5. En términos de las ocupaciones, ¿cuáles son las de la clase alta? ¿las de la clase media? ¿las de la clase baja?

6. ¿Cómo es la vida de la clase alta?

7. ¿Cómo es la vida de la clase media diferente de la de la alta? ¿De la clase baja?

8. ¿Cuándo come la familia de la clase baja la comida principal?

9. ¿Qué es una "culada"?

10. ¿Cuál de las vidas (de las tres clases) descritas en San Lorenzo prefiere Ud.?

Vocabulario

Nouns

la aerolínea
el aero-
  puerto
el arroz
el asiento
el atún
la azafata
el barbero
el boleto
la cabina
el caer
la calabaza
el carpin-
  tero
la caza
el cinturón
la coima
la cordillera
la corte
la costa
el costeño
la cuña
la dama
el desayuno
la descon-
  fianza
el docu-
  mento

la empa-
  nada
el enchufe
el espacio
el estaño
el frijol
el gobierno
el habitante
la hoja
el hombre
el ingeniero
el invierno
el lío
el maestro
el mame
la mandioca
la mante-
  quilla
el marinero
la merienda
la mezcla
la mordida
el negocio
el noroeste
la ocupa-
  ción
el otoño
el padrino

la palanca
el pan
el partido
la patria
la pesca
el pescado
el plato
la playa
la población
la prima-
  vera
el proyecto
el puerco
el puerto
el queso
la región
el respeto
el santo
la seguridad
el serrano
la sierra
la sopa
la taquilla
el techo
el verano
la vista
la voz
el vuelo

Verbs

abrochar
anunciar
cerrar (ie)
conseguir (i)
consistir en
convencer
durar
enamorarse
  de
encontrar
  (ue)
favorecer
lanzar
mantener
  (ie)
morir (ue)
perder (ie)
promover
  (ue)
quedar
sentar (ie)
sentarse
viajar
volar (ue)

Adjectives

alto
arreglado
corriente
cubierto
dulce
ecuatoriano
igual
increíble
juntos
legal
local
occidental
ocupado
oriental
peor
preferible
profundo
total

Prepositions

además de
antes de
delante de
en vez de

Adverbs

aún
entonces
jamás
tanto

Expressions

ahora
  mismo
con respec-
  to a
de ida y
  vuelta
en términos
  de
estar de
  acuerdo
favor de no
  fumar
hacer
  novillos
por fin
¡Qué sé yo!

SÉPTIMA VISTA: EL PERÚ

Al principio

From Ecuador we move south to Peru, the ancient capital of the Incan empire. In the dialog you learn about various meals eaten in parts of the Hispanic world. In the **Sección cultural** you'll read about the **cholos** of Peru and the problem of helping Indians compete in the twentieth century. As you progress through the unit

you'll learn

1. to form and use the past tense
2. to use two object pronouns together
3. prepositions with object pronouns
4. special verbs with **haber**

5. the use of **a** plus the -**r** verb form with verbs of inclination toward a goal
6. that Spanish has several words of location

so look for

1. *Tomé* café con crema. Me lo *prepararon.*
2. *Te lo* juro. *Me la* enseñó. *Se los* expliqué
3. Va *conmigo.* Va *sin* nosotros.
4. ¿Qué *debe haber* en la dieta?
5. *Llegaron a saber.* Te *pones a tocar* la guitarra.
6. Estamos *aquí.* Viene *acá.*

You'll also practice some common **A**-type verbs. Be sure to work on the exercises until you can say or write them with ease.

Diálogo

Una cuestión de dieta

Dos amigos, Juan y José, se encuentran hablando sobre unas cuestiones sociales del país. Viven en Arequipa, al sur de Lima.

Two friends, Juan and José, are found talking about some of the country's social issues. They live in Arequipa, south of Lima.

1. *Juan:* Ya que vivimos en el siglo viente con toda la información científica que abunda, ¿por qué no sabemos comer mejor?

1. Now that we live in the twentieth century with all the abundant scientific information, why don't we know how to eat better?

2. *José:* ¿Cómo que no sabemos comer mejor? ¿Qué tienes tú?

2. What do you mean we don't know how to eat better? What's the matter with you?

3. *Juan:* Pues, es que todo me parece al revés. Comemos muy poco en el desayuno. Luego, al mediodía, comemos demasiado, incluso durante el calor de verano. Después, tomamos la cena sólo un rato antes de acostarnos. Y debe haber más variedad de alimentos.

3. Well, it's just that everything seems backwards to me. We eat very little at breakfast. Later, at noon, we eat too much, even during the heat of summer. Later (Afterwards), we have dinner only a little while before going to bed. And there ought to be a greater variety of foods.

4. *José:* Pues, cada loco con su tema, pero hasta cierto punto tienes razón. Pero la generalización no me convence. Con respecto a la dieta, aquí en el Perú hay mucha diversidad regional. Por ejemplo, los costeños comen muchos hidratos de carbono como el arroz, habas, pan, fideos y legumbres, Luego, todos consumimos carne y pescado en grandes cantidades.

4. To each his own (every person with his theme), but up to a certain point you're right. But your generalization isn't convincing. Concerning our diet, here in Peru there's a lot of regional diversity. For example, the people on the coast eat a lot of carbohydrates such as rice, beans, bread, noodles, and vegetables. Then, we all consume large quantities of meat and fish.

5. *Juan:* A ver. ¿Qué tomaste esta mañana?

5. Let's see. What did you have this morning?

6. *José:* Pues, tomé café con crema y pan con mantequilla.

6. Well, I had coffee with cream and bread and butter.

7. *Juan:* Ahí está. ¿Ves? ¡Qué desayuno más insípido!

7. There. You see? What a dull breakfast!

8. *José:* Sí, pero al mediodía comí una porción grande de pasta, luego un plato de arroz con pescado y mariscos, pan con mermelada, vino— y de postre un plátano y café.

8. Yes, but at lunch I had a large helping of pasta, then a dish of rice with fish and shellfish, bread and jam, wine—and for dessert a banana and coffee.

9. *Juan:* ¿Y no te prepararon casi lo mismo anoche para la cena?

9. And didn't they fix you almost the same thing last night for dinner?

10. *José:* Mmmm, pues, sí, me lo prepararon. ¿Cómo lo supiste?

10. Hhmmm, well yes, they did (fix it for me). How did you find out (know)?

11. *Juan:* Ese es mi punto. Te lo juro. Anoche allí en Lima el ministro de salud pública, Jovellanos, habló por radio. ¿No escuchaste la conferencia?

11. That's my point. I swear (it to you). Last night up there in Lima the Minister of Public Health, Jovellanos, spoke on the radio. Didn't you listen to his speech?

12. *José:* No. La perdí. No estuve en casa.

12. No, I missed it. I wasn't at home.

13. *Juan:* Pues, estoy de acuerdo con él. Jovellanos dijo que nuestra dieta es insuficiente. Es deficiente de una vasta variedad de verduras y frutas. Sobre todo, dijo que, tomando en cuenta todas las regiones: la costa, sierra y selva. En la familia típica, hay como seis personas, y el promedio diario de calorías por persona es más o menos dos mil calorías. Pues, un obrero necesita más de cinco mil por día.

13. Well, I agree with him. Jovellanos said our diet is insufficient. It's deficient in a large variety of vegetables and fruits. Especially, he said, taking into account all the regions: the coast, the mountains, and the jungle. In an average family, there are around six persons, and the daily average number of calories per person is approximately two thousand. Well, a laborer needs more than five thousand a day.

14. *José:* Eso para mí es grave. ¿Puede haber un remedio? ¿Qué más indicó Jovellanos?

14. For me that's serious. Is there a solution? What else did Jovellanos say?

15. *Juan:* Que ayer por ejemplo muchos pobres comieron sólo una comida; otros, sólo dos. Y esta situación intolerable pasa todos los días. Él mencionó que pronto van a poner en marcha un nuevo plan social para atacar el problema. Pero, va costar mucho dinero. ¿Lo crees?

15. That yesterday for example many poor people ate only one meal; others, only two. And this intolerable situation happens every day. He mentioned that soon they are going to put a new social plan into practice to attack the problem. But, it's going to cost a lot of money. Do you believe it?

16. *José:* Pues, tú sabes, ver es creer.

16. Well, you know, seeing is believing.

Notas culturales

1. Many, but not all, Spanish-speaking people have four or five meals a day: three regular meals and a couple of **meriendas,** *snacks,* one in the late morning and one in the late afternoon. Breakfast is usually light, consisting of **café con leche** or **crema** (hot milk or cream with very strong coffee) and a pastry, toast, bread or fruit. The midday meal, **el almuerzo** (or **la comida**) is quite heavy and is often the biggest meal of the day. It generally consists of several courses, and the dishes are often changed for each course. This meal is usually eaten around 2:00 and the children, as well as both parents, are often there at that time.

2. Traditionally stores are closed from about 1:00 P.M. to about 4:00 P.M. allowing those at work to go home for the **comida** and in some cases to take a **siesta.** This custom is slowly changing in the big cities but is still prevalent in small towns and in rural districts.

3. The evening meal, **la cena,** is usually quite late (8:00– 10:00 P.M.) and is a bit lighter than the midday meal.

4. Table manners differ. While North American etiquette requires a person to eat with the left hand on the lap, the Spanish-speaking person leans both forearms on the edge of the table.

Observaciones

Según el diálogo, ¿cómo se dice en español?

1. We know how to eat better.

2. To each his own

3. A variety of foods

4. Meat, fish, vegetables, rice, shellfish, bread

5. I swear it!

6. How did you know (find out)?

7. You're right.

8. Seeing is believing.

9. Didn't you hear the speech?

10. I missed it.

11. There ought to be more variety.

Repaso del diálogo

Preguntas

1. ¿Qué dice Juan que abunda en el siglo veinte?

2. ¿Qué cree Juan que no saben hacer los peruanos?

3. Según Juan, ¿cuánto comen en el desayuno?

4. ¿Cuánto comen al mediodía?

5. ¿Cuándo toman la cena?

6. Según José, ¿qué comen los costeños?

7. ¿Qué tomó José por la mañana?

8. ¿Qué comió José al mediodía?

9. ¿Qué dijo Jovellanos por radio?

10. ¿Cuántas personas hay en la familia típica peruana?

11. ¿Cuántas calorías consume el peruano típico por día?

12. ¿Cuántas calorías necesita un obrero?

13. ¿Qué más mencionó Jovellanos en su conferencia?

14. ¿Qué dijo José al final del diálogo?

Ejercicios gramaticales

Conteste según los modelos.

1. ¿Por qué no sabemos   *¿Cómo que no sabemos*
   comer mejor?   *comer mejor?*
   ¿Por qué no sabemos jugar mejor?
   ¿Por qué no sabemos leer mejor?
   ¿Por qué no sabemos negociar mejor?

2. ¿Hay mucha comida en casa?   *Sí, pero debe haber más.*
   ¿Hay muchos plátanos en la mesa?
   ¿Hay muchas calorías en nuestra dieta?
   ¿Hay mucha información en la conferencia?

3. ¿Abunda la información   *No. Puede haber más.*
   científica?
   ¿Abunda el pescado que consumimos?
   ¿Abunda el arroz que nos preparan?
   ¿Abundan las calorías para los pobres?

4. ¿Hay un plato de pasta   *Sí, hay uno para él.*
   para Juan?
   ¿Hay un postre para   *Sí, hay uno para ella.*
   Elena?
   ¿Hay una porción de legumbres para José?
   ¿Hay un café para Isabel?
   ¿Hay un nuevo plan social para los pobres?

5. ¿Para ti es grave la   *Sí, para mí lo es.*
   economía?
   ¿Para ti es intolerable la pobreza?
   ¿Para ti es suficiente tu dieta?
   ¿Para ti es nuevo el plan social?

6. ¿Cuándo prepararon la cena? *La prepararon anoche.*
   ¿Cuándo indicaron el problema?
   ¿Cuándo escucharon la conferencia?
   ¿Cuándo tomaron la cerveza?
   ¿Cuándo mencionaron el plan?

7. ¿Cuándo preparó Ud. la   *La preparé al mediodía.*
   comida?
   ¿Cuándo tomó Ud. el café?
   ¿Cuándo escuchó Ud. la lección?
   ¿Cuándo mencionó Ud. el número de teléfono?

8. ¿Cuándo te mencionaron   *Me lo mencionaron ayer.*
   el problema?
   ¿Cuándo te prepararon el postre?
   ¿Cuándo te enseñaron el libro?
   ¿Cuándo te explicaron el conflicto?

◀◀◀ Conceptos gramaticales

Past tense: perfective 57   Past tense: perfective 57   Past tense: perfective 5

In Spanish there are two ways of looking at actions in the past: the perfective aspect (or completed actions) and the imperfective aspect (or incompleted actions). In this chapter we will look only at the perfective (or preterit) past tense.

¿Qué *tomaste* esta mañana?	What *did* you *eat (take)* this morning?
Tomé café con crema.	I *ate (took)* coffee with cream.
Jovellanos *habló* por radio.	Jovellanos *spoke* on the radio.
Me lo *prepararon.*	They *prepared* it for me.

Analysis of *tomar,* to take

Singular				Plural			
yo	tom	é	—	nosotros	tom	a	mos
tú	tom	a	ste	vosotros	tom	aste	is
usted				ustedes			
él, ella	tom	ó	—	ellos, ellas	tom	aro	n

In the perfective past tense, all regular **A**-type verbs have the endings given for **tomar** in the second and third slots, after the verb stem.

Ejercicios

A. Conteste las preguntas según el modelo.

Modelo: ¿Tomó Ud. mucho o poco esta mañana en el desayuno? *Tomé mucho esta mañana.*

1. ¿Tomó su padre mucho o poco esta mañana?

2. Esta mañana, ¿habló Ud. más con su padre o con su madre?

3. ¿Qué estudió Ud. ayer? ¿La lección de español o un plan social para el mundo?

4. ¿Cuánta comida le prepararon anoche? ¿Mucha o poca comida?

5. La semana pasada, ¿solucionó Ud. sólo un problema o varios problemas?

6. Esta mañana, ¿usó su padre un coche o una bicicleta para ir a su trabajo?

7. En su familia, ¿qué tomaron Uds. esta mañana en el desayuno? ¿Café o leche?

8. Esta mañana, ¿cuánto tiempo ocuparon sus padres el cuarto de baño? ¿Mucho tiempo o poco tiempo? ¿Y Ud.?

B. Escriba la forma correcta del perfectivo del verbo entre paréntesis y termine la frase.

1. Anoche mi amigo _____ (tomar) mucha _____.

2. Esta mañana yo me _____ (levantar) a las _____.

3. La semana pasada tú me _____ (presentar) a un amigo en _____.

4. El año pasado mi padre _____ (trabajar) en _____.

5. Ayer yo _____ (escuchar) _____.

6. Mi profesor me _____ (indicar) que _____.

7. La semana pasada por primera vez yo _____ (pensar) en _____.

8. Ayer mi amigo y yo _____ (hablar) de _____.

9. Por mi cumpleaños mis padres me _____ (regalar) _____.

10. Tú _____ (tomar) una bebida en _____.

Me lo prepararon.	They prepared *it for me.*
Te lo juro.	I swear *it to you.*
Cuando *me los* regalan	When they give *them to me*

Indirect object		Direct object	
me	nos	me	nos
te	os	te	os
le (se)	les (se)	lo, la	los, las

When there are two pronouns together, the indirect object pronoun precedes the direct object pronoun.

Ejercicios

A. Diga el pronombre que corresponde al objeto directo indicado entre paréntesis.

Modelo: Me _____ regalan   *Me lo regalan ahora.*
         ahora. (el dinero)

1. Te _____ van a dar mañana. (los boletos)

2. Nos _____ han exportado por varios años. (el ganado)

3. Me _____ enseñaste, ¿verdad? (la lección)

4. ¿Nos _____ das después? (el postre)

5. Ayer te _____ prepararon a las siete. (el desayuno)

6. La azafata nos _____ ha dado sin problema. (los asientos)

7. Mi madre me _____ halló en la mesa. (la lapicera)

8. ¿Me _____ vas a abrir? (las ventanas)

9. Te _____ traigo inmediatamente. (el café)

10. Me _____ están anunciando en este momento. (el programa)

B. Convierta el objeto directo en su forma de pronombre y siga el modelo.

Modelo: Me enseñan *los*   *Me los enseñan.*
         rompecabezas.

1. Nos dan *los libros.*

2. Te digo *la verdad.*

3. Me solucionaron *el problema.*

4. Nos exportaron *el petróleo.*

5. El mesero me trae *la cerveza.*

6. Te regalamos *el carro.*

7. Mi madre nos ha preparado *la merienda.*

8. Yo te enseñé *la lección.*

9. No nos han mencionado *el plan nuevo.*

10. El profe me ha dado *la gorda* (una nota alta).

Indirect object	Direct object		Indirect object	Direct object
le	lo, la	→	se	lo, la
les	los, las			los, las

When two pronouns beginning with the letter **I** occur together, the first pronoun changes to **se**.

Ejercicios

A. Escriba el pronombre que corresponde al objeto indirecto entre paréntesis.

Modelo: El libro . . . ,   · *El libro . . . , Juan se lo da*
        Juan _____ lo da   *ahora.*
        ahora. (a María)

1. El dinero . . . , _____ lo damos. (al mesero)

2. El desayuno . . . , _____ lo preparo el Día de las Madres. (a mi mamá)

3. La música . . . , _____ la toco en la noche. (a mi novio(a))

4. Las notas . . . , _____ las pido al final del semestre. (a los profesores)

5. El examen . . . , el profesor _____ lo da hoy. (al alumno)

6. Las cervezas . . . , el mesero _____ las trae pronto. (a mis amigos)

7. El plan de negocios . . . , yo _____ lo voy a mencionar mañana. (al jefe)

8. El rompecabezas . . . , él _____ lo enseñó. (a los niños)

B. Siga el modelo, usando *se* y el pronombre de objeto directo.

Modelos: *Le* doy *el dinero* a María. *Se lo doy a María.*

Ayer *le* explicamos *los problemas.* *Ayer se los explicamos.*

1. *Le* voy a comprar *un regalo bonito.*

2. *Le* contesté *la pregunta* correctamente.

3. *¿Les* mencionó Ud. *las condiciones malas?*

4. ¿Cuándo *le* enseñaron *los documentos?*

5. ¿Ya *les* han comprado *los boletos?*

6. Los argentinos *les* exportan *muchos productos* a los chinos.

7. ¿A qué hora *le* van a preparar *la comida?*

8. La semana pasada Pablo *le* regaló *algunos pesos* a su amigo.

C. Siga el modelo, poniendo los pronombres al final de las formas de *-r* y *-ndo.*

Modelo: Me lo puedes dar. → *Puedes dármelo.*

1. Nos lo pueden explicar.

2. Me la debes enseñar.

3. Se lo vamos a solucionar.

4. Me los están vendiendo.

5. Te lo estoy respondiendo.

6. Me lo estás leyendo.

7. Se lo estamos pintando.

Prepositions 60 Prepositions 60 Prepositions 60 Prepositions 60 Prepositions 60 Pre

Estoy *de* paseo *con* mi novia.	I'm taking a walk *with* my girlfriend.
Estudio allí *en* la escuela Normal.	I study there *at* the Normal School.
Me hace preguntas *acerca de* su vida.	She asks me questions *about* his life.

a: to toward
acerca de: about, concerning
antes de: before
bajo: below, under

con: with
contra: against
de: from, of
debajo de: underneath, under

delante de: before, in front
of
desde: since, from
después de: after
durante: during
en: in, on, at
encima de: on top of, above,
over

hasta: until
para: for, to, toward, in
order to
por: for, during, through,
along
sin: without
sobre: about, over

1. A preposition always forms a part of a prepositional phrase.
A prepositional phrase consists of a preposition and an object
(noun, noun phrase, or infinitive verb) of the preposition.

2. In English, a preposition may end a sentence (e.g., *Mary is
the girl I go out with.*). In Spanish a preposition may not end a
sentence (e.g., **María es la chica con quien salgo.**).

Ejercicio

Usando las preposiciones de la lista, escriba Ud. una preposición apropiada.

Modelo: Estoy de acuerdo   *Estoy de acuerdo con usted.*
_____ usted.

1. Escribo con el lápiz _____ la mano.

2. Estoy en la escuela desde la mañana _____ la tarde.

3. Hablamos _____ nuestros amigos.

4. Mi amigo sabe _____ dónde soy.

5. En casa no pongo mis libros _____ la cama.

6. _____ las vacaciones no tengo clases.

7. No puedo estudiar bien _____ mis libros y papeles.

8. _____ comer _____ la mañana, salgo para mis clases.

9. En la clase de español, el profe hace preguntas _____
la gramática.

10. Después de mis clases, voy _____ la escuela a casa.

11. _____ lavarme las manos, como el desayuno.

Eso *para mí* es grave.   *For me* that's serious.

La dieta *de nosotros* es   *Our* diet is insufficient.
insuficiente.

Estoy de acuerdo *con él.*   I agree *with him.*

¿Te gusta mi tambor?

Prepositional object pronouns

Singular	Plural
mí	nosotros
ti	vosotros
usted	ustedes
él	ellos
ella	ellas

exceptions: con + mí = conmigo
con + ti = contigo

1. If you have already mentioned something (e.g., **Estoy con el hombre que vive en México.**) and do not want to repeat the entire prepositional phrase **(con el hombre que vive en México),** you can use a pronoun with the preposition. In this case the pronoun would be **él (Estoy con él.).**

2. You may not say **con mí** or **con ti**. These forms are irregular: **conmigo** and **contigo** are correct.

3. Note also that except for **mí** and **ti** the object pronouns are the same as the subject pronouns.

Ejercicios

A. Convierta Ud. los objetos de preposición en su forma pronominal.

Modelo: Quiero salir con *la*   *Quiero salir con ella.*
         chica argentina.

1. Para *mi mamá* el trabajo es difícil.

2. Pongo los documentos en *esa casa.*

3. Estoy de paseo con *mi novio.*

4. El cigarro es para *el diplomático.*

5. El periodista quiere una entrevista con*migo y mis amigos.*

6. Los asientos son para *Raúl y su amigo.*

7. Yo sé que el regalo es de *usted y María.*

8. La conferencia es sobre *Cervantes.*

9. Estamos pensando en *María.*

B. Conteste Ud. las preguntas usando las preposiciones y pronombres.

1. X, la calificación (nota) en esta clase . . . , ¿es para mí o para usted?

2. X, ¿habla Ud. más con ella o con él?

3. X, ¿habla Ud. más de él o de ella?

4. X, ¿a veces prepara Ud. la comida para su madre o para la policía?

5. X, ¿come Ud. el almuerzo más con los padres o con los amigos?

6. X, en una fiesta, ¿prefiere Ud. estar junto a Y o a Z?

7. X, cuando tiene problemas, ¿habla Ud. conmigo o con el decano?

8. X, hablando de su madre y padre, ¿pasa Ud. más tiempo con ella o con él?

9. X, ¿puede Ud. vivir mejor sin la buena suerte o sin el amor?

Entremés

El tiempo

In weather expressions the verbs **hace** and **hay** are used
impersonally (without a subject).

El TIEMPO

AYER EN MADRID:

MAXIMA	MINIMA
+17	+5

Información general.—La nubosidad ha sido abundante y se han registrado precipitaciones en Andalucía occidental, Ceuta y Melilla y en Canarias. Hoy la nubosidad, se ha extendido a los dos tercios inferiores de la Península.

Tiempo probable.—En el área mediterránea, cielo nuboso, con precipitaciones débiles en general y riesgo de algún chubasco local de carácter tormentoso. Parcialmente nuboso en Andalucía occidental, Centro y Aragón. En el resto, cielo poco nuboso. Parcialmente nuboso en Canarias.

Tendencia para los días 23 y 24.—Dia 23: continuará nuboso con algunas precipitaciones dispersas en el área mediterránea. Cielo parcialmente nuboso en Andalucía, Centro y Aragón. Poco nuboso en el resto.

Día 24: parcialmente nuboso en el área mediterránea. Nubosidad de evolución diurna en las zonas del interior. Poco nuboso en el resto.

Temperaturas extremas.—Máxima, de 25 grados, en Pontevedra. Mínima, de un grado bajo cero, en Soria.

Temperaturas extremas en diversas ciudades europeas.—11–2: Estocolmo, 8–2; Londres; 15–1; París, 12 y –2; Berlín, 9–4; Roma, 16–3.

El **Sol** sale a las 7,15 y se pone a las 19,29. La **Luna,** en tase llena, sale a las 23,29 y se pone a las 8,33. (Estos horarios se retieren a la hora oficial peninsular.)

Hace frío.	It's cold.
Hace calor.	It's hot.
Hace (Hay) mucho sol.	It's very sunny (there's a lot of sun).
Hace buen tiempo.	It's good weather.
Hace mal tiempo.	It's bad weather.
Llueve (llover).	It's raining.
Truena (tronar).	It's thundering.
Nieva (nevar).	It's snowing.
Hace fresco.	It's cool.
Hay nubes. (Está nublado.)	It's cloudy.
Hace (Hay) mucho viento.	It's windy.
Hay sol.	It's sunny.

Ejercicios

A. Frases abiertas. Complete Ud. estas frases abiertas con una respuesta personal.

Modelo: Cuando hace calor yo _____. *Cuando hace calor yo voy a la playa (a las montañas, a Alaska, etc.).*

1. Cuando llueve yo _____.

2. Cuando está nublado yo _____.

3. Cuando hace frío mis padres _____.

4. Cuando nieva yo _____.

5. Cuando hace fresco _____.

6. Cuando hace buen tiempo yo _____.

B. Conteste Ud. las preguntas.

1. ¿Qué tiempo hace hoy?

2. ¿Está nevando (lloviendo, nublado)?

C. Práctica para la comunicación

Modelo: X, ¿qué significa la nieve, que hace calor o que hace frío?   *Significa que hace frío.*

Y, ¿qué dice X?   *X dice que significa que hace frío.*

Z, según Y, ¿qué dice X?   *Según Y, X dice que significa que hace frío.*

1. X, ¿qué hace Ud. cuando nieva? ¿Pasa mucho tiempo afuera o dentro de la casa?
   Y, ¿qué dice X?
   Z, según Y, ¿qué hace X?

2. X, ¿dónde le gusta estar cuando llueve? ¿Le gusta estar afuera o adentro?
   Y, ¿qué dice X?
   Z, según Y, ¿dónde le gusta estar a X?

3. X, ¿qué lleva Ud. cuando hay un viento frío? ¿Una chaqueta o un suéter?
   Y, ¿qué dice X?
   Z, según Y, ¿qué lleva X?

4. X, ¿en qué piensa Ud. cuando truena? ¿En explosiones, en el mal tiempo, en dormir o en otra cosa? ¿Cuál?
   Y, ¿qué dice X?
   Z, según Y, ¿en qué piensa X cuando truena?

D. Una situación de fantasía. Supongamos que tú tienes una bola mágica de cristal. Con esta bola mágica puedes ver muchas cosas interesantes. ¿Qué ves en la bola? Nombra cuatro cosas interesantes que ves y explica dónde las ves.

Modelo: *Veo unos monos con bikinis y los veo en la cafetería.*

Veo _____ y lo(s) / la(s) veo _____

《《《Conceptos gramaticales

Special verbs with **haber** 62 Special verbs with **haber** 62 Special verbs with

Puede haber más información.	*There can* be, *there may* be, more information.
Debe haber un examen.	*There should* be, *there ought to be,* one exam.
Tiene que haber una(s) solución (soluciones).	*There must* be, *there has (have)* to be, a (some) solution(s).
Va a haber una(s) entrevista(s).	*There is (are) going* to be a (some) interview(s).
Suele haber más.	*Customarily (frequently) there* is (are) more.

Ejercicio

Haga Ud. una frase completa de la pregunta y una de las palabras indicadas.

Modelo: ¿Qué puede haber   *En una discoteca puede*
en una discoteca?   *haber música.*
¿Música o lecturas?

1. ¿Qué debe haber en el mundo? ¿Paz o guerras?

2. ¿Qué tiene que haber en el trabajo? ¿Buenas condiciones o malas condiciones?

3. ¿Qué debe haber en la dieta? ¿Carne o cemento?

4. ¿Qué puede haber en una comida? ¿Arroz o rompecabezas?

5. ¿Qué suele haber en un cigarro? ¿Petróleo o tabaco?

6. ¿Qué debe haber para la cena? ¿Postre o ganado?

7. ¿Qué puede haber en la universidad? ¿Una conferencia o un aeropuerto?

1. With verbs of motion or inclination toward a goal, **a** is required before the object (e.g., **Voy a ver la película.**)

2. **Ponerse a** + infinitive verb means *to get into the action of (inclined toward) doing* whatever is suggested by the meaning of the infinitive.

3. **Volver a** + infinitive verb means *to do again* whatever is suggested by the meaning of the infinitive (see **concepto gramatical** 45).

4. The following verbs of motion or inclination toward a goal are used with **a** and an infinitive: **ir, venir, salir, llegar, empezar,** *- to begin* **volver, ponerse.**

Ejercicio

Conteste Ud. las preguntas.

1. Usualmente durante la semana, ¿sales a bailar o estudiar?

2. Para mañana, ¿vas a estudiar la lección o solucionar tus problemas?

3. En la universidad, ¿te pones a estudiar rápido o despacio?

4. ¿Cuándo empiezas a funcionar por la mañana, antes de las diez o después de las diez?

Un mercado en Lima.

5. ¿Debes volver a estudiar esta lección o la anterior?

6. ¿Cuándo vienes a visitarme otra vez? ¿Mañana o pasado mañana?

7. ¿Llegas a entender las lecciones con facilidad o con dificultad?

8. ¿Te pones a meditar mejor solo(a) o con otras personas?

9. ¿Aprendiste a bailar o leer primero?

10. ¿Nos ayudas a entender más o mejor?

Estamos *aquí* en la sala de clase.	We're *here* in the classroom.
Yo estoy *aquí* pero Juan está ahí.	I'm *here* but John is *over there*.
Los españoles viven *allí* en España.	The Spaniards live *there* in Spain.
Mis amigos vienen *acá* para visitarme.	My friends are coming *here* to visit me.
Tengo unos amigos que van *allá* para vivir por un año.	I have some friends who are going *there* to live for a year.

Aquí corresponds to the adverb *here* (near the speaker).

Ahí corresponds to the adverb *there* (right over there).

Allí corresponds to the adverb *there* (far from the speaker).

not all that great a difference

Acá and **Allá** refer to *here* and *there*, respectively, and are often used with verbs of motion, such as, **venir, llegar, viajar.**

Ejercicio

De estos adverbios, escriba Ud. el adverbio apropiado.

Modelo: Mi libro está _____ cerca de Juan. *Mi libro está ahí cerca de Juan.*

1. Muchas veces mi amigo está _____ conmigo.

2. El decano tiene su oficina _____, en otra parte de la universidad.

3. _____ en mi libro puedo estudiar español.

4. _____ en Europa mucha gente sabe hablar tres lenguas.

Séptima Vista:
El Perú
205

5. En clase _____ en la mesa del profesor hay varios libros y una pistola.

6. ¿Europa? Pues, quiero ir _____ algún día.

7. Ese coche que tú tienes _____ es tremendo.

8. En este momento _____ en este lugar, yo sé lo que estoy haciendo.

9. El presidente vive en la Casa Blanca, _____ en Wáshington.

10. En este momento el profesor no viene _____ para hablar.

dejar to leave behind	recordar to remember	olvidar to forget	equivocarse to be wrong	faltar to miss, lack
dejé	recordé	olvidé	me equivoqué	falté
dejaste	recordaste	olvidaste	te equivocaste	faltaste
dejó	recordó	olvidó	se equivocó	faltó
dejamos	recordamos	olvidamos	nos equivocamos	faltamos
dejasteis	recordasteis	olvidasteis	os equivocasteis	faltasteis
dejaron	recordaron	olvidaron	se equivocaron	faltaron

NOTE: In the first person singular of **equivocarse**, the **c** changes to **qu** in order to preserve the hard /k/ sound.

Dejar

Ejercicios

A. Modelo: María dejó   → *Dejaste un secreto escrito*
un secreto   *en la mesa.*
escrito en la
mesa. (tú)

(nosotros, mis amigos, yo, la familia, el cliente, tú, el ministro y el diplomático)

B. Práctica para la comunicación

1. X, ¿qué dejó Ud. en el   *Dejé . . .*
café? ¿Una porción de
comida o su chaqueta?
Y, ¿qué dijo X?   *X dijo que dejó . . .*
Z, según Y, ¿qué dejó   *Según Y, X dejó . . .*
X en el café?

2. X, ¿qué dejó Ud. ayer en la escuela? ¿Un libro, un lápiz, u otra cosa? ¿Cuál?

   Y, ¿qué dijo X?

   Z, según Y, ¿qué dejó X en la escuela?

3. X, ¿qué dejó Ud. en la última fiesta? ¿Muchas memorias o mucho humor?

   Y, ¿qué dijo X?

   Z, según Y, ¿qué dejó X en la última fiesta?

Recordar

Ejercicios

A. Modelo: Romeo no → *No recordé el número de*
           recordó el   *teléfono de Julieta.*
           número de
           teléfono de
           Julieta. (yo)

(el ministro, yo, tú, Romeo y yo, Jovellanos, los policías)

B. Práctica para la comunicación

1. X, ¿qué recordó Ud.   *Ayer recordé . . .*
   ayer? ¿Alguna
   información científica
   o el nombre de alguien?
   Y, ¿qué dijo X?   *X dijo que . . .*
   Z, según Y, ¿qué recordó X? *Según Y, X recordó . . .*

2. X, ¿qué recordó su amigo anoche? ¿Que debe comer muy poco o que puede comer mucho?
   Y, ¿qué dijo X?
   Z, según Y, ¿qué recordó el amigo de X?

3. X, el año pasado, ¿qué recordó el elefante? ¿El lugar de los mejores alimentos o el número de teléfono de María?
   Y, ¿qué dijo X?
   Z, según Y, ¿qué dice X que recordó el elefante?

Olvidar

Ejercicios

A. Modelo: Yo soy → *Es perfecto porque nunca*
           perfecto(a)   *olvidó nada.*
           porque
           nunca olvidé
           nada. (Juan)

(tú, yo, las azafatas, usted, ustedes, la profesora, nosotros)

B. Práctica para la comunicación

1. X, ¿qué cosa olvidó Ud.   *Ayer olvidé . . .*
   ayer? ¿Su dinero o sus
   apuntes?
   Y, ¿qué dijo X?   *X dijo que olvidó . . .*
   Z, según Y, ¿qué cosa   *Según Y, X olvidó . . .*
   olvidó X ayer?

2. X, ¿qué olvidó su padre? ¿El aniversario de su matrimonio
   o el cumpleaños de usted?
   Y, ¿qué dijo X?
   Z, según Y, ¿qué olvidó el padre de X?

3. X, ¿qué cosa olvidamos en esta clase la semana pasada?
   Y, ¿qué dijo X?
   Z, según Y, ¿qué dice X que olvidamos la semana pasada?

Equivocar (se)

Ejercicios

A.   Modelo: El niño se   →   *Se equivocaron porque dos y*
            equivocó   *dos no son cinco.*
            porque dos y
            dos no son
            cinco. (las
            niñas)

(tú, los profesores, mi novio(a), él, yo, Romeo y Julieta, los
tres mosqueteros)

B. Práctica para la comunicación

1. X, ¿en qué se equivocó   *Me equivoqué en . . .*
   Ud.? ¿En el amor o en
   los deportes?
   Y, ¿qué dijo X?   *X dijo que se equivocó*
                                en . . .
   Z, según Y, ¿en qué se   *Según Y, X se equivocó*
   equivocó X?   *en . . .*

2. X, el año pasado, ¿se equivocó Ud. más en las
   matemáticas o en las relaciones humanas?
   Y, ¿qué dijo X?
   Z, según Y, ¿en qué se equivocó más X?

3. X, la semana pasada, ¿se equivocó Ud. más en casa o en
   la escuela?
   Y, ¿qué dijo X?
   Z, según Y, ¿dónde se equivocó más X?

Faltar

Ejercicios

A. Modelo: Debido a la → *Debido a la manifestación*
manifesta-   *ayer, falté a clase.*
ción ayer, un
alumno faltó
a clase. (yo)

(tú, nosotros, los profesores, yo, el decano, los tomistas, mi amigo, ella)

B. Práctica para la comunicación

1. X, ¿faltó Ud. más a la   *Falté más a . . .*
escuela primaria o a la
secundaria?
Y, ¿qué dijo X?   *X dijo que faltó más a . . .*
Z, según Y, ¿a qué faltó   *Según Y, X faltó más a . . .*
más X?

2. X, ¿cuándo faltó Ud. a esta clase la última vez?
Y, ¿qué dijo X?
Z, según Y, ¿cuándo faltó X a esta clase la última vez?

⫸Una vista del idioma español

Laterals

Listen to the pronunciation of the English and Spanish words, paying attention to the pronunciation of the Spanish /l/. Then imitate your model's pronunciation of the Spanish words.

tool	tall	hotel	mall	mill
tul	tal	hotel	mal	mil

Imitate your teacher's pronunciation of the following words.

lama	mala	mal
loca	cola	col
lata	tala	tal

Rhythm

Have you ever thought that Spanish is spoken at a faster tempo than English? This assumption is not quite true. What happens is that Spanish maintains a consistency in the length of syllables. Compare the following words that your teacher pronounces in both languages.

English

responsibility
vocalization

Spanish

responsabilidad
vocalización

Thus, Spanish pronunciation may appear to you as having a "staccato" or "machine-gun" rhythm. Imitate your teacher's pronunciation of the following words:

natación entonación paternalismo   autoridad enseñanza
filosofía madurez   hispanoamericano obligación esperanza

You will probably notice that the syllables held the longest are the ones where the stress is found.

Comunicación/ Personalización »»

Entrevista

Preguntas	Oral	Escrito
1. ¿Cómo te llamas?	Me llamo . . .	Se llama _____
2. Esta mañana, ¿llegaste a la escuela a tiempo o tarde?	Esta mañana llegué . . .	Esta mañana llegó _____
3. Ayer, ¿sacaste muchos apuntes o pocos apuntes?	Ayer saqué . . .	Ayer sacó _____
4. La semana pasada, ¿celebraste una fiesta o estudiaste en casa?	La semana pasada . . .	La semana pasada _____
5. La semana pasada, ¿solucionaste un problema o no pensaste en ninguno de ellos?	La semana pasada . . .	La semana pasada _____

Actividades personales

A. Orden de selecciones: Ordena tú las tres posibilidades según tu preferencia: 1 = tu primera selección; 3 = tu tercera selección.

1. Prefiero consumir grandes cantidades de
   ___ hidratos de carbono.
   ___ carne y pescado.
   ___ verduras y frutas.

2. Como más en
   __ el desayuno.
   __ el almuerzo.
   __ la cena.

3. Mis hábitos gastronómicos incluyen
   __ poca variedad de alimentos.
   __ muchas meriendas.
   __ un balance de vitaminas y minerales.

4. Con respecto al comer, yo sé
   __ comer muy bien.
   __ controlar mi apetito.
   __ controlar mi peso.

5. Pero mi mejor amigo(a) no sabe
   __ comer muy bien.
   __ controlar su apetito.
   __ controlar su peso.

6. Con pan me gusta comer
   __ mantequilla.
   __ mermelada.
   __ crema de cacahuates (peanut butter).

B. Preguntas

Modelo: ¿Qué tomaste para   *Hoy tomé . . .*
        el desayuno hoy?

1. ¿Qué tomaste ayer?

2. ¿Qué tomaron tus padres para el desayuno?

3. Ayer, ¿qué tomaste de almuerzo en la universidad?

4. ¿Tu dieta tiene una variedad de frutas, verduras, panes
   y carnes? Explícanos tu dieta.

5. ¿Cuántas calorías necesitas por día? ¿Cuántas consumes?

6. ¿Cuál es una cosa concreta que podemos hacer para
   ayudar a los pobres?

7. ¿Qué piensas de la gente que no come toda la comida?

8. ¿Quieres perder o ganar peso? ¿Cómo lo puedes hacer?

9. ¿Qué verduras no te gustan? ¿Sabes por qué?

C. Vocabulary for the following activity

frijoles: beans
habas: beans
ejotes, habichuelas: string
  beans

berenjenas: egg plants
espinacas: spinach
alcachofas: artichokes
lechuga: lettuce

chícharos, guisantes: peas	chiles verdes: green peppers
tomates: tomatoes	pepinos adobados: pickles
zanahorias: carrots	cebollas: onions
apio: celery	olivas: olives
ajo: garlic	col: cabbage
ensalada: salad	

Finish the open-ended sentences, according to your own values or interests.

1. Prefiero no comer _____

2. En una ensalada no me gusta el sabor de _____

3. Las tres verduras que más me gustan son _____

4. De merienda, es recomendable comer _____

5. En mi opinión, una buena ensalada contiene _____

6. Mi padre prefiere no comer _____

7. En la cena frecuentemente como _____

Sección cultural ⟫⟫

Unos niños almorzando. Una boda peruana.

Indio, cholo—y la educación para todos

En los Estados Unidos el gobierno ayuda a educar a la gente. Una educación es importante: para entender más, para mejorar la posición social, para ganar más dinero. Hay una educación gratis para todos. La intención es educar a los pobres, a las minorías, a los recién llegados: en fin, a todos. A veces la intención es un éxito; a veces es un fracaso.

gratis: free

recién llegados: recent arrivals, newcomers
fracaso: failure

¿Cómo es en el Perú? ¿Cómo puede un indio mejorar su posición social y económica en este país andino? Tiene que negar su cultura indígena y aprender a ser un cholo. (Un cholo es un indio peruano que vive, normalmente, en la ciudad en condiciones bajas, pero no es mestizo.)

negar: deny, reject
indígena: native

La educación en el Perú ha sido para los blancos o los criollos. En el siglo diecinueve el gobierno peruano formó un sistema de educación pública. Hoy en día en las escuelas públicas la mayoría de los alumnos (el setenta y cinco por ciento) son indios o cholos.

criollo: American descendant of European parents

hoy en día: nowadays
mayoría: majority

En las montañas, pocos niños indios asisten a las escuelas. Allí hay pocas escuelas, los edificios no han sido bien cuidados y el ochenta por ciento de los niños no hablan español (hablan quechua). Muchas veces los niños tienen que trabajar con la familia cuidando las ovejas y cultivando las cosechas.

cuidados: cared for

ovejas: sheep
cosechas: crops, harvests

En las ciudades los cholos viven en barriadas donde el gobierno ha construido más escuelas para ellos. Cuando llegan los cholos, los criollos envían a sus niños a las escuelas privadas. Las públicas ya son controladas por maestros de la clase media o los mestizos. Estos mestizos tienen más interés en su propio avance social y económico que en la educación de los cholos.

barriada: district

envían: send

avance: progreso

Pero el mundo cambia. En el Perú hay modernización e industrialización. Los cholos ya piden reforma del sistema educativo y de los otros servicios del gobierno. Pero es dudoso que cambie rápidamente. Como en muchas

dudoso: doubtful

cambie: *subjunctive of* cambiar

213

partes del mundo, la clase media y la alta
quiere guardar control de todo.   **guardar:** keep

El Perú, como Bolivia y México, es un país
que fue colonizado. Pero hay una diferencia
importante entre estos tres países: pasó una
revolución social en Bolivia y en México. ¿Es
necesario causar una confrontación en el
Perú para mejorar el sistema?

Preguntas

1. ¿Cómo usamos la educación en los Estados Unidos?

2. ¿A qué grupos hemos tratado de educar en los Estados
   Unidos?

3. ¿Cómo puede un indio peruano mejorar su posición
   social?

4. En el Perú, ¿qué es un cholo?

5. ¿Para qué grupos ha sido la educación en el Perú?

6. ¿En qué siglo formó el gobierno peruano un sistema de
   educación pública?

7. En las montañas, ¿por qué no asisten muchos niños a la
   escuela?

8. ¿Qué lengua hablan el ochenta por ciento de los niños
   serranos?

9. Cuando los cholos llegan a las ciudades, ¿qué hacen los
   criollos?

10. ¿Cuál es una diferencia importante entre México y el
    Perú?

Vocabulario

Nouns

el ajo
la alcachofa
el alimento
el apio
la barriada
la berenjena
el calor
la caloría
la cantidad
la cebolla
la cena
la col
la confronta-
  ción
la cosecha
la crema
el criollo
la cuestión
el cuidado
el chícharo
el chile
  verde
el cholo
la dieta
la diversidad
el ejote

la ensalada
la espinaca
el fideo
el fracaso
la fruta
la genera-
  lización
el guisante
el haba
la habi-
  chuela
el hidrato
  de carbono
la informa-
  ción
la lechuga
el marisco
la mermela-
  da
el ministro
el obrero
la oliva
la oveja
la pasta
el pepino
  adobado
el plan
la porción
la posición

el postre
el promedio
el punto
el radio
la radio
el remedio
la revolu-
  ción
la salud
la selva
la variedad
la verdura
la zanahoria

Verbs

abundar
acostarse
  (ue)
atacar
cambiar
causar
consumir
costar (ue)
dejar
enviar
equivocar
  (se)
faltar
indicar

jurar
llover (ue)
mencionar
negar (ie)
nevar (ie)
olvidar
perder (ie)
preparar
recordar
  (ue)
tronar (ue)

Adjectives

científico
cierto
colonizado
deficiente
dudoso
gratis
grave
indígena
insípido
insuficiente
intolerable
medio
público
recién (+
  -do)

regional
social
típico

Adverbs

ahí
anoche
casi
demasiado
luego
pronto
sobre todo
sólo
acerca de
antes de
durante
encima de
hasta
sobre

Expressions

al revés
cada loco
  con su
  tema

¿Cómo que?
con respec-
  to a
de postre
en fin
estar nubla-
  do
Hace
  calor
  fresco
  (mucho)
    sol
    buen
    (mal)
    tiempo
Hay sol
  (viento)
hoy en día
poner en
  marcha
¿Qué tienes?
¿Qué tiene
  Ud.?
tomar en
  cuenta
Ver es creer

OCTAVA VISTA: COSTA RICA

 Al principio

This chapter treats Costa Rica *(Rich Coast),* a small, isthmus-like country in Central America. You'll discover that what is disturbing to North Americans is also disturbing to Costa Ricans. As you progress through the unit

you'll learn
1. the perfective aspect of **E**- and **I**-type verbs
2. another way to look at past actions
3. how to decide whether to use the perfective or imperfective
4. that Spanish has a double negative
5. how to form and use reflexive pronouns

so look for
1. ¿A qué hora *volviste? Salí* la semana pasada.
2. Yo *sabía* que *venías.*
3. *Dormíamos* como un bebé. *Dormimos* ocho horas.
4. *No* conozco a *nadie.*
5. *Me* levanté temprano. Está lavándo*se.*

You'll also practice six verbs that have irregular perfective stems (**saber, sup-; tener, tuv-; poner, pus-; poder, pud-; decir, dij-;** and **traer, traj-).**

In the **Entremés** you'll learn the names for common games and sports, and you'll be given a recipe for Costa Rican Fricasse chicken. So, **¡Adelante, pues! ¡Y buen provecho!**

Una visita a San José

Mario, un dependiente joven que vende equipo en una tienda para deportes en San José; Costa Rica, recibió el mes pasado una carta de un amigo norteamericano, Roberto. La carta anunció una visita de Roberto durante las vacaciones. En este momento los dos se encuentran en la tienda.

Mario, a young clerk who sells equipment in a sporting goods store in San José, Costa Rica, received a letter last month from a North American friend, Robert. The letter said that he would visit (announced Robert's vist) during his vacation. At this moment the two meet in the store.

1. *Roberto:* Mario . . . , pues, aquí estoy.

1. Mario . . . , well, here I am.

2. *Mario:* ¡Roberto! ¡Qué sorpresa! ¡Tanto tiempo! Yo sabía que venías a visitarme. ¿Cuándo llegaste? *(Se dan un abrazo.)*

2. Robert! What a surprise! It's been so long! I knew that you were coming to visit me. When did you arrive? *(They embrace each other.)*

3. *Roberto:* Llegué anoche. Tomé un vuelo directo desde la Ciudad de México hasta Coco. Mi hermana te manda saludos. Ella quería acompañarme pero no pudo. No le dieron permiso para salir del trabajo.

3. (I arrived) Last night. I took a direct flight from Mexico City to Coco. My sister sends her regards. She wanted to come along (accompany me) but couldn't. They wouldn't give her the time off from work (permission to leave work).

4. *Mario:* ¿Ya te desayunaste?

4. Have you had breakfast yet?

5. *Roberto:* Sí, hombre . . . en el hotel. Me levanté temprano esta mañana. Tenía tantas ganas de verte que no pude quedarme en la cama.

5. Yes . . . at the hotel. I got up early this morning. I wanted to see you so much that I couldn't stay in bed.

6. *Mario:* Ya que estás, tenemos mucho que hacer. ¿Quieres nadar? Esta tarde, ¿por qué no vamos a El Ojo de Agua? Es un lugar fenomenal para nadar. Es una fuente natural de agua tibia.

6. Now that you're here, we have a lot to do. Do you want to swim? This afternoon, why don't we go to El Ojo de Agua? It's a fantastic place for swimming. It's a natural, warm water spring.

7. *Roberto:* Pero, no conozco a nadie. ¿Van otros también?

7. But I don't know anyone. Are others going too?

8. *Mario:* Claro que sí. Quiero presentarte a mis amigos. A propósito, voy a almorzar con mi novia a la una. Tienes que conocerla. Es muy simpática. Ella me dijo que iba a hacer las compras hasta las doce y media. Pero, ahora no tengo nada que hacer aquí. Vamos a tomar algo ligero. ¿Un aperitivo? *(Salen de la tienda.)* Aquí en la esquina, a la vuelta. *(Entran en un restaurante pequeño.)* Mesero, dos Selectas y algunas bocas.

8. Of course. I want to introduce you to my friends. By the way, I'm going to have lunch with my girlfriend at one. You have to meet her. She's really (very) nice. She told me she was going shopping until 12:30. But, I don't have anything to do here now. Let's go get something light. An appetizer? *(They leave the store.)* Here just around the corner. *(They enter a small restaurant.)* Waiter, two *Selectas* and some appetizers.

9. *Roberto:* Primero, voy a lavarme las manos. Permiso.

9. First, I'm going to wash my hands. Excuse me.

10. *Mario:* Es tuyo.

10. Go right ahead. (It [the permission] is yours.)

Notas culturales

1. **Coco** is the name of the airport that serves San José, Costa Rica.

2. The **abrazo,** *embrace,* among men is one of the patterns of social behavior seen widely in the Hispanic world. Hispanic men generally have more physical contact than do North American men in the sense of the **abrazo,** which is often accompanied by patting on the back or touching the other man's arm or shoulder. These are high indicators of friendship. Women may be seen holding hands in public. When greeting, women often hold each other by the arms. The North American often regards such behavior as aberrant, and it usually requires a long time to adjust to it. However, such behavior is perfectly normal and should be viewed only as a sign of warmth and friendliness.

3. In speech 6, note Mario's interest in making plans to entertain his guest. It's his way of helping Robert get acquainted with the area. This pattern can also be observed in the Spanish-speaker's willingness to go out of his or her way to give directions.

4. Mario invites Robert for a snack. An extension of this hospitality is his making sure that Robert gets to know his friends.

5. Hispanic people are often concerned about relatives or friends in common. After greeting each other, they frequently inquire about the health and well-being of others. Other courtesies are to send one's greetings (**Mi hermana te manda saludos.**) or to ask someone to give your greetings (**Saludos a tu mamá.**).

6. **Selecta** is a popular brand of Costa Rican beer.

7. **Bocas** (from **boca,** *mouth*) are bite-sized crackers or a type of pancake with a bean paste, cheese, or sausage on it.

Observaciones

Según el diálogo, ¿cómo se dice en español?

1. The two meet in the store.

2. They embrace each other.

3. My sister sends you her regards.

4. I want to introduce you to my friends.

5. Excuse me.

6. I got up early.

7. Have you had breakfast yet?

8. I wanted to see you so much.

9. She's very nice.

10. I took a direct flight.

11. Let's go get something light.

Repaso del diálogo

Preguntas

1. ¿Qué es Mario?

2. ¿Cuándo recibió Mario una carta de Roberto?

3. ¿Qué anunció la carta?

4. ¿Dónde se encuentran los dos amigos?

5. ¿Cuándo llegó Roberto?

6. ¿Qué vuelo tomó Roberto?

7. ¿Quién le manda saludos a Mario?

8. ¿Por qué no pudo ir a Costa Rica la hermana de Roberto?

9. ¿Por qué no pudo quedarse en la cama Roberto?

10. ¿Qué es El Ojo de Agua?

11. ¿Con quién va a almorzar Mario a la una?

12. ¿Qué le dijo la novia a Mario?

13. ¿Qué no tiene que hacer Mario?

14. ¿Qué le dice Mario al mesero?

Ejercicios gramaticales

Conteste las siguientes preguntas.

1. ¿Cuándo llegaste?   *Llegué . . .*
   ¿Anoche o esta mañana?
   ¿Cuándo tomaste el   *Lo tomé . . .*
   vuelo? ¿Ayer o anteayer?
   ¿Cuándo te levantaste?   *Me levanté . . .*
   ¿Tarde o temprano?
   ¿Cuándo recibiste la   *La recibí . . .*
   carta? ¿Hoy o ayer?
   ¿Cuándo escribiste la   *La escribí . . .*
   carta? ¿Ayer o anteayer?
   ¿Cuándo saliste del   *Salí . . .*
   trabajo? ¿Tarde o temprano?

2. ¿Cuándo salieron Uds.   *Salimos . . .*
   de la escuela ayer?
   ¿Antes o después del
   mediodía
   ¿Cuándo vieron Uds. al   *Lo vimos . . .*
   profesor ayer? ¿En la
   mañana o en la tarde?
   ¿Cuándo conocieron   *Lo conocimos . . .*
   Uds. a su mejor amigo?
   ¿Este año o el año
   pasado?

3. ¿Qué es "El Ojo de Agua"?   *Es un lugar fenomenal.*
   ¿Qué es Quito?   *Es una ciudad fenomenal.*
   ¿Qué es "Selecta"?
   ¿Qué es el fútbol?
   ¿Qué es la UNAM?

4. ¿Cuándo venía él a   *Venía a visitarnos . . .*
   visitarnos? ¿Esta semana
   o la otra semana?
   ¿Qué sabía él? ¿Que   *Sabía que venía a . . .*
   venía a visitar o a comer?
   ¿Qué quería ella?   *Quería . . .*
   ¿Acompañarnos o
   escribirnos?

5. ¿Te quedas o no?   *Sí, me quedo.*
   ¿Te lavas o no?
   ¿Te levantas o no?
   ¿Te sientes bien o no?

6. ¿A quién conoces?   *No conozco a nadie.*
   ¿A quién escribes?
   ¿A quién visitas?
   ¿A quién ves?

7. ¿Qué pueden hacer
Uds.?
¿Qué tienen que hacer Uds.?
¿Qué deben hacer Uds.?
¿Qué quieren hacer Uds.?

No podemos hacer nada.

⫸ Conceptos gramaticales

Perfective of **E**- and **I**-type verbs 66   Perfective of **E**- and **I**-type verbs 66   Per

In the previous lesson you learned how to form and use **A**-type verbs in the perfective past. In this lesson you will learn about regular **E**- and **I**-type verbs in that tense.

Mario *recibió* una carta el año pasado.

Mario *received* a letter last year.

Esta mañana *salí* de mi casa temprano.

This morning *I left* my house early.

Anteayer mis padres les *escribieron* una carta a mis tíos.

The day before yesterday my parents *wrote* a letter to my aunt and uncle.

¿A qué hora *volviste* de la biblioteca?

What time *did* you *return* from the library?

Vivimos allí por dos años.

We *lived* there for two years.

— the perfective is not irregular?

Analysis of regular *E*- and *I*-type verbs, *comer, recibir*

Singular				Plural			
yo	com	í	—	nosotros	com	i	mos
	recib	í	—		recib	i	mos
tú	com	i	ste	vosotros	com	i	steis
	recib	i	ste		recib	i	steis
usted				ustedes			
	com	ió	—		com	iero	n
	recib	ió	—		recib	iero	n
él, ella				ellos, ellas			

1. In the perfective, the **tú** form always ends in **-ste.**

2. **Vosotros** always ends in **-steis** in the perfective.

3. The usual person endings for all verbs in all tenses in the first and third person plural are **-mos** and **-n** respectively.

4. Note that in the second slot for **E**- and **I**-type verbs the theme vowel **i** is always present.

Octava Vista:
Costa Rica

223

5. In the **nosotros** form for I-type verbs, the endings are the same in the present and perfective tenses. Therefore, you must rely on the context to determine tense.

Ejercicios

A. Contesten las frases según el modelo.

Modelo: X, ¿cuándo comió   *Comí . . .*
        Ud. esta mañana?
        ¿Antes o después
        de las siete?
        Y, ¿qué dijo X?   *X dijo que comió . . .*

1. X, esta mañana ¿cuándo salió Ud. para sus clases?
   ¿Temprano o tarde?
   Y, ¿qué dijo X?

2. X, ¿cuándo conoció Ud. al profesor? ¿Este año o el año pasado?
   Y, ¿qué dijo X?

3. X, ¿cuándo recibió Ud. su última carta? ¿Esta semana o la semana pasada?
   Y, ¿qué dijo X?

4. X, ¿cuándo escribió Ud. un papel en una clase? ¿La semana pasada o antes de la semana pasada?
   Y, ¿qué dijo X?

5. X, ¿cuándo vio Ud. una película sensacional? ¿Esta año o el año pasado?
   Y, ¿qué dijo X?

6. X, ¿cuándo perdió Ud. algo importante? ¿Recientemente o hace mucho tiempo?
   Y, ¿qué dijo X?

7. X, ayer, ¿cuándo debió Ud. estudiar? ¿Por la tarde o por la noche?
   Y, ¿qué dijo X?

8. X, ¿cuándo resolvió Ud. un gran problema? ¿Recientemente o hace mucho tiempo?
   Y, ¿qué dijo X?

B. Haga los cambios según los modelos.

Modelo: Ahora no comemos   *Pero ayer comimos mucho.*
        mucho.

1. Ahora no vemos el problema.

2. Ahora no escribimos el papel.

3. Ahora no debemos estudiar.

4. Hoy no resolvemos el problema.

5. Esta mañana no entendemos la lección.

6. Ahora no discutimos la vida de los monos.

Modelo: Ahora no comen la   *Pero ayer comieron la*
empanada.   *empanada.*

7. Ahora no comprenden el rompecabezas.

8. Hoy no reciben las notas.

9. En este momento no venden el equipo deportivo.

10. Hoy no beben ''Selecta''.

11. Ahora no ven el hotel. - ?

Modelo: Hoy no como las   *Pero ayer comí las bocas.*
bocas.

12. En este momento no escribo el documento.

13. Ahora no comprendo el punto gramatical.

14. Ahora no leo mi lección.

15. Ahora no debo hacer las compras.

16. Hoy no corro a mis clases.

Modelo: Hoy no sales a   *Pero ayer saliste a trabajar.*
trabajar.

17. Hoy no ves la solución.

18. En este momento no crees en el proyecto.

19. Hoy no aprendes lo necesario.

20. Ahora no discutes el desarrollo económico.

21. Hoy no comprendes el punto gramatical.

---

erfective tense 67 Imperfective tense 67 Imperfective tense 67 Imperfective tense 67 Impe

Yo *sabía* que *venías* a visitarme.	I *knew* you *were coming* to visit me.
Ella *quería* acompañarme.	She *wanted* to accompany me.
Nosotros *pensábamos* en eso.	We *used to think* about that.
El profesor siempre *anunciaba* los exámenes.	The professor always *announced* the tests.

Octava Vista:
Costa Rica

Analysis of *A*-type verbs *estudiar*

Singular				Plural			
yo	estudi	aba	—	nosotros	estudi	ába	mos
tú	estudi	aba	s	vosotros	estudi	aba	is
usted él, ella	estudi	aba	—	ustedes ellos, ellas	estudi	aba	n

Analysis of *E*- and *I*-type verbs *comer, vivir*

Singular				Plural			
yo	com viv	ía ía	— —	nosotros	com viv	ía ía	mos mos
tú	com viv	ía ía	s s	vosotros	com viv	ía ía	is is
usted él, ella	com viv	ía ía	— —	ustedes ellos, ellas	com viv	ía ía	n n

1. All **A**-type verbs carry the suffix -**aba**- (-**ába**- in the nosotros form) in the second slot.

2. **E**- and I-type verbs carry the suffix -**ía**- in the second slot.

3. The usual person markers -**s**, -**mos**, -**is**, and -**n** are added in the third slot.

Ejercicios

A. Cambie según los modelos.

1. Modelo: Siempre almorzábamos a la una. (tú) → *Siempre almorzabas a la una.*
(mi novia, Raúl, yo, mi novia y yo, los ministros, tú, usted)

2. Modelo: Antes vivía en Arecibo. (yo) → *Antes vivía en Arecibo.*
(don Antonio, tú, Raúl y Roberto, mis tíos y yo, yo, doña Teresa, ellas)

3. Modelo: Muchas veces quería visitar la capital. (tú) → *Muchas veces querías visitar la capital.*
(los abogados, el turista, nosotros, tú, los costeños, yo, mi abuelo)

Jugando a bolas. Un pasatiempo popular

B. Conteste las preguntas según el modelo.

Modelo: Antes, ¿qué sabía → *Antes, sabía mejor . . .*
Ud. mejor? ¿La
historia o la
filosofía?

1. Antes, ¿cuándo estudiaba más? ¿Los sábados o los domingos?

2. Antes, ¿estaba enfermo(a) mucho o poco?

3. Antes, ¿cuándo venía a la escuela? ¿Siempre tarde o a tiempo?

4. Antes, ¿protestaba mucho o poco contra sus padres?

5. Antes, ¿miraba mucho o poco la televisión?

6. Antes, ¿qué quería más? ¿Un coche o un viaje a México?

7. Antes, ¿qué comía más? ¿Hidratos de carbono o carne?

8. Antes, ¿resolvía los problemas personales o los problemas de otros?

9. Antes, ¿de qué sufría más? ¿De dolores de cabeza o de resfríos?

10. Antes, ¿tomaba mucha o poca cerveza el fin de semana?

The imperfective and the perfective are two ways or aspects of looking at past actions. The perfective is used (1) for an action that began at a precise point of time in the past or (2) for an action that ended in the past. The imperfective is used for actions that are viewed as neither initial nor terminal. The speaker is not discussing the outcome. The action is often referred to as a "middle" action. The imperfective is also used to describe events in the past that in the speaker's mind are still in progress. Thus, the name imperfective means not completed or not perfect. Also, the imperfective is used to describe background (or secondary) information in a narrative or story. For example, "It was raining (secondary information) when John came home (primary information)." Events are either terminal or ongoing. A terminal event is one which comes to an end and may be done again: "I drank a beer," "I fell down," "She took the test," "We saw a play." An ongoing event does not have to be terminated. It can be extended. Verbs that fall into this class are *was eating (drinking, knowing, loving, being, seeing, bathing, living, shaving, sleeping, running, walking, speaking)* and many more. Some verbs, of course, can be either terminal or ongoing. Thus "I ran (was running) as fast as I could" may be ongoing while "I ran 100 yards in ten seconds" is terminal. "I drank (was drinking) all the time" may be ongoing whereas "I drank a beer" is terminal. Knowing whether an event is terminal or ongoing can be useful in determining whether to use the perfective or imperfective aspect.

In summary, then, the perfective aspect is used:
1. for initial aspect: **entró y comió,** *he entered and began to eat.*

2. for terminal aspect: **me levanté, leímos la novela, lo conocí.**

3. to interrupt an event in progress: **Yo estudiaba cuando mi novio me llamó.**

The imperfective aspect is used:
1. to describe the ongoing aspect of an event (neither initial nor terminal) and often translates in English as *was* or *were doing* something: **Discutía el problema,** *I was discussing the problem;* **Pensaban en eso,** *They were thinking about that.*

2. to indicate habitual behavior: **Se paseaba cada lunes,** *S/he used to (would) take a stroll every Monday;* **Fumaba un paquete de cigarrillos todos los días.** *S/he used to (would) smoke a pack of cigarettes every day.*

3. to describe planned future actions: **Dijo que salía muy pronto,** *She said she was leaving (would be leaving) right away.*

4. to describe something that used to be but that is no longer

true: **Cuando yo era joven, vivía en San Francisco.** *When I was young, I lived (used to live) in San Francisco;* **El profesor Blanco enseñaba en la Universidad Central,** *Professor Blanco used to teach at the Central University.*

Ejercicios

A. Usando el verbo entre paréntesis, use el perfectivo o el imperfectivo, según el significado de la frase.

Modelos: Cuando ella se   *tomó*
desayunaba, Juan
(tomar) su libro.
Jovellanos habló   *escribía*
mientras mi padre
me *(escribir)* una
carta. ̊
          ̶ while

1. Mientras comíamos el postre, Raúl *(solucionar)* el problema.

2. Cuando yo *(salir)* de la escuela, mi padre compró los boletos.

3. El jefe llamó por teléfono mientras el ministro *(dormir)* la siesta.

4. Los abogados repetían las preguntas cuando el acusado *(salir)* de la sala.

5. El estudiante discutió tres problemas mientras su amigo *(hablar)* al decano.

6. Cuando el líder de los estudiantes pedía nuevas instrucciones, el decano *(decidir)* no hablarnos.

7. Le regalé dos puros mientras Raúl y yo *(hacer)* la entrevista.

8. Asistíamos a la conferencia cuando los tomistas *(protestar)* la situación.

9. Mi madre *(volver)* a casa cuando las cartas llegaron.

10. Nosotros *(almorzar)* en el cafetín cuando el profesor Perón pasó.

B. Cambie las frases usando *Dijo que . . .* o *Dijeron que . . .*

Modelo: Vengo mañana. X,   *Ud. dijo que venía mañana.*
¿qué dije?

1. Estudio a las tres. X, ¿qué dije?

2. Almorzamos a la una. X, ¿qué dijimos?

Octava Vista:
Costa Rica

229

3. Hablo a don Antonio mañana. X, ¿qué dije?

4. Discutimos el problema estudiantil el lunes. X, ¿qué dijimos?

5. Esquío en la montaña este invierno. X, ¿qué dije?

6. Estamos cansados. X, ¿qué dijimos?

C. Traduzca (translate) las siguientes frases, usando el imperfectivo o el perfectivo, según el significado de la frase.

Modelos: I got up.   *Me levanté.*
      I smoked (I began)   *Fumé a los catorce años.*
      when I was fourteen.
      I used to live there.   *Vivía allí.*

1. I closed the door. 2. He used to write letters. 3. They were having lunch. 4. I was sleeping. 5. He slept eight hours. 6. I arrived last night. 7. He was playing baseball. 8. We knew the lesson. 9. She saw Raúl in the discotheque.

Juegos y deportes

Vocabulario útil

el ajedrez: chess
el básquetbol: basketball
el béisbol: baseball
las bochas: bowling
la caza: hunting
el ciclismo: bicycling
las damas: checkers
el esquí: skiing
el fútbol: football
el golf: golf

el jai alai: jai alai
la natación: swimming
la pesca: fishing
el tenis: tennis
el vólibol: volleyball

cazar: to hunt
nadar: to swim
patinar: to skate
pescar: to fish

Ejercicio

1. X, ¿qué le gusta hacer más? ¿Jugar al fútbol o al tenis?

2. X, ¿qué le gusta hacer más? ¿Jugar al béisbol o a las bochas?

TEATRO NACIONAL

HOY
8 P.M.

de Bertolt Brech—Kurt Weill
la comedia musical, éxito
de la temporada

LA OPERA DE
TRES CENTAVOS

Dirección: ALEJANDRA GUTIERREZ
Dirección Musical: BENJAMIN GUTIERREZ
Participación de la BANDA DE JAZZ del CONSERVATORIO
DE MUSICA

¡PARA QUE NADIE SE QUEDE SIN VERLA!

PRECIOS:

Butaca	₡10.00
Luneta — Palco	₡ 7.00
Galería 1ª fila	₡ 4.00
Galería Central y Galería Lateral	₡ 2.00

ESTUDIANTES CON CARNET UNIVERSITARIO
50% DESCUENTO. BOLETERIA ABIERTA DESDE LAS
9 DE LA MAÑANA.

3. X, ¿qué juego le interesa más? ¿El ajedrez o las damas?

4. X, ¿qué deporte le gusta más? ¿La natación o el vólibol?

5. X, ¿le gusta patinar o nadar más?

6. X, ¿qué le interesa hacer más? ¿Esquiar o patinar?

7. X, a su padre, ¿qué le gusta hacer más? ¿Cazar o pescar?

8. X, ¿qué le gusta hacer más? ¿Jugar al tenis o al tenis de mesa.

9. X, ¿cuál es más tranquilo? ¿El ajedrez o el ciclismo?

10. X, ¿cuál da más interés? ¿El jai alai o el básquetbol?

Una receta

El deporte favorito de muchas personas es el comer, especialmente *El Fricasé de Pollo* de Costa Rica. Aquí tiene la receta (recipe).

2 pollos de 2½ libras	2 2½ pound chickens
1 ajo molido (un diente de ajo)	1 ground garlic (clove)
5 cucharitas de sal	5 teaspoons of salt
1 pimiento (chile dulce verde)	1 sweet green pepper
2 cebollas finamente picadas	2 finely chopped onions
2 tazas de jugo de tomate	2 cups of tomato juice
2 tomates grandes pelados	2 large peeled tomatoes
4 cucharadas de manteca	4 tablespoons of shortening
2 onzas de alcaparras	2 ounces of capers
1 taza de vino seco	1 cup of dry wine
1 taza de aceitunas	1 cup of olives
1 cucharada de jugo de limón	1 tablespoon of lemon juice
2 cucharadas de harina tostada	2 tablespoons of brown flour
2 onzas de pasas	2 ounces of raisins
2 tazas de agua hirviente	2 cups of boiling water

Preparación:
Sofría la cebolla hasta que cristalice; añada el pollo y revuelva hasta que pierda el color rojo. Añada sal, tomates, chiles, ajo y limón. Tápela y déjela suavizar. Añada el agua y el vino, aceitunas, alcaparras, etc. Cuando el pollo esté suave, espese la salsa con la harina tostada disuelta en ½ taza de agua. Sirva acompañada de arroz o fideos.

Preparation:
Sauté the onion until brown; add the chicken and turn until it loses its red color. Add salt, tomatoes, peppers, garlic, and lemon. Cover and let it simmer. Add the water and the wine, olives, capers, etc. When the chicken is tender, thicken the sauce with the brown flour dissolved in ½ cup of water. Serve with rice or noodles.

¡Cómo que éste no es un deporte!

Una situación

Supongamos que tú querías preparar una comida magnífica.
Mientras preparabas la comida, ocurrió algo terrible. ¿Qué
ocurrió? ¿Explica lo que ocurrió?

Modelo: Mientras yo preparaba la comida, *perdí la memoria.*

Mientras yo preparaba la comida, _____ .

◀◀◀ Conceptos gramaticales

Double negatives 69 Double negatives 69 Double negatives 69 Double n

No conozco a *nadie.*	I do*n't* know *anyone.*
No tengo que hacer *nada.*	I do*n't* have to do *anything.*
No vamos *nunca.*	We *never* go.
No dice *nada* a *nadie.*	He does*n't* say *anything* to *anyone.*
Nunca tengo *nada.*	I *never* have *anything.*

Octava Vista:
Costa Rica

233

	nada	= nothing	
	nadie	= no one	
No + verb +	nunca (jamás)	= never	
	tampoco	= neither	
	ningún, ninguna	= none	

1. In order to express a negative concept, you may use **no** before the verb phrase and a negative word after the verb. If a negative word other than **no** is used before the verb phrase, it is not necessary to use **no: Nadie va.**

2. If there are pronouns before the verb, then the negative word precedes the pronouns: **Nunca se afeita, nadie nos informó.**

3. Each negative word has a positive equivalent:

nada: nothing   algo: something
nadie: no one   alguien: someone
nunca: never   siempre: always
tampoco: neither   también: too, also
ningún, ninguna: none   algún, alguna: some

Ejercicio

Cambie las frases positivas a sus formas negativas, según el modelo.

Modelo: Voy siempre al cine. → *No voy nunca al cine.*

1. Comemos algo bueno en el desayuno.

2. Discuten también el caso.

3. Alguien les enseñó los rompecabezas.

4. Queremos vivir en alguna casa.

5. Siempre aprendemos lo importante de la vida.

6. El diplomático cree en algo útil.

7. Algún profesor nos daba una conferencia.

8. Algo pasó ayer.

9. Dicen algo de mames también.

10. Siempre llegamos un poco tarde.

Me lavo las manos.   I wash my hands (myself).

¿Ya *te* desayunaste?   Did you (yourself) already have breakfast?

Nos sentamos aquí.	We sat (ourselves) down here.
Juan *se* pone los zapatos.	John puts his shoes on (himself).

Reflexive pronouns

Singular		Plural	
me	myself	nos	ourselves
te	yourself (informal)	os	yourselves (informal)
se	himself, herself, yourself (formal)	se	themselves, yourselves (formal and informal)

Some common reflexive verbs

acostarse: to go to bed
afeitarse: to shave (oneself)
bañarse: to bathe (oneself)
equivocarse: to be mistaken
lavarse: to wash (oneself)
levantarse: to get up

peinarse: to comb (oneself)
ponerse: to put on (to dress oneself)
preocuparse: to worry (oneself)
quedarse: to remain
quejarse: to complain
sentarse: to sit down

1. In both Spanish and English when the object pronoun and subject refer to the same person or thing, the verb and object pronoun form a *reflexive construction.*

2. Reflexive pronouns may be either direct or indirect objects: for example, **se levanta** (**se,** direct object), **se pone los zapatos** (**se,** indirect object).

3. When the reflexive pronoun may be translated as *each other* or *one another,* it is referred to as a reciprocal pronoun. The following are examples: *They see one another a lot,* **se ven mucho;** *Men embrace each other in Latin America,* **Los hombres se abrazan en Latinoamérica;** *We helped each other,* **Nos ayudamos.**

4. In word lists or dictionaries, **se** may be attached to the infinitive to indicate a reflexive verb: **quejarse de.**

5. The reflexive pronoun precedes the conjugated verb form, but it may be attached to the infinitive or the **-ndo** form. (See this chapter, section 71.)

6. Almost any verb can become reflexive in Spanish, and it is difficult to render a good English equivalent. Usually a reflexive can be translated into English by using *-self.* Note, however: **Me**

Octava Vista:
Costa Rica

levanté, *I got up;* **Me acosté,** *I went to bed;* **Raúl se preocupa tanto,** *Raúl worries so much.*

7. When something else receives the action of the verb, the verb is no longer reflexive:

Nonreflexive

La mamá lava al niño.

Reflexive

La mamá *se lava.*

Yo *siento* a mi abuela.
(I seat my grandmother.)

Yo *me siento.* (I sit down.)

María *preocupa* al profesor.

María *se preocupa.*

La madre *está acostando* al bebé.

La madre *se está acostando.*

Ejercicios

A. Escriba *R* si el verbo es reflexivo y *NR* si el verbo no es reflexivo.

Modelo: Me afeito por la   *R*
              mañana.   R   NR

1. Julio se preocupa tanto.   R   NR

2. Llamamos a don Antonio.   R   NR

3. El barbero me afeita.   R   NR

4. Me bañé antes de salir.   R   NR

5. Los acostó de pronto.   R   NR

6. Nos levantamos a las seis.   R   NR

7. Se quejan de la situación.   R   NR

8. Nos preocupa mucho.   R   NR

9. ¿Te sentaste cerca del decano?   R   NR

10. Se quedaron en casa.   R   NR

B. Conteste las preguntas.

Modelo: ¿Qué se pone   *Primero me pongo . . .*
primero? ¿Los
zapatos o los
pantalones?

1. ¿Qué se pone Ud. primero? ¿La blusa o la falda?

2. ¿Qué se lava Ud. primero? ¿Las manos o la cara?

3. ¿Qué se lava Ud. primero? ¿Las orejas o el estómago?

4. ¿Cuánto se equivoca Ud.? ¿Mucho o poco?

5. ¿Cuándo se equivoca más ¿Antes o después de trabajar mucho?

6. ¿Dónde se sienta Ud. aquí en esta clase? ¿Delante o detrás de la clase?

7. ¿Cuándo se pasea Ud. más? ¿Los sábados o los domingos?

8. Sus padres, ¿se dan más besos o más abrazos?

9. Ud. y su novio(a), ¿se dan más besos o más abrazos?

10. ¿Cómo se llama su padre?

11. ¿Quiénes se equivocan más? ¿Los hombres o las mujeres?

12. ¿Cuándo se acuesta Ud.? ¿Antes o después de las once?

13. En el invierno, ¿qué se pone? ¿Una chaqueta o un bikini?

14. ¿Quiénes se quejan más? ¿Los alumnos o los profesores?

15. ¿Cuándo se levantó esta mañana? ¿Temprano o tarde?

Vamos a senta*rnos* aquí.	*Nos* vamos a sentar aquí.
No puedo queda*rme* en cama.	No *me* puedo quedar en cama.
Puedes equivoca*rte* fácil-mente.	*Te* puedes equivocar fácil-mente.
Quiere senta*rse* en el sofá.	*Se* quiere sentar en el sofá.
Está lavánd*ose*.	*Se* está lavando.

1. When another verb form is used with the main verb, the reflexive pronoun may be added at the end of the **-r** or **-ndo** forms, or it may precede the conjugated form of the first verb.

Octava Vista:
Costa Rica

237

2. When the reflexive is added to the **-ndo** form, a written accent mark is added (e.g., **lavándose, acostándonos**).

Ejercicio

Ponga el pronombre reflexivo al final del verbo reflexivo.
Siga el modelo.

Modelo: Me voy a lavar la   →   *Voy a lavarme la cara.*
         cara.

1. Se están afeitando.

2. Te vas a desayunar temprano.

3. Nos podemos levantar a las siete y media.

4. Me estoy preocupando tanto.

5. Se va a sentar en la cama.

6. Nos vamos a acostar después de la fiesta.

7. Se están quejando.

8. Me quiero levantar antes que ellos.

9. Se pueden encontrar en la esquina.

El Ojo de Agua. Es un lugar fenomenal.

Analysis of saber, sup-

Singular				Plural			
yo	sup	e	—	nosotros	sup	i	mos
tú	sup	i	ste	vosotros	sup	i	steis
usted	sup	o	—	ustedes	sup	iero	n
él, ella				ellos, ellas			

1. Other verbs that fit this pattern are:

tener, tuv-	to have
poner, pus-	to place, put
poder, pud-	to be able, can

2. **Decir (dij-),** *to say, tell,* and **traer (traj-),** *to bring,* follow the above pattern except in the **Uds., ellos, ellas** form: **dijeron, trajeron.**

3. In the perfective, **saber** means *to learn* or *to find out for the first time.*

Ejercicio

1. (saber) Por fin supe la verdad. (el policía) → *Por fin supo la verdad.*
   (tú, el pobre, los dependientes, yo, nosotros, mis amigos, mi familia)

2. (tener) La semana pasada tuve un resfrío. (tú) → *La semana pasada tuviste un resfrío.*
   (mis padres, yo, el doctor, todos los estudiantes, Onorio y yo, tú)

3. (poner) ¿Dónde pusiste la guía telefónica? (ella) → *¿Dónde puso la guía telefónica?*
   (nosotros, la secretaria, ustedes, el mono, yo, ese costeño)

4. (poder) No pude comerlo. (él) → *No pudo comerlo.*
   (mi niño y yo, los profesores, tú, mi hermana, yo, el mesero, nosotros)

5. (decir) El jefe me dijo el nombre del hotel. (tú) → *Me dijiste el nombre del hotel.*
   (los abogados, el dependiente, tú, Romeo y Julieta, ustedes, la azafata, aquel policía)

6. (traer) No trajo el boleto. (tú) → *No trajiste el boleto.*
   (ustedes, el redactor, tú, yo, los diplomáticos, don Pepe y yo, las azafatas)

Octava Vista:
Costa Rica

Una vista del idioma español ⟫⟫⟫

Voiceless stops:
consonant sounds /p/, /t/, and /k/

In Spanish there is no aspiration (puff of air) when pronouncing the sounds /p/, /t/, and /k/.

Spanish /p/. Imitate your model's pronounciation of the following words: paso, pues, pudimos, piden, Paco, sepa, tipo, tapa, copa

Spanish /t/. The point of articulation is the tip of the tongue against the back of the upper teeth. Imitate the following without any aspiration: tienda, te, tomamos, tía, tiempo, este, Tito, lata, ahorita, hotel, costeño, deporte, tonto, dependiente, cantaba

Spanish /k/ sound. Imitate the following words with /k/ after the model: case, canto, poco, cuenta, quiero, parque, escuela, que, Selecta

Comunicación/ Personalización ⟫⟫⟫

Entrevista

Preguntas	Oral	Escrito
1. ¿Dónde naciste?	Nací en . . .	Nació en _____
2. ¿A quién escribiste algo importante recientemente?	Escribí a . . .	Escribió a
3. ¿Con quién hablaste de algo importante recientemente?	Hablé con . . .	Habló _____
4. Cuándo tenía 10 años, ¿a qué jugabas más?	Jugaba a . . .	Jugaba a _____
5. ¿Visitabas a los abuelos mucho?	Sí, visitaba . . . No, no visitaba . . .	Sí, visitaba _____ No, no visitaba ____

6. ¿Te quedabas mucho en casa?

Sí, me quedaba . . .
No, no me quedaba . . .

Sí, se quedaba _____
No, no se quedaba

_____

Actividades personales

A. Frases incompletas: Complete any five of the unfinished sentences based on any feelings or point of view that you wish to express.

1. Antes yo pensaba que _____

2. Antes me gustaba _____

3. Antes yo jugaba _____

4. Antes yo discutía _____

5. Antes yo quería _____

6. Antes mi familia celebraba _____

7. Antes, los sábados, yo _____

8. Antes estaba _____

9. Antes tenía que _____

10. Antes yo trabajaba _____

B. Actividad de preferencias. Rank the following by placing a 1 for your first choice and 2 and 3 for your second and third choices.

1. Antes yo sufría más de
   _____ dolores de cabeza.
   _____ alergias.
   _____ una pena de amor.

2. Antes yo tenía
   _____ buena suerta.
   _____ mala suerte.
   _____ grandes dificultades.

3. De niño, comía
   _____ para vivir.
   _____ para calmarme.
   _____ para dar gusto a mi madre.

4. Antes en mi vida, yo tenía
   _____ poco dinero.
   _____ mucho trabajo.
   _____ muchos(as) amigos(as).

Una sección de San José, Costa Rica.
Haciendo las compras en un supermercado.

Problemas de los tiempos modernos

En Costa Rica, como en los Estados Unidos
y en otras partes del mundo, los tiempos
modernos traen lujos y muchos bienes pero   **lujo:** luxury
también problemas económicos y sociales.   **bienes:** riches
Aquí hay varios artículos de un diario   **diario:** newspaper
costarricense.

Inflación, precios y transportes analizados por comercio centro-   **precio:** price
americano

La próxima reunión del Mercado Común   **mercado:** market
Centroamericano se enfocará en el tema de la **se enfocará:** will focus
inflación, los controles de precio y en los   **tema:** topic, theme
problemas de transporte. La Federación de
Cámaras de Comercio (FECAMCO) del istmo   **Cámara:** Chamber
fue establecida para tratar de aliviar los pro-   **istmo:** isthmus
                                              aliviar: to alleviate
blemas comerciales y económicos de Centro-
américa mediante el establecimiento de un   **mediante:** by means of

mercado común. Así los países del istmo pueden ayudarse.

Cruzada contra alto costo de la vida

El consejo municipal de Villa Arenas acordó recientemente apoyar una cruzada contra el alto costo de la vida. El presidente del consejo, quien hizo una exposición ante la Cámara de Comercio, dijo: "En nuestra municipalidad, como en las otras, tenemos que unirnos en una campaña contra el alto costo de la vida en favor de las clases marginadas. El alto costo impide a mucha gente pagar los servicios médicos que requiere y también impide enfrentar el problema de la desnutrición."

cruzada: crusade

consejo: council
acordó: agreed
apoyar: to support

hizo: made

unirnos: unite (organize ourselves)
marginado: marginal, lower
impide: prevents
requiere: require
enfrentar: to face

La falsedad de los tiempos modernos

Carta al redactor:

Estoy furiosa. La falsedad de esta época me está volviendo loca. Ayer compré en un supermercado—donde se supone que todo es más barato—un tubo de pasta de dientes. Al apretarlo sólo salió un chorro de aire. ¡El tubo me duró dos días! Anteayer compré una lata de espárragos en el mismo supermercado. ¡Y qué sorpresa al abrirla! Solamente contenía caldo. Venden medicinas que no son legítimas. Hay huecos en la calle y nadie los repara. Me parece que el gobierno debe hacer algo porque nos están atornillando de lo lindo.

Julia Muñoz P.

redactor: editor

loca: crazy

apretar: to squeeze

lata: can
espárragos: asparagus

caldo: broth

legítima: legitimate, good
hueco: hole

atornillando . . . lindo: figuratively, putting it to us (ripping us off) nicely

¿Un problema importante?

Un americano busca correspondencia con una guapa chica de Costa Rica; edad: 18 a 26. Propósito amistoso, posiblemente matrimonial. Deseo intercambiar fotos y otras cosas. Puedo viajar a Costa Rica a visitarla. Escriba: Joe Sharp, Box 12, Huntsville, Florida U.S.A. 32509

deseo: **quiero**

Preguntas

1. ¿Qué traen los tiempos modernos?

2. ¿En qué se enfocará la próxima reunión del Mercado Común de Centroamérica?

3. ¿Para qué fué establecida FECAMCO?

4. ¿Qué pueden hacer los países del istmo para ayudarse?

5. ¿Qué va a hacer el consejo municipal de Villa Arena?

6. ¿Contra qué van a unirse las municipalidades?

7. ¿Qué impide el alto costo de la vida a las clases marginadas?

8. ¿Qué compró la señora en el supermercado?

9. ¿Qué pasó al apretar el tubo?

10. ¿Qué contenía la lata?

11. ¿Dónde hay huecos y quién los repara?

12. ¿Con quién busca correspondencia el americano?

13. ¿Qué desea hacer?

14. ¿Qué puede hacer él?

15. ¿Dónde vive él?

La famosa carreta de café de Costa Rica.

# Vocabulario

Nouns

el abrazo
el ajedrez
el aperitivo
los bienes
las bocas
las bochas
el caldo
la cámara
la carta
el ciclismo
el consejo
el costo
la cruzada
el chorro
las damas
el deporte

la desnutri-
  ción
el diario
el equipo
el espárrago
la esquina
la exposi-
  ción
la falsedad
la foto
la fuente
el hotel
el hueco
la inflación
el istmo
el juego
la lata
el mercado
la natación

el pollo
el precio
el problema
el propósito
la receta
el redactor
el saludo
el tema
la tienda
las vacacio-
  nes
la visita

Verbs

acompañar
acordar (ue)
aliviar
apoyar

apretar (ie)
cazar
contener
  (ie)
desear
enfocar
enfrentar
impedir (i)
intercam-
  biar
lavar(se)
levantar(se)
mandar
patinar
peinar(se)
pescar
poner(se)
quedar(se)
quejar(se)

requerir (ie)
unir(se)

Adjectives

común
costarri-
  cense
directo
legítimo
loco
marginado
matrimonial
natural
pequeño
tibio

Pronouns

nadie

Adverbs

nunca
tampoco

Prepositions

mediante

Expressions

a propósito
atornillar a
  uno de lo
  lindo
claro que sí
hacer las
  compras

NOVENA VISTA: EL PANAMÁ

 Al principio

In this chapter you will travel to Panamá. While it is one of the smallest of all Spanish-American countries, it holds an uncertain key role for the future of the hemisphere. As you progress through the chapter

you'll learn

1. that there are only three irregular verbs in the imperfective

2. some verbs that have stem changes in the present and perfective tenses

3. to use the infinitive as noun

4. how to use intensifying adverbs

5. some useful expressions that are used with **tener**

6. to form adjective and noun clauses with **que**

7. some uses for **por** and **para**

so look for

1. Cuando yo *era* niño . . . ; Antes *veían* muchos musicales. *Íbamos* mucho al cine.

2. Dormimos ocho horas pero el profe *durmió* diez.

3. *Ver* es *creer*.

4. Raúl es *bastante* tacaño.

5. *Tengo frío. Tiene miedo* de ir.

6. Hay personas *que* buscan algo por nada.

7. Quiere algo *por* nada. Es *para* usted.

You'll also practice five verbs each of which requires a minor change in its perfective stem.

El canal

Dos estudiantes mexicanos, Miguel y Fernando, mientras estaban de vacaciones, fueron a la zona del Canal, cerca de la Ciudad de Panamá, para estudiar el efecto que el canal tiene sobre la vida panameña. Al observar la situación, ellos reconocen que el efecto es enorme y complejo.

1. *Miguel:* Ves que sólo estamos a nueve grados al norte del ecuador. Es muy tropical—por eso la economía depende tanto de la exportación de frutas tropicales, sobre todo los plátanos. La Compañía Frutera los exporta.

2. *Fernando:* Sí, entiendo. ¿Ves a cuántos marineros pasan por aquí? El ir y venir de tanta gente produce mucho tráfico. Desde cuando construyeron el canal, el tráfico ha sido enorme. Tienen suerte de poder contar con ingresos internacionales.

Two Mexican students, Miguel and Fernando, while (they were) on vacation, went to the Canal Zone, near Panama City, to study the effect of the canal (the canal has) on Panamanian life. Observing the situation, they recognize that the effect is enormous and complex.

1. You see we are only nine degrees north of the equator. It's very tropical—so the economy depends a lot on the exportation of tropical fruits, especially bananas. The Frutera Company exports them.

2. Yes, you're right (I understand). Do you see how many sailors come through here? The coming and going of so many people causes a lot of traffic. Since they built the canal, traffic has been enormous. They're lucky they can count on international income.

3. *Miguel:* De veras, lo comprendo. Con todo este tráfico internacional, han venido muchos elementos criminales: las drogas, atracos, robos, personas que buscan algo por nada.

4. *Fernando:* Efectivamente, pero al reverso de la medalla, aquí hay un ambiente de alegría. Antes. bailaban mucho en las calles y todavía tienen fiestas en los bares y cantinas. Se ven colores por todos lados, y hay mucha música y risa y mucho movimiento de dinero.

5. *Miguel:* Y hablando de dinero, lo tienes que guardar bien. Oí decir que los rateros viven de los turistas. Tienes razón—el dinero circula— pero no pasa de las manos de los poderosos. Los pobres siguen pobres; la pobreza atrae más pobreza.

3. True, I understand (it). With all this international traffic, many criminal elements have appeared (come): drugs, assaults, thefts, people who look for something for nothing.

4. True, but on the other side of the coin, there is a pleasant environment here. In former times they used to dance a lot in the streets and they still have parties in the bars and canteens. You see color everywhere, and there's a lot of music and laughter and a lot of money in circulation.

5. And speaking of money, you have to guard it well. I've heard (it said) that pickpockets live off the tourists. You're right—money does circulate—but it doesn't leave the hands of those in power. The poor continue to be poor; poverty attracts more poverty.

6. *Fernando:* No siempre. Leí que aquí hay una clase media bastante amplia. Tres de cada diez panameños viven en las dos grandes ciudades: ésta y Colón.

6. Not always. I read that there's a rather large middle class here. Three out of every ten Panamanians live in the two large cities: this one and Colón.

7. *Miguel:* Dicen que la mayoría de los campesinos llevan una existencia agrícola aislada y casi primitiva.

7. They say that the majority of the farmers have an isolated and almost primitive agricultural existence.

8. *Fernando:* Sí, es un contraste enorme con la zona del canal. Aquí hay diplomáticos, comerciantes, aventureros, turistas y marineros que se entremezclan unos con los otros.

8. Yeah, it's very different (an enormous contrast) from the Canal Zone. Here there are diplomats, merchants, adventurers, tourists, and sailors who intermingle (among themselves).

9. *Miguel:* Oye, tengo hambre. Vamos a almorzar. Dicen que preparan el arroz con salsas muy buenas.

9. Hey, I'm hungry. Let's go have lunch. They say they fix rice with really good sauces.

10. *Fernando:* Cierto. Y sabes que los panameños tienen un dicho: "Si no he comido arroz, no he comido."

10. Right. And you know the Panamanians have a saying: "If I haven't eaten rice, I haven't eaten."

Notas culturales

1. In many Latin American countries a middle class is almost nonexistent. One often finds that the wealth is in the hands of a small group of rich families and that there are many poor at the other extreme. The difference in class is also quite marked. Many people of the upper class tend to simply ignore the problems of the lower classes.

2. Tied to the problem of wealth is the problem of productivity. One of the reasons for low productivity in many Latin American

countries is the uneven distribution of wealth. Industry and economic growth are often thwarted because of this unbalanced distribution.

3. In some countries one sees a rising middle class, consisting of skilled laborers, office workers, and teachers. Teachers are considered with very high regard socially.

Observaciones

¿Cómo se dice en español?

1. On the other side of the coin

2. We're nine degrees north.

3. Talking about money

4. They have a saying.

5. They are looking for something for nothing.

6. Not always

7. The middle class

8. They say that they prepare rice.

9. The poor continue to be poor.

10. Three out of every ten

11. Pickpockets

12. To count on (rely on)

13. They're lucky.

Repaso del diálogo

Preguntas

1. ¿Hasta dónde viajaron los dos estudiantes mexicanos?

2. ¿Para qué viajaron hasta Panamá?

3. ¿De qué depende la economía panameña?

4. ¿Qué tipo de gente pasa por la zona del canal?

5. ¿Qué elementos han venido con el tráfico internacional?

6. ¿Cómo sabemos que hay un ambiente alegre en Panamá?

7. ¿Por qué tienen que guardar bien el dinero?

8. ¿Cómo circula el dinero?

9. ¿Qué dice Miguel de los pobres y de la pobreza?

10. ¿Cómo viven los campesinos panameños?

11. ¿Cómo preparan el arroz panameño?

12. ¿Qué dicho panameño ya sabe Ud.?

Ejercicios gramaticales

1. ¿Sabes que los rateros   De veras, lo comprendo.
   viven de los turistas?
   ¿Sabes que la pobreza atrae más pobreza?
   ¿Sabes que los pobres siguen pobres?
   ¿Sabes que han venido muchos elementos criminales?
   ¿Sabes que el dinero no pasa de las manos de los
   poderosos?

2. ¿De qué depende la   Depende de la exportación.
   economía? ¿De los
   rateros o de la
   exportación?
   ¿De qué depende la buena salud? ¿De buena comida o
   del canal?
   ¿De qué depende la pobreza? ¿De la mala circulación, de
   dinero o de las frutas?
   ¿De qué depende la alegría? ¿De la personalidad o de las
   drogas?
   ¿De qué depende la vida urbana panameña? ¿Del canal
   o del arroz?

3. ¿A cuánta distancia   Están a nueve grados.
   están los estudiantes
   del ecuador?
   ¿A cuántas millas está su casa de la escuela?
   ¿A cuántas millas estamos de la capital del Estado?
   ¿A cuánta distancia estamos del banco más cerca de
   aquí?

4. ¿Es que los pobres   Sí, la pobreza atrae más
   siguen pobres?   pobreza.
   ¿Es que los ricos siguen   . . . la riqueza . . .
   ricos?
   ¿Es que los drogadictos   . . . las drogas . . .
   siguen drogadictos?
   ¿Es que los afortunados   . . . la fortuna . . .
   siguen afortunados?
   ¿Es que aventureros   . . . la aventura . . .
   siguen aventureros?

5. ¿Viven los rateros de   *Sí, oí decirlo.*
los turistas?
¿Exporta la Frutera muchos bananos?
¿Hay un ambiente de alegría en la Ciudad de Panamá?
¿Es que los campesinos tienen una existencia agrícola?

6. ¿Hay una clase media   *Sí, leí que la hay.*
bastante amplia?
¿Hay mucho tráfico   *Sí, leí que lo hay.*
internacional por el
canal?
¿Hay personas que buscan algo por nada?
¿Hay rateros en Panamá?
¿Hay una existencia agrícola casi primitiva?

7. Para aprender algo,   *Cuento con el profesor.*
¿con quién cuenta Ud.?
Para comer algo delicioso, ¿con quién cuenta Ud.?
Para trabajar, ¿con quién cuenta Ud.?
Para viajar, ¿con quién cuenta Ud.?

8. ¿Qué tienes? ¿Buena   *Tengo . . .*
suerte o mala suerte?
¿Qué tienes? ¿Muchas ganas de hacer algo o sueño?
¿Qué tienes? ¿Hambre o sed?
¿Qué tienes? ¿Razón o confusión?
¿Qué tienes? ¿Gripe o catarro?

9. ¿Quiénes se ven en el   *Se ven marineros.*
canal? ¿Marineros o aza-
fatas?
¿Qué se oye en la cabina? ¿La voz de la azafata o una
conferencia?
¿Qué se dice en el gobierno? ¿La verdad o muchas
mentiras?
¿Qué se compra en una taquilla? ¿Un boleto o un coche?
¿Qué se anuncia en el aeropuerto? ¿La canción o el vuelo?

⟪ Conceptos gramaticales

Imperfective: a continuación 73 Imperfective: a continuación 73 Imperfectiv

Cuando *estábamos* de vacaciones, fuimos a la zona del canal.	When *we were* on vacation, we went to the Canal Zone.
Yo *tenía* muchos problemas cuando *era* más joven.	I *used to have* a lot of problems when I *was* younger.
Veían mucho a don Antonio.	They *used to see* don Antonio a lot.

1. The elements **-aba-** and **-ía-** indicate the imperfective past tense in all but three verbs.

2. There are three irregular verbs in the imperfective tense: **ser,** *to be;* **ir;** *to go;* and **ver,** *to see.*
ser: era, eras, era, éramos, erais, eran
ir: iba, ibas, iba, íbamos, ibais, iban
ver: veía, veías, veía, veíamos, veíais, veían

3. The verb form that corresponds to **yo** and the form that corresponds to **él, ella,** or **usted** are identical in the imperfective tense. To avoid confusion about what the grammatical subject of these verb forms is, it is often necessary to use the subject: **yo estaba, usted estaba.** The other verb forms bear distinctive markers (**-s, -mos, -is, -n**) to clarify any possible confusion.

4. **Antes** is a common adverb of time that may frequently accompany the imperfective past tense to indicate an incomplete or ongoing action in the past.

Ejercicios

A. Cambie según los modelos.

1. A menudo María iba de → *A menudo iban de compras.*
compras. (ellos)
(la señora Santiago, nosotros, mi hermano, mi hermano y yo, las azafatas, doña María, tú)

2. En esos días don Antonio → *En esos días veíamos*
veía muchas comedias *muchas comedias musicales.*
musicales. (nosotros)
(el decano, los novios, mi señora y yo, los jóvenes, yo, nuestra tía, tú)

3. Siempre eran amables. (don Antonio) → *Siempre era amable.*
(nuestro abuelo, los Fernández, tú, yo, nosotros, María Elena, ustedes)

B. Conteste las preguntas.

1. ¿Antes estudiaba Ud. más en casa o en clase?

2. ¿Antes sacaba Ud. notas buenas o notas malas?

3. ¿Antes faltaba a clase mucho o poco?

4. ¿Antes era su parde más ambicioso o menos ambicioso?

5. ¿Antes almorzaba Ud. antes o después del mediodía?

6. ¿Antes esquiaba Ud. más o nadaba más?

7. ¿Antes aceptaba Ud. lo que decían sus padres o lo rechazaba?

8. ¿Antes prestaba atención a la verdad o la denunciaba?

9. De niño(a), ¿hacía preguntas más o contestaba preguntas más?

10. De niño(a), ¿visitaba a sus abuelos o no deseaba verlos?

11. De niño(a), ¿iba Ud. mucho al cine o se quedaba en casa?

12. De niño(a), ¿protestaba Ud. contra sus padres o aceptaba sus ideas?

13. De niño(a), ¿era Ud. más tacaño(a) o más generoso(a)?

14. De niño(a), ¿atacaba Ud. a sus enemigos o los saludaba?

Some verbs have spelling changes in their stems. Most of these stem changes occur in the present and perfective tenses.

Verb	Present	Perfective
cerrar	cierro	cerré
	cierras	cerraste
	cierra	cerró
	cerramos	cerramos
	cierran	cerraron
poder	puedo	pude
	puedes	pudiste
	puede	pudo
	podemos	pudimos
	pueden	pudieron
dormir	duermo	dormí
	duermes	dormiste
	duerme	durmió
	dormimos	dormimos
	duermen	durmieron
pedir	pido	pedí
	pides	pediste
	pide	pidió
	pedimos	pedimos
	piden	pidieron
sentir	siento	sentí
	sientes	sentiste
	siente	sintió
	sentimos	sentimos
	sienten	sintieron

Novena Vista:
El Panamá

Ejercicios

A. Siga Ud. el modelo.

Modelo: Antes no me sentía   *Antes no me sentía mal pero*
        mal . . .   *anoche me sentí mal.*

1. Antes yo no dormía mucho . . .

2. Antes mi amigo no me pedía dinero . . .

3. Antes los tomistas no podían protestar . . .

4. Antes los alumnos no dormían durante los estudios . . .

5. Antes yo no tenía suerte . . .

6. Antes mi amigo no ponía nada debajo de la cama . . .

7. Antes la gente se resentía de las protestas . . .

8. Antes mis amigos no se morían de risa . . .

9. Antes yo no podía gastar mucho dinero . . .

10. Antes las azafatas no pedían los boletos . . .

B. Siga Ud. el modelo.

Modelo: Hoy no puedo   *Hoy no puedo dormir pero*
        dormir . . .   *ayer pude dormir.*

1. Hoy no me siento bien . . .

2. Hoy Paco no duerme la siesta . . .

3. Hoy no tenemos mucha suerte . . .

4. Hoy no cierro la puerta . . .

5. Hoy los decanos no dicen mucho . . .

6. Hoy las chicas no sienten el sol . . .

7. Hoy mis padres no se resienten de mis argumentos . . .

8. Hoy no me acuesto temprano . . .

9. Hoy no recuerdas el nombre de la chica . . .

used as a noun 75   Infinitive (**–r**) form used as a noun 75   Infinitive (**–r**) form used as a noun

Ver es *creer.*   *Seeing* is *believing.*

El *ir* y *venir* produce mucho   The *going* and *coming*
trabajo.   causes a lot of work.

Novena Vista:
El Panamá
256

Al *observar* la situación   Upon *observing* the situation

1. In English we often use the **-ing** verb form for a noun (e.g., *Seeing is believing.*), but in Spanish, the **-r** form of the verb is used **(Ver es creer.).**

2. At times it is correct to use the article **el** with the infinitive: **El leer con luz insuficiente no es bueno,** *Reading with insufficient light is not good.* When the infinitive is preceded by a preposition, the article is not used: **Con enseñar también aprendo,** *By teaching I also learn.*

3. When a verb functions as the direct object of another verb, one uses the infinitive: **Quiero tomar el desayuno,** *I want to eat breakfast.*

Ejercicios

Ponga Ud. en forma inversa las oraciones siguientes.

A. Modelo: Usamos un → *Para estudiar usamos un* libro para *libro.* estudiar.

1. Usan salsas muy buenas para preparar el arroz.

2. Se oye la voz de la azafata al sentarse.

3. Tomamos la cena antes de acostarnos.

4. Vamos al cafetín para probar un sandwich.

5. Vamos a aclarar la verdad después de encontrar la solución.

6. Pide una nueva oportunidad para hacer el examen.

7. Hay problemas para sacar el petróleo.

8. Deben ocuparse de sus estudios para sobresalir.

9. No hacemos nada hasta repasar toda la evidencia.

10. Prefiero la música moderna para saber lo que pasa con la juventud.

B. Modelo: Es difícil → *El examinar la evidencia es* examinar la *difícil.* evidencia.

1. Me interesa preparar el arroz.

2. No es cosa buena fumar cigarrillos.

3. Es fácil leer las preguntas.

4. Nos gusta ir y venir por aquí.

5. Es algo fenomenal dominar toda la información gramatical.

Un casino en la Ciudad de Panamá. El dinero circula pero no pasa de los manos de los ricos.

C. Modelo: Lo que → *Quiero hablar manaña.*
          quiero es
          hablar
          manaña.

1. Lo que deseo es denunciar la protesta.

2. Lo que prefiero es pasearme.

3. Lo que sé es lavar el coche.

4. Lo que quiero es formar opiniones.

5. Lo que sabía era prestar atención.

6. Lo que quería era solucionar mis problemas.

7. Lo que deseaba era rechazar el proyecto.

8. Lo que preferimos es aclarar la situación.

9. Lo que queremos es resolver los rompecabezas.

10. Lo que sabemos es eliminar las dificultades.

Estamos *muy* bien.	We are *very* well.
Este trabajo es *extremadamente* fácil.	This work is *extremely* easy.
La política chilena es *bien* conocida.	The Chilean politics is *well* known.
Me gusta un ambiente *bastante* alegre.	I like a *quite* happy atmosphere.
Mi escuela es formal*ísima*.	My school is *very* formal.

1. Intensifying adverbs operate on adjectives and other adverbs.

2. In place of the intensifying adverb **muy** it is possible to use the ending -**ísimo(-a)** with the adjectives: for example, **importantísimo, buenísimo, interesantísimo. Muy** is not used before an adjective ending in -**ísimo**. As an adjective ending, it agrees in number and gender with its noun: **un hombre tacañísimo, las mujeres cansadísimas.**

3. If the adjective ending is **e(s),** which does not show gender, the **e** is dropped and -**ísim**- plus the proper gender and number ending is added to the base form: **Ellos son fuertes → Ellos son fuertísimos; La novela es interesante → La novela es interesantísima.**

4. If the adjective ends in a consonant then add -**ísim**- plus the ending for gender and number: **El cielo es azul → El cielo es azulísimo.**

Ejercicio

Sustituya Ud. el elemento intensivo por el otro en paréntesis.

Modelo: Estoy muy   *Estoy bastante cansado.*
          cansado. (bastante)

1. Estamos muy bien. (bastante)

2. El proyecto es bastante notable. (extremadamente)

3. Está muy tranquilo en el cafetín. (-ísimo)

4. Queremos llegar muy temprano. (bastante)

5. El ganado argentino es bastante famoso. (-ísimo)

6. Es una entrevista amistosísima. (muy)

7. En el cine hoy dan una película bastante erótica. (extrema damente)

8. El bikini es bastante corriente en Chile. (bien)

Novena Vista:
El Panamá

Las profesiones y las ocupaciones[1]

el abogado: lawyer	el/la farmacéutico(a): pharmacist
el agricultor: farmer	el ingeniero: engineer
el arquitecto: architect	el joyero: jeweler
el/la artista: artist	el mecánico: mechanic
la azafata: stewardess	el médico: doctor
el barbero/la peluquera: barber/beautician	el/la mesero(a)/el/la camarero(a): waiter waitress
el/la bibliotecario(a): librarian	el/la músico: musician
el bombero: firefighter	el/la periodista: newspaper reporter
el carpintero: carpenter	el piloto: pilot
el cartero: mail carrier	el plomero: plumber
el/la científico(a): scientist	el policía: policeman
el comerciante: businessman	el profesor/la profesora: teacher
el/la dentista: dentist	la secretaria: secretary
el electricista: electrician	
el/la enfermero(a): nurse	

Ejercicios

A. Práctica para la comunicación

Modelo: X, ¿a su amigo, le gusta reparar coches?

Y, ¿qué dice X?

Sí, quiere ser mécanico.

X dice que su amigo quiere ser mecánico.

1. ¿A su amigo(a), le gusta trabajar en el restaurante?
   Y, ¿qué dice X?

2. ¿A su amigo(a), le gusta construir casas?
   Y, ¿qué dice X?

3. ¿A su amigo(a), le gustan los aviones?
   Y, ¿qué dice X?

4. ¿A su amigo(a), le gusta la música?
   Y, ¿qué dice X?

1. Spanish is currently in a period of transition in terms of the feminist movement and of women in occupations that men have held traditionally. Therefore, linguistically, the Royal Spanish Academy has not yet sanctioned feminine language markers for certain professions.

5. ¿Su amigo(a) trabaja en una farmacia?
   Y, ¿qué dice X?

6. ¿A su amigo(a), le gusta ayudar a la gente enferma?
   Y, ¿qué dice X?

7. ¿A su amigo(a), le interesan las plantas, los animales, y los microbios?
   Y, ¿qué dice X?

8. ¿Su amigo(a) trabaja en la biblioteca?
   Y, ¿qué dice X?

9. ¿A su amigo(a), le gustan los problemas criminales?
   Y, ¿qué dice X?

10. ¿Su amigo(a) trabaja en una oficina?
    Y, ¿qué dice X?

11. ¿A su amigo, le interesan los dientes?
    Y, ¿qué dice X?

12. ¿Su amigo(a) trabaja en una barbería/peluquería?
    Y, ¿qué dice X?

13. ¿A su amigo(a), le gustan los edificios?
    Y, ¿qué dice X?

14. ¿A su amigo, le gusta dar conferencias?
    Y, ¿qué dice X?

15. ¿A su amigo, le gusta escribir artículos?
    Y, ¿qué dice X?

B. ¿Cuál de las siguientes es más importante para Ud.?

1. el plomero / el bombero
2. el piloto / el mecánico
3. el artista / el bibliotecario
4. el periodista / el abogado
5. el arquitecto / el dentista
6. el policía / la peluquera
7. el profesor / el agricultor
8. el científico / el mesero
9. el cartero / el joyero

Una situación

Supongamos que estás en un tribunal de una corte dando testimonio en el caso de un robo. Estás explicando lo que sabes del caso. Explica tres cosas que tú viste que hacía el ladrón.

Modelo: Vi que el ladrón *corría del edificio.*

Vi que el ladrón _____.

tener suerte: to be lucky

tener sueño: to be sleepy

tener interés: to be interested

tener sed: to be thirsty

tener hambre: to be hungry

tener cuidado: to be careful

tener (number) años: to be _____ years old

tener cansancio: to be fatigued

tener paciencia: to be patient

tener calma: to be calm

tener prisa: to be in a hurry

tener confianza: to be confident

tener frío: to be cold

tener calor: to be warm

tener que + inf.: to have to + inf.

tener ganas de + inf.: to feel like + gerund

tener miedo (de + inf. or noun): to be afraid (of)

Ejercicio

Conteste los siguientes rompecabezas.

1. Cuando Ud. no ha comido por mucho tiempo el resultado es que tiene _____
2. Cuando usted no ha dormido por mucho tiempo el resultado es que tiene _____
3. Cuando usted ve el monstruo de Frankenstein el resultado es que tiene _____
4. Cuando usted desea trabajar con entusiasmo el resultado es que tiene _____ de trabajar.
5. Cuando usted siente la necesidad de tomar un alimento el resultado es que tiene _____
6. Cuando usted sufre una experiencia desafortunada el resultado es que no tiene _____
7. Cuando usted ha trabajado con mucha energía el resultado es que tiene _____
8. Cuando usted anda a toda velocidad el resultado es que tiene _____
9. Cuando se le acaba la cerveza, el resultado es que no tiene _____

Cuando se le acaba Schlitz, se le acaba la cerveza.

Estudian los efectos *que el canal tiene sobre la vida panameña.*	They are studying the effects *the canal has on Panamanian life.*
Hay personas *que buscan algo por nada.*	There are persons *who look for something for nothing.*

Here there are two underlying sentences involved: the independent and the subordinate. A **que**-clause functions as an adjective when a noun in the subordinate sentence is converted to **que** because it matches an identical noun in the independent sentence. The two underlying sentences are then combined. In summary, the sentence that contains a **que**-clause functioning as an adjective comes from two underlying sentences.

```
         ┌─ a matched set ─┐
         ↓                 ↓
Hay personas.     Las personas buscan algo por nada.
                         ↓
                        que
                         ↓
         Hay personas que buscan algo por nada
```

```
         ┌── a matched set ──┐
         ↓                    ↓
La casa es verde.  Compré la casa.
                         ↓
                        que
                         ↓
                    que compré
                         ↓
         La casa que compré es verde.
```

When a word or phrase in the second sentence is identical to a word or phrase in the first sentence, the word or phrase in the second sentence may be changed to **que**. The resulting **que**-clause then functions as an adjective.

Ejercicio

Combine Ud. la segunda oración y la primera. Siga los modelos.

Modelos: Saludamos al profesor. / El profesor enseña español.	*Saludamos al profesor que enseña español.*
La piedra pesa un medio kilo. / Tengo la piedra	*La piedra que tengo pesa un medio kilo.*

1. La música es moderna. / Oímos la música.

2. Vamos a ver el canal. / El canal queda cerca de aquí.

3. La suerte es muy importante. / Tenemos suerte.

4. Deseamos comprar los plátanos. / Esa señora vende los plátanos.

5. La existencia es agradable. / Tenemos una existencia.

6. Ellos preparan el arroz con salsas. / Las salsas son muy buenas.

7. La Frutera es una compañía. / La compañía exporta plátanos.

8. No usamos las drogas. / Las drogras son malas.

9. Han venido muchos elementos criminales. / Los elementos criminales influyen mucho en la vida.

10. Los gringos trabajan en el canal. / Los gringos viven en la zona.

Dicen *algo*.	They say *something*.
Dicen *que preparan el arroz con salsas*.	They say *that they prepare rice with sauces*.
Ves *algo*.	You see *something*.
Ves *que sólo estamos a nueve grados al norte*.	You see *that we are only nine degrees to the north*.
¿Sabes *algo?*	You know *something?*
¿Sabes *que los panameños tienen un dicho?*	You know *that the Panamanians have a saying?*

Usually the verbs **decir, ver, saber,** as well as many others, require a direct object (e.g., **Dicen algo, Ves algo, Sabes algo**). The **que**-clause may also function as the direct object.

Ejercicio

Combine Ud. la segunda oración con la primera eliminando la palabra *algo*. Use *que* para hacer la combinación. Siga el modelo.

Modelo: Creo *algo*. / La verdad   *Creo que la verdad es*
        es importante.   *importante.*

1. Sabemos *algo*. / Juan está de paseo con su novia.

2. El decano piensa *algo*. / Los radicales protestan demasiado.

3. Notamos *algo.* / Muchos estudiantes son de varias partes del mundo.

4. Considero *algo.* / Mi amigo no es un alumno sobresaliente.

5. Tú indicas *algo.* / El diplomático está contra la censura.

6. Los padres explican *algo.* / Los jóvenes deben disciplinarse.

7. Recordamos *algo.* / Los oficiales prefieren otro proyecto.

8. La azafata anuncia *algo.* / El vuelo parte en cinco minutos.

9. Creí *algo.* / No querían mames.

10. Juan recordó *algo.* / El calendario azteca es la piedra del sol.

por ejemplo	*for* example
por radio	*by* (means of) radio
Buscan algo *por* nada.	They look for (want) something *for* nothing.
por favor	please (*for* favor)
para estudiar	to (in order to) study
El dinero es *para* usted.	The money is *for* you.

> por: 1. by means of, by way of
>   2. for, in exchange for
>
> para: 1. to, in order to
>   2. for, destined for

Ejercicios

A. Conteste las preguntas, según el modelo.

Modelo: ¿Viene Ud. a la escuela en carro o en bicicleta?   *Vengo a la escuela en bicicleta.*

1. ¿Aprende Ud. más por memorizar o por analizar?

2. De costumbre, ¿entra usted en la sala de clase por la puerta o por la ventana?

3. ¿Usualmente aprende más por conversar con otros o por meditar solo(a)?

Novena Vista:
El Panamá
265

4. Por lo general, ¿paga Ud. mucho dinero o poco dinero por sus zapatos?

5. Comúnmente, ¿estudia Ud. por gusto o por necesidad?

6. ¿Practica Ud. el español más por interés o por necesidad?

7. ¿Soluciona Ud. sus problemas más por analizarlos o por olvidarlos?

B. Conteste las preguntas, según el modelo.

Modelo: ¿Para qué estudia   *Estudio para conseguir un*
        Ud.? ¿Para saber   *mejor trabajo.*
        más o para conse-
        guir un mejor
        trabajo?

1. ¿Para qué protesta Ud. más? ¿Para mejorar la calidad de la vida o para olvidar sus problemas?

2. ¿Para qué se pasea Ud. solo(a)? ¿Para disfrutar la vida o para pensar en el universo?

3. ¿Para qué falta Ud. a clase? ¿Para terminar un trabajo para la clase o para descansar?

4. ¿Para quién es la medicina? ¿Para los sanos o para los enfermos?

5. ¿Para quién es el nuevo plan social? ¿Para los pobres o para los ricos?

6. ¿Para quién es el abrazo? ¿Para los amigos o para los enemigos?

Analysis of *oír*, to hear   *oí, oy-*

Singular				*Plural*			
yo	o	í	—	nosotros	o	í	mos
tú	o	í	ste	vosotros	o	í	steis
usted				ustedes			
él, ella	o	yó	—	ellos, ellas	o	yero	n

1. **Oír** has a slight and predictable irregularity. Note the **y** in the third person singular and plural. This **y** is a variant of the sound /i/.

Una oficial de estacionometros.
"¿Por qué no busca a los rateros?"

2. The **yo, tú, nosotros, vosotros** forms carry a written accent on the **i**.

3. Other verbs that follow the above pattern are **leer**, *to read;* **creer**, *to believe;* **construir**, *to build;* and **incluir**, *to include.* *The last two verbs have no written accent on the* **i** *in* **nosotros**/ **vosotros** forms: **construimos, incluisteis.**

Ejercicio

Cambie según los modelos.

1. Juan no oyó al profe. (tú) → *No oíste al profe.*
   (los estudiantes, el periodista, nosotros, tú, el decano, los monos, yo)

2. Leí el artículo sobre el costo de la vida. (Raúl) → *Leyó el artículo sobre el costo de la vida.*
   (mis padres, mi novio y yo, Uds., el ministro, tú, los panameños, el marinero)

3. Anoche creímos que el policía nos dijo la verdad. (yo) → *Anoche creí que el policía nos dijo la verdad.*
   (yo, tú, Jovellenos, el turista, nosotros, los tres comerciantes, la azafata costarricense)

4. El abogado construyó el argumento astutamente. (Uds.)
→ *Construyeron el argumento astutamente.*
(los dos estudiantes mexicanos, yo, nosotros, los aventureros, tú, el consumidor, usted)

5. El profe no incluyó a Jovellanos. (nosotros) → *No incluimos a Jovellanos.*
(el decano, los ministros, yo, tú, la maestra, ustedes, mi mejor amigo)

Una vista del idioma español ⟫⟫⟫

Spirants

In Spanish the spirants are usually voiceless (no vibration of the vocal chords). The letters **s** and **z** are used to represent the sound /s/. The sound /s/ can be initial, between vowels, or final. Repeat these words after your model.

puso, casa, supo, vez, autobús, pesa, conozco, pez, feliz, ese, azteca, zapato, razón

The sound /s/ is pronounced /z/ when it is followed by a voiced consonant (when there is vibration of the vocal chords). This pronunciation occurs even if the consonant appears in the next word. Repeat these words after your model.

es bueno, mismo, desde, es de, las muchachas, disgusto, es grande, juzgar, los huevos, es loco, asno

Affricates

An affricate is the combination of a stop plus a spirant release. The Spanish affricate /ch/ is not much different from the English /ch/. Repeat these words after your model.

chocolate, chico, chihuahua, chino, Chicago, coche, pachanga

Comunicación/ Personalización

Entrevista

Preguntas	*Oral*	*Escrito*
1. ¿Cómo te llamas?	Me llamo . . .	Se llama _____
2. Antes en el trabajo, ¿qué querías ser? ¿Dueño o empleado?	En el trabajo yo quería ser . . .	Él/Ella quería ser ___

3. Antes, ¿preferías   Antes,   Antes, prefería _____
   el ''rock'' o el jazz?   prefería . . .

4. Nombra tú una   Ayer   Ayer pudo _____
   cosa que pudiste   pude . . .
   hacer ayer con éxito.

5. ¿Qué crees tú,   Creo que . . .   Cree que _____
   que estamos cerca
   del fin del mundo o
   que estamos lejos
   del fin?

''La pobreza atrae más pobreza.''

Actividades personales

A. Termina las siguientes oraciones según tus opiniones o experiencias. Usa una expresión con *tener.*

1. Generalmente en un cine tengo _____

2. Normalmente en una crisis trágica tengo _____

3. Por lo general cuando salgo con mi novio(a) tengo _____

4. En general en una situación financiera tengo _____

5. Usualmente no puedo sacar un boleto de niño porque tengo _____

6. Comúnmente en un avión tengo _____

7. En general cuando estoy en el campo tengo _____

8. Frecuentemente en un coche de alta velocidad tengo _____

9. Con frecuencia en un grupo numeroso de personas tengo _____

10. Generalmente cuando sufro muchos problemas tengo _____

11. Normalmente cuando estoy tranquilo(a) tengo _____

12. Por lo general en un momento urgente tengo _____

B. Frases abiertas

Termina las frases con acciones que normalmente haces en situaciones como las siguientes.

1. Al sentarme en clase yo . . .

2. El ir y venir a clase me hace . . .

3. Para saber lo que pasa en el mundo yo . . .

4. Ver es creer, pero estudiar es . . .

5. El ir a una ópera . . .

6. El dormir ocho horas . . .

7. Pienso que . . .

8. He notado que . . .

9. El profe explicó que . . .

10. Nunca recuerdo que . . .

11. Una vez mi padre me indicó que . . .

C. Selecciones

1. Sé más noticias por radio / televisión.

2. Es mejor viajar en carro / bicicleta.

3. Se aprende más por memorizar / analizar.

4. Ayudo a un(a) amigo(a) por obligación / amistad.

5. Los políticos mantienen su oficina por influencia / corrupción.

6. Estoy en la universidad para aprender mucho / conseguir un trabajo.

7. Se toma mucho whiskey para olvidar los problemas / disfrutar la vida.

8. Me paseo para pensar / calmarme.

La ciudad de Panamá y una sección del canal.

Panamá:
en busca de control del canal

Con respecto a la resolución panameña de tomar control sobre el canal, el ministro de Relaciones Exteriores de Panamá ha dicho que ''los Estados Unidos han puesto su veto a la resolución del canal, pero el mundo ha puesto su veto a los Estados Unidos''. El ministro hizo este comentario al final de una reunión especial del Consejo de Seguridad para tratar el conflicto entre Panamá y los Estados Unidos. Panamá buscaba una victoria moral porque sabía que los Estados Unidos no iba a abandonar su control. Después de más de setenta años de dominación y humillación los panameños están en el límite de su paciencia.

La historia de este conflicto data de 1903. La marina norteamericana llegó para ayudar

en busca de: in search of

Relaciones Exteriores: Foreign Matters

Consejo de Seguridad: Security Council

humillación: humiliation

data de: dates from

marina: Navy

Novena Vista:
El Panamá

271

a los panameños en su lucha para obtener su independencia de Colombia. Pero ahora los latinos creen que el gobierno norteamericano quería tomar control de esa tierra para construir un canal interoceánico.

lucha: fight, struggle

Panamá declaró su independencia de Colombia, luego firmó un tratado con los Estados Unidos en 1903. El canal fue terminado en 1914. Desde esa fecha las protestas y los movimientos contra el dominio de los Estados Unidos no han cesado.

firmó: signed
tratado: treaty

cesado: ceased

El país está subordinado por el canal y la influencia de los Estados Unidos. El desarrollo económico no avanza mucho. En setenta y cinco años ha tenido cuarenta y cinco presidentes—una situación que indica una inestabilidad política. En 1970 los beneficios del canal se elevaron a 175 millones de dólores; de esa cantidad Panamá recibió menos de dos millones, que es su fuente principal de ingresos.

se elevaron: rose
cantidad: quantity
fuente: source

Hay otras compañías norteamericanas como la United Fruit Co. y otras que explotan los recursos naturales: los bananos, el café, el cacao y otros productos. Pero es el canal que domina la vida diaria en Panamá. Las autoridades norteamericanas establecen las condiciones de trabajo y regulan la salida y entrada de productos panameños por vía marítima. Hay bases militares en la zona.

explotan: exploit

cacao: bean that produces chocolate

regulan: regulate
salida: exit
entrada: entrance

vía marítima: waterway

Los dos gobiernos quieren resolver el problema. Los panameños quieren el control total inmediatamente. Al mismo tiempo se habla de un canal en Nicaragua o en México. Si eso pasa, nadie sabe el futuro del istmo de Panamá.

Preguntas

1. Según el ministro de Relaciones Exteriores, ¿qué ha hecho el mundo a los Estados Unidos?

2. ¿Cuándo hizo el ministro este comentario?

3. ¿Por qué están los panameños en el límite de su paciencia?

4. ¿Qué no han cesado desde la terminación del canal?

5. ¿Qué indica una inestabilidad política?

6. ¿Qué domina el canal?

7. ¿Qué hacen las autoridades norteamericanas?

8. ¿Quiénes quieren resolver el problema del canal?

9. ¿De qué se habla en Nicaragua y en México?

 Vocabulario

Nouns

el alquiler
el ambiente
las armas
el asunto
el atraco
la autoridad
el aventurero
la ayuda
el bar
el beneficio
el bibliotecario
el bombero
el cacao
el campesino
el canal
la cantina
el comentario
el comerciante
la condición

el conflicto
el dentista
la dominación
el dominio
la droga
la economía
el efecto
el elemento
la entrada
la exportación
el farmacéutico
el grado
el hombre de negocios
la humillación
la inestabilidad
la influencia
el ingreso
el joyero
el límite

la lucha
la llegada
la marina
el mecánico
la medalla
el movimiento
el piloto
el plomero
la pobreza
el ratero
la resolución
la reunión
el reverso
la risa
el robo
la salida
la salsa
la secretaria
la situación
el soldado
el tráfico

el tratado
el turista
el veto
la vía
la victoria
la zona

Verbs

atraer
cesar
circular
contar con (ue)
datar de
entremezclar
firmar
observar
regular
seguir (i)

Adjectives

agrícola

aislado
amplio
complejo
criminal
enorme
internacional
poderoso
primitiva
subordinado
tropical
urbano

Adverbs

efectivamente

Expressions

el ir y venir
en busca de
por todos lados

tener _____ años
tener calma
tener calor
tener cansancio
tener confianza
tener cuidado
tener frío
tener ganas de
tener hambre
tener interés
tener miedo (de)
tener paciencia
tener que
tener prisa
tener sed
tener sueño
tener suerte

DÉCIMA VISTA: ESPAÑA

 Al principio

From the Americas we jump to Spain where you'll learn one of the favorite **pasatiempos** of Spanish males—girl watching. As you progress through the chapter

you'll learn

1. the use of adverbs of time in the imperfective.
2. more verbs with irregular perfective stems
3. the past progressive with the perfective and imperfective of **estar**

4. more uses of **por** and **para**

5. the use of prepositions with **estar**

so look for

1. *Antes* tenía mala suerte.

2. Raúl *fue* a la fiesta. Me *dio* un regalo.
3. En ese momento *estuve hablando* inglés. *Estaba leyendo* el periódico cuando llegué.
4. Se pasearon *por* el parque. *Para* amigo, es de primera.
5. Están *de* cachondeo.

In addition you'll practice deleting elements from a sentence, and you'll learn how to use the centigrade and metric system. You'll also read about the concept of **machismo** in the **Sección cultural**.

Before you reach **repaso** 2, briefly review chapters 6, 7, 8, and 9.

275

¡Qué tenorio!

Juan, Antonio y Lope, tres muchachos frescos, están sentados al aire libre en la Gran Vía de Madrid, tomando café con leche y mirando a la gente y sobre todo a las chicas que se pasean. Están de cachondeo.

Juan, Antonio, and Lope, three cool guys, are sitting (seated) outside on the Gran Vía in Madrid, drinking coffee with milk and looking at people, especially at the girls who are out walking. They're having fun (looking for girls).

1. *Juan:* Hombre, mira a ésa, hecha un tren.

1. Man, look at that one, built like a train (said as a compliment).

2. *Antonio:* Vaya, me hace pensar en una chica que andaba conmigo antes. Al principio yo pensaba que era de primera . . .

2. Go on, she makes me think of a girl that went out with me before. In the beginning I thought she was tops . . .

3. *Lope:* Y ¿qué? ¿Qué pasó?

3. And, what? What happened?

4. *Antonio:* Se fue a Santander con su familia. Su padre era maestro. Encontró algo mejor allí en una escuela.

4. She went to Santander with her family. Her father was a teacher. He got something better in a school there.

5. *Juan:* ¡Tú y las chicas! Antes siempre tenías mala suerte con ellas, pero ahora no.

6. *Antonio:* Es que yo estaba cansado de salir con ella . . . hablaba demasiado. Era el mismo rollo todos los días.

7. *Lope:* ¡Qué tenorio! Oye, Antonito, no estoy para bromas. Quieres decir que no te llevabas bien con ella, ¿verdad?

8. *Antonio:* Más o menos.

9. *Lope:* En fin, eras un fresco. Yo sé lo que pasaba. Le llevabas la contra todo el tiempo y al final ella se hartó de tonterías y te dejó.

5. You and the girls! You always had bad luck with them before, but not now.

6. I was tired of going out with her . . . she talked too much. It was the same old thing day after day.

7. What a Don Juan! Look, Antonito, don't give me that (I'm not for any jokes). You mean you just didn't hit it off with her, right?

8. More or less.

9. In short, you came on too strong (were fresh). I know what was going on. You were always giving her a bad time and she finally got fed up with your antics (foolishness) and left you.

10. *Antonio:* Mira, que tienes narices. Es que yo esperaba algo mejor de ella. Deseaba conocerla mejor, pero qué faena me hizo . . . Entonces empezó a salir con otros.

10. Look, it's none of your business (you have noses). It's just that I was hoping for something better from her. I wanted to know her better, but what a dirty deal she gave me. . . . Then she started going out with other guys.

11. *Lope:* Ya la verdad. ¡Qué calamidad! Hombre, estabas con cabeza de turco.

11. Now the truth. What a disaster! Man, things were going bad for you. (You were with a turk's head.)

12. *Antonio:* No seas payaso. ¡Vaya! Esta vida es un tango.

12. Don't be a clown. Lay off! Life's a bore.

13. *Juan:* No tanto. Mira. Esa chica ahí. Es un bombón. Yo pago. Vamos.

13. Not really (not so much). Look. That girl over there. She's a knockout. I'll pay. Let's go.

14. *Lope:* Vale.

14. OK!

Notas culturales

1. Sitting in open-air sidewalk **cafés** is a favorite pastime of the Spanish. Here they gather to talk with friends, enjoy a drink, relax, or watch people. It is one of those ''small things'' that makes life enjoyable for them.

2. Another favorite pastime of males is girl watching, in any Spanish-speaking country. A common characteristic is for the male to make a verbal **piropo** or *flirting remark* to a woman. She, in turn, pretends not to hear it. In Spain, **hecha un tren** is not considered an insult.

3. In speech 7 Lope calls Antonio a **tenorio,** from **don Juan Tenorio** in **El burlador de Sevilla. El burlador** is a seducer who makes a laughingstock of women, who loves without loving. Hispanic males often have a lot of social pressure on them to be **don Juan Tenorios,** to prove that they can conquer women without becoming romantically involved with them.

4. Note some of the colorful idiomatic expressions used in the dialog: **La vida es un tango, Estaba con cabeza de turco, Mira que tienes narices.**

5. Observe that Juan pays for all three. Where the North American prefers to go **a la americana** or **a la inglesa** *(going Dutch),* the Hispanic male would consider it an insult not to be allowed to pick up the tab, especially in the presence of a woman.

Observaciones

Según el diálogo, ¿cómo se dice en español?

1. They're out having fun.

2. I thought she was tops.

3. I was tired of going out with her.

4. It was the same old thing.

5. More or less

6. She was fed up with your antics.

7. What a dirty deal she gave me.

8. Man, things were going bad for you.

9. Life is a bore.

Repaso del diálogo

Preguntas

1. ¿Dónde están sentados los tres muchachos frescos?

2. ¿Qué están haciendo en la Gran Vía?

3. ¿En qué piensa Antonio?

4. Al principio, ¿cómo pensaba que era la chica?

5. ¿A dónde fue la amiga de Antonio?

6. ¿Por qué se fue a Santander?

7. Antes, ¿qué suerte tenía Antonio con las chicas?

8. ¿Por qué estaba cansado Antonio de salir con la chica?

9. ¿Cómo se llevaban Antonio y la chica?

10. Según Lope, ¿qué pasaba?

11. ¿Qué esperaba Antonio?

12. ¿Qué le hizo la chica a Antonio?

13. ¿Por qué estaba Antonio con cabeza de turco?

14. ¿Qué piensa Antonio de esta vida?

Ejercicios gramaticales

Conteste según los modelos.

1. Mira la calamidad.   *Me hace pensar en mis problemas.*
   Mira la verdad.
   Mira la faena.
   Mira la suerte.

2. Antes era una persona   *Al principio yo pensaba que*
   agradable.   *era de primera.*
   Antes era una persona simpática.
   Antes era una persona de alta categoría.
   Antes era una persona amistosa.

3. ¿Con quién esperaba   *Esperaba salir con Enrique.*
   salir?
   ¿Con quién esperaba patinar?
   ¿Con quién esperaba almorzar?
   ¿Con quién esperaba llevarse bien?

4. ¿Se llamaba María?   *Sí, y yo deseaba concocerla mejor.*
   ¿Se llamaba Lope?
   ¿Se llamaba Mari Carmen?
   ¿Se llamaba Federico?

5. ¿Te gustaba salir con   *No, estaba cansado(a) de*
   ella?   *salir con ella.*
   ¿Te gustaba hablar con él?
   ¿Te gustaba estar de cachondeo?
   ¿Te gustaba pensar en tu trabajo?

6. ¿Te gustó estar de   *No, no estaba para bromas.*
   cachondeo?
   ¿Te gustó tener narices?   *No, no estaba para bromas.*
   ¿Te gustó hacer tonterías?
   ¿Te gustó ser un fresco?
   ¿Te gustó ser un payaso?

7. Esta vida es un tango.   *Vaya, no sea payaso.*
   Ella es un bombón.
   Mira que tienes narices.
   Estás con cabeza de turco.

Conceptos gramaticales 》》》

82 Adverbs of time with the imperfective

Antes siempre tenías mala   *Before* (in former times) you
suerte.   *always* had bad luck.

Cuando yo era niño,   *When* I was a boy, I wanted
quería ser médico.   to be a doctor.

Mientras yo leía el periódico, *While* I read the newspaper,
Lope terminó la cena.   Lope finished dinner.

Décima Vista:
España   1. Often, the adverbs of time that indicate a long period are
280   used in conjunction with the imperfective aspect.

2. Adverbs of time like **antes** orient us to a time in the past during which a habitual action or an action already in progress is indicated.

Ejercicio

Use Ud. la palabra *antes* y cambie el perfectivo por el imperfectivo. Siga Ud. el modelo.

Modelo: Anoche estudié mucho.   *Antes estudiaba mucho.*

1. Ayer leí algo de los indios.
2. El lunes pasado busqué mis libros.
3. Ayer no pude hablar con el decano.
4. Anoche nuestro equipo jugó bien.
5. Ayer me desayuné a las siete.
6. Anteayer se quejó del alto costo de la vida.
7. La semana pasada mis padres no me pidieron ninguna explicación.
8. Esta mañana conocí a unas personas agradables.
9. Ayer el director escribió un artículo sobresaliente.
10. La semana pasada volvieron por la tarde.
11. El año pasado salí con ella.
12. Ayer discutió el desarrollo económico.
13. Anoche la llamé a eso de las ocho y media.

n the perfective 83 **Ser, ir, dar** in the perfective 83 **Ser, ir, dar** in the perfective 83 **Ser, ir, d**

Yo *fui* a la fiesta.	I *went* to the party.
Yo *fui* estudiante.	I *was* a student.
Le *dimos* unos pesos.	We *gave* him a few pesos.

Analysis of *ser* and *ir*, *fu-*

Singular				Plural			
yo	fu	i	—	nosotros	fu	i	mos
tú	fu	i	ste	vosotros	fu	i	steis
usted	fu	e	—	ustedes	fu	ero	n
él, ella				ellos, ellas			

1. The perfective stem for **ser** and **ir** is **fu-**.

2. The normal perfective endings for **E**- and **I**-type verbs are used except for the third person: **fue** and **fueron**.

3. The only way to tell whether the perfective form is **ser** or **ir** is by the context. As an aid, remember that **ir** is often followed by the preposition **a**.

Ejercicio

Usando un adverbio de tiempo, conteste según el modelo.

Modelos: ¿Cuándo fue la última *Fui al cine la semana*
vez que Ud. fue al cine? *pasada.*
¿Cuándo fue la última *Fuimos a un concierto el*
vez que Uds. *mes pasado.*
fueron a un concierto?

1. ¿Cuándo fue la última vez que Ud. fue a nadar?

2. ¿Cuándo fue la última vez que Ud. y su familia fueron a un restaurante?

3. ¿Cuándo fue la primera vez que Ud. fue a trabajar?

4. ¿Cuándo fue la última vez que Ud. fue a un concierto de ''rock''?

5. ¿Cuándo fue la última vez que Ud. fue a ver al médico?

Analysis of *dar*, *d-*

Singular | | | | *Plural* | | |
---|---|---|---|---|---|---|---
yo | d | i | — | nosotros | d | i | mos
tú | d | i | ste | vosotros | d | i | steis
usted | | | | ustedes | | |
él, ella | d | io | — | ellos, ellas | d | iero | n

Note that **dar** takes the perfective endings for **E**- and **I**-type verbs.

Ejercicio

Modelo: El profe, ¿dio una *Dio una conferencia*
conferencia intere- *interesante.*
sante o aburrida?

1. Los decanos, ¿dieron una solución útil o inútil?

2. Usted, ¿dio un regalo caro o barato?

3. El profe, ¿dio un examen difícil o fácil?

4. Usted y sus amigos, ¿dieron a su madre unas flores frescas o secas?

5. Los padres de usted, ¿le dieron un consejo útil o inútil?

6. Usted, ¿le dio a alguien un saludo sincero o insincero?

Yo estaba leyendo el periódico cuando mi amigo empezó a tocar el piano.

I was reading the newspaper when my friend began to play the piano.

Anoche a las ocho *estuvimos estudiando.*

Last night at eight *we were studying.*

Durante el concierto, ¿qué *estaban haciendo Uds.?*

During the concert, what *were you doing?*

Estabas ayudándome.

You were helping me.

To express a process or an action in progress Imperfective of **estar**   (**estaba** + **-ndo** form)

To express the progress of an action at a particular point in time Perfective of **estar**   (**estuv-** + **-ndo** form)

1. The progressive form, **-ndo** (present or past), is used to express more immediacy in the action (at that moment). For example, suppose person A speaks both Spanish and English but right now is speaking Spanish. She may say, **Hablo inglés pero en este momento estoy hablando español.** The same example may be used to illustrate the perfective progressive, **estuv-** + **-ndo.** Person A may say, **Hablo español también pero en ese momento estuve hablando inglés.** The **-ndo** indicates continuation of the action while the perfective **estuv-** indicates that the action was finally completed.

2. The imperfective progressive is almost synonomous with the regular imperfective tense; the two forms are often interchangeable. The imperfective progressive focuses on the middle of the action and on its duration. **Mi padre leía el periódico cuando volví a casa** vs. **Mi padre estaba leyendo el periódico cuando volví a casa.** The slight difference between **leía** and **estaba leyendo** is the degree of immediate action, duration, or involvement. **Estaba leyendo** cues a greater degree of involved action than **leía.**

Décima Vista: España

283

En un mercado al aire libre.
"¿Me da quinientos gramos de chiles, por favor?"

Ejercicios

A. Cambie las frases, según el modelo.

Modelo: José no estuvo   *Sí, Juan estuvo mirando a la*
          mirando a la gente   *gente.*
          pero Juan sí.

1. No estuve hablando de bromas pero tú sí.

2. Mi papa no estuvo leyendo el libro pero yo sí.

3. No estabas buscando la verdad pero yo sí.

4. El profe no estuvo consumiendo mucha cerveza pero
   nosotros sí.

5. Él no estuvo andando con cabeza de turco pero tú sí.

6. No estaba guardando el dinero pero mis amigos sí.

7. El profe no estaba atornillándonos de lo lindo pero el
   decano sí.

8. No estuvieron denunciando la manifestación pero
   nosotros sí.

9. No estaba pensando en la lección pero el profe sí.

10. No estaba hablando de la película erótica pero mis
    amigos sí.

B. Práctica para la comunicación

Modelo: X, ¿qué estaba   *Yo estaba . . .*
haciendo Ud. ayer
cuando llegó la
hora de comer?
Y, ¿qué dijo X?   *X dijo que estaba . . .*

1. X, ¿en qué estaba pensando esta mañana cuando llegó la hora de ir?
   X, ¿qué dijo X?

2. X, ¿qué estaba haciendo anoche cuando decidió acostarse?
   Y, ¿qué dijo X?

3. X, ¿de qué estuvimos hablando ayer en clase?
   Y, ¿qué dijo X?

4. X, ¿qué estuvo haciendo anoche a las nueve?
   Y, ¿qué dijo X?

5. X, ¿de qué estaban hablando Ud. y los otros cuando comenzó esta clase?
   Y, ¿qué dijo X?

Entremés

El sistema centígrado y métrico

The centigrade and metric systems are used extensively throughout the Spanish-speaking world, except in Puerto Rico where standard North American measures are more common. Occasionally, one will hear archaic Spanish measures used but they are ''unofficial.''

Measuring temperature

To convert from Fahrenheit to Centigrade or vice versa, consult the table below. Use the center column as the temperature given. If the temperature given is in Centigrade, its Fahrenheit equivalent may be found in the right-hand column. If the temperature given is Fahrenheit, its Centigrade equivalent may be found in the left-hand column.

Centigrade	Temperature Given (Centigrade or Fahrenheit)	Fahrenheit
−18	0	32
−17	1	34
−17	2	36
−16	3	37
−16	4	39
−15	5	41
−14	6	43
−14	7	45
−11	12	54
− 8	18	64
− 4	24	75
− 1	30	86
0	32	90
2	36	97
6	42	108
9	48	118
12	54	129
16	60	140
19	66	151
22	72	162
26	78	172
29	84	183
32	90	194
36	96	205
38	100	212

La temperatura normal del cuerpo humano es 98,6° F ó 37° C. Si el médico le dice que Ud. tiene una temperatura de 39° C, Ud. tiene fiebre. Si le dice que la temperatura está a 39° F, Ud. está muerto, o tiene muchísimo frío.

Los pesos en seco (Dry weights)

Los kilogramos (kilos) y los gramos son las unidades para los pesos en seco.

500 gramos = ½ kilo

1000 gramos = 1 kilo

29, 5 gramos = 1 onza (ounce)

1 kilo = 2,2 libras (pounds)

500 gramos = 1,1 libras

Ciertos productos como, por ejemplo, el queso, la carne, y algunos alimentos en seco se venden en gramos o kilos. Un rosbif que pesa 2,27 kilos equivale a cinco libras. Tres libras de café son un kilogramo y treinta y seis gramos.

Problemas

Vamos a decir que Ud. está en un (super) mercado y desea pedir lo siguiente:

$\frac{1}{2}$ libra de salchicha (sausage) = _____ gramos

$\frac{1}{4}$ libra de queso = _____ gramos

¿Cuánto pesa Ud.?

Los kilogramos y los gramos se usan también para el peso.

Si el peso de Ud. es	entonces Ud. pesa
125 libras	56,8 kilos
170 libras	77,3 kilos
100 libras	45,5 kilos

You've just weighed yourself on a **kilo** machine and the ticket reads 64 **kilos.** Which of the following weights is the closest to it in pounds? 137, 139, 141, or 143

Medidas lineares (Linear measures)

Usamos estas medidas para las distancias y las alturas (heights). Las medidas comunes son el centímetro, el metro y el kilómetro (cm., m. y km.).

Hay 2,54 centímetros en una pulgada (inch).

12 pulgadas = 30,48 centímetros

1 metro = 100 centímetros

1 metro = 39,37 pulgadas

1000 metros = 1 kilómetro

1 kilómetro = 0,62 millas (miles)

Ud. puede saber su altura con esta fórmula:

pulgadas $\times$ 2,54 $\div$ 100

Ejemplo: 5 ft. = 60 pulgadas $\times$ 2,54 = 152,4 centímetros $\div$ 100 = 1 m, 52 cms. Ud. dice: Mido un metro cincuenta y dos centímetros. ¿Cuánto mide Ud? (How tall are you?)

Las medidas de volumen (Liquid measures)

El litro es la unidad básica de medida con respecto a los líquidos (cerveza, gasolina, leche, vino y agua).

1 litro = 1.05 de un *"quart"* (slightly more than a quart)

10 litros = 2,6 galones

1000 mililitros (ml) = un litro (aproximadamente 33,5 onzas)

750 ml = aproximadamente 25 onzas

500 ml = aproximadamente 16¾ onzas

250 ml = aproximadamente 8⅓ onzas

1 quart = 0,94 litro (l.)

½ galón = 1,88 l.

1 galón = 3,76 l.

Una situación de fantasía

Supongamos que tú fuiste al cementerio para ver las tumbas. Mientras estabas mirando las tumbas, una cosa extraordinaria ocurrió. ¿Qué pasó? Explica lo que pasó mientras estabas mirando las tumbas.

Modelo: Mientras yo estaba mirando las tumbas, *¡vi mi tumba!*
Mientras yo estaba mirando las tumbas, _____

Conceptos gramaticales ⟫⟫

85 **Por** and **para**   85 **Por** and **para**   85 **Por** and **para**   85 **Por** and **para**

Por and **para** are two prepositions that often translate as *for* in English.

Por is often used:
1. To mean in exchange for

Me vendió el libro *por* quince pesos.	He sold me the book *for* fifteen pesos.

2. To show a sense of duty or obligation (on behalf of)

Lo hice *por* usted.	I did it *for* you.
Lo leyeron *por* mí.	They read it *for* me.

3. To show the means or medium (through, by, around)

Se pasearon *por* el parque.	They took a walk *through* the park.
Fuimos *por* avión.	We went *by* plane.

4. As the agent

El canal fue construido *por* los hombres.	The canal was built *by* the men.
Fue hecho *por* el carpintero.	It was made *by* the carpenter.

Para is used to:

1. Show a purpose

Fui a la zona *para* estudiar.　　I went to the Canal Zone *to (in order to)* study.

2. Indicate a goal, place, destination

Vamos *para* la puerta.　　We're headed *for* the door.

El tren salió *para* Chicago.　　The train left *for* Chicago.

3. Indicate a time frame or deadline

Para el viernes　　*By (for)* Friday

Para mañana　　*By (for)* tomorrow

4. Show actions

No estoy *para* bromas.　　I'm not *for* jokes (Don't give me that).

5. Indicate a group for the purpose of characterizing that group

Para estudiante, no sabe mucho.　　*As* a student (for being a student), he doesn't know much.

Para padre, mi padre es de primera.　　*As* a father, my father is tops.

Por often signals that the subject is not in charge of his/her actions while **para** often denotes a voluntary or purposeful behavior.

Lo hice *por* ti.　　I did it *for* you. (I had an obligation to you to do it.)

Lo hice *para* ti.　　I did it *for* you. (I was not obligated to do it; it was voluntary, purposeful.)

Fui a la biblioteca *para* estudiar.　　I went to the library *to* study. (It was purposeful, voluntary.)

Fui a la biblioteca *por* estudiar.　　I went to the library *to* study. (It was required, expected.)

Note that **por** and **para** do not always mean *for.* **Por** often means *by* (**por el gobierno**), *through* (**por la ventana**), *around* (**por el año 2000**). **Para** may mean *by* (**Voy a terminar para junio**), *in order to* (**Vine para estar contigo**).

Ejercicios

A. Conteste según el modelo.

Modelo: ¿Para qué estudia   *Lo estudio para . . .*
Ud. español?
¿Para divertirse o
para un empleo?

1. ¿Para qué viene a clase? ¿Para practicar español o para dormir?

2. ¿Para qué es Ud. tan agradable? ¿Para ganar amigos o para ganar dinero?

3. ¿Para cuándo es la próxima clase de español? ¿Para mañana o para pasado mañana?

4. ¿Para cuándo son las elecciones nacionales? ¿Para el año que viene o para otro año?

5. ¿Para dónde va después de la clase? ¿Para la biblioteca o para el cafetín?

6. ¿Para quién es la educación? ¿Para los jóvenes o para todos?

7. ¿Para qué va Ud. a la biblioteca? ¿Para estudiar o para hablar?

8. ¿Cuándo está Ud. para bromas? ¿El lunes o el viernes?

B. Conteste según el modelo.

Modelo: ¿Por dónde pasa   *Paso por . . .*
Ud. para llegar a la
escuela? ¿Por el
centro o por los
suburbios?

1. ¿Por dónde pasa Ud. para entrar en la clase? ¿Por la puerta o por la ventana?

2. ¿Por cuánto compró Ud. su libro de español? ¿Por más de diez dólares o por menos?

3. ¿Por dónde desea salir de la clase? ¿Por la ventana o por la puerta?

4. ¿Por quién fue construido el Canal de Panamá? Por los italianos o por los norteamericanos?

5. ¿Cómo viaja el Presidente de los Estados Unidos a California? ¿Por avión o por barco?

6. ¿Cuánto estudia Ud. por una nota sobresaliente? ¿Mucho o poco?

7. ¿Por dónde le gusta pasearse? ¿Por el parque o por la calle?

8. ¿Por quién fue establecido los Estados Unidos? ¿Por los inteligentes o por todos?

Estar plus **de** means to be temporarily performing the action indicated by the following noun.

Estoy de paseo con ella.	Estaban de viaje.
Están de cachondeo.	Estoy de vuelta.
No estoy de pie.	Estaban de buen humor.
Estuve de prisa.	Estuvimos de vacaciones.

Estar plus **con** means to be in the state of or to be with someone.

Estoy con fiebre.	Están con gripe.
Estabas con cabeza de turco.	Estuvo con ellos.

Estar plus **a** means to be the day of the week or month that follows or to sell at a certain price.

Estamos a lunes.	¿A cuántos estamos?
Estamos a quince de marzo.	El carro está a mil dólares.

Estar plus **para** means to be about to do something or to be ready for something.

Estoy para comer.	No estoy para bromas.
¿Estás para mucha suerte?	Estábamos para ir de viaje.

Estar plus **por** means to be for, in favor of, or to have a mind to do something.

Estoy por terminar el trabajo.	Estamos por el nuevo plan.
Hemos estado por consultar al decano.	Voy a estar por un cambio en la cafetería.

Ejercicio

Conteste las siguientes preguntas.

Modelo: ¿Prefieres estar de viaje en el campo o de paseo en el parque?

Prefiero estar . . .

1. El año pasado, ¿estuvo más con gripe o con resfrío?

2. ¿A qué día estamos?

3. ¿Está Ud. para bromas o para problemas?

4. Después de la clase, ¿está para dormir o para estudiar?

5. En la mañana, ¿está Ud. de buen humor o de mal humor?

6. ¿Está Ud. por ir a la luna o quedarse aquí en la tierra?

---

87 Deletions 87 Deletions 87 Deletions 87 Deletions 87 Deletions 87 Deletions 8

Yo pensaba que era de primera [categoría].

Le escribimos [una cosa, una carta, algo] todos los días.

Mira esa, [está] hecha un tren.

¡Qué tenorio [tú eres]!

Mira, [creo] que tienes narices.

Most native speakers of any language attempt to economize words by not saying everything. What appears in brackets in the examples above (and exercises below) is understood in the conversation and does not actually have to be said. Almost any element in a sentence may be deleted after the concept it conveys has been established by the context. Thus, subjects, verbs, direct objects, and adverbs may be omitted.

Ejercicio

Primero, diga Ud. toda la oración, incluso la información entre corchetes []. Luego, cambie la oración y dígala Ud. sin la parte entre corchetes. ¡Practique varias veces!

Modelo: Voy a practicar [la   *Voy a practicar a las cinco.*
        música] a las cinco.

1. ¡Qué calamidad [es todo esto]!

2. [Estoy] bastante bien.

3. ¿Vas esta tarde? Sí, voy [esta tarde].

4. Federico Gómez Montoya, [estoy] a sus órdenes.

5. ¿Qué haces a la una? Como [a la una].

6. Mesero, ¡[tráiganos] tres Dos Equis!

7. No sabes [el lugar] dónde pones tus cosas.

8. ¿[Tiene] pasatiempos? Sí, [tengo] dos [pasatiempos].

9. ¿Sabes que esta vida es un tango? Sí, ya [lo] sé.

Top La preparación de la caña en México
Bottom Joan Miró, pintor español surrealista, en su estudio

Top Una mujer haciendo jarras
Bottom Un vendedor de naranjas en Guatemala

Top L Lavando la ropa   **R** Cuatro mariachis en la plaza
Bottom Vendiendo productos en Ecuador

Top Una muchacha guatemalteca haciendo una ropa
Bottom Regresando de la pesca, España

Top Día de carnaval en Panamá
Bottom Padre e hijo celebrando el carnaval en Panamá

Top Una aglomeración de tráfico en Xochimilco, México
Bottom Imitando la muerte en la arena

Top Domingo, a las cinco de la tarde, en una corrida de toros
Bottom Unos amigos charlan un ratito en el mercado

Top Muchos van a una película para divertirse
Bottom L Esquiando en España   **R** Bolivia: el 2 de noviembre

Top L Niña escolar en Colombia   **R** La felicidad es una sonrisa
Bottom Gozando de los jardines de el Generalife en Granada

Top Una tuna de la Universidad de Madrid en la Plaza de España
Bottom Montando en burro tiene mucha gracia para él

Left Una estudiante mira al fotógrafo
Right Un estudiante de arte mostrando sus obras en la UNAM

El béisbol es popular en muchos países hispánicos

Top El famoso Sandborns en México, D.F.
Bottom L El museo de Antropología **R** La Ciudad Satelite, México

Top L Una vista típica de un patio   **R** Una entrada pintoresca
Bottom Un mural pintado por Diego Rivera, Palacio Nacional

Top Una catedral de estilo colonial, Santa Prisca en Taxco
Bottom Una reconstrucción de una casa colonial, Colombia

PARQUE DEPORTIVO
DEL SEGURO SOCIAL
TEMPORADA 1973

TIGRES
BUTACA $12.00

Nº 144258

LA CERVEZA
Corona AL NATURAL

En caso de suspensión por causa de fuerza mayor y antes de que se hayan jugado 4 1/2 entradas, no se devolverá el importe del boleto, siendo bueno este para el siguiente juego. LA EMPRESA.

a Nº

Plaza MEXICO
14a. CORRIDA
SOM. GRAL.
Precio $ 6.00
Superior
8257

PLAZA MEXICO
14a. CORRIDA
SOMBRA GENERAL
PRECIO $ 6.00
Nº 8257

BANCO DE GUATEMALA
GUATEMALA, CENTRO AMERICA
B 1640726 H
1
UN QUETZAL
AUTORIZACION DE 3-ENERO 1975
B 1640726 H
PRESIDENTE   GERENTE   JEFE DE LA CONTRALORIA DE CUENTAS

llas Artes

ballet
folklórico de
méxico
y Telón de Cristal
Fila
cc
PRIMER PISO
Butaca No. 26
$ 75.00
PALACIO DE BELLAS ARTES

VENEZUELA
en marcha
OBRAS PARA EL DESARROLLO
PEQUEÑA
Y MEDIANA
INDUSTRIA
0,45

Centenario de la muerte de R. de la Sagra
CUBA
Cabrera
Spindalis zena pretrei (Lesson)
13
CORREOS 1971

EXPOSICION V FILATELICA
EXFILMEX 74
INTERAMERICANA
UPU
MEXICO
80

CLUB
DISCOTECA

CLUB
DISCOTECA
MINDANAO
Paseo San Francisco de Sales, 15
Madrid

INVITACION
SEÑORITA

MINDANAO

licite su consumición
regue esta invitación.
Es suficiente.
Excepto sábados y festivos

1821 · SESQUICENTENARIO DE LA INDEPENDENCIA · 1971
PERU 1.50
1745? · MICAELA BASTIDAS · 1781

24 HORAS. J. ZABLUDOVSKY.   COLOR
MATINEE DEL 5. PRESENTA:
S INVENCIBLES.
S CARICATURAS.   COLOR
S INVENCIBLES.   COLOR
LA TELE. Presenta:
LAS CARICATURAS.   COLOR
3.30 UNIVER5INCO.   COLOR
con el Tío Gamboín.
"El raton de 2,000 años"
"El taller del futuro"
Alberto Lozano
4.00 POPEYE.   COLOR
4.30 TRITON.   COLOR
5.00 ESCUADRON ARCO IRIS.   COLOR
5.30 EL REGRESO DE ULTRAMAN.
6.00 TIRO LOCO McGRAW.   COLOR
6.30 FESTIVAL DE PORKY.   COLOR
7.00 UNIVERSO 5.   COLOR
con el Tío Gamboín.
"Una jirafa regresa al hogar"
"Poder de adaptacion"
8.00 DAKTARI.   COLOR
9.00 BONANZA.   COLOR
"La carcel de nevada" (B)
10.00 LA PELICULA DE LA SEMANA. (C
"ESPIAR ES MI DESTINO" COLOR
con Darren McGavin,
Doug McClure, Richard Besehart

La Mesquita árabe en Córdoba.
``¡Qué arquitectura tan diferente!''

Una vista del idioma español >>>

Nasals

1. Spanish /m/
Repeat the following words after your model.
mono, mito, malo, museo, programa, nombre, diámetro, amo

Note that Spanish /m/ seldom terminates any Spanish words.
There are only a few: **album,** for example.. Most of the words
that end with nasal /n/ are cognates in English: **Adán, examen,
Abrahán, harén.**

2. Spanish /n/
In words this consonant is either initial, medial, or terminal.
nunca, nada, nadamos, nieve, verano, unas, tienes, vino, cena,
en, tan, con, pan, razón, comen

3. Spanish /n/ → /m/ before /p/, /b/, or /f/

Repeat these words after your model.

un verano, un poco, un plato, un vino, un fenómeno, un fuego

4. Spanish /n/ → /n/ before /k/, /g/, or /h/
Repeat these words after your model.

incluso, un gato, un jíbaro, un juego, un consejo, un kilo, un calendario, inquietar, un junio, tengo

Palatals

1. Spanish /ñ/ pronounced /ny/
Spanish /ny/ is pronounced much like the /ny/ in O*ni*on and Ca*ny*on. There are a few words that have /ny/ as their initial sound. Repeat these words after your model.

año, tacaño, costeño, acompaña, España, madrileño, ñaño

2. Spanish /ll/ pronounced /y/ or /ly/
This sound can occur initially or between vowels. Repeat these words after your model.

lleno, llamo, lluvia, llegar, llorón, calle, pollo, atornilla, cebollas

Comunicación/ Personalización ⟫⟫

Entrevista

Preguntas	Oral	Escrito
1. Cuando tenías 16 años, ¿tenías mala suerte o buena suerte con el otro sexo?	Cuando tenía 16 años, tenía . . .	Cuando tenía 16 16 años, tenía _____
2. Cuando eras niño(a), ¿qué querías ser?	Cuando era niño(a), quería ser . . .	Cuando era niño(a), quería ser _____
3. ¿Cuándo fue la última vez que fuiste a un concierto?	La útima vez que fui a un concierto fue . . .	La última vez que fue a un concierto fue _____
4. Recientemente ¿a quién diste un regalo?	Recientemente di un regalo a . . .	Recientemente dio un regalo a _____
5. ¿En qué estabas pensando antes de empezar esta clase?	Antes de empezar, estaba . . .	Antes de empezar, estaba pensando en _____

Actividades personales

Completa las frases abiertas, según tus ideas personales, y dilas en clase si deseas.

1. Una vez un(a) amigo(a) me dio ———

2. Hablando de regalos, le di a mi mamá ———

3. Para celebrar mi cumpleaños mi familia y yo ———

4. Antes yo pensaba que ——— era de primera.

5. Antes siempre tenía buena suerta con ———

6. Nunca he estado por ———

7. El fin de semana estoy para ———

8. Ayer estuve pensando en ———

9. Para estudiante soy ———

10. Para el año próximo ———

Sección cultural

La mujer sólo puede ser libre si el hombre es también.

El machismo: ¿Es genético o aprendido?

Se oye mucho del concepto del machismo en el mundo hispánico y muchas veces no se comprende lo que es, o se comprende sólo una parte del concepto. Pero el machismo, como muchas facetas de cualquier cultura, es diferente entre los países, entre las clases sociales, y entre las regiones de cada país. Muchos piensan que ser macho quiere decir tener poder sexual, o ser promiscuo. Pero es más que esa "libertad". El concepto es aprendido y enseñado por la cultura. Un macho está hecho; no nace así. El machismo es el mito de la superioridad y la autoridad del hombre sobre la mujer. La contraparte del concepto es el mito de la docilidad femenina; que la mujer tiene que ser dependiente del hombre, y se la ve como dulce, sumisa, obediente y fiel.

mito: myth

se la ve: one sees her
dulce: sweet, soft
sumisa: submissive
fiel: faithful

Un sociólogo hizo una investigación en varias partes de Latinoamérica donde le hizo a la gente la pregunta sobre qué es una mujer y qué es un hombre. La gente investigada dio su opinión.

La mujer es:	El hombre es:	
dulce	duro	**duro:** hard, callous
sentimental	frío	
frágil	fuerte	
superficial	profundo	**profundo:** profound
dependiente, protegida	independiente, bravo	**protegida:** protected
una llorona	un estóico	**llorona:** woman who cries a lot
virgen	un experto en asuntos sexuales	
fiel	infiel	
emocional	intelectual	
masoquista	sadista	
seductiva	seductor	

Estos rasgos son parte de la vida diaria del hombre y de la mujer. Son una adquisición cultural (aprendida) y al mismo tiempo la gente los considera como "naturales y normales?" (genéticos).

rasgo: trait

Otros rasgos de ser macho son:
1. El orgullo personal. Siempre uno tiene que ganar. También tiene una actitud de superioridad sobre los de una posición inferior.

actitud: attitude

Un pueblo viejo en los tiempos modernos.

2. La ira y la terquedad del hombre latino le hacen adoptar una posición inflexible. No quiere cambiar su punto de vista. Muchas veces dice ''he dicho; no discutimos más''.

ira: ire
terquedad: stubborness

3. Ser un don Juan Tenorio quiere decir hacer amor sin amar, sin respetar los sentimientos de la mujer.

Como se ha dicho anteriormente, el concepto varía de país en país y según la clase social. Por ejemplo, en la clase alta en Guatemala, escribir poesía se puede tomar como símbolo de ser macho, de ser un hombre.

Así que, el machismo tiene varias formas, algunas de las cuales no son relacionadas con las conquistas sexuales. Últimamente la mujer latina ha ganado más derechos, trabaja más y asiste más a la universidad. Todo esto

algunas de las cuales: some of which

tendrá una influencia sobre el concepto cambiante del machismo. Unos dicen que si el hombre siempre vive según un papel fijo de machismo, ni él ni la mujer pueden ser libres. Hay que esperar el resultado para ver si el machismo es genético o aprendido o los dos. La mujer sólo puede ser libre si el hombre también es libre.

tendrá: will have
cambiante: changing

papel: role
fijo: fixed

Preguntas

1. Para muchos, ¿qué es el machismo?

2. ¿Cómo es el mito del machismo?

3. ¿Y qué es la contraparte del mito?

4. ¿Qué hizo un sociólogo?

5. ¿Cuáles son algunos rasgos de la mujer latina? ¿Y del hombre latino?

6. ¿Sobre quién tiene el macho una actitud de superioridad?

7. Al hombre latino, ¿qué cosas le hacen adoptar una posición inflexible?

8. ¿Cómo es un tenorio?

9. ¿Qué ejemplo nos enseña que el machismo depende de la clase social?

10. ¿Cuándo puede ser libre la mujer latina?

Vocabulario

Nouns
la actitud
la adquisición
el aire
la altura
la broma
el concepto
la contraparte
la docilidad
el estoico
la faceta
la faena
la investigación
la ira
la libertad
la llorona
la mezcla
el mito
la milla
el papel
el payaso
el poder
la pulgada
el rasgo
la realidad
la salchicha
el símbolo
la superioridad
el tenorio
el término
la terquedad
la tontería

Verbs
burlar de
depender de
descubrir

Adjectives
cualquier
dependiente
dulce
duro
femenino
fiel
fresco
genético
libre
obediente
promiscuo
protegido
sumiso

Adverbs
últimamente

Expressions
estar de cachondeo
estar con cabeza de turco
estar harto
llevar la contra
llevarse bien con alguien
querer decir
ser de primera
tener narices
¡Vale!

REPASO II
(VISTAS 6, 7, 8, 9, 10)

1. Dialog résumé

Select one dialog from **vistas** 6–10 and prepare a brief oral summary of its main ideas or events. You will present this summary orally in class at some time during the period devoted to **repaso** II.

2. Perfective and imperfective tenses

The perfective tense expresses the completion, outcome, or final realization of an action in the past. The imperfective tense expresses the ongoing process of an action without any terminal point or outcome implied for that action. It may reflect a repeated, customary, or habitual act carried out in the past. That act may finally have come to an end or may still be going on; in the imperfective tense, the terminal point of the act is irrelevant. What does matter is the expression of the ongoingness of the action as some kind of process or repeated action. The imperfective tense also conveys background information of a story in the past.

Perfective

1. Lo *dije* ayer.

   I said it yesterday.

Imperfective

1. Lo *decía* cuando llegó Juan.
   I was saying it when John arrived.

2. *Esquié* el año pasado.
   I skied last year.

2. *Esquiaba* mucho.
   I used to ski a lot.

3. *Tuve* mala suerte anoche.
   I had bad luck last night.

3. Siempre *tenía* mala suerte.
   I always had bad luck.

4. *Fue* reina por un día.

   She was queen for a day.

4. Isabel *era* la reina cuando Colón salió.
   Isabel *was* the queen when Columbus left.

Conteste las preguntas.

1. De niño(a), ¿comía Ud. más arroz o más pasta?

2. ¿Cuánto comió Ud. anoche? ¿Mucho o poco?

3. Antes, ¿dormía Ud. más los sábados o los domingos?

4. ¿Hasta qué hora durmió Ud. el sábado pasado?

5. Antes, ¿iba Ud. al cine solo(a) o con amigos?

6. ¿Con quién fue Ud. al cine la última vez?

7. ¿Siempre trataba de saber la verdad o no le importaba mucho?

8. ¿En qué materia trató de saber más? ¿En las matemáticas o en las ciencias sociales?

9. ¿Dónde aprendía más? ¿En casa, en clase, o en la calle?

10. ¿Cuándo aprendió la diferencia entre niños y niñas? ¿A los tres años, a los cinco años, o a los siete años?

11. De niño(a), ¿qué sabía mejor? ¿Las matemáticas o los juegos?

3. *Ser* and *estar*

A. In time and place: **ser** for events and **estar** for non-events.

Modelo: ¿Cuándo es tu última clase? ¿En la mañana o en la tarde?

Mi última clase es en la tarde.

1. ¿Cuándo fue el último partido de básquetbol de nuestra escuela? ¿La semana pasada, el mes pasado o antes? ¿Cuándo?

2. ¿Dónde fue el último concierto que se dio aquí en la universidad? ¿En este edificio o en otro edificio? ¿Cuál fue?

3. ¿Dónde está tu mejor amigo en este momento?

4. ¿Cuándo estuvo tu mejor amigo en tu casa la última vez? ¿Ayer, anteayer, la semana pasada? ¿Cuándo?

5. Usualmente, ¿a qué hora estás en clase por la mañana? ¿A las ocho, a las nueve, a las diez? ¿A qué hora?

6. Normalmente, ¿en qué mes es la ceremonia de graduación de esta escuela?

7. Usualmente, ¿en qué sitio de la escuela es la ceremonia de graduación?

8. ¿Dónde está (queda) el sitio para la ceremonia de graduación?

B. With the preposition **de: ser** is used to indicate origin, source, material, or possession and **estar** to indicate position, location, time, or condition. With adjectives: **ser** indicates somewhat inherent or permanent traits and **estar** cues conditions or temporary states of being.

1. ¿De dónde es Ud.? ¿De dónde es su mejor amigo(a)?

2. ¿Cómo está Ud.? ¿De buen humor o de mal humor? ¿Y su amigo(a)?

3. ¿De qué material es el libro? ¿Es de papel o de metal?

4. Hablando de su mejor amigo, ¿parece estar de prisa o de cachondeo?

5. Usted, en este momento, ¿está ocupado(a) o desocupado(a)?

6. Sus abuelos, ¿están vivos o están muertos?

7. Hoy, ¿cómo está el profe? ¿Está chistoso o está más serio?

8. En general, ¿de qué material es un edificio? ¿De cemento o de plástico?

9. ¿De qué país es la Torre Eiffel? ¿Es de Francia o de España?

4. Progressive tense

Cambie la frase, según el modelo.

Modelos: Ahora estoy pensando en la comida. (Anoche)

Anoche estuve pensando en la comida.

En este momento estoy buscando la verdad. (Antes)

Antes estaba buscando la verdad.

1. Ahora estoy anunciando mis intenciones. (Ayer)

2. Ahora estoy atacando los mames. (Esta mañana)

3. En este momento estoy hablando español. (Anoche)

4. En estos días estoy comiendo demasiado. (La semana pasada)

5. Ahora estoy meditando mis éxitos. (La hora pasada)

6. En esta semana no está nevando mucho. (En la semana pasada)

7. En estos días estoy formando otras opiniones. (El mes pasado)

8. Ahora estoy practicando la lengua. (Antes)

5. Present perfect tense

1. ¿Cuántas calorías ha consumido Ud. recientemente? ¿Muchas o pocas?

2. En esta semana, ¿cuántas horas por noche ha dormido Ud.? ¿Cinco, seis, siete u ocho?

3. ¿Qué opinión ha formado Ud. de esta clase? ¿Una opinión pesimista o una opinión optimista?

4. Últimamente, ¿cómo ha estado Ud.? ¿Con cabeza de turco o en busca de mucha suerte?

5. Para sobresalir en los asuntos sociales, ¿qué le ha pasado a Ud.? ¿Ha tenido muchas ganas o mucha suerte? Y ¿en los asuntos amorosos?

6. Recientemente, ¿qué les ha hecho Ud. a sus amigos? ¿Les ha atornillado de lo lindo o les ha aliviado unos problemas?

7. En los últimos días, ¿en qué ha pensado Ud.? ¿En los precios altos, en la desnutrición, en la pesca, o en otra cosa? ¿Cuál?

6. Verbs with stem changes

Cambie los verbos al singular, según el modelo.

Modelo: Morimos de hambre.   *Muero de hambre.*

1. Dormimos mucho.
2. Nos sentamos en el suelo.
3. Requerimos muchas calorías.
4. Encontramos una falsedad.
5. Nos acostamos temprano.
6. Nos acordamos del consejo.
7. Nos acordamos de usted.
8. No negamos la verdad.
9. Solemos comer al mediodía.
10. Recordamos el problema.
11. Preferimos bailar.
12. Volamos hasta el Coco.
13. Pedimos más información.
14. Contamos con los amigos.
15. Seguimos el movimiento.
16. Almorzamos a las doce.

17. No jugamos al fútbol.

18. Probamos la sopa.

19. ¿Podemos terminar ahora?

20. Perdemos el interés.

21. Queremos salir de aquí.

7. Two object pronouns together

Conteste las preguntas, según los modelos.

A. Modelo: ¿Cuándo le   *Se la dije anoche.*
dijo la dirección
a María?

1. ¿Cuándo le mencionó el mito al profesor?

2. ¿Cuándo les explicó la solución a los periodistas?

3. ¿Cuándo les dio sus papeles a los profesores?

4. ¿Cuándo le dijo las tonterías a su amigo?

5. ¿Cuándo les explicó la dieta a los médicos?

6. ¿Cuándo le dio los consejos al decano?

B. Modelo: ¿Dónde le dio la   *Se la di en casa.*
             pistola al policía?

1. ¿Dónde le leyó los libros eróticos a su amigo?

2. ¿Dónde le contó los números al niño?

3. ¿Dónde les mencionó el cachondeo a los muchachos?

4. ¿Dónde le dio el permiso a la chica?

5. ¿Dónde les bailó el cha cha cha?

6. ¿Dónde le hizo el atraco al turista?

7. ¿Dónde les explicó el asunto criminal a los ministros?

8. ¿Dónde le firmó la carta?

9. ¿Dónde les hizo las salsas?

C. Modelo: ¿Cuándo le doy   *Me la da después.*
             la nota a Ud.?

1. ¿Cuándo le explico el problema?

2. ¿Cuándo les hago la comida a Uds.?

3. ¿Cuándo les explico la gramática?

4. ¿Cuándo te firmo el permiso?

5. ¿Cuándo le compro un regalo a Ud.?

D. Modelo: ¿Dónde le doy   *Me lo da afuera.*
             el dinero?

1. ¿Dónde les explico el conflicto a Uds.?

2. ¿Dónde le pego las narices?

3. ¿Dónde le quito las drogas?

4. ¿Dónde le enseño la verdad?

5. ¿Dónde les tengo mucha influencia a Uds.?

8. Object pronouns with prepositions

Conteste las preguntas, según el modelo.

Modelo: ¿Para quién es la   *Sí, es para ellos.*
         reforma? ¿Para los
         oficiales?

1. ¿Con quién habla Ud.? ¿Con el cholo?

2. ¿A quién busca Ud.? ¿A la secretaria?

3. ¿Por quién hace Ud. las compras? ¿Por mí?

4. ¿Por quién vota Ud.? ¿Por el candidato feminista?

5. ¿A quiénes llama Ud.? ¿A sus amigos?

6. ¿Con quién bebe Ud.? ¿Con nosotros?

7. ¿Para quién es la posición? ¿Para ti?

8. ¿Sobre quién es el efecto? ¿Sobre el Presidente?

9. Reflexive verbs

A. Conteste las preguntas, según el modelo.

Modelo: ¿Dónde se lava las   *Me lavo las manos en casa.*
        manos?

1. ¿Dónde se acuesta casi siempre?

2. ¿Dónde se levanta casi todos los días?

3. ¿Dónde se sienta para descansar?

4. ¿Dónde se preocupa mucho?

5. ¿Dónde se equivoca mucho?

6. ¿Dónde se olvida de sus problemas?

7. ¿Dónde se acuerda de sus amigos?

B. Conteste las preguntas, según el modelo.

Modelo: ¿Cuándo se   *Sí, me acuesto tarde.*
        acuesta? ¿Tarde?

1. ¿Cómo se ve? ¿Bien?

2. ¿Cuándo se levantó esta mañana? ¿Temprano?

3. ¿Cómo se sienta en una silla? ¿Con cuidado?

4. ¿De quién se quejó Ud.? ¿Del decano?

5. ¿Cómo se preocupa Ud.? ¿Con intensidad?

C. Translations

1. I got up early today.

2. I used to worry a lot.

3. I remember (acordarse de) one problem.

4. My friends think I forget about (olvidarme de) my
   deficiencies.

5. But they are wrong (mistaken), and I'm going to bed.

10. Entrevista

Preguntas	Oral	Escrito
1. ¿Cómo te llamas?	Me llamo . . .	Se llama _____
2. ¿Qué has protestado aquí en la universidad? ¿La comida, el horario, los deportes, o alguna cosa más? ¿Qué cosa?	He protestado . . .	Ha protestado _____
3. De niño(a) pequeño(a), ¿qué te gustaba meter en la boca? ¿Pan, bombones, pistolas, pollos, cacahuates, cemento, cinturones? ¿Qué cosa?	En la boca me gustaba meter . . .	Le gustaba meter __
4. ¿Cómo estudias? ¿Escuchando música o concentrándote en silencio?	Estudio . . .	Estudia _____
5. ¿Qué fue una cosa que aprendiste ayer?	Aprendí que . . .	Aprendió que _____

11. El humor hispánico y otras cositas

A los hispanos les gusta decir chistes de los norteamericanos. Se dice que las estadísticas enseñan que las mujeres norteamericanas gastan un ochenta y cinco por ciento del dólar del consumidor, los niños gastan otro quince por ciento y los hombres gastan el resto.

El genio hispánico de solucionar un problema: En el jardín de una universidad hay un letrero que dice, "Si permitimos la super- **letrero:** sign
vivencia de esta hierba, puede producir su- **supervivencia:** survival
ficiente oxígeno para dos estudiantes durante **hierba:** grass
dos semestres".

Un señor que era viudo trataba de ser padre **viudo:** widower y madre a la vez para sus dos hijos, pero a veces tenía dudas de haber tenido éxito en su doble papel. Por tanto, se sintió muy feliz cuando su hijito, de siete años de edad, llegó de la escuela con una tarjeta que decía, "A mi papá, con mucho amor, en el Día de las Madres".

a la vez: at the same time

por tanto: thus

tarjeta: card

Dichos

- Espiritualmente, hay vivos que están muertos y muertos que están vivos.

- Un gramo de práctica vale más de un kilo de gramática.

- Esta vida es un fandango y el que no lo baila es un tonto.

- Con hambre no hay mal pan.

Una situación de fantasía

Supongamos que la reencarnación es una verdad científica. Ahora sabemos que tenemos más de una vida. Ya que lo has pensado, ¿quién o qué fuiste tú en una vida anterior? Explica lo que fuiste.

Modelo: En mi vida anterior, fui *un elefante con mucha memoria.*

En mi vida anterior, fui _____

VISTA ONCE: GRANADA

Al principio

In this **vista** we travel to Granada in the south of Spain where Moorish influence can be seen everywhere. You'll learn about some Spanish festivals and about an important "minority" in Spain: the Gypsies. As you progress through the unit

you'll learn

1. how to form regular and irregular commands in the affirmative and negative.

2. some impersonal expressions plus the infinitive

3. more nominalization of clauses and infinitive phrases

4. comparisons of unequal amounts

so look for

1. *Repita,* por favor. Hombre, *siéntate. Haz* bien. No *hagas* la cena.

2. *Es recomendable ir. Fue mejor hacerlo.*

3. Dicen *que vienen.* Quiero *saber la verdad.*

4. Tomo *más* café *que* leche.

You'll also practice some common Spanish proverbs and **refranes.**

309

Unos días para celebrar

José María, Fernando, Mari Carmen, y Paulina, un grupo de muchachos, jóvenes de unos dieciocho o diecinueve años, estaban sentados al mediodía en la plazuela de Trinidad en Granada, charlando de cosas en general. En un silencio se oyó un burbujeo de intestinos y uno comentó:

1. *José María:* Cantan las tripas de alguien.

2. *Fernando:* Son las mías. Sé que son las sardinas que comí a las once. Ya están rezando el rosario.

3. *Mari Carmen:* ¡Huy, lo normal! Hombre, ¡qué color tienen las flores . . . tan bonitas!

4. *Paulina:* También los jardines de arriba, allí en la Alhambra. Son más bonitas allí que aquí.

José María, Fernando, Mari Carmen, and Paulina, a group of teenagers, young people about eighteen or nineteen years old, were sitting at noontime in Trinity Park in Granada talking about things in general. During a moment of silence the gurgling of intestines was heard and one of them commented:

1. Someone's stomach is growling (singing).

2. It's mine. I know it's the sardines I ate at eleven. They're saying (praying) the rosary.

3. Oh, brother, the same old thing! Man, how colorful the flowers are . . . so pretty!

4. And so are (also) the gardens up at the Alhambra. They're prettier there than here.

5. *Fernando:* A tiempo para los turistas que vienen a ver la celebración del Corpus.

5. Just in time for the tourists who are coming to see the Corpus Christi celebration.

6. *José María:* ¿A que no sabéis el número que dicen que viene a celebrar?

6. I'll bet you don't know the number they say are coming to celebrate?

7. *Mari Carmen:* Millares y millares, como siempre. Pero es interesante verlos.

7. Thousands and thousands, as always. But it's interesting to see them.

8. *Fernando:* ¿Te gustaría ir a Río de Janeiro?

8. Would you like to go to Río de Janeiro?

9. *Paulina:* Es donde celebran las fiestas de Carnaval, ¿verdad?

9. That's where they celebrate the carnival, right?

10. *Fernando:* Sí, tan fenomenales como las Fallas valencianas.

10. Yeah, as great as the Fallas in Valencia.

11. *José María:* Pero allí en Brasil no queman nada, y parece que siempre hay follones.

11. But in Brazil they don't burn anything, and it seems like there's always trouble.

12. *Fernando:* Bueno, donde hay mucha gente, hay mucho follón.

12. (Okay) Where there are a lot of people, there's a lot of trouble.

13. *José María:* Y también hay mucho dinero. Figúrate, Brasil, con el café que vende a otras naciones.

13. And there's a lot of money also. Imagine, Brazil, with the coffee it sells to other countries.

14. *Paulina:* En cambio, tu papá produce trigo y no es rico.

14. On the other hand, your father grows wheat and he's not rich.

15. *Fernando:* Pues vamos a sembrar café nosotros y ver si algún día podemos hacer lo que nos dé la gana. Seremos ricos.

15. Well, let's plant coffee and see if some day we can do what we want. We'll be rich.

16. *Mari Carmen:* No, de veras. Yo haría cola para ir a Brasil.

16. No, really, I would stand in line to go to Brazil.

17. *Paulina:* Yo no. Yo, Granada. No tengo fantasías de ver otros sitios. Granada es el sitio más bonito para mí. Estoy más a gusto aquí que en cualquier otro sitio. Nunca espero salir de aquí.

17. Not me. For me, it's Granada. I don't have fantasies about seeing other places. Granada is the prettiest place for me. I'm happier here than anywhere else (in any other place). I hope never to leave here.

18. *Fernando:* Esta noche ¿vamos a la discoteca o no? Ahora es mejor que la Jota Jota de Madrid.

18. Tonight, are we going to the discotheque or not? It's better now than the Jota Jota in Madrid.

19. *Mari Carmen:* Sí, señor, una idea genial. *(Fernando se levantó y bailaba haciendo grotescos con las manos hacia arriba. Luego, Paulina le riñó chistosamente.)*

19. Yes, sir, a brilliant idea. *(Fernando got up and was dancing around making awkward movements with his hands in the air. Then Paulina chided him jokingly.)*

20. *Paulina:* Hombre, siéntate. ¡Levantas polvo! ¿No te das cuenta de que aburres a la genta? ¡Dios nos libre!

20. Man, sit down. You're stirring up dust! Don't you realize you're boring people? Heaven help us!

21. *Fernando:* Al contrario, todo esto está muerto. Hay que animarlo. Siempre quieres que se haga lo que te gusta.

21. No way, everything's dead. You have to liven it up. You always want people to do what you want.

22. *Paulina:* No, señor; no quiero que nadie haga nada. Lo único que digo es que no me dan ganas de bailar esta noche.

22. No sir; I don't want anyone to do anything. All I'm saying is that I don't feel like dancing tonight.

22. *José María:* Pues, vamos a tomar algo. *(Se levantaron y fueron a tomar un refresco o una copita de vino.)*

23. Well, let's go get something to drink. *(They got up and went to drink a soda or a little glass of wine.)*

Notas culturales

1. Note how Spaniards like to joke about themselves. Also, Catholicism plays an important role in the lives and language of the people **(Están rezando el rosario.).** Hispanic men and women often use expressions such as **Jesús** or **Jesús, María y José** *(Jesus, Mary, and Joseph)* in various situations. This practice may appear sacrilegious to someone who does not understand the influence of religion on daily life.

2. Spaniards (and Latin Americans) enjoy flower gardens. There are many small parks **(plazuelas)** and **plazas** in all towns and villages. The grass, however, is not to be walked on. Many homes have flowers hanging outside and often colorful birds in cages.

3. Spaniards have many celebrations. **Corpus Christi,** the religious celebration held in Granada at the end of May, combines religion with the harvest and the carnival. The Fallas of Valencia is always celebrated on March 19, Saint Joseph's Day. **Fallas** are gigantic *papier-mâché* statues that are burned on the night of March 19th.

4. A Spaniard proudly holds his/her town in great esteem and may even consider it the best place on earth to live. This attitude demonstrates the love of **patria chica:** more allegiance to one's town, village, province, or region than to the national government.

5. Since there are no legal proscriptions against drinking, Spaniards of any age may drink alcoholic beverages. Drinking is usually done in moderation, and Spanish women generally drink less and indulge less often than the men.

6. Spain now has many modern, attractive discotheques such as the **Jota Jota** in Madrid.

Observaciones

¿Cómo se dice en español?

1. The gurgling of intestines was heard.

2. The sardines that I ate

3. The same old thing

4. How colorful the flowers are!

5. In time for the tourists

6. I'll bet you don't know.

7. Thousands upon thousands

8. On the other hand

9. I'm more comfortable here

10. I would stand in line.

11. She chided him jokingly.

12. You're making dust.

Repaso del diálogo

Preguntas

1. ¿Dónde queda la plazuela de Trinidad?

2. ¿De qué estaban charlando los jóvenes?

3. ¿Qué se oyó en un silencio?

4. ¿Qué vienen a ver los turistas?

5. ¿Dónde celebran las fiestas de Carnaval?

6. ¿Cómo son las fiestas de Carnaval?

7. ¿Qué dice Paulina de Granada?

8. En la plazuela, ¿cómo bailaba Fernando?

Ejercicios gramaticales

1. X, ¿cantan las tripas de   *Sí, son las mías.*
   alguien?
   X, ¿le duele la cabeza a   *Sí, es la mía.*
   alguien?
   X, ¿se oyen los intestinos de alguien?
   X, ¿le duelen los pies a alguien?
   X, ¿se oye el estómago de alguien?

2. ¿Ya están rezando el rosario?   *Sí, lo están rezando.*
   ¿Ya están mirando a los turistas?
   ¿Ya están haciendo cola?
   ¿Ya están levantando polvo?

3. ¡Qué bonitas son las flores!   *Son más bonitas allí que*
                                    aquí.
   ¡Qué interesantes son las fiestas!
   ¡Qué grotescos son los bailes!
   ¡Qué chistosos son los turistas!

4. ¿Vamos a la discoteca o no?   *No, es mejor aquí que allí.*
   ¿Vamos a Río de Janeiro o no?
   ¿Vamos a la Alhambra o no?
   ¿Vamos a la Jota Jota o no?

5. ¿Cuál prefieres? ¿Madrid   *Yo, Granada.*
   o Granada?
   ¿Qué prefieres hacer? ¿Bailar o estudiar?
   ¿Qué vas a hacer? ¿Hacer cola o tomar algo?
   ¿Qué tienes? ¿Mucha suerte o mucha paciencia?

6. Fernando no sabe el
número que viene.
Mi amigo no sabe nada de las Fallas.
Paulina no sabe bailar.
El decano no sabe que hay un follón.

¿A que Ud. no sabe tam-
poco?

Conceptos gramaticales

Commands (the imperative) 88 Commands (the imperative) 88 Commands

Conteste Ud. según el modelo.	*Answer* according to the model.
No *publiques* eso.	*Don't publish* that.
Repita, por favor.	*Repeat,* please.
Hombre, *siéntate.*	Man, *sit down.*
No se *laven* Uds. las manos ahora.	*Don't wash* your hands now.

Regular *A*-type verbs
        hablar

	Affirmative			Negative			
Formal singular	habl	*e*		(Ud.)	No habl	*e*		(Ud.)
Informal singular	habl	*a*		(tú)	No habl	*e*	s	(tú)
Formal or informal plural	habl	*e*	n	(Uds.)	No habl	*e*	n	(Uds.)

1. A command is one of the three major grammatical moods (see *Workbook,* Vista 11, PI A). The other two moods are the indicative (to report objective, more factual information) and the subjunctive (to express a more subjective, emotional, or biased opinion).

2. A command is just that—an order made directly to some-one, requesting (demanding or commanding) that he/she/they do or not do something. The command statement may be made to one person (**Ud.** or **tú**) or to more than one person (**Uds**). The **vosotros** command form (**hablad, dad**) will not be practiced here.

3. In the regular **A**-type verbs, all command endings, except the affimative **tú** command, take an **e** thematic vowel.

4. The affimative command of the informal singular (**tú**) is written like the third person singular of the present tense,

indicative mood **(habla)**. The context distinguishes between the two forms: for example, **Juan, ¡habla ahora!** and **Juan habla ahora.**

5. Although the subject pronouns are optional in the command form, **Ud.** and **Uds.** are often used.

Regular *E-* and *I*-type verbs
comer

	Affimative			Negative		
Formal singular	com	*a*		No com	*a*		(Ud.)
Informal singular	com	*e*	(tú)	No com	*a*	s	(tú)
Formal or informal plural	com	*a*	n	(Uds.)	No com	*a*	n	(Uds.)

1. In regular **E-** and **I**-type verbs, all command endings, except the affirmative **tú** command, take an **a** thematic vowel.

2. The affirmative **tú** form is written like the third person of the present tense, indicative mood, **(come).**

3. Vosotros form: **vivid, comed, salid.**

Ejercicios

A. Hágale Ud. un mandato afirmativo formal al profesor, según el modelo.

Modelo: Juan, el profesor   *Juan dice:*
       no escucha.   *Profesor, escuche (Ud.).*

1. X, el profesor no baila.

2. X, el profesor no toma café.

3. X, el profesor no responde.

4. X, el profesor no pide más práctica.

5. X, el profesor no trabaja.

6. X, el profesor no toma su medicina.

7. X, el profesor no abre la boca.

B. Hágale Ud. un mandato afirmativo formal a otro estudiante en la clase, según el modelo.

Modelo: Ana, Juanita no   *Ana dice:*
      escucha al profesor.   *Juanita, escuche al profesor.*

1. X, Y no lee el libro.

2. X, Y no estudia la lección.

3. X, Y no cree la solución.

4. X, Y no trata de practicar.

5. X, Y no abre la ventana.

6. X, Y no piensa en su futuro.

7. X, Y no corre a clase.

C. Hágale un mandato negativo formal a otro estudiante en la clase, según el modelo.

Modelo: Felipe, José habla   *Felipe dice:*
      tanto.   *José, no hable (Ud.) tanto.*

1. X, Y lee el libro.

2. X, Y duerme en clase.

3. X, Y vuelve a hablar.

4. X, Y fuma cigarrillos.

5. X, Y celebra esta noche.

6. X, Y consume muchas calorías.

7. X, Y toma una copita de vino.

8. X, Y ataca al decano.[1]

9. X, Y levanta polvo.

10. X, Y llega tarde a clase.[2]

11. X, Y vende su libro de español.

12. X, Y toma cocteles.

1. **c** changes to **qu-** when followed by **e** in order to maintain the /k/ sound.
2. **g** changes to **gu-** when followed by **e** in order to maintain the /g/ sound.

D. Hágale Ud. un mandato negativo informal a otro
estudiante, según el modelo.

Modelo: María, Ana falta a   *María dice:*
         clase.   *Ana, no faltes a clase.*

1. X, Y repite el error.   5. X, Y reza el rosario.[1]

2. X, Y come hidratos de   6. X, Y discute el problema.
   carbono.
                                7. X, Y come todos los

3. X, Y paga la cuenta.   sandwiches.

4. X, Y fuma tabaco negro.

E. Hágale un mandato afirmativo de forma *tú* a otro
estudiante, según el modelo.

Modelo: Paco, Julio no   *Paco dice:*
         duerme más.   *Julio, duerme más.*

1. X, Y no piensa en el amor.

2. X, Y no busca la verdad.

3. X, Y no visita a los amigos.

4. X, Y no aprende la lección.

5. X, Y no prueba el té.

6. X, Y no discute el artículo.

7. X, Y no cree en el proyecto.

Diga Ud. la verdad.	*Tell* the truth.
Haga Ud. los ejercicios.	*Do* the exercises.
Pongan Uds. eso en la mesa.	*Put* that on the table.
No *seas* payaso.	Don't *be* (a) clown.
Ve conmigo al parque esta tarde.	*Go* with me to the park this afternoon.
Tenga todo el dinero qué tengo.	*Take* (Have) all the money I have.
Haz bien y no mires a quien.	*Do* well and don't look at others (mind your own business).

Vista Once:
Granada

318

1. In written form, the **z** changes to **c** before **e**.

Verb	First person	Stem	Theme vowel of command	Command form Ud. (Uds.)	Affirmative tú form
decir	digo	dig-	a	diga (n)	di
poner	pongo	pong-	a	ponga (n)	pon
tener[1]	tengo	teng-	a	tenga (n)	ten
hacer	hago	hag-	a	haga (n)	haz
salir	salgo	salg-	a	salga (n)	sal
oír	oigo	oig-	a	oiga (n)	oye
venir	vengo	veng-	a	venga (n)	ven
conocer	conozco	conozc-	a	conozca (n)	conoce
incluir	incluyo	incluy-	a	incluya (n)	incluye
saber	sé	sep-	a	sepa (n)	sabe
ir	voy	vay-	a	vaya (n)	ve
ser	soy	se-	a	sea (n)	sé
estar	estoy	est-	e	esté (n)	está

Most basic command forms can be derived from the first person singular of the present tense. Some of the affirmative familiar command forms in the right-hand column are the exceptions. These exceptions have to be memorized.

Ejercicios

A. Haga Ud. un mandato formal, según el model.

Modelo: Juan, José no oye   *Juan dice:*
la razón.   *José, oiga (Ud.) la razón.*

1. X, Y no tiene miedo de eso.

2. X, Y no dice la información.

3. X, Y no pone los libros en la mesa.

4. X, Y no hace su trabajo.

5. X, Y no viene a clase a tiempo.

6. X, Y no sabe la lección.

7. X, Y no va al parque esta tarde.

B. Haga Ud. un mandato informal negativo, según el modelo.

Modelo: Carmen, Ana hace   *Carmen contesta:*
la cena.   *Ana, no hagas la cena.*

1. X, Y sale pronto.

2. X, Y tiene mala suerte.

1. The command form of **tener** often means *take, accept, have:* for example, *Take it, Have this* (**Téngalo, Ten ésta**).

3. X, Y pone la mano en la boca.

4. X, Y oye la conferencia.

5. X, Y produce un follón.

6. X, Y es payaso.

7. X, Y va a ver al decano.

C. Haga Ud. un mandato informal afirmativo, según el modelo.

Modelo: Juan, María no
dice la verdad.

Juan dice:
María, di la verdad.

1. X, Y no tiene cuidado.

2. X, Y no hace el desayuno.

3. X, Y no pone la mesa.

4. X, Y no es amable.

5. X, Y no va a clase.

6. X, Y no viene con nosotros.

7. X, Y no sale de aquí.

Hága*lo* ahora.

Contéste*la* pronto.

Óiga*me*

No *me la* escriba usted.

No *nos* digas nada.

No *se lo* enseñes a ellos.

Do *it* now.

Answer *it* quickly.

Hear *me.*

Don't write *it* to *me.*

Don't tell *us* anything.

Don't show *it* to *them.*

1. In an affirmative command the pronoun is attached to the end of the command form. When two pronouns are attached, the normal order is indirect object plus direct object: **Escríbaselo a ella,** *Write it to her.*

2. In order to preserve the original stress, it may be necessary to add a written accent mark: **póngalo allí, cuéntemela.**

3. In a negative command the pronouns always follow the **no.** When two pronouns are used, the indirect precedes the direct: for example, **No me la cuente.**

Ejercicios

A. Haga Ud. un mandato formal, según los modelos.

Modelos: ¿Traigo el libro?   *Sí, tráigalo.*
        ¿Repito la frase?   *Sí, repítala.*

1. ¿Saco apuntes?   8. ¿Aprendo la gramática?
2. ¿Miro la luna?   9. ¿Hago cola?
3. ¿Explico la solución?   10. ¿Espero a Juan?
4. ¿Cuento las calorías?   11. ¿Sigo al criminal?
5. ¿Animo a los niños?   12. ¿Abro las ventanas?
6. ¿Como las sardinas?   13. ¿Pongo la mesa?
7. ¿Quemo la Falla?   14. ¿Busco al profe?

B. Haga Ud. un mandato formal negativo, según
    el modelo.

Modelo: ¿Hago la comida?   *No, no la haga.*

1. ¿Denuncio al decano?   8. ¿Leo la lección?
2. ¿Digo la verdad?   9. ¿Traigo la cerveza?
3. ¿Busco el perro?   10. ¿Promuevo el follón?
4. ¿Fumo el último   11. ¿Incluyo a los otros?
   cigarrillo?
                            12. ¿Discuto el artículo?
5. ¿Compro el carro?
                            13. ¿Saco apuntes?
6. ¿Miro el programa?
                            14. ¿Dejo mi dinero?
7. ¿Llamo a Mari Carmen?

C. Haga un mandato formal afirmativo usando dos
    pronombres, según los modelos.

Modelos: ¿Le abro la puerta?   *Sí, ábramela.*
        ¿Les digo la   *Sí, díganosla.*
        verdad?

1. ¿Le dejo mi tabaco?   6. ¿Le presto mi lapicera?
2. ¿Les repito la frase?   7. ¿Les enseño el tren?
3. ¿Les traigo los discos?   8. ¿Les digo la
4. ¿Le explico la solución?   información?
5. ¿Le paso los tacos?   9. ¿Les leo el artículo?

Una falla valenciana. El 19 de marzo,
durante la fiesta de San José, queman las fallas.

D. Haga un mandato formal negativo, según el modelo.

Modelo: ¿Le doy las cosas?   *No, no me las dé.*

1. ¿Les enseño mis
   apuntes?

2. ¿Le compro el
   periódico?

3. ¿Le digo el secreto?

4. ¿Les vendo mis boletos?

5. ¿Le cuento mi vida?

6. ¿Les guardo la silla?

7. ¿Le explico mis ideas?

8. ¿Les dejo mi libro?

9. ¿Les doy la
   información?

10. ¿Le preparo el pollo
    frito?

Niño, *acuéstate.*	Child, *go to bed.*
Lávense Uds., por favor, antes de comer.	*Wash* (yourselves), please, before eating.
Siéntense allí, por favor.	*Sit* (yourselves) there, please.
No *te vayas.*	*Don't go* away.
No *se preocupe.*	*Don't worry* (yourself).
No *se coman* Uds. toda la fruta.	*Don't eat* (up) all the fruit.

1. In affirmative imperative sentences, the reflexive pronoun is attached to the verb.

2. When the pronoun is attached to the verb, a written accent is used to show that the stressed syllable remains stressed: **siéntate.**

3. In negative reflexive commands, the reflexive pronoun follows the **no.**

Ejercicios

A. Dé la respuesta necesaria, según el modelo.

Son las ocho de la mañana y su hermano, Paco, todavía está en la cama. Él tiene que estar en la escuela en media hora. Dígale que haga lo siguiente:

Modelo: que se levante. *Levántate, Paco.*

1. que se lave.
2. que se ponga la ropa.
3. que se peine.
4. que se desayune.
5. que se coma todo el cereal.
6. que se cepille los dientes.
7. que se vaya ahora.

Usted es el director de un grupo de jóvenes de diez a trece años. Dígales lo siguiente:

Modelo: que se acuesten antes de las diez. *Acuéstense antes de las diez.*

8. que se levanten a las seis en punto.
9. que se pongan la ropa inmediatamente.
10. que se desayunen a las seis y media.

Vista Once:
Granada
323

11. que se tomen toda la leche.

12. que se paseen una hora cada día.

13. que se coman toda su fruta.

B. Conteste Ud. en la forma negativa informal, según el modelo.

Modelo: ¿Puedo irme?　　　*No, no te vayas.*

1. ¿Puedo quedarme?　　　5. ¿Puedo afeitarme?

2. ¿Podemos irnos?　　　　6. ¿Puedo irme?

3. ¿Puedo acostarme?　　　7. ¿Podemos bañarnos?

4. ¿Podemos sentarnos?

C. Conteste Ud. en la forma negativa formal, según el modelo.

Modelo: Quiero sentarme.　　*No, no se siente (Ud.).*
　　　　Queremos irnos.　　　*No, no se vayan (Uds.).*

1. Quiero pasearme.　　　6. Queremos quedarnos.

2. Queremos quejarnos.　　7. Queremos hacernos
　　　　　　　　　　　　　　una pizza.
3. Quiero irme.
　　　　　　　　　　　　8. Quiero ponerme la
4. Quiero acostarme.　　　　camisa.

5. Quiero afeitarme la
　　barba.

Entremés ⟫⟫⟫

Dichos, proverbios, y refranes

Con las muchas expresiones populares, la lengua española es muy rica. El español contiene muchos dichos graciosos, refranes interesantes y proverbios de mucho valor. Aquí les presentamos algunas expresiones.

A. Hay las que se refieren a una parte del cuerpo.

1. En boca cerrada no entran moscas.
　　(In a closed mouth, flies don't enter.)

2. De la mano a la boca se pierde mucha sopa.
   (From your hand to your mouth, a lot of soup is
   lost.)
   ''Don't count your chickens before they're
   hatched.''

3. Escucha o tu lengua te hará sordo.
   (Listen or your tongue will make you deaf.)

4. Ojos que no ven, corazón que no llora.
   (Eyes that don't see, a heart that doesn't cry.)
   ''Out of sight, out of mind.''

5. A mal tiempo, buena cara.
   (In bad times, a good face.)
   ''Keep your chin up.''

6. En tierra de ciegos el tuerto es rey.
   (In the land of the blind, the one-eyed man is king.)

B. Hay las que se refieren a un animal.

1. Más vale pájaro en mano que cien volando.
   (Better a bird in hand than a hundred flying.)
   ''A bird in the hand is worth two in the bush.''

2. Aunque la mona se vista de seda, mona se queda.
   (Although the monkey dresses in silk, a monkey she
   remains.)
   ''You can't make a silk purse out of a cow's ear.''

3. No es tan fiero el león como lo pintan.
   (The lion is not as fierce as he is painted.)
   ''Things are not as bad as they seem!''

4. Perro que ladra no muerde.
   (A dog that barks does not bite.)
   ''His bark is bigger than his bite.''

5. Quien con perros se acuesta, con pulgas se levanta.
   (''He who goes to bed with dogs, gets up with
   fleas.'')

C. Hay las que se refieren a la vida particular.

1. Dime con quién andas y te diré quién eres.
   (Tell me with whom you go out, and I'll tell you
   who you are.)
   ''You're known by the company you keep.''

2. Más vale estar solo que mal acompañado.
   (It's worth more to be alone than badly
   accompanied.)

3. Como te ven te tratan.
   (They treat you as they see you.)

D. Misceláneas

1. A quien madruga, Dios le ayuda.
   (He who gets up early, God helps him.)
   "The early bird catches the worm."

2. Del dicho al hecho, hay gran trecho.
   (From the said to the done, there's a big gap.)
   "Easier said than done."

3. Quien mucho duerme, poco aprende.
   (He who sleeps a lot, learns little.)

4. Quien no se aventura no pasa la mar.
   (He who doesn't travel will not pass the sea.)
   "Nothing ventured, nothing gained."

5. Hay moros en la costa.
   (There are Moors on the coast = Beware.)

6. Haz bien y no mires a quien.
   (Do well and don't look at anyone.)
   "Do your best no matter what."

7. Poco a poco se va lejos.
   (Little by little you go far.)

8. Vísteme despacio que estoy de prisa.
   (Dress me slow for I'm in a hurry.)
   "Haste makes waste."

9. Más vale tarde que nunca.
   (It's worth more late than never.)
   "Better late than never."

10. El ejercicio hace maestro.
    (Exercise makes a teacher.)
    "Practice makes perfect."

11. De tal padre, tal hijo.
    (From such a father, such a son.)
    "Like father, like son."

Aplicación práctica

Dé un proverbio o un refrán según la situación. Puede usar más de uno si es necesario.

1. El profe dijo que va a darnos un examen cada día si no estudiamos más.

2. ¡Ay, Dios mío! No quería decir eso.

3. ¡Qué triste pareces, Ana! Pero no es gran cosa.

4. Tú hablas mucho pero no dices nada.

5. El español es fácil.

6. Julio siempre prefiere dormir.

7. No me gusta salir de la casa.

8. Más rápido, Raúl. ¿No ves que van a salir?

9. Onorio piensa como su padre.

10. Vamos a llegar tarde, pero llegamos.

11. Mira, este semestre voy a sacar una ''A'' en todos mis cursos.

12. Nunca quiero ver a mi ex-novia.

13. Ese policía me pegó porque me vestía como un ''hippie''.

14. Cuando salgo con Jaime nadie me habla.

15. ¡Ay! Todavía me quedan treinta páginas que leer.

Una actividad de preferencias

Pon en orden (1 es más preferido y 3 es menos preferido) los siguientes dichos, según tu preferencia personal.

1. Mi filosofía personal es que

_____ poco a poco se va lejos.

_____ a quien madruga, Dios le ayuda.

_____ más vale tarde que nunca.

2. Prefiero más el dicho que dice que

_____ quien mucho duerme, poco aprende.

_____ en boca cerrada no entran moscas.

_____ a mal tiempo, buena cara.

Una situación de fantasía

Supongamos que tú eres un filósofo muy importante y famoso(a) de los tiempos contemporáneos. Quieres inventar un dicho nuevo para los jóvenes de hoy día. Inventa un dicho bueno y explícalo. Piénsalo y ven a clase bien preparado(a).

Modelo: *Boca cerrada, idea guardada.*
    Explicación: *Es importante guardar secretos.*

    Más vale amigo pobre que enemigo rico.
    Explicación: El dinero no es la cosa más importante.

    Mañana vamos a decir los dichos en clase.

Fue importante solucionar el problema.	It was important to solve the problem.
Es esencial decir la verdad.	It's essential to tell the truth.
Parece ser útil estudiar bien.	It seems useful to study well.

Verb	Adjective		Infinitive	
(3rd Person	necesario			
impersonal)	importante			
Es	fenomenal			
Era	normal			
Fue	interesante			
Ha sido	difícil			
Va a ser	+ fácil		+	—r
Parece ser	útil			
Puede ser	increíble			
Debe ser	preferible			

Ejercicios

A. Conteste Ud. las siguientes preguntas usando *Es,* el adjetivo, y el infinitivo, según el modelo.

Modelo: ¿Es mejor saber mucho   *Es mejor . . .*
       o pensar bien?

1. ¿Es mejor dar o recibir?

2. ¿Es importante ser amable o respetado?

3. ¿Es natural equivocarse o dormir mucho?

4. ¿Es preferible estar bien o mal acompañado?

5. ¿Es útil estudiar para un examen?

6. ¿Es mejor tener amigos o tener paciencia?

7. ¿Es malo fumar cigarrillos o comer demasiado?

B. En la opinión de usted

Modelo: ¿Cuál es más   *En mi opinión es más*
       interesante?   *interesante estudiar . . .*
       ¿Estudiar las
       matemáticas o la
       filosofía?

1. ¿Cuál es mejor? ¿Sacar una nota sobresaliente o una nota de crédito?

2. ¿Cuál es más difícil? ¿Hacer cola por mucho tiempo o dejar (abandonar) un vicio?

3. ¿Cuál es normal? ¿Ser generoso o tacaño?

4. ¿Cuál es preferible? ¿Bailar o cantar?

5. ¿Cuál es recomendable para aliviar el dolor de cabeza? ¿Tomar dos aspirinas o descansar?

6. ¿Cuál es más gracioso? ¿Ver un monstruo con bikini o un perro que hable español?

C. Conteste Ud. las siguientes preguntas en el pasado, según el modelo.

Modelo: De niño, ¿era importante ser obediente o ser curioso?

De niño, era importante ser . . .

1. De niño, ¿era natural jugar o protestar?

2. De niño, ¿era difícil formar opiniones o pintar?

3. De niño, ¿era gracioso ser chistoso o faltar a clase?

4. De niño, ¿era difícil creer en San Nicolás o escuchar a Mozart?

5. De niño, ¿era malo pegar a otro o decir falsedades?

Main sentence	Sentence to be converted to the noun clause (the **que**-clause) or the infinitive phrase
1. Dicen *algo.*	Muchos vienen a celebrar.
2. Sé *algo.*	Son las sardinas.
3. Leí *algo.*	Hay una clase media.
4. *Algo* era fácil.	Toma decisiones.
5. Quiero *algo.*	Sé la verdad.
6. Me gusta *algo.*	Bailo en una discoteca.

(chart continues)

Vista Once: Granada

Resulting sentence

1. Dicen *que muchos vienen a celebrar.*   They say *that many come to celebrate.*

2. Sé *que son las sardinas.*   I know *that it's the sardines.*

3. Leí *que hay una clase media.*   I read *that there is a middle class.*

4. *Tomar decisiones* era fácil.   *To make decisions* was easy.

5. Quiero *saber la verdad.*   I want *to know the truth.*

6. Me gusta *bailar en una discoteca.*   I like *to dance at a discotheque.*

1. There are two general types of noun (nominalized) constructions:

    a. the **que**-clause (1—3): **Sé *que son las sardinas.***

    b. the infinitive verb phrase (4—6): **Quiero *saber la verdad.***

2. Clauses come from underlying sentences. A **que**-clause may be used if the meaning requires it. The relator **que** is used to join the subordinate clause to the main sentence. When an infinitive verb phrase is called for, the finite or conjugated form of the verb (e.g., **bailo, sé**) must be converted into the infinitive **(-r)** form.

3. The main clause contains a noun slot (filled in the preceding chart by **algo**) that may function either as a subject **(Algo era fácil.)** or as a direct object **(Dicen algo.).** The **que**-clause or the infinitive phrase may replace the slot filler **algo: Dicen algo + Muchos vienen a celebrar → Dicen que muchos vienen a celebrar; Algo era fácil + Toma decisiones → Tomar decisiones era fácil.**

Ejercicios

 A.   Haga Ud. una oración completa, convirtiendo la segunda oración en una cláusula con *que* y poniéndola en lugar de la palabra *algo* de la primera oración.

Modelo: Pensamos algo./   *Pensamos que ellos van a la*
        Ellos van a la playa.   *playa.*

1. El profe sabe algo./Un estudiante falta a clase.

2. Creo algo./Tu papá produce trigo.

3. El ministro indicó algo./El problema es grave.

4. Aprendemos algo. / Poco a poco se va lejos.

5. Leí algo. / Los rateros viven de los turistas.

B. Haga una oración completa, convirtiendo la segunda oración en una frase de verbo infinitivo y poniéndola en lugar de la palabra *algo* de la primera oración.

Modelo: Algo es necesario. / Estudiamos mucho.　　*(Estudiar mucho es necesario.) Es necesario estudiar mucho.*

1. Algo es bueno. / Es feliz.

2. Me gusta algo. / Celebro varias fiestas.

3. Tengo interés en algo. / Tomo un refresco.

4. Nos gusta algo. / Sacamos buenas notas.

5. Espero algo. / Salgo de aquí.

6. Voy a la biblioteca para algo. / Leo unos libros.

Son *más* bonitas allí *que* aquí.	They are prettier there *than* here.
Estoy *más* a gusto aquí *que* en cualquier otro lugar.	I'm *more* comfortable here *than* anywhere else.
Es *mejor que* la Jota Jota de Madrid.	It's *better than* the Jota Jota in Madrid.
El Brasil es *más* grande *que* la Argentina.	Brazil is bigg*er than* Argentina.

$$
\left.\begin{array}{l} \text{más} \\ \text{menos} \end{array}\right\} + \left\{\begin{array}{l} \text{adjective} \\ \text{adverb} \\ \text{noun} \end{array}\right\} + \text{que}
$$

1. **Más . . . que (menos . . . que)** is the usual structure used to express a comparison between unequal entities.

2. **Más bueno que,** which is ungrammatical in certain contexts, converts to **mejor que,** for example, **X es mejor que Y.**

3. Before an expressed number or quantity in an affirmative sentence, **que** become **de: Tengo más de cinco pesos.** But in the negative use **que: No tengo más que cinco pesos,** / *only have five pesos.*

4. In a sentence containing a comparison, there are two underlying sentences.

Esto es muy bueno.
Esto es mejor que eso.
Eso es bueno.

Yo tengo mucho dinero.   *Yo tengo más dinero que ella.*
                             or
Ella tiene poco dinero.   *Ella tiene menos dinero que yo.*

Ejercicios

A.   Usando *más* o *menos,* haga Ud. una oración de comparación. Siga el modelo.

Modelo: Tengo muchos   *Tengo más dolores de*
dolores de cabeza. /   *cabeza que resfríos.*
Tengo pocos
resfríos.

1. Tengo mucho *trabajo.* / Tengo poco *recreo.*

2. Veo muchos *problemas.* / Veo pocas *soluciones.*

3. Pienso mucho en *mis fracasos.* / Pienso poco en *mis éxitos.*

4. Protesto mucho *contra los mames políticos.* / Protesto poco *contra la censura.*

5. Raúl es muy *generoso.* / Raúl es poco *tacaño.*

6. *En lo social* María es buena. / *En lo académico* no es muy buena.

7. Antes yo comía mucha *carne.* / Antes yo comía pocas *verduras.*

8. Tengo mucha *suerte.* / No tengo mucha *palanca.*

9. *Anoche* comí mucho. / *Por la mañana* comí poco.

10. *Anoche* estudié mucho. / *Hoy* estudié poco.

B.   Conteste Ud. las siguientes preguntas, según el modelo.

Modelo: Entre la política y la   *La educación tiene más*
educación, ¿cuál   *influencia que la política.*
tiene más influencia?

1. Entre los Estados Unidos y Rusia, ¿cuál es más grande?

2. Entre el verano y el otoño, ¿cuál es menos bonito?

3. Entre la carne y la fruta, ¿cuál es mejor para el cuerpo humano?

4. Entre la pasta y el pescado, ¿cuál es más nutritivo?

5. Entre la ciudad y el campo, ¿cuál es menos tranquilo?

6. Entre el arroz y la pasta, ¿cuál prefiere comer más?

7. Entre la costa y la sierra, ¿dónde prefiere vivir más?

8. Entre protestar y negociar, ¿cuál es mejor?

9. Entre dar y recibir, ¿cuál es mejor?

 # Una vista del idioma español

The command form of the *voseo*

In chapter four you were introduced to the concept of the **voseo** as it is used in the present tense. The **voseo** is widely used in the River Plate countries (Argentina, Uruguay, and Paraguay) not only in rural or rustic speech but in the speech of the middle to upper classes. The use of **voseo** is widespread in Central America in Honduras, El Salvador, Guatemala, and Nicaragua. Use of the **voseo** (as the **tú** form) depends on social class, age, and relationship to the person spoken to.

There is a **voseo** form for the command or imperative form that is significantly different from the pattern presented earlier in this chapter and may cause confusion to the unaccustomed ear. Look at the following examples and repeat them after your teacher.

Compralo (vos). Vestíte (vos). Decímelo (vos). Ponélo aquí. No me digás. No te lo pongás. No comprés eso.

How to form the **voseo**

In order to form the **voseo** in the affirmative, delete the **-r** from the infinitive form (e.g., **hablar** → **habla**). In order to maintain the stress on the last syllable a written accent is added: **hablá**. The written accent is used whether the **voseo** command form stands alone or whether one or two pronouns are added: for example, **escribí la carta, escribíme, escribímela**.

In the negative form of the **voseo** command the pronouns follow the **no** and the verb is formed in the usual manner for **tú** commands except that the stress must fall on the last syllable of the verb: **No lo escribás, No te lo pongás**.

The reflexive **voseo** *form*

With reflexives in the **voseo** command the **te** is attached to the command form in the affirmative and follows the **no** in the negative command: **Ponéte la camisa, No te pongás la camisa**.

Comunicación/ Personalización >>>

Entrevista

Preguntas	Oral	Escrito
1. En tu opinión, ¿cuál es preferible? ¿Dejar de fumar o dejar de equivocarse?	En mi opinión es preferible . . .	En su opinión es preferible _____
2. Según tu criterio, ¿es mejor graduarse primero o conseguir trabajo primero?	Según mi criterio es mejor . . .	Según su criterio es mejor _____
3. ¿Estás más a gusto aquí en clase que en la biblioteca?	Estoy más a gusto . . .	Está más a gusto _____
4. ¿Crees que las fiestas de esta escuela son aburridas o divertidas?	Creo que las fiestas son . . .	Cree que las fiestas son _____
5. ¿En qué crees, que es mejor hacer bien y no mirar a quién o tener palanca y pedir mames?	Creo que es mejor . . .	Cree que es mejor _____

Actividades personales

A. De las siguientes cualidades, ¿cuál es menos útil en su vida?

Modelo: la puntualidad/ la curiosidad

En mi vida la puntualidad es menos útil que la curiosidad.

1. la libertad/la curiosidad
2. la inteligencia/la ambición
3. la cortesía/la dedicación
4. la seriedad/el humor
5. la dignidad/el entusiasmo
6. el valor/la creatividad

7. la popularidad/la
ambición

8. la fuerza/el talento

9. la suerte/la palanca

10. la confianza/la
franqueza

11. la independencia/la
dependencia

B. Pon en orden de preferencia las tres selecciones, según tu punto de vista.

1. Más que nada me gusta
   a. solucionar rompeca-
      bezas.
   b. pensar en mis
      fantasías.
   c. hablar con personas
      desconocidas.

2. Más que nada me gusta
   a. comer pastas.
   b. comer carne.
   c. comer frutas.

3. Creo que es más útil
   a. conocer a mucha
      gente.
   b. tener unos amigos
      íntimos.
   c. ser muy chistoso(a).

4. Mi filosofía personal es:
   a. poco a poco se va
      lejos.
   b. en boca cerrada no
      entran moscas.
   c. del dicho al hecho
      hay gran trecho

C. Tú y los mandatos (imperativos)

1. Escribe ocho imperativos (mandatos) que tu mamá o tu padre te decía.
   (Cuatro afirmativos y cuatro negativos.)
   Por ejemplo: No *juegues* en la calle.
   Regresa a casa antes de la medianoche.

2. Imagínate que eres el decano de la Facultad. Dales tres mandatos a unos estudiantes suspendidos.

3. Dinos cómo te sientes cuando alguien te manda hacer algo.

Por ejemplo:

Cuando alguien me dice: ''No seas tan idealista'', me siento furioso.

Estos mandatos pueden ser o afirmativos o negativos.

D. Una situación de fantasía

Supongamos que eres un científico loco y acabas de inventar un monstruo. Tú crees que el monstruo puede hacer cualquier cosa. ¿Qué puede hacer tu monstruo? Explica lo que puede hacer.

Modelo: Creo que mi monstruo puede *comer cien hamburguesas en un minuto.*
Creo que mi monstruo puede _____

''El tiene que ser leal a los del grupo.''
''La vida gitana todavía es mejor, según ellos.''

Los gitanos de Andalucía

Los gitanos. Gente sospechosa, mal comprendida, y a veces perseguida. El nombre *gitano* quiere decir alguien de Egipto, país africano. Hay personas que piensan que los gitanos tienen su origen en la India. Se dice que llegaron a España durante el siglo quince y que establecieron una colonia en la región de Andalucía.

Desde su llegada, la ley española ha tratado de hacerles cambiar su modo de vivir, es decir, vivir en un lugar en vez de tener una vida nomádica. Según la ley, los españoles no deben casarse con los gitanos. Como es el caso con cualquier ley absurda, no la han obedecido. Según el proverbio ''se obedece, pero no se cumple''.

Casi el diez por ciento de los gitanos españoles viven en las cuevas del Sacro Monte en las cercanías de Granada.

gitano: gypsy

sospechosa: suspicious

perseguida: persecuted

siglo: century

ley: law

casarse: to marry

se obedece . . . cumple: we obey, but we don't comply

cueva: cave

cercanías: nearby surroundings

Vista Once:
Granada

336

¿En qué cree el gitano? ¿Cuáles son sus valores?

Primero el gitano cree que es superior a los otros (el orgullo gitano). Segundo, cree que la ley gitana es superior a las otras leyes, es decir, que los gitanos no deben separarse, que siempre deben guardar fidelidad a los otros gitanos, y que siempre tienen que pagar sus deudas (lo que deben) a los otros gitanos. Es así que los gitanos han podido mantener el grupo intacto. Esta ley es igual para rico y pobre.

El tercer valor es el tema de la lealtad. El gitano tiene que ser leal a los otros del grupo y la mujer gitana tiene que ser leal a su marido. Es importante mantener lealtad a la familia (inmediata y extendida) y uno no debe atacar el nombre de la madre.

El gitano, como el hispano, valúa mucho la libertad. Es una persona picaresca. Así puede tener una vida alegre y libre. No busca, normalmente, trabajo donde tiene que sacrificar su libertad—como profesor, abogado, o policía. Sólo necesita suficiente dinero para vivir, es decir, comer. Trabaja para vivir; no vive para trabajar.

Finalmente el gitano cree en el fatalismo o el destino. Acepta el mundo, el universo, como lo es. Acepta la muerte como cosa natural y no tiene miedo de ella. Pero entre los gitanos existen algunas supersticiones. Por ejemplo, se cree que, de noche, si por la ventana entra al cuarto la luz lunar y le toca a uno, ese individuo seguramente va a tener mala suerte. Si uno es rico o pobre, si está enfermo o tiene buena salud, así es el destino.

La cultura gitana de Andalucía, como cualquier cultura, está cambiando. Hoy en día los niños gitanos se aprovechan de la educación; los hombres buscan un trabajo más

valor: value

deuda: debt
así: thus

lealtad: loyalty

marido: husband

valuar: to value
picaresca: picaresque, roguish

muerte: death

de noche: at night
luz lunar: moonlight
tocar: touch

salud: health

aprovecharse: take advantage (of)

permanente y unos ya viven en apartamen-
tos en la ciudad (Granada) en vez de vivir en
Sacro Monte y en las cuevas. Pero la tradi-
ción es cosa fuerte y a pesar del cambio, la   **a pesar de:** in spite of
vida gitana todavía es mejor, según ellos.

Preguntas

1. ¿Qué quiere decir el nombre gitano?

2. ¿Cuándo llegaron los gitanos a la región de Andalucía?

3. ¿Qué ha tratado de hacer la ley española?

4. ¿Qué dicen los gitanos de la ley española?

5. ¿Dónde vive casi el diez por ciento de los gitanos españoles?

6. ¿Qué quiere decir ''el orgullo gitano''?

7. ¿A quiénes debe el gitano guardar su fidelidad?

8. ¿Qué tiene que pagar un gitano a los otros gitanos?

9. ¿Qué quiere decir la lealtad gitana?

10. ¿Qué clase de trabajo busca, normalmente, el gitano?

11. ¿Qué es el fatalismo para el gitano?

12. ¿Qué cosa le trae a uno mala suerte?

13. ¿Cómo está cambiando la cultura gitana hoy en día?

14. ¿Qué ha aprendido Ud. de la cultura gitana?

⟪⟪⟪ Vocabulario

Nouns

el burbujeo
el carnaval
la celebra-
  ción
la cola
la copita
la cueva
el destino
la deuda
la fantasía
el fatalismo
la fidelidad
el follón

el gitano
el jardín
el intestino
la lealtad
la ley
la luz
el marido
el millar
la muerte
la nación
el polvo
el refresco
el rosario
la sardina

la supersti-
  ción
el trigo
las tripas
el universo
el valor

Verbs

aburrir
animar
aprove-
  char(se) de
casar(se)
comentar

charlar
figurar(se)
librar
producir
quemar
reñir(i)
rezar
sembrar(ie)
valuar

Adjectives

fenomenal
genial
interesante

leal
lunar
permanente
perseguido
sospechoso

Adverbs

arriba

Prepositions

hacia

Expressions

al contrario

a pesar de
dar ganas
dar(se)
  cuenta de
de arriba
de noche
en cambio
estar a
  gusto
hacer cola
hacer gro-
  tescos

Segovia:
El acueducto romano

VISTA DOCE: PUERTO RICO

Al principio

In this chapter we return to the Americas to the Commonwealth of Puerto Rico, in the Caribbean. You'll become aware of some of the problems of this former territory of the U.S. as it looks to the future. Beginning with this chapter, the basic material will be presented in the form of a narrative **(narrativa)**. As you progress through the unit,

you'll learn
1. how to form the subjunctive mood
2. the use of the subjunctive after **tal vez** and **quizás**
3. another use of the subjunctive mood
4. the "let's" command form
5. how to compare equal amounts

so look for
1. Es preferible que *tomemos* vitaminas.
2. Tal vez *sepa* dos idiomas. Quizás *sea* la verdad.
3. Es más importante que se *entienda* la verdad.
4. *Sentémonos.*
5. Hay *tantos* problemas *como* soluciones.

You'll also practice verbs that require a spelling change in the first person singular of the perfective and some verbs with a stem change in the perfective. In the **Entremés**, you'll discover what kind of tourist you'll be.

341

De un periódico: cartas al director

*Ser bilingüe no es
suficiente*

Es evidente que ser
bilingüe, como lo es el
señor Hoyos, no es suficiente.
Él ha confundido
Insularismo (isleño) con
Nacionalidad (la condición
y el carácter peculiar de
los pueblos).

Conocer dos idiomas es
importante, pero es más
importante que se entienda.
El señor Hoyos,
aparentemente, ni siquiera
puede hacer eso en ninguno
de los dos idiomas que
domina.

Paco Peñas
Caguas

*Being bilingual is not
enough*

It is evident that being
bilingual, as is Mr. Hoyos,
is not enough. He has
confused Insularism
(islander) with Nationality
(the condition and character
peculiar to the people).

To be acquainted with two
languages is important, but
it is more important that one
understand. Mr. Hoyos,
apparently, cannot even do
that in either of the two
languages that he has
mastered.

Paco Peñas
Caguas

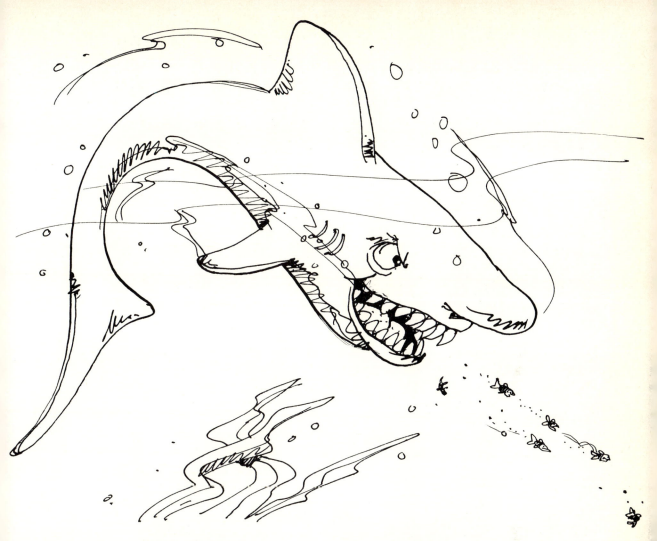

Contra el recorte

Me parece sumamente
extraño que se esté tratando
de resolver la crisis
económica de Puerto Rico
por medio de recortarnos el
sueldo a los empleados
públicos.

Ha dicho bien el señor Juan
Luis Aragón al señalar que se
trata de un truco para
distraer la opinión pública
mientras los tiburones
siguen comiendo a las
sardinas.

Rafael Ramírez
Mayagüez

Against the cutback

It seems quite strange to me
to be trying to resolve the
economic crisis in Puerto
Rico by cutting back wages
on us, the public
employees.

Mr. Juan Luis Aragón said
it well when he pointed out
that it's all a trick (that it
deals with a trick) to distract
public opinion while the
sharks continue eating the
sardines.

Rafael Ramírez
Mayagüez

Vista Doce:
Puerto Rico

343

Respalda la pena de muerte

Estoy de acuerdo que en Puerto Rico se imponga la ley de la pena de muerte de nuevo.

Estoy segura de que aquí tendrá un efecto porque, cuando maten los primeros, tal vez los demás tengan miedo si saben lo que les espera.

Creo que sería la única solución a esta ola de crímenes.

Gloria Graciela Lajas

She supports the death penalty

I agree that in Puerto Rico the death penalty should be imposed again.

I'm certain that it will have an effect here because, when they kill the first ones, perhaps the rest will be afraid if they know what's waiting for them.

I believe it would be the only solution to this crime wave.

Gloria Graciela Lajas

Causas de la situación

Nuestro gobierno está tan desorientado como confundido, que los oficiales están empeorando la situación económica y moral de nuestro pueblo. Piensan solucionar el problema del déficit del gobierno solamente estrangulando al contribuyente.

Es tiempo de que se bajen de las nubes, y que empiecen a aplicarse las mismas ''medidas'' que nos imponen a nosotros. La arrogancia es tan injusta como la malfundada grandeza de nuestros dirigentes. Éstos son las causas de nuestras desgracias.

María Padilla Bayamón

Causes of the situation

Our government is as disoriented as it is confused, and the officials are making the economic and moral situation in our country worse. They intend to solve the government's deficit problem only by strangling the taxpayer.

It's time they came down from the clouds and started applying the same standards (''measures'') to themselves that they impose on us. The arrogance is as unjust as the ill-founded grandeur of our present leaders, and these (leaders) are the causes of our problems.

María Padilla Bayamón

Pasan una crisis de limpieza

Los residentes de los barrios Amelia y Sábana, hace meses que están pasando por una crisis en la limpieza de estos barrios. Esto es malo para la salud. Los encargados de la limpieza no se ocupan de ella.

Por mi parte quiero pedir a los del municipio que mantengan estos barrios limpios y que los ayuden. Pido que recojan la basura por lo menos dos veces a la semana.

Jaime Rodríguez
Mayagüez

They're experiencing a crisis in cleanup

For several months the residents of the Amelia and Sábana districts have been going through a sanitation (refuse pickup) crisis. This is bad for health. Those in charge of pickup are not doing it.

For my part I want to ask those in city government to keep these districts clean and help them. I ask that they pick up the trash at least twice a week.

Jaime Rodríguez
Mayagüez

Notas culturales

1. Since Puerto Rico is a commonwealth of the United States, both Spanish and English are used extensively. Bilingualism is an important economic as well as political and social issue.

2. There are several political factions in Puerto Rico. One crucial issue that has been debated there for many years is whether Puerto Rico should become one of the United States, remain a commonwealth of the U.S., or become an independent country. This issue has produced some significant cultural undercurrents in the Puerto Rican society; for example, some people want to maintain more of a Hispanic society and others prefer to get deeper into the North American mainstream.

3. As evidenced by these letters to the Editor, Puerto Rico enjoys the freedom of speech guaranteed to all citizens of the United States and of U.S. territories. The right to speak out on issues via the mass media is an essential safety valve for the individual distressed by events.

Observaciones

¿Cómo se dice en español?

1. It isn't enough.

2. It is more important that one understand.

3. He can't even do that.

4. It seems quite strange to me.

5. It's all a trick.

6. The sharks continue eating the sardines.

7. This is bad for health.

8. They are going through a crisis.

9. Perhaps the rest will be afraid.

10. This crime wave

11. I ask that they pick up the trash.

12. At least twice a week

Repaso de la narrativa

Preguntas

1. Según el señor Peñas, ¿es suficiente ser bilingüe?

2. ¿Qué es la nacionalidad?

3. ¿Qué es más importante que conocer dos idiomas?

4. Según el señor Peñas, ¿cuál es el problema del señor Hoyos?

5. ¿Qué respalda Gloria Graciela?

6. ¿De qué está segura la Srta. Graciela?

7. ¿Qué cree la Srta. Graciela?

8. ¿De qué no se ocupan los encargados?

9. ¿Qué quiere pedir el Sr. Rodríguez a los del municipio?

10. Según María Padilla, ¿cómo está su gobierno?

11. ¿Qué piensan solucionar?

12. ¿Qué tiempo es, según María Padilla?

Ejercicios gramaticales

Conteste según los modelos.

1. ¿Es importante que se hablen dos lenguas o que se entiendan?   *Es importante que se entiendan.*

   ¿Es importante que se escriba bien o que se entienda?
   ¿Es mejor que se lea bien o que se entienda?
   ¿Es mejor que se escuche con gran interés o que se entienda?

2. ¿Qué le parece la crisis?   *Pues, es extraño que traten de resolver la crisis.*

   ¿Qué le parece el rompecabezas?
   ¿Qué le parece el nuevo plan?
   ¿Qué le parece la situación?

3. ¿Está de acuerdo con la   *Sí, quiero que se imponga*
pena de muerte?   *la pena de muerte.*
¿Está de acuerdo con la disciplina?
¿Está de acuerdo con la solución?
¿Está de acuerdo con la censura?

4. ¿Qué le pasa a Ud. en   *Tal vez (yo) tenga miedo.*
un cementerio misterioso?
¿Qué le pasa a su mamá en un cementerio misterioso?
¿Qué nos pasa en un cementerio misterioso?
¿Qué me pasa en un cementerio misterioso?

5. ¿Qué le parecen la   *La primera (cosa) es tan*
arrogancia y la   *mala como la segunda.*
malfundada grandeza?
¿Qué le parecen la política y las drogas?
¿Qué le parecen la conferencia y la lección?
¿Qué le parecen la pena de muerte y la prisión?

6. ¿Qué cree Ud. de la pena   *Tal vez sea la única*
de muerte?   *solución.*
¿Qué cree Ud. de dominar dos idiomas?
¿Qué cree Ud. de un barrio limpio?
¿Qué cree Ud. de distraer la opinión pública?

Conceptos gramaticales

Me parece extraño que se *esté* tratando de resolver el problema.	It seems strange to me to *be* (that they *are*) trying to resolve the problem.
Es más importante que se *entienda* la verdad.	It's more important to *understand* (that one *understand*) the truth.
Estoy de acuerdo que se *imponga* la pena de muerte.	I agree that capital punishment *be imposed*.
Me gusta que el profesor *hable* claro.	I like the teacher to *speak* (that he *speak*) clearly.
Es mejor que no *tomemos* tanta cerveza.	It's better that we not *drink* so much beer.

The subjunctive mood occurs in the verb of the secondary clause (the **que**-clause) when the main clause expresses the speaker's personal or biased opinion. The speaker may use an impersonal expression or phrase such as **Es necesario, Es importante,** or **Es mejor,** or a phrase such as **Estoy de acuerdo**. These expressions or phrases show personal opinions (whether or not the

Vista Doce:
Puerto Rico

347

speakers have facts to support these opinions). When a **que**-clause follows such a phrase or expression, the verb in the **que**-clause is cast in the subjunctive mood. There are a few impersonal phrases that do not require the subjunctive: **Es cierto, Es verdad, Es seguro.**

Subjunctive of *A*-type verbs: regular stems

Indicative theme vowel	*Subjunctive theme vowel*
A	**E**
habl*a*	habl*e*
tom*a*mos	tom*e*mos
entr*a*s	entr*e*s

Subjunctive of *E*- and *I*-type verbs: regular stems

Indicative theme vowel	*Subjunctive theme vowel*
E/I	**A**
com*e*	com*a*
descubr*i*mos	descubr*a*mos
aprend*e*n	aprend*a*n

Observe that there is a reversal of indicative and subjunctive theme vowels for **A**-type and **E/I**-type verbs. Indicative theme vowel **A** becomes **E** in the subjunctive mood and indicative theme vowels **E** and **I** become **A** in the subjunctive. (See *Workbook,* Vista 12, PI A.)

Ejercicios

A. Conteste las siguientes preguntas, según el modelo.

Modelo: ¿Es necesario que   *Es necesario que comamos*
comamos bien o   *bien.*
que hablemos poco?

1. ¿Es importante primero que resolvamos el problema o que identifiquemos el problema?

2. ¿Es necesario que entendamos el problema primero o que solucionemos el problema?

3. ¿Es probable que los políticos hablen más o que trabajen más?

4. ¿Es bueno que guardemos el dinero o que perdamos el dinero?

5. ¿Es probable que los pobres sigan pobres o que ganen mucho dinero?

6. ¿Es mejor que comamos hidratos de carbono o que tomemos alcohol?

7. ¿Es más razonable que pidamos soluciones a los problemas o que protestemos los problemas?

8. ¿Es mejor que Ud. hable dos lenguas o que viaje mucho?

9. ¿Es preferible que el municipio recoja la basura o que deje la basura en las calles?

B. Diga Ud. la pregunta y luego convierta el infinitivo de la pregunta a la forma del subjuntivo en la frase.

Modelo: ¿Descansar un poco? *Sí, me gusta que descansemos un poco.*

1. ¿Exportar trigo?
2. ¿Sacar muchos apuntes?
3. ¿Denunciar los robos?
4. ¿Ganar la popularidad?
5. ¿Perder peso?
6. ¿Escribir bien?
7. ¿Confundir al profe?
8. ¿Tratar de publicar la verdad?
9. ¿Resolver la crisis?
10. ¿Ayudar a los amigos?
11. ¿Comer las sardinas?
12. ¿Celebrar las fiestas?
13. ¿Vivir en ese barrio?
14. ¿Discutir los problemas?

Infinitive	Present tense, indicative mood, first person singular	Present tense, subjunctive mood, base form
tener	tengo	*tenga, tengamos*
hablar	hablo	*hable, hablemos*
hacer	hago	*haga, hagas*
ver	veo	*vea, veas*
conocer	conozco	*conozca, conozcan*
imponer	impongo	*imponga, impongáis*
bajar	bajo	*baje, bajéis*

1. The verb stem of the present subjunctive mood of most verbs is identical to the verb stem of the first person singular of the present tense, indicative mood. To derive the present subjunctive, delete the **-o** of the **yo** form of the present tense, indicative mood and attach the appropriate theme vowel. If necessary, refer to the verb chart in the appendix.

Vista Doce:
Puerto Rico

Una estatua de Ponce de León en el viejo San Juan. "La fuente de juventud está para allá."

2. In verbs that end in **-car**, **-gar**, and **-zar** (e.g., **buscar**, **pagar**, and **empezar**), **c, g,** and **z** become **qu-**, **gu-** and **c-**, respectively.

3. There are six verbs that do not follow the regular pattern in forming the present subjunctive. These verbs have to be memorized.

Infinitive	First pers., pres. indic.	First person, pres. subjunc., base form
ser	soy	sea
estar	estoy	esté
dar	doy	dé
ir	voy	vaya
haber	he	haya
saber	sé	sepa

4. As in the present indicative mood, the usual person suffixes apply: **-s** for **tú**, **-mos** for **nosotros**, and **-n** for **ellos**. Recall that

the **yo, Ud., ella,** and **él** forms in the present indicative mood do not have person suffixes. The present subjunctive mood also does not have person suffixes for these forms.

Analysis of *hablar habl-*

Singular				Plural			
yo	habl	e	—	nosotros	habl	e	mos
tú	habl	e	s	vosotros	habl	é	is
usted	habl	e	—	ustedes	habl	e	n
él, ella				ellos, ellas			

Ejercicios

A. Cambie Ud. las siguientes oraciones a una forma con *que.*

Modelo: Es importante   *Es importante que se*
          entender la verdad.   *entienda la verdad.*

1. Es bueno usar la inteligencia.

2. Es importante recoger la basura.

3. Es importante oír la conferencia.

4. Es necesario buscar una buena oportunidad.

5. Es bueno negociar una paz permanente.

6. Es agradable vivir bien.

7. Es importante saber la información.

8. Es difícil aprender otra lengua.

9. Es necesario estar por la resolución.

10. Es ideal tener muchos amigos.

B. Conteste según el modelo.

Modelo: ¿Cuál es más   *Es más útil que yo tenga un*
          útil . . . , que Ud.   *trabajo.*
          tenga un trabajo o
          que sepa la verdad?

1. ¿Cuál es más práctico . . . , que Ud. resuelva un problema personal o que tenga mucha riqueza?

2. ¿Cuál es ideal . . . , que Ud. viva bien o que esté contento(a)?

3. ¿Cuál es más agradable . . . , que Ud. sea amable o que saque buenos apuntes?

4. ¿Cuál es mejor . . . , que Ud. haga lo imposible o que siga haciendo lo normal?

5. ¿Cuál es preferible . . . , que Ud. reciba algo o que dé algo?

6. ¿Cuál es más necesario . . . , que Ud. aprenda algo en este curso o que tenga una nota buena?

7. ¿Cuál es más intolerable . . . , que Ud. esté suspendido(a) de la universidad o que sea arrogante con los demás?

8. ¿Cuál es preferible . . . , que Ud. coma una comida buena o que tome vitaminas?

9. ¿Cuál le gusta más . . . , que Ud. sea muy popular o que salga sobresaliente de la universidad?

10. ¿Cuál es preferible . . . , que Ud. se acueste temprano o que se levante tarde?

Subjunctive with **tal vez** and **quizás** 97 Subjunctive with **tal vez** and **quizás**

Tal vez él *tenga* miedo.	*Perhaps* he is (*may be*) afraid.
Quizás no *consigamos* la información.	*Perhaps* we won't (*may* not) *get* the information.

Tal vez and **quizás (quizá)** are equivalent to *perhaps* in English. A "perhaps" statement often reflects the speaker's subjective viewpoint and s/he uses the subjunctive mood to inform the listener that the viewpoint is subjective.

Ejercicios

A. Cambie las oraciones negativas a formas afirmativas usando *tal vez* o *quizás* y *mañana* en vez de *ahora, hoy,* o *en este momento.*

Modelo: Ahora no tenemos el dinero.   *Tal vez mañana tengamos el dinero.*

1. Ahora no entendemos la lección.

2. Ahora el profesor no explica más.

3. En este momento no tenemos razón.

4. Hoy no se impone la pena de muerte.

5. Ahora no rezo el rosario.

6. Hoy no nos recortan el sueldo.

7. Hoy no voy a la biblioteca.

8. En este momento no estás contento.

9. Hoy no hay muchos estudiantes aquí.

10. Ahora no puedo ir.

B. Invente Ud. una respuesta usando *tal vez o quizás y* una forma del subjuntivo.

Modelo: ¿Qué opina Ud. del presidente?   *Tal vez sea honesto.*

1. ¿Qué piensa Ud. del sistema de educación?

2. ¿Qué piensa Ud. de ser bilingüe?

3. ¿Qué cree Ud. de la pena de muerte?

4. ¿Qué opina Ud. de la calidad de la vida?

5. ¿Qué piensa Ud. de una paz permanente?

Comamos ahora.	*Let's eat* now.
Seamos buenos.	*Let's be* good.
Sentémonos.	*Let's sit down.*
Comencemos.	*Let's begin.*
Entendámonos.	*Let's understand each other.*

1. The act of this command form is one of which you and someone else are part and you are the spokesperson for the two of you.

2. This command form is identical to the present subjunctive form for **nosotros.**

3. The indicative, **nosotros** form of **ir, vamos,** also means *let's go* and is the one exception to the rule for forming the "let's" command. The negative "let's" command of **ir** is the usual subjunctive form: **no vayamos.**

4. When a reflexive verb is involved and the command form is affirmative, the verb drops the final **-s** (**sentemo**-) and attaches the reflexive pronoun **nos: sentémonos** or **vámonos,** for example.

5. When a pronoun is attached, note that a written accent is added to the verb.

Vista Doce:
Puerto Rico

Ejercicios

A. Haga Ud. un mandato con la forma de *nosotros*.

Modelos: ¿Qué hacemos?   *Sí, sentémonos.*
          ¿Sentarnos?
          ¿Qué hacemos?   *Sí, comamos ahora.*
          ¿Comer ahora?
          ¿Qué hacemos?   *Sí, mirémosla.*
          ¿Mirar la televisión?

1. ¿Qué hacemos? ¿Practicar?

2. ¿Qué hacemos? ¿Jugar?

3. ¿Qué hacemos? ¿Imponer la pena de muerte?

4. ¿Qué hacemos? ¿Recoger la basura?

5. ¿Qué hacemos? ¿Acostarnos?

6. ¿Qué hacemos? ¿Tomar algo?

7. ¿Qué hacemos? ¿Tener paciencia?

8. ¿Qué hacemos? ¿Lavarnos las manos?

9. ¿Qué hacemos? ¿Salir de aquí?

10. ¿Qué hacemos? ¿Quedarnos en casa?

Entremés

¿Es Ud. un(a) turista bueno(a)?

Para saberlo, conteste las siguientes preguntas y luego busque
los resultados.

	Cierto	Falso
1. Antes de salir, Ud. lee unos libros sobre la región o el país que va a visitar.	_____	_____
2. No le es importante hablar un poco la lengua del país que va a visitar.	_____	_____
3. Se aprende más viajando solo(a) que en grupo.	_____	_____

4. Las costumbres de los otros países, generalmente, no son muy interesantes. _____ _____

5. Durante el viaje, le gusta probar los platos típicos de una región. _____ _____

6. Es preferible tomar muchas fotos en vez de hablar con la gente. _____ _____

7. La gente de un país tiene una impresión de nuestro país según las impresiones que tiene de los turistas. _____ _____

8. Es desagradable hablarle o hacerle preguntas a alguien que Ud. no conoce. _____ _____

9. Es necesario ver todo en un país y hacerlo lo más pronto posible. _____ _____

10. Uno siempre debe comparar nuestro país con el país que está visitando. _____ _____

Resultados

Count one point for "cierto" for numbers 1, 3, 5, 7, and one point for "falso" for numbers 2, 4, 6, 8, 9, 10.

1. Si Ud. tiene 8 a 10 puntos Ud. es un(a) turista extraordinario(a), le gustan los viajes y la gente. Una profesión donde tuviera que viajar sería una buena selección para usted.

tuviera: would have
sería: would be

2. Si Ud. tiene 5 a 8 puntos le gusta bastante viajar pero tiene sus ideas sobre lo que quiere hacer y ver. Tiene que escoger sus viajes para evitar las cosas que no le interesen.

escoger: to choose
evitar: to avoid

3. Si tiene menos de 5 puntos, por ahora, los viajes no le interesan. Ud prefiere quedarse en su país y, posiblemente, quiere conocer este país antes de viajar a otra parte.

◀◀◀ Conceptos gramaticales

Comparison of equal amounts 99   Comparison of equal amounts 99   Compari

La arrogancia es *tan* injusta *como* la malfundada grandeza.

The arrogance is *as* unjust *as* the ill-founded grandeur.

Vista Doce:
Puerto Rico

Hay *tantos* problemas *como* soluciones.

There are *as many* problems *as* solutions.

El barrio Amelia tiene *tanta* basura *como* el barrio Sábana.

The Amelia district has *as much* trash *as* the Sábana district.

Son *tan* fenomenales *como* las Fallas valencianas.

They are *as* phenomenal *as* the Valencian Fallas.

$$\text{tan} + \begin{Bmatrix} \text{adjective} \\ \text{adverb} \end{Bmatrix} + \text{como} \ldots$$

$$\text{tant-} + \text{noun} + \text{como} \ldots$$

1. Either an adjective or an adverb may appear after **tan**.

2. The ending of **tant-** depends upon the number and gender of the noun that follows (e.g., **tanto papel, tantos pueblos, tanta información, tantas soluciones**).

3. A sentence in which this comparison structure occurs is made up of two basic sentences.

Hay soluciones.
Hay problemas.

Hay tantos problemas como soluciones.

El barrio Sábana tiene basura.
El barrio Amelia tiene basura.

El barrio Amelia tiene tanta basura como el barrio Sábana.

Ejercicios

A. Haga una oración de comparación de las dos oraciones básicas. Use la estructura *tan . . . como.*

Modelos: Soy amable./Soy inteligente.

Soy tan inteligente como amable.

Jimena es amistosa./Gustavo es amistoso.

Gustavo es tan amistoso como Jimena.

1. Leo bien./Escucho bien.

2. El ministro es distinguido./Mi padre es distinguido.

3. El profe está cansado./Yo estoy cansado(a).

4. La película es erótica./El libro no es erótico.

5. El estudiar es necesario./El jugar es necesario.

6. Mi amigo es gracioso(a)./Yo soy gracioso.

7. La tradición es importante./El cambio es importante.

8. Mis padres han entendido bien./Yo he entendido bien.

El Morro, una de las atracciones turísticas del viejo San Juan.

B. Haga una oración de comparación de las dos oraciones básicas. Use la estructura *tant- . . . como.*

Modelo: Onorio escribe cinco cartas. / Escribo cinco cartas.   *Escribo tantas cartas como Onorio.*

1. Como arroz. / Como carne.

2. Jorge consume mucho postre. / Consumo mucho postre.

3. Tengo mucha paciencia. / Tengo mucha inteligencia.

4. En la política se ve mucha influencia. / En la política se ve mucha arrogancia.

5. En el mundo diplomático hay varias reuniones oficiales. / En el mundo diplomático hay varias reuniones sociales.

6. Mi mejor amigo ha leído cien páginas. / He leído cien páginas.

7. En la vida se oyen muchas verdades. / En la vida se oyen muchas falsedades.

Mi papá habla *tanto como* mi tío.	My father talks *as much as* my uncle.
Voy a las montañas *tanto como* a la playa.	I go to the mountains *as much as* to the beach.
Estudio *tanto como* mi hermano.	I study *as much as* my brother.

The adverbial phrase **tanto como**, *as much as,* derives from two underlying sentences in which the verbs are described as equal in intensity.

Juego mucho.
Trabajo mucho.   Juego tanto como trabajo.
Juan duerme mucho.
José duerme mucho.   José duerme tanto como Juan.

Ejercicio

Cambie la oración indicada a una oración de comparación.

Modelo: Los marineros   *Los marineros toman tanto*
        toman mucho y   *como cantan.*
        cantan mucho
        también.

1. Los estudiantes piensan mucho y escriben mucho también.

2. Los novios se pasean mucho y hablan mucho también.

3. El pobre sufre mucho y el enfermo sufre mucho también.

4. Los tomistas han protestado mucho y han discutido mucho.

5. Gano mucho y gasto mucho.

6. Paco aprende mucho y olvida mucho.

Anoche lo *busqué.*	Last night I *looked for* it.
Pagué cinco bolívares por el libro.	I *paid* five bolivars for the book.
Crucé la calle.	I *crossed* the street.

1. Verbs that end in **-car** have **-qué** in the first person singular perfective (e.g., **busqué).**

2. Verbs with **-zar** end in **-cé** in the first person singular perfective (e.g., **comencé**).

3. Verbs with **-gar** end in **-gué** in the first person singular perfective (e.g., **investigué**).

Common verbs of this type

-car	*-zar*	*-gar*
buscar	analizar	pagar
sacar	abrazar	pegar
dedicar	gozar	obligar
fabricar	comenzar	negar
practicar	memorizar	entregar
marcar	cruzar	investigar
indicar	empezar	
tocar		
implicar		

Ejercicio

Conteste las siguientes preguntas.

1. La semana pasada, ¿sacó Ud. muchos apuntes o pocos apuntes en clase?

2. ¿Qué punto gramatical practicó Ud. ayer?

3. ¿Cuánto pagó Ud. por su libro de español?

4. ¿Qué punto gramatical analizó Ud. anoche?

5. ¿A quién pegó Ud. una vez?

6. ¿Qué le explicó Ud. a alguien ayer?

7. ¿A quién abrazó Ud. recientemente?

Analysis of *estar* and *tener*

Singular				Plural			
yo	estuv	e	—	nosotros	estuv	i	mos
	tuv	e	—		tuv	i	mos
tú	estuv	i	ste	vosotros	estuv	i	steis
	tuv	i	ste		tuv	i	steis
usted,	estuv	o	—	ustedes,	estuv	iero	n
él, ella	tuv	o	—	ellos, ellas	tuv	iero	n

Vista Doce:
Puerto Rico

359

1. With verbs that have **ten-** as the principal part of the stem, **ten-** becomes **tuv-** in the perfective: **detener, obtener, retener.**

2. **Estar** and **andar** add **-uv-** to their stems: **estuv-** and **anduv-**. Although they are **A**-type verbs, **estar** and **andar** take the same perfective endings as **tener.**

Ejercicio

1. (tener) Anoche tuve un fuerte dolor de cabeza. (él) →
   Anoche tuvo un fuerte dolor de cabeza.
   (nosotros, el comerciante, los rateros, tú, yo, los marineros, el turista)

2. (obtener) Por fin obtuvimos el documento. (yo) → *Por fin obtuve el documento.*
   (el abogado, mi amigo y yo, tú, el señor Hoyos y su señora, yo, ustedes, Jimena)

3. (detener) El policía detuvo al ratero en el acto. (yo) →
   Detuve al ratero en el acto.
   (el cholo, las turistas, Efraín y yo, tú, el farmacéutico, yo, los ciudadanos)

4. (estar) Estuvimos de acuerdo con la información (tú) →
   Estuviste de acuerdo con la información.
   (todos los estudiantes, yo, el gobierno, David y yo, los abogados, tú, el ministro)

5. (andar) Esta mañana anduve por el parque. (ella) →
   Esta mañana anduvo por el parque.
   (Lope, mi familia y yo, tú, todo el mundo, yo, las turistas, la gente)

Una vista del idioma español 》》》

Los adverbios

Los adverbios pueden ocurrir como palabras individuales o como frases.

adverbios individuales	*frases adverbiales*
bien	muchas veces
tarde	todos los días
ahora	con cuidado
aquí	en el parque
tranquilamente	para allá

El adverbio es la palabra o frase que califica o determina la extensión de un verbo, adjetivo u otro adverbio. Hay tres categorías de adverbios: tiempo, lugar y manera (o modo).

Las tres categorías pueden dividirse en otras subdivisiones.

A. Adverbios de tiempo

1. indicando un punto del tiempo fijo
   Voy *mañana.*
   Estudié *anoche.*
   Tengo que comer *en este momento.*
   Van a recoger la basura *a las cinco.*

2. indicando una serie de puntos de tiempo (puntos seguidos u ordenados)
   Estudiamos *día tras día.*
   Otra vez dice la verdad.
   Desde ahora en adelante no voy a sufrir mucho.

3. indicando un tiempo durativo
   Vivimos allí *durante el año.*
   Ella trabajaba *mientras* dormíamos.
   Siempre tratamos de mejorarnos.
   Nunca quiero salir de aquí.

4. indicando la frecuencia
   Marta estudia *a menudo (frecuentemente).*
   Leo *muchas veces.*
   En varias ocasiones celebramos una fiesta.
   De vez en cuando hay manifestaciones estudiantiles.
   Mis padres me llaman por teléfono *periódicamente.*

B. Adverbios de lugar

1. indicando una posición
   La fiesta será *en mi casa.*
   Ellos van a estar *allí en Madrid.*
   Vamos a salir *de aquí.*

2. indicando una dirección
   Voy *a Bogotá.*
   Roberto no viene *hacia acá.*
   Los alumnos viajan *para España.*

C. Adverbios de manera

1. indicando una causa
   Estuve enfermo *debido a un resfrío.*
   No lo sabemos *a causa de que no lo estudiamos.*

2. indicando un agente o medio (means)
   Viajamos *en un coche nuevo.*
   Van a ir *por avión.*
   Le dieron buenas notas *por medio de su palanca.*
   Oímos los anuncios *mediante el radio.*

3. indicando un propósito
   Estudiamos *para aprender* algo útil.

4. indicando un acompañamiento
   Estoy de paseo *con mi novia*.
   Mi amigo vive *conmigo*.
   El diplomático está seguido *de varios periodistas*.

5. indicando una medida (measurement)
   Por lo general no voy a los bailes.
   Hombre, estudias *demasiado*.
   La situación es *sumamente* horrible.

Casi cualquier combinación de elementos adverbiales es posible.
Aquí hay algunas combinaciones posibles:

lugar lugar	Estuve *allí en Madrid*.
lugar tiempo	Volveremos *a casa a las ocho*.
lugar manera	La vi *en cama tranquila-mente*.
tiempo tiempo	La conferencia es *temprano mañana*.
tiempo manera	Me lo dijo *otra vez con cuidado*.
tiempo manera manera	Me veo *ahora francamente bien*.
lugar lugar tiempo	Van a hablar *aquí en casa esta noche*.
manera tiempo tiempo lugar	*Posiblemente mañana a las doce por aquí*

¿Puede Ud. pensar en otras combinaciones de adverbios?
¿Cuáles?

Comunicación/ Personalización 》》》

Entrevista

Preguntas	*Oral*	*Escrito*
1. ¿Qué es necesario, que exploremos el espacio exterior o resolvamos los problemas aquí en la Tierra?	Es necesario que . . .	Es necesario que _____

2. ¿Qué te gusta aquí, que haya muchas fiestas o muchas vacaciones?

Me gusta más que . . .

Le gusta más que _____

3. ¿Qué problema es tan complejo como la desnutrición de la gente pobre? ¿El de la limpieza o el de los sueldos?

El problema de . . . es . . .

El problema de _____

4. En tu opinión, ¿cuál es mejor, que el gobierno circule más dinero o que imponga más restricciones?

Es mejor que el gobierno . . .

Es mejor que _____

5. ¿Cuál es más razonable, que olvidemos los problemas o que protestemos las injusticias?

Es más razonable que . . .

Es más razonable que _____

Actividades personales

A. Frases incompletas: Termina la parte de la frase dada, usando un verbo en el subjuntivo.

1. Me gusta que mi familia _____

2. Quizás un día _____

3. Ya es tiempo de que los políticos _____

4. Es razonable que los ricos _____

5. Tal vez la pena de muerte _____

6. Tal vez un día el mundo _____

7. Es posible que la calidad de la vida _____

8. Es increíble que el sueldo de _____

9. Quizás el profe nunca _____

10. Es probable que los pobres _____

11. Es fantástico que _____

12. Es posible que los oficiales universitarios _____

13. A mis amigos les parece extraño que yo _____

B. Una situación de fantasía

Supongamos que vives en la Tierra de Magia, pero la calidad de vida no es buena. Tú crees que es necesario que los ciudadanos hagan algo para mejorar la Tierra de Magia. Explica lo que es necesario que los otros hagan.

Modelo: Es necesario que *cuiden sus sombreros mágicos.*

Es necesario que ——

Sección cultural ⟫⟫

Una estatua de los indios taínos y un barrio puertorriqueño en Filadelfia.

Puerto Rico me encanta . . .

Esta isla, situada en el mar Caribe a unas tres horas de Nueva York por avión, fue descubierta por Cristóbal Colón en 1493. Los indios Taínos que habitaban la isla la llamaban Borinquen.

En los años 1898 hasta 1900 Puerto Rico se convirtió en un territorio de los EE.UU., y en 1917 los puertorriqueños se convirtieron en ciudadanos. Sin embargo, el puertorriqueño es español de alma, y contiene una

encanta: delights, charms

habitaban: inhabited

se convirtió en: became

ciudadanos: citizens
sin embargo: nevertheless
de alma: at heart

Vista Doce:
Puerto Rico
364

mezcla de sangre europea, africana e india. Para él, Puerto Rico es su "patria chica". Hay un amor entre él y su isla. Dice él, "Puerto Rico me encanta". Y le encanta con buena razón.

La playa de Luquillo es una de las más bonitas del mundo. No muy lejos de San Juan, la capital, queda El Yunque. Este bosque es conocido por su vegetación tropical. Al sur de la isla está Ponce que es conocida por su famoso Museo de Arte.

bosque: forest

En Puerto Rico siempre hace un calor tropical. Con tanto calor el ritmo de la vida es más despacio. El puertorriqueño, como sus "primos," los españoles, sabe gozar de la vida. Se aprovecha del baile, de la fiesta, de la música. Después de festejar, el puertorriqueño tiene la costumbre de ir a la playa para aprovecharse de las aguas tibias. También, de pasatiempos, prefiere el dominó, la pelea de gallos y un buen partido de béisbol.

ritmo: rhythm

despacio: slow

gozar de: enjoy

festejar: to party

tibio: lukewarm
de pasatiempos: as pastimes
dominó: dominoes
pelea . . . gallos: cockfight

Como muchos de sus contrapartes en el mundo hispánico, cree en el fatalismo. La vida es controlada por las fuerzas sobrenaturales. Muchas veces el puertorriqueño dice, "Acepto lo que Dios me mande" o "Si Dios quiere". También cree en el valor de la dignidad; cree que, a pesar de la posición social, cada persona merece el respeto.

merece: deserves

Todavía hay mucha influencia de los EE. UU. en la isla. El país no puede negociar contratos sin el permiso del Departamento de Estado en Wáshington. Durante la Navidad, poco a poco, se ve la influencia de Santa Clos. Y se celebra la Navidad, más y más, el 25 de diciembre en vez del 6 de enero, Día de los Reyes. El 4 de julio, hay desfiles, bandas militares, discursos y lecturas de la histórica Declaración de Independencia.

Día de los Reyes: Epiphany

desfiles: parades

discurso: speech
lectura: reading

**Vista Doce:
Puerto Rico**

Hay profundos problemas económicos en la isla. Por eso, muchos puertorriqueños salen para los EE.UU. en busca de trabajo, dinero y un futuro. Al llegar, encuentran discriminación, gente fría, condiciones malas. Pronto empiezan a anhelar su tierra calurosa donde siempre hay sol y donde tienen raíces y familiares.

anhelar: to long for

raíz: root

familiares: family, relatives

Hay problemas políticos también. La isla está dividida entre los que están por un país independiente, los que favorecen un Estado Libre Asociado, y los que quieren que la isla se haga el próximo estado. Y hay un partido político que apoya cada posición.

Estado Libre Asociado: Commonwealth

partido: party

apoya: supports

Quízas un día Ud. esté en Puerto Rico. Tiene que saber una expresión muy usada allí, el famoso ''¡Ay bendito!'' Según los puertorriqueños la expresión es su contribución al avance de la humanidad. Úsela cuando haya fracasado, cuando tenga problema con un policía, o en cualquier situación dondequiera que necesite simpatía. Sin duda puede ayudarle muchísimo.

haya: *present subjunctive of* **haber**
fracasado: failed
dondequiera (que): wherever

Preguntas

1. ¿Dónde está situado Puerto Rico?

2. ¿Quiénes habitaban la isla?

3. ¿Qué pasó en los años 1898—1900?

4. ¿En qué año se hicieron ciudadanos?

5. ¿Cómo es Luquillo?

6. ¿Por qué es el ritmo de la vida más despacio?

7. Según el puertorriqueño, ¿qué controla la vida?

8. ¿Cómo se llama este concepto?

9. ¿Cuáles son unas influencias de los EE.UU. en Puerto Rico?

10. ¿Qué encuentra el puertorriqueño al llegar a los EE.UU.?

11. ¿Cómo está dividido el país políticamente?

12. ¿Cuándo dice el puertorriqueño ''¡Ay bendito!''?

 Vocabulario

Nouns

el alma
 (las almas)
el barrio
la basura
el bosque
el carácter
el contribu-
 yente
el crimen
la crisis
el déficit
el desfile
el discurso
el dominó

el/la em-
 pleado(a)
el encargado
los familares
el gallo
el insula-
 rismo
el lector
la lectura
la limpieza
la medida
el municipio
la nacionali-
 dad
la nube

la ola
el partido
la pelea
la pena
la raíz
 (las raíces)
el recorte
el residente
el rey
el ritmo
el sueldo
el tiburón
el truco

Verbs

anhelar
confundir
distraer
empeorar
encantar
estangular
evitar
festejar
fracasar
gozar
habitar
hacerse
imponer
matar
merecer

pegar
recoger
recortar
señalar
tratar de

Adjectives

bilingüe
desorientado
despacio
extraño
limpio
peculiar
público
suficiente

Adverbs

aparente-
 mente
de nuevo
dondequiera
quizá(s)
siquiera
tal vez

Expressions

por medio
 de
sin embargo

VISTA TRECE: MÉXICO-AMERICANOS

◀◀◀ Al principio

In this **vista** we'll take a look at the Mexican American influence in the U.S. and examine some of the problems **La Raza** faces. As you progress through the unit

you'll learn

1. to use the present tense to indicate future time
2. the future tense
3. the superlative of adjectives
4. to use the subjunctive in noun clauses after certain verbs
5. more verbs with the **-ndo** form

so look for

1. *Vuelvo* a casa por la tarde.
2. *¿Podrás* ayudarme?
3. Es *la menos* bonita. Son *los mejores* de todos.
4. *No creo* que *sea* maestro. Le *digo* que *venga*.
5. *Sigo* habla*ndo*

In addition, you'll review **ir** plus **a** plus the infinitive, and you'll practice verbs that have different meanings in the imperfective and perfective aspects.

In the **Entremés** you'll have an opportunity to use your reasoning ability.

Narrativa

"Newsletter" chicano

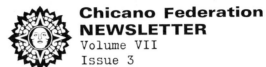

Chicano Federation NEWSLETTER
Volume VII
Issue 3

Los comités van a reportar

Este mes presentamos con gran placer algunos de los comités y las personas que contribuirán al funcionamiento tan eficaz de nuestra Federación Chicana.

The committees will report

This month we are presenting with great pleasure some of the committees and persons who will contribute to the smooth functioning of our Chicano Federation.

Comité de Leyes y Justicia

El Sr. Héctor López trabajará en la Oficina de Relaciones de la Comunidad. Él será el jefe del Comité de Leyes y Justicia. La semana entrante el comité investigará varios aspectos de las leyes del Estado e iniciará unos programas de importancia para los chicanos. El propósito es investigar áreas en cuestión que sean problemas en el futuro.

El comité tendrá en consideración varios programas. Piensan establecer un plan para carreras en la policía. Este plan afectará a toda la comunidad. Como este programa tendrá contacto con la Oficina de Servicio para la Comunidad, incluirá directamente a las minorías. Dentro de poco el comité dará un resumen para explicar la posición de la Federación.

The Committee on Laws and Justice

Mr. Héctor López will work in the Office of Community Relations. He will be the chairperson of the Committee on Laws and Justice. Next week the committee will investigate several aspects of the state laws and initiate some important programs for Chicanos. The purpose is to investigate some specific areas that may be problems in the future.

The committee will consider several programs. They intend to establish a plan for careers on the police force. This plan will affect the whole community. Since this program will have contact with the Office of Community Service, the plan will include minorities directly. Shortly, the Committee will provide a summary to explain the Federation's position.

Comité femenil

El Centro Padre Hidalgo ofrece un programa de educación bilingüe para la mujer de habla hispana. El programa ofrecerá seis meses de entrenamiento para trabajos de oficina. Además, en el programa se ofrecen clases de inglés, ciudadanía, y desarrollo personal.

El propósito de este programa es educar a la mujer latina, enseñándole una habilidad para que ella pueda ganarse la vida sin tener que depender de la ayuda pública.

El programa es dirigido por la Hermana Sara Murrieta, directora del Centro Padre Hidalgo. Ella quiere que todas las mujeres latinas tengan la ayuda necesaria para que puedan convertirse en ciudadanas dignas y económicamente independientes. La directora espera que toda mujer venga a formar parte del programa. Desea que este programa sea un gran éxito.

Actualmente las mujeres que están estudiando, lo hacen con muchos sacrificios económicos. Dos de sus grandes problemas son la falta de transportación y el cuido de los niños. Por esa razón invitamos a que todos contribuyan un poco para ayudar a las mujeres en ese tipo de gastos.

Women's Committee

The Father Hidalgo Center is offering a bilingual education program for the Spanish-speaking woman. The program will offer six months of training for office jobs. In addition, in the program they're offering classes in English, citizenship, and personal development.

The purpose of this program is to educate the Latin woman, teaching her a skill so that she can earn a living without having to depend on public aid.

The program is directed by Sister Sara Murrieta, director of Father Hidalgo Center. She wants all Latin women to have the necessary help so that they can become deserving and economically independent citizens. The director hopes that every woman will join (form a part of) the program. She wants this program to be very successful.

Currently the women who are studying do so with many financial sacrifices. Two of their biggest problems are the lack of transportation and of child care. Therefore we invite all to contribute a little to help the women with that kind of expense.

Comité de Educación

El Sr. Florencio Medina es el presidente de este comité. También sigue funcionando como el consejero del Centro de Colocaciones y Profesiones de la Universidad del Estado.

Una de las preocupaciones del comité tiene que ver con la necesidad de obtener maestros bilingües bien calificados para los varios programas actuales.

El comité entiende que el objetivo de una buena educación para nuestros chicanitos y chicanitas tiene gran significado. Creemos que este objetivo es el más importante de todos.

Education Committee

Mr. Florencio Medina is the president of this committee. He will also continue acting as the counselor of the Placement and Career Center of State University.

One of the concerns of the committee has to do with the need to get well-qualified bilingual teachers for several current programs.

The committee understands that our goal of a good education for our chicano boys and girls is of great significance (has a great meaning). We believe that this goal is the most important of all.

Nuestro lema

La Raza En Su Lucha Por Una Vida Mejor Tiene Que Unirse Para Asegurar Sus Derechos y Su Existencia.

Our slogan

The People in Their Struggle For a Better Life Have to Unite to Assure Their Rights and Their Existence.

Notas culturales

1. The statement at the end of the newsletter reflects a significant attitude among Chicanos. The tone and content of the newsletter underscore the desire to find the strength in numbers.

2. **Chicano** is a term used by some in the Mexican American community to refer to people of Mexican ancestry. Many young Mexican Americans prefer to be called **Chicanos** while many of their elders prefer the word **Mexicanos.**

3. Various Mexican American federations exist in the United States. Note the concerns of the newsletter: the Law, education, and women. Knowledge of the Law and a good education are ways to gain entrance into the mainstream of American culture.

4. The Mexican American is both a citizen of the United States and a member of **La Raza.** The term **La Raza** is applied to all Latin Americans who are united by cultural and spiritual bonds. The Chicano, who feels these bonds deeply with close friends, usually refers to these friends as **carnales.**

Observaciones

¿Cómo se dice en español?

1. Earn a living
2. The committee will investigate.
3. He will be the chairperson.
4. The most important of all
5. With great pleasure
6. Office jobs
7. They intend to establish a plan.
8. Has to do with the need
9. He will also continue acting.
10. Well-qualified bilingual teachers
11. She wants this program to be very successful.
12. The lack of transportation
13. We invite all to contribute.

Repaso de la narrativa

Preguntas

1. ¿Cuáles son los tres comités mencionados?
2. ¿En qué oficina trabajará el Sr. López?
3. ¿Qué investigará el Comité de Leyes y Justicia?
4. ¿Qué tendrá en consideración el Comité de Leyes y Justicia?
5. ¿A quién afectará el plan para carreras en la policía?
6. ¿A qué grupo incluirá el programa?
7. ¿En qué trabajo sigue funcionando el Sr. Medina?
8. ¿Cuál es una preocupación del Comité de Educación?
9. ¿Cuál es el objetivo más importante del Comité de Educación?
10. ¿Qué centro ofrece un programa para la mujer latina?
11. ¿Qué ofrecerá el programa?
12. ¿Qué espera la hermana Sara Murrieta?
13. ¿Qué desea la directora del centro Padre Hidalgo?
14. ¿Cuáles son dos problemas que tienen las mujeres?

Ejercicios gramaticales

1. ¿Qué contribuirán? ¿Algo útil? — *Sí, contribuirán algo útil.*

   ¿Qué presentarán? ¿Un plan?

   ¿Qué investigarán? ¿Un problema?

   ¿Qué establecerán? ¿Un programa?

2. ¿Cuándo lo presentan?   *Sí, lo presentan mañana.*
   ¿Mañana?
   ¿Cuándo piensan hacerlo? ¿Pasado mañana?
   ¿Cuándo se ofrecen las clases? ¿La semana próxima?
   ¿Cuándo reciben más información? ¿Más tarde?

3. Este objetivo, ¿es el más   *Sí, es el más importante.*
   importante de todos?
   Este gobierno, ¿es el más estable de todos?
   Estos problemas, ¿son los más grandes de todos?
   Este muchacho, ¿es el más tacaño de todos?
   Esta clase, ¿es la más importante de todas?

4. ¿Qué pueden hacer las   *Pueden convertirse en*
   mujeres?   *ciudadanas dignas.*
   ¿Qué pueden hacer los niños?
   ¿Qué pueden hacer los hombres?
   ¿Qué pueden hacer las alumnas?

5. ¿Qué desea la directora?   *La directora desea que el*
        programa sea un gran éxito.
   ¿Qué desea la Federación chicana?
   ¿Qué desea el jefe del comité?
   ¿Qué desea la comunidad?

6. ¿Qué esperamos que   *Esperamos que tengan éxito.*
   hagan? ¿Tener éxito o
   dejar el programa?
   ¿Qué esperamos que hagan? ¿Aprender una habilidad o
   depender de otras?
   ¿Qué esperamos que hagan? ¿Estudiar el plan o pedir más
   dinero?
   ¿Qué esperamos que hagan? ¿Recibir más información o
   seguir hablando?

Conceptos gramaticales

Present tense for future time 103 Present tense for future time 103 Preser

Mañana *voy* a la universidad.	Tomorrow I'*ll go* to the university.
Después de comer, me *lavo* los dientes.	After eating, I'*ll clean* my teeth.
Todavía *sigue* funcionando como consejero.	He still *will continue* acting as a counselor.

The present tense of the indicative mood may be used to express
an event that has not yet taken place. Very often an adverb of
time, used to refer to a point in future time, accompanies the
verb.

375

Ejercicios

A. Conteste las preguntas usando el presente para indicar el futuro.

Modelo: ¿Cuándo piensa establecer un plan? ¿Mañana o pasado mañana?

Pienso establecer un plan mañana.

1. ¿Cuándo vuelve a casa? ¿Por la tarde o por la noche?

2. ¿Cuándo llega a clase mañana? ¿Temprano o tarde?

3. ¿Cuándo celebra el fin de la semana? ¿El viernes o el sábado?

4. ¿Cuándo va al cine? ¿Esta semana u otra semana?

El comité *va a estudiar* el plan.	The committee is *going to (will) study* the plan.
Vamos a estar allí esta tarde.	We are *going to (will) be* there this afternoon.

1. A present tense form of **ir** + **a** + the infinitive form (**-r**) of any verb can be used to indicate a future action.

2. This form to indicate futurity is used more extensively in conversation than the formal future tense.

Ejercicio

Conteste según el modelo.

Modelo: ¿Qué va a hacer después de esta clase? ¿Descansar o estudiar?

Voy a descansar.

1. ¿Cuándo va a ver a sus padres otra vez? ¿Pronto o mucho más tarde?

2. ¿Quién va a estar con usted esta noche? ¿Un amigo o una amiga?

3. ¿Cuándo va a viajar a México o a España? ¿Pronto o mucho más tarde?

4. ¿Qué va a hacer el viernes por la noche? ¿Salir con alguien o quedarse en casa?

5. ¿Qué va a hacer el próximo semestre? ¿Estudiar español o escoger otro curso?

López *trabajará* en el comité.	López *will work* on the committee.
Saldremos en una hora.	We *will leave* in an hour.
Nunca *veremos* tal película.	We *will* never *see* such a film.
¿Cuándo *podrás* ayudarme?	When *will* you *be able* to help me?

Analysis of future tense endings: all verbs

A-type			*E*-type			*I*-type		
hablar	é	—	comer	é	—	asistir	é	—
hablar	á	s	comer	á	s	asistir	á	s
hablar	á	—	comer	á	—	asistir	á	—
hablar	e	mos	comer	e	mos	asistir	e	mos
hablar	é	is	comer	é	is	asistir	é	is
hablar	á	n	comer	á	n	asistir	á	n

1. The future tense is formed by taking the infinitive form **(-r)** and adding the endings shown in the chart.

2. The first and third person singular do not carry person suffixes. Note that **-s, -mos, -is,** and **-n** are the other person suffixes.

3. Note the written accent on all forms except the **nosotros** form.

4. The future stems of the following verbs are irregular and must be memorized.

Verbs with irregular future stems

Verb	Future stem
tener	tendr-
poder	podr-
salir	saldr-
poner	pondr-
valer	valdr-
venir	vendr-
caber	cabr-
haber	habr-
saber	sabr-
decir	dir-
hacer	har-
querer	querr-

**Vista Trece:
México-Americanos**

Ejercicios

A. Cambie las siguientes frases del presente al futuro, según el modelo. Si la frase es negativa, use *tampoco* en la respuesta.

Modelos: Hoy trabajamos
mucho.

*Y mañana trabajaremos
mucho también.*

Hoy el profe no
dice nada.

*Y mañana no dirá nada
tampoco.*

1. Hoy comemos muy poco.

2. Hoy no bailan el cha-cha-chá.

3. Hoy puedo contar con mis amigos.

4. Hoy no duermes bien.

5. Hoy no atacan el problema.

6. Hoy tengo mala suerte.

7. Hoy no recogen la basura.

8. Hoy Raúl sabe las respuestas.

9. Hoy hay mucha gente aquí.

10. Hoy no es suficiente.

11. Hoy no dicen nada.

12. Hoy sales antes del mediodía.

13. Hoy llego tarde a clase.

B. Conteste las preguntas.

1. Mañana, ¿estará para bromas o estará cansado(a) de tonterías?

2. Mañana, ¿saldrá para la universidad a la misma hora o más tarde?

3. Este fin de semana, ¿irás a una discoteca o a otro sitio?

4. ¿Siempre seremos libres o seremos esclavos un día?

5. En el futuro, ¿hará muchas cosas buenas o muchas cosas grotescas?

6. Esta noche, ¿pensará en la realidad o en la fantasía?

7. Mañana, ¿le hará una faena a alguien o será amable con todos?

8. Mañana, ¿seguirá estudiando o descansará un poco?

9. Este fin de semana, ¿podrá jugar un poco o tendrá que estudiar mucho?

Una pintura en una muralla en Chicago.

Este objetivo es *el más importante.*	This objective is *the most important.*
La Jota Jota es *la mejor* de todas.	The Jota Jota is *the best* of all.
Esa azafata es *la menos bonita.*	That stewardess is *the least pretty.*

1. The superlative form of an adjective consists of the appropriate definite article **(el, los, la, las)** plus the comparative form of the adjective **(más __, menos __, mejor, mejores)**.

2. English uses *-est* to form the superlative in relation to nouns, for example, *the fastest boy, the longest day* and *the most* in relation to adjectives, as in *the most important.* The adjective *good* becomes *best* in the superlative, for example, *the best player.*

Ejercicios

A. Haga una frase superlativa, según el modelo.

Modelo: el grupo → *el grupo más interesante*
           interesante

1. el hombre tacaño
2. el problema citado
3. los casos difíciles
4. las clases numerosas

5. la ciudad limpia
6. el político extraño
7. la comunicación extensiva

379

B. Haga una frase superlativa sin el sustantivo. Siga el modelo.

Modelos: el diplomático → *el más popular de todos*
popular

las teorías → *las más democráticas de*
democráticas → *todas*

1. el cóctel fuerte
2. la dieta recomendable
3. la gente sospechosa
4. el profesor fenomenal
5. la superstición increíble

6. el ministro galante
7. las leyes absurdas
8. los ciudadanos importantes
9. la persona genial

C. Haga una oración superlativa, según los modelos.

Modelos: El segundo plan
es más importante
que el primer
plan. ¿Y el tercer
plan?

El tercer plan es el más
importante de todos.

Esta idea es
menos popular
que esa idea.
¿Y aquella idea?

Aquella idea es la menos
popular de todas.

1. La Argentina es más grande que el Perú. ¿Y el Brasil?

2. María es más alegre que Julia. ¿Y Mari Carmen?

3. Esta solución es mejor que esa solución. ¿Y aquella solución?

4. El segundo edificio es más grande que el primer edificio. ¿Y el tercer edificio?

5. El comité A es más integrado que el comité B. ¿Y el comité C?

6. La primera película es más erótica que la segunda. ¿Y la otra película?

7. Rodrigo es más fuerte que Gustavo. ¿Y Raúl?

8. Este problema es menos importante que ese problema. ¿Y aquel problema?

9. Estos alumnos son más chistosos que esos alumnos. ¿Y aquellos alumnos?

10. Estas flores son más bonitas que esas flores. ¿Y aquellas flores?

≪ Entremés

La cena: un rompecabezas

Aquí tiene Ud. un juego de lógica que parece fácil. ¡Cuidado! No responda demasiado rápido.

El Sr. y la Sra. García, el Sr. y la Sra. Ruiz, y el Sr. y la Sra. López están sentados alrededor de una mesa redonda para cenar. Los maridos les han prometido a sus esposas que no hablarían ni de enfermedades ni de microbios ni de medicamentos. Es una buena idea porque al médico, al farmacéutico y al dentista les gusta hablar de su profesión cuando puedan.

redonda: round

hablarían: would talk

Se sientan alrededor de la mesa. El médico, aunque los otros protestan, se sienta al lado de su esposa joven. La Sra. Ruiz está furiosa con su marido, y para estar lo más lejos posible de él, ella se sienta entre el farmacéutico y el Sr. García.

al lado de: next to, to the side of

¿Cuál es la profesión del Sr. García, la del Sr. Ruiz, y por fin, la del Sr. López?

Solución

El farmacéutico no es ni el Sr. Ruiz, ni el Sr. García. Es el Sr. López. El médico no es López porque López es el farmacéutico; no es Ruiz; los Ruiz no se hablan. Entonces, es García. El nombre Ruiz queda como el nombre del dentista.

Conceptos gramaticales ⟫

Pido que *mantengan limpios* estos barrios.	I request that they *clean* these neighborhoods.
¿Prefieres que yo te *acompañe?*	Do you prefer me to (that I) *accompany* you?
Tenemos miedo de que *sepan* el secreto.	We are afraid that they (may) *know* the secret.
Les digo que lo *preparen* bien.	I tell (order) them to (that they) *prepare* it well.

1. Certain verbs, when used in the main clause, require the use of the subjunctive mood in the subordinate clause.

2. For the subjunctive to be required, the subject of the main clause must be different from the subject of the subordinate clause. Structurally, the two clauses may be viewed in the following way: . . . **que.** . . . Each clause has its own verb: V_1 **que** V_2. When V_1 is one of the verbs in the list that follows, then V_2 will appear in the subjunctive mood. **Que** links these two clauses.

3. There are some very common verbs that cause the occurrence of the subjunctive in the **que**-clause. Generally these verbs reflect such mental states as doubt, uncertainty, emotion, influence on others, and denial. Learn the following verbs.

aconsejar: to advise	**pedir**: to request
no creer: to not believe	**permitir**: to permit
decir[1]: to tell	**preferir**: to prefer
dejar: to allow	**protestar**: to protest
desear: to wish	**querer**: to want
dudar: to doubt	**recomendar**: to recommend
esperar: to hope	**requerir**: to require
insistir en: to insist	**sentir**: to be sorry
jurar: to swear	**temer**: to fear
mandar: to order	**tener miedo**: to be afraid
negar: to refuse	

1. **Decir** has two meanings: (1) *to report information* and (2) *to tell someone to do something*. The latter meaning requires the subjunctive in the **que**-clause.

Ejercicios

A. Cambie la frase indicada, empezándola con *No creo que* . . .

Modelo: Su padre es   *No creo que su padre sea*
maestro.   *maestro.*

1. El comité tiene un plan.

4. Los niños están tranquilos.

2. Hoyos conoce dos idiomas.

5. Sabes la respuesta.

3. El señor Aragón ha dicho

6. Salimos para España.

la verdad.

B. Haga una oración con el subjuntivo, usando las varias palabras y frases dadas. Siga el modelo.

Modelo: *Esperamos* que el   →   *Queremos que el profe diga*
profe diga la   *la verdad.*
verdad. (Queremos)

1. *Esperamos* que el profe diga la verdad.
(Deseamos, Pedimos, Requerimos, Queremos)

2. *Pedimos* que haya menos contaminación del aire.
(Mandamos, Preferimos, Nos gusta, Esperamos, No creemos, Insistimos en)

3. *Mandamos* que el decano haga más.
(Le decimos, Dudamos, Tenemos miedo de, Invitamos a, Recomendamos)

4. *Espero* que los políticos se bajen de las nubes.
(Quiero, Me gusta, Aconsejo, Dudo, Recomiendo)

5. *Duda* que los vicios siempre atraigan dinero.
(Niega, Siente, Teme, Insiste en, Jura)

C. Conteste las preguntas.

Modelo: ¿Qué espera su   *Espera que (yo) tenga buena*
mamá . . . , que   *suerte.*
Ud. tenga buena
suerte o mala
suerte?

1. ¿Qué esperan los chicanos . . . , que el comité investigue la cuestión o que la deje?

2. ¿Qué pide Ud. . . . , que haya más comida en el cafetín o que haya más libros en la biblioteca?

3. ¿Qué desea Ud. . . . , que el profe repita el modelo o que explique toda la gramática?

4. ¿Qué prefiere Ud. . . . , que se recoja la basura o que se imponga la pena de muerte?

5. ¿Qué aconseja Ud. . . . , que uno vaya a la universidad o que busque un trabajo?

6. ¿Qué requiere Ud. . . . , que los profesores sean simpáticos o que den cursos interesantes?

7. ¿Qué quiere Ud. . . . , que vivamos en paz permanente o que estemos siempre en conflicto?

Un candidato político chicano. "El comité investigará varios aspectos de las leyes."

Imperfective	*Perfective*
1. Lo *sabía* cuando era niño. I *knew* it when I was a child (a long-term condition).	1. Lo *supe* anoche. I *found out* (*learned about* it, *knew* it for the first time) last night (immediate result of an action).

2. Juan *conocía* a María.
John *knew* Mary (*was acquainted* with her: a state of being).

2. Juan *conoció* a María.
John *met* Mary (*became acquainted* for the first time: immediate result of an action).

3. Antes no *podía* beber licores.
I *wasn't able* to drink liquor before (because I wasn't old enough: an implied state of being).

3. Anoche no *pude* beber nada.
Last night I *could*n't drink anything (because I was sick: an outcome).

4. Cuando niño mi papá me decía que yo *podía* jugar al fútbol.
When I was a child my father told me that I *could* play football (if I wanted to: a state of potential).

4. Ayer *pude* jugar al fútbol.

Yesterday I *could* (and *did*) play football (because they let me on the team: the actual experience, an outcome).

5. Al empezar a estudiar, *quería* entender la lección.
Upon beginning to study, I *wanted (had the desire)* to understand the lesson (a state of desire: no outcome expressed).

5. Anoche *quise* entender la lección.

Last night I *wanted* to (and *did!*) understand the lesson (successful completion: an implied outcome).

Ejercicios

A. Práctica para la communicación

Modelo: X, ¿dónde supo Ud. más ayer? ¿En clase o en casa?
Y, ¿qué dijo X?

Ayer supe más en casa.

X dijo que ayer supo más en casa.

1. X, de niño(a), ¿dónde podía jugar con más seguridad? ¿En casa o en la calle?
Y, ¿qué dijo X?

2. X, cuando era niño(a), ¿conocía a muchos(as) o pocos(as) chicos(as)?
Y, ¿qué dijo X?

3. X, de niño(a), ¿qué quería hacer más? Estudiar solo(a) o salir con los amigos?
Y, ¿qué dijo X?

4. X, ¿qué quiso hacer ayer? ¿Dormir siete horas o prepararse para el curso de español?
Y, ¿qué dijo X?

5. X, ayer, ¿dónde pudo estar más tranquilo(a)? ¿En el cafetín o en la biblioteca?
Y, ¿qué dijo X?

6. X, de niño(a), ¿qué sabía hacer mejor? ¿Leer o escribir?
Y, ¿qué dijo X?

B. Traduzca las siguientes frases al español.

1. I got to meet the Dean this morning.

2. He learned about the party from Raúl.

3. I could do it but . . .

4. My grandfather knew a lot of politicians.

5. Last night I couldn't study.

6. We knew (used to know) the answers to the riddles.

7. She always wanted to be a lawyer.

8. He wanted to see that movie; well, he saw it.

Estuvimos traduci*endo* del inglés al español.	We *were* translat*ing* from English to Spanish.
Continuamos practic*ando* la lengua.	We *continue* practic*ing* the language.
Voy pens*ando* en mis amores.	I'*m going along* think*ing* about my loves.
Siguió funcion*ando* como el consejero.	He *continued* work*ing* as the counselor.
Vengo estudi*ando* durante varios días.	I'*ve been* study*ing* for several days.

Five verbs may combine with the **-ndo** form to make the progressive tense. They are **continuar, seguir, ir, venir,** and **estar.**

Ejercicio

Cambie las frases según los modelos.

1. Continúo buscando la verdad. (él) → *Continúa buscando la verdad.*
(el filósofo, los oficiales, mi profe y yo, yo)

2. Sigo creyendo en el futuro. (Ud.) → *Sigue creyendo en el futuro.*

   (los chicanos, el poeta, mis amigos y yo, las minorías, tú)

3. Vamos esperando la buena suerte. (yo) → *Voy esperando la buena suerte.*

   (tú, la estudiante, los rateros, nosotros, la directora)

Una vista del idioma español

El caló de los chicanos

Hay un grupo muy grande de palabras que todos los hispanos tienen en común (e.g., casa, padre, gobierno, comer). Estas palabras se encuentran en cualquier diccionario común del idioma español. En varios casos una palabra en particular tendrá significados diferentes según la región dialectal. Así, por ejemplo, la palabra *manteca* en Argentina significa un producto de leche que uno pone en el pan para comerlo. Pero en otras regiones, *manteca* significa *grasa* y no es para comer. Esta diferencia (de unas palabras) no es grande. Pero otros dialectos pueden variar mucho. Así es la situación en los Estados Unidos entre muchos chicanos. Un dialecto, que se llama *caló* (o *pachuco*), se habla entre algunos chicanos y este dialecto refleja en un estilo interesante las condiciones raciales, sociales, económicas y políticas de ese grupo chicano. Aquí se presentan algunas palabras comunes del caló.

Bato (Vato): es un tipo o un ''dude''. Muchas veces es parte de un grupo, pero puede ser alguien desconocido. Puede indicar un ''guy'' de una manera amistosa entre amigos chicanos.

Bato loco: Este bato es directamente del barrio y muchas veces es impulsivo, fuerte y bravo o rebelde; y puede ser un drogadicto, pero no necesariamente. Fácilmente puede ser el ''gang leader''.

Carnal: La palabra refleja una relación de sangre, como hermano o primo, pero también un carnal es un ''hermano'' dentro del movimiento político y social.

Coco: El coco es la fruta de un árbol del mismo nombre. Pero en caló significa la cabeza de una persona, una lesión en la cabeza, o un tío taco (un tío Tom o traidor). El coco, en el mundo hispánico, también significa ''boogeyman''.

Coyote: Es una persona astuta y engañosa como un coyote; un comerciante malo o ladrón. A veces un coyote recibe dinero por cruzar ilegalmente a personas en la frontera.

Chota: Quiere decir la policía.

Gabacho: Significa un anglo o gringo; usado, por lo general, con tono despectivo. A veces significa simplemente una persona no chicana.

Huelga: Es más que un ''strike''. También es un símbolo de los obreros contra la explotación de los propietarios de la agricultura donde los obreros han trabajado por muchos años.

Jale: Un trabajo o un empleo.

Lana: Dinero.

Malinche: Es un término usado en México y entre los chicanos para indicar traidor, vendido o "sell-out". Especialmente se aplica a los mexicanos y chicanos que rechazan la Raza y sirven los intereses contrarios a su raza.

Mica: Significa el permiso (la tarjeta verde o una visa) necesario si un mexicano quiere cruzar la frontera para trabajar en los Estados Unidos.

Migra: La migra es el nombre dado al Departamento de Inmigraciones de los EE.UU.

Órale: Más o menos equivalente a "Right on" o "alright".

Pinto: El pinto es un presidiario o ex-presidiario (ex-convicto), es decir, una persona que ha estado en la cárcel o una persona que todavía está en la prisión.

Raza: La Raza puede significar toda la gente mexicana, méxico-americana o chicana. Muchas de estas personas tienen una relación racial, cultural, lingüística, y política.

Tecato: Una persona que usa la heroína o cocaína. Es un bato loco y drogadicto.

Tío Taco: Es un malinche (véase el significado de malinche, arriba).

The following announcement is an example of **caló** in writing. The announcement was made to publicize a literary contest among Chicanos. Also provided is the same announcement in standard Spanish and English.

En caló:

ORALE

QUINTO SOL PUBLICATIONS está regando lana (mil bolas) por el mejor jale literario—novela, ensayo, cuentos, o vatosismos—escrito por vato que cantones en el U.S.A.

Linea muerta para mander su jale	*Canto del premio*
31 de enero de 1976	31 de marzo de 1976

El jale literario que se gane la lana se va a publicar por Quinto Sol durante el verano de 1976.

No se raje. Para información completa escriba a nuestra oficina central.

En español:

QUINTO SOL PUBLICATIONS anuncia un premio de mil dólares por la mejor obra literaria—novela, colección de cuentos, ensayo, obra experimental—escrita por persona de ascendencia mexicana residente de Estados Unidos de Norteamérica.

último día para entregar su obra	*Anuncio del premio*
31 de enero de 1976	31 de marzo de 1976

La obra premiada se publicará por Quinto Sol Publications, Inc., durante el verano de 1976

Para información completa dirijase a nuestra oficina central.

En inglés:

QUINTO SOL PUBLICATIONS

announces a one—thousand dollar award for best literary work of 1975—
novel, collection of short stories, book—length essay or experimental
writing—written by a person of Mexican descent who is a resident of
the United States.

Deadline for submitting manuscripts   *Announcement of Award*
January 31, 1976   March 31, 1976

The literary selection receiving the award will be published by Quinto Sol Publications, Inc., in Summer, 1976

For complete information write to our central office.

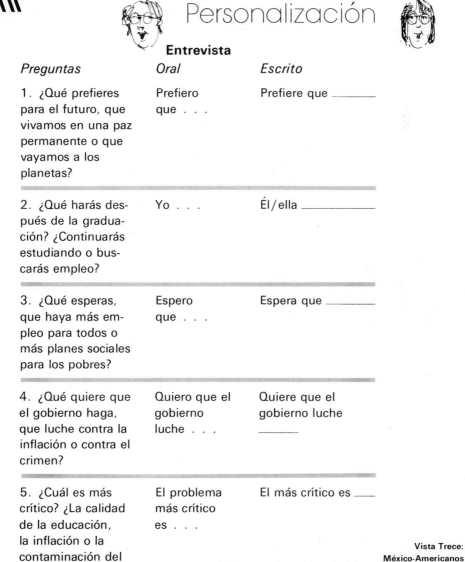

Communicación/ Personalización

Entrevista

Preguntas	Oral	Escrito
1. ¿Qué prefieres para el futuro, que vivamos en una paz permanente o que vayamos a los planetas?	Prefiero que . . .	Prefiere que _____
2. ¿Qué harás después de la graduación? ¿Continuarás estudiando o buscarás empleo?	Yo . . .	Él/ella _____
3. ¿Qué esperas, que haya más empleo para todos o más planes sociales para los pobres?	Espero que . . .	Espera que _____
4. ¿Qué quiere que el gobierno haga, que luche contra la inflación o contra el crimen?	Quiero que el gobierno luche . . .	Quiere que el gobierno luche _____
5. ¿Cuál es más crítico? ¿La calidad de la educación, la inflación o la contaminación del ambiente?	El problema más crítico es . . .	El más crítico es ____

Una sala de clase bilingüe
en Crystal City, Texas.

Actividades personales

A. Frases incompletas. Termina las frases usando un verbo
en el subjuntivo.

1. No quiero que mis niños _____

2. Mis padres temen que yo _____

3. No creo que _____

4. Para los pobres del mundo espero que _____

5. Mis padres nunca permiten que yo _____

6. Aconsejo a los adolescentes que _____

7. Recomiendo a la policía que _____

8. Espero que en el año 2000 _____

9. Siento que los ricos del mundo _____

10. Requiero que mi novio/novia _____

B. Orden de preferencia

Pon en orden las tres posibilidades según tus valores. Usa el número uno (1) como la más preferida y tres (3) como la menos preferida.

1. Quiero un mundo
   __ en que no exista la disciminación.
   __ en que no haya polución de los recursos naturales.
   __ en que todos se comprendan.

2. Prefiero un profe
   __ que sea amable.
   __ que me ayude.
   __ que cuente chistes.

3. Recomiendo a los oficiales universitarios
   __ que compren más libros para la biblioteca.
   __ que mejoren la calidad de la comida.
   __ que establezcan más respeto entre ellos y los estudiantes.

4. Dudo que los políticos
   __ sean honestos.
   __ piensen en ideas profundas.
   __ me representen.

C. Lema

Escribe un lema personal que pueda caracterizar tu propia vida o tu personalidad en más o menos cinco palabras.

D. Una situación

Supongamos que tú has sido seleccionado(a) para hacer una investigación científica de sobrevivencia (la continuación de la vida en condiciones adversas) én las montañas. Estarás solo(a) por una semana y podrás llevar cinco cosas personales para ayudarte a sobrevivir. ¿Qué llevarás a las montañas? Nombra cinco cosas que llevarás a las montañas para la investigación cientifica de sobrevivencia.

Modelo: *Llevaré fósforos (cosas para hacer fuego).*
Llevaré . . .

Un supermercado en Texas y
la cosecha de fresas.

Viva La Raza

¿Sabía Ud. que al principio del siglo diecinueve el territorio español se extendía desde el
Océano Pacífico hasta el Río Misisipí, incluso
el territorio de la Luisiana y la Florida? La influencia de los españoles en lo que se llama
hoy los Estados Unidos de América data de
los años 1500 cuando los exploradores tales
como Coronado y Cabeza de Vaca establé-
cieron colonias en varias partes del sudoeste.

Los descendientes de estos exploradores, los
méxico-americanos (los chicanos de hoy), ya
viven en varias partes de los EE.UU. como en
Chicago, Detroit, Toledo, y Wáshington, D.C.
Pero la mayoría vive en el sudoeste: en Tejas,
Arizona, Nuevo México y California.

Este territorio del sudoeste formaba parte de
la República Mexicana hasta 1846 cuando el
actual estado de Tejas declaró su independencia de México. Con la ayuda del ejército

actual: present
ejército: army

de los EE.UU. la declaración fue un éxito. Según el tratado de Guadalupe Hidalgo, firmado en 1848, los mexicanos que habitaban la región al norte del Río Grande podrían ser ciudadanos de México o de los EE.UU. Algunos regresaron a México; la mayoría decidió quedarse. El tratado les aseguró la continuación de su cultura y sus costumbres en el territorio americano. Pero pronto los oficiales olvidaron las condiciones del tratado.

firmado: signed
podrían ser: could be

Así comienza la triste historia de la explotación de los mexicanos por los anglos. Por no leer inglés, muchos perdieron su tierra y tenían que trabajar para los anglos. La ocupación tradicional de los mexicanos ha sido como obreros. Fueron los mexicanos que construyeron el ferrocarril que cruza los EE.UU. El ferrocarril ayudó a abrir otro trabajo en las fincas y en los huertos de Arizona y California; el mexicano hizo este trabajo duro durante muchas horas del día y por poco dinero. Pero en los años 1950 la mecanización reemplazó a muchos.

por: because of, on account of
obrero: work
ferrocarril: railroad
finca: farm
huerto: orchard
reemplazó: replaced

La Raza ha sufrido mucha discriminación: como en el empleo, educación, alojamiento, derechos legales. Hoy hay grupos y organizaciones en varias ciudades que están tratando de mejorar la condición de los méxico-americanos —hombre y mujer— y educarlos para participar en su propio futuro.

empleo: employment
alojamiento: housing

El cambio es lento, demasiado lento a veces. Hay conflictos entre algunos de la comunidad méxico-americana que no quieren cambiar porque cambiar quiere decir entrar en el mundo de los anglosajones, es decir, la competencia, el individuo antes que la familia. Otros, a veces los jóvenes, quieren el cambio inmediatamente. No van a sufrir como han sufrido sus padres.

Estos jóvenes están en competencia con todos para trabajo e insisten en que la educación los prepare para el futuro, insisten

en que haya oportunidad económica, que el
gobierno les garantice sus derechos civiles. **garantice:** guarantee *(subjunctive form)*

Sin duda ellos vencerán. El sistema tendrá **vencerán:** will overcome
que ser flexible. La lucha es perpetua. Pero,
a la vez, hay peligro. ¿Será posible que los
méxico-americanos continúen su marcha
hacia el futuro y mantengan sus raíces mexicanas, su cultura, su pasado? Otros grupos
culturales en los EE.UU. han querido olvidar
su pasado porque les daba vergüenza. ¡Que **vergüenza:** shame
esto no pase a los chicanos! Adelante, pues,
a asegurar los derechos y mantener la cultura. ¡Viva la Raza!

Preguntas

1. Empezando en la costa pacífica, ¿hasta dónde se extendía el territorio español?

2. ¿Qué hicieron los exploradores en el sudoeste?

3. ¿Qué pasó en 1846? ¿En 1848?

4. ¿Cuáles fueron dos condiciones del tratado?

5. ¿Por qué perdieron muchos su tierra?

6. ¿Qué ayudó a abrir el ferrocarril?

7. ¿Qué disciminación ha sufrido La Raza?

8. ¿Cuáles son dos rasgos del mundo anglosajón?

9. ¿En qué insisten los jóvenes méxico-americanos?

10. ¿Por qué han querido otros grupos culturales olvidar su cultura?

# Vocabulario

Nouns

el aloja-
  miento
el anglo
el anglosajón
el área
la asistencia
el aspecto
el bracero
el buro
la carrera
la ciudadanía
la colonia
el comité
la compe-
  tencia

la comuni-
  dad
el consejero
el contacto
el cuido
el ejército
el empleo
la falta
la federación
el ferrocarril
la finca
el funciona-
  miento
el gasto
la habilidad
el huerto

la justicia
la minoría
la necesidad
el objetivo
el obrero
el peligro
el placer
la posición
la preocupa-
  ción
la raza
la relación
el resumen
el río
el sacrificio
la vergüenza

Verbs

aconsejar
afectar
asegurar(se)
contribuir
conver-
  tir(se) (ie)
dudar
establecer
funcionar
garantizar
incluir
iniciar
investigar
ofrecer
reemplazar

reportar
satisfacer
temer
vencer

Adjectives

actual
calificado
digno
eficaz
entrante
latino

Adverbs

actualmente
directamente

económica-
  mente

Prepositions

dentro de

Expressions

por falta de
tener que
  ver con

VISTA CATORCE: BOLIVIA/PARAGUAY

Al principio

From the Chicano movement we move back to South America: to Bolivia and Paraguay. You will read some typical newspaper items and commercials that you might hear on the radio. As you progress through the chapter,

you'll learn

1. another type of command, the indirect
2. to form adverbial clauses in the subjunctive
3. **cuyo,** used to express possession
4. stressed possessives for adjectives and pronouns
5. another tense, the past perfect tense
6. the use of definite articles with titles and for possession

so look for

1. *Que venga* un amigo. *Que vayan* Uds.
2. Vamos a salir *en cuanto* ellos *lleguen.*
3. en *cuyo* interior; *cuya* cafetería es . . .
4. las responsabilidades *suyas;* las *suyas*
5. *Había robado* 4.000 pesos.
6. *El* doctor Vargas no está. Tengo *las* manos sucias.

In the **Sección cultural** you'll read about the Aymará Indians of Bolivia and their role in a developing economic system. In the **Entremés** you'll see the relationship between handwriting and personality. So, be careful about your own writing style.

397

El periódico y el radio

$b. 0.50		Edición de 30 páginas

Las Noticias

Fundado por Juan Garrido M., el tres de agosto de 1911

La Paz	Jueves, 28 de Febrero de 1977

Detenidos robando en una tienda

Sorprendidos por unos inspectores, dos jóvenes, Antonio Cruz Murillo y Jesús Díaz Sierra, fueron detenidos en una ferretería de la calle Prudencio Álvarez, 39. Habían robado 4.000 pesos. Los dos habían usado un martillo y varios útiles para el robo donde trataron de abrir una caja fuerte en la pared.

Poco antes en la calle Ferrari, habían robado un vehículo en cuyo interior fueron hallados diez pantalones, seis chaquetas de cuero y otras prendas

Arrested robbing a store

Surprised by some patrolmen, two young men, Antonio Cruz Murillo and Jesús Díaz Sierra, were arrested in a hardware store at 39 Prudencio Álvarez St. They had stolen 4,000 pesos. The two had used a hammer and other tools for the burglary where they tried to open a wall safe.

A short while before on Ferrari St. they had stolen a car in which ten pairs of pants, six leather jackets, and other articles of clothing were found. They confessed they had stolen those from

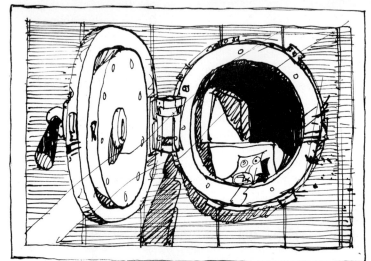

La Caja Fuerte

que confesaron haber robado en una tienda de la calle Alonso Heredia, 101. También había unos relojes que habían sacado de una relojería.

a store at 101 Alonso Heredia St. There were also some watches they had taken from a watch shop.

Prendas Robadas

Oficiales de FAB a curso de relaciones públicas

La Fuerza Aérea de Bolivia dará diplomas a seis oficiales en un curso sobre Relaciones Públicas que próximamente será ofrecido por el señor Jaime Méndez, experto en esa especialidad.

Según se dijo ayer en el comando de la FAB, cuyo propósito es establecer contacto con la prensa e instituciones nacionales, los seis oficiales formarán parte del Departamento de Relaciones Públicas de FAB cuando terminen el curso.

BAF officers in a course on public relations

The Bolivian Air Force will give diplomas to six officers in a Public Relations course that will be offered soon by Mr. Jaime Méndez, an authority on that subject (specialty).

According to what was said yesterday at the BAF command, whose purpose is to make contact with the press and national institutions, the six officers will become part of the Public Relations Department of BAF when they finish the course.

Despidieron a 20 inspectores

Veinte inspectores de salas cinematográficas fueron despedidos por el alcalde por descuidar el cumplimiento de las responsabilidades suyas.

El alcalde designó a otros veinte que tendrán al cargo

20 inspectors fired

Twenty movie theater inspectors were fired by the mayor for neglecting to fulfill (the fulfillment of) their duties.

The mayor appointed twenty others who will have (as their charge) control over

suyo el control de las salas de cine en la ciudad.

Los nuevos inspectores podrán suspender los cines en caso de que cometan una infracción contra los reglamentos municipales. Ahora se prohibe que los espectadores fumen. Quien fume tendrá que sufrir las consecuencias, y la sala recibirá sanciones de suspensión.

the movie theaters in the city.

The new inspectors will be able to close down (suspend) theaters should (in case) they commit an infraction of the municipal ordinances. Spectators are now forbidden to smoke. (Now it is prohibited for spectators to smoke.) Anyone who smokes will have to pay the consequences, and the theater will be closed down.

La radio paraguaya

Mucha gente, incluso la que no sabe leer, se informa por medio de este pequeño aparato maravilloso que llamamos el radio.

Radio broadcasting in Paraguay

Many people, including those who don't know how to read, get informed by means of this marvelous little apparatus we call the radio.

Por radio se oyen varios programas como, por ejemplo, las noticias, música, cuentos de aventuras y anuncios comerciales.

Several programs are heard on the radio, for example, the news, music, adventure stories, and commercials.

Unos anuncios

—Su atención, por favor. El doctor Emilio Vargas Colina, especialista en las enfermedades del estómago e hígado, se encuentra a sus órdenes en calle 15 de Agosto, número 28, primer piso. Consultas de nueve a una y de cuatro a ocho, de lunes a sábado. Le atiende los domingos con previa cita. Cuando usted tenga dolores de estómago o cuando le duela el hígado, el doctor Vargas Colina le ayudará. Consulte al doctor Emilio Vargas Colina.

—Señores todos, se les ofrece una venta sensacional de una variedad de prendas en la tienda nuestra, Marilú, calle Palma, entre calles México y Montevideo. Marilú ofrece una gran liquidación de blusas de temporada—sólo a 700 guaraníes.

—Si usted no puede salir ahora, que venga un amigo. Si usted no puede hacer las compras, que las haga otro miembro de la familia. A las personas que nos visitan hoy y mañana, les regalamos parches en su distinctivo preferido, para que los peguen a la chaqueta, camisa o pantalón. Recuerde, Marilú para toda la familia.

Some commercials

''Your attention, please. Doctor Emilio Vargas Colina, specialist in stomach and liver illnesses is located for your service at 28 August 15th St., one flight up. Office hours from nine to one and from four to eight, Monday through Saturday. He will see you on Sundays by previous appointment. Whenever you have abdominal pains or whenever your liver hurts, Doctor Vargas Colina will help you. See Doctor Emilio Vargas Colina.''

''Hi, folks (all you people), we offer you a sensational sale on a variety of clothes in our shop, Marilú, Palma St., between México and Montevideo streets. Marilú is having (offers) a great sale on this season's blouses:—only 700 guaranis.

''If you cannot get out now, have a friend come. If you cannot go shopping, let another member of the family do it. Anyone who visits us today or tomorrow will receive an iron-on emblem of your choice, to put (stick) on your jackets, shirts, or pants. Remember, Marilú for the whole family.

Notas culturales

1. Personal pride is extremely important to the Hispanic people. Names are frequently recorded in the newspapers apparently to embarrass the offenders, to shame the family name, and to try to discourage others from indulging in misdemeanors or in felonous acts.

2. Dates of famous battles fought for independence and names of famous people and places are frequently given to streets in Latin American countries and in Spain.

3. The sales phenomenon has now become a way of life in most urban centers. Some of the words normally used to attract the shopper's attention to the sale are: **venta, liquidación, ocasión, rebajas, descuentos, oportunidad,** and **remate.**

4. The Hispanic people have a very interesting system for identifying some shops and businesses. The names of many of these have the suffix **-ería.** Thus, a **ferretería** originally sold ironworks, and the name now refers to a general hardware store. A **panadería** is a place where bread is sold. One goes to an **heladería** to buy ice cream. Other names include: **lechería, confitería, frutería, carnicería, zapatería, tintorería, lavandería, papelería, verdurería, droguería.**

5. The Hispanic system uses the term **primer piso** *(first floor)* not to refer to the ground floor but to the first flight up from the ground floor. *Ground floor* in Spanish is the **planta baja.**

Observaciones

¿Cómo se dice en español?

1. Whose title

2. Whose interior

3. Whose purpose

4. They had used a hammer

5. Ten pairs of pants were found

6. According to what was said

7. Whenever they finish the course

8. They will have as their charge

9. In case they commit an infraction

10. Whoever smokes will have to suffer

11. With a previous appointment

12. Have a friend come

13. We'll give them distinctive (iron-on) patches

Una droguería, pero aquí no se venden drogas.

Repaso de la narrativa

Preguntas

1. ¿Por quién fue fundado *Las Noticias?*

2. ¿Por quiénes fueron detenidos los dos jóvenes?

3. ¿Cuántos pesos habían robado?

4. ¿Qué será ofrecido por el señor Jaime Méndez?

5. ¿Por qué habían sido despedidos los veinte inspectores?

6. ¿Qué tendrán al cargo suyo los nuevos inspectores?

7. ¿Qué se prohibe que los espectadores hagan en las salas cinematográficas?

8. ¿Cuándo son las consultas del doctor Vargas?

9. ¿Qué ofrece la tienda Marilú para esta ocasión?

10. ¿Qué dicen si usted no puede salir ahora?

Ejercicios gramaticales

1. ¿Qué se ve en la tienda   *Sí, se ven blusas.*
   Marilú? ¿Blusas?

¿Qué se ofrece en la
FAB? ¿Un curso?

Sí, se ofrece un curso.

¿Qué se ve en las salas de cine? ¿Películas?

¿Qué se oye por la radio? ¿Anuncios comerciales?

¿Qué se regala en la tienda? ¿Parches?

2. ¿Quieres que vengan los
jóvenes?

Sí, que vengan los jóvenes.

¿Quieres que haga las compras otra persona?

¿Quieres que sea hoy la venta?

3. ¿Qué habían sacado de
la relojería? ¿Unos relojes?

*Sí, habían sacado unos
relojes.*

¿Quiénes habían abierto una caja fuerte? ¿Dos jóvenes?

¿Qué habían robado en la calle Ferrari? ¿Un vehículo?

¿Qué habían usado para el robo? ¿Unos útiles?

4. ¿Cuándo formarán parte
del departamento,
cuando terminen el curso?

*Sí, cuando terminen el
curso.*

¿Cuándo suspenderán el cine, cuando cometan una
infracción?

¿Cuándo ayudará el doctor Vargas, cuando se sufra una
enfermedad?

5. ¿Lo haremos cuando
podamos?

Sí, cuando podamos.

¿Lo haremos como podamos?

¿Lo haremos donde podamos?

¿Lo diremos en caso de que podamos?

Conceptos gramaticales >>>

mands 110 Indirect commands 110 Indirect commands 110 Indirect

Que venga un amigo	*Let* a friend *come*
Que las *haga* otro miembro de la familia.	*Let* another family member *do* them.
Que vaya Juan.	*Let* John *go; have* John *go.*

The indirect command is the language device used to convey a command without the speaker saying ''I want you to . . .'' or ''I want him to. . . .'' The **que**-clause of the indirect command is a fragment of a larger, underlying message, part of which is deleted.

In an indirect command the underlying message is in the mind of the speaker, but the main clause is not actually expressed while the secondary one (the **que**-clause) is. Usually the subject of the **que**-clause is expressed at the end of the indirect command in Spanish: **Que lo haga Juan,** *Let John do it.*

Ejercicio

A. Diga la oración indicadora y luego haga un mandato indirecto. Siga el modelo.

Modelo: Quiero que el profe hable más.   *Que hable más el profe.*

1. Quiero que la policía los busque.

2. Quiero que nosotros lo hagamos.

3. Quiero que los otros estudien.

4. Quiero que el mesero traiga otra cerveza.

5. Quiero que la universidad cambie.

B. Diga la oración indicadora y luego haga un mandato indirecto. Siga el modelo (positivo al negativo y negativo al positivo).

Modelo: El diplomático no va.   *Que vaya el diplomático.*

El mono come ahora.   *Que no coma ahora el mono.*

1. Los alumnos no se disciplinan.

2. Los niños no duermen.

3. No despiden a los inspectores.

4. Juan lo hace.

5. El periodista publica eso.

6. Alguien pide la censura.

7. Van a celebrar ahora.

8. No se abrochan el cinturón.

El palacio presidencial en Sucre, Bolivia.

Formarán parte del departamento *cuando terminen* el curso.

They will form part of the department *whenever* they *finish* the course.

Podrán suspender los cines *en caso de que cometan* una infracción.

They will be able to close down the theaters *in case* a violation *is commited.*

Cuando Ud. *tenga* dolores de estómago, el doctor le ayudará.

Whenever you *have* abdominal pains, the doctor will help you.

Main clause	*Adverbial clause*
indicates an indefinite future time or something that has not yet happened	verb in subjunctive indicates that this action or state of being is not definite in the speaker's mind
Ex. I'll buy it (sometime in the near or distant future)	provided it's good (but I'm not sure of it's quality).

1. When the conditions in the above chart prevail, several adverbial phrases require the use of the subjunctive in the verb of the clause they introduce.

2. Following is a list of some common adverbial phrases which may require the use of the subjunctive.

cuando	when (whenever)
en caso de que	in case
aunque	although, even though, even if
después de que	after
hasta que	until
tan pronto como	as soon as
en cuanto	as soon as

3. At least five adverbial phrases always require the subjunctive, even when all the conditions mentioned above are not met. However, the condition that the subject of the main verb be different from the subject of the subjunctive verb usually prevails.

antes de que	before
para que	so that, in order that
sin que	without
con tal que	provided that
a menos que	unless

Ejercicios

A. Sustituyendo las diferentes frases adverbiales, repita la oración básica.

1. Le diré la verdad *cuando* → Le diré *la verdad aunque él* él salga de aquí. *(aunque)* *salga de aquí.*
   (para que, tan pronto que, sin que, después de que, en cuanto, en caso de que, hasta que, con tal que)

2. Vamos a salir *en cuanto* → *Vamos a salir cuando ellos* ellos lleguen. *(cuando)* *lleguen.*
   (antes de que, después de que, aunque, con tal que, sin que, para que, tan pronto que, en caso de que)

3. Él nos ayudará *sin que* ella → *Él nos ayudará para que ella* lo sepa. *(para que)* *lo sepa.*
   (aunque, tan pronto que, a menos que, con tal que, antes de que, en cuanto, después de que, cuando)

B. Haga diez oraciones, serias o chistosas, de los elementos de las tres columnas.

Modelo: Mi papá me dará dinero/con tal que/cambiemos el sistema.
         El amor será fácil/cuando/el pollo aprenda a hablar.

Pienso estudiar más	para que	mi padre no diga nada.
Ayudaremos a nuestros amigos	antes de que	la suerte abunde en mi vida.
Mi papá me dará dinero	sin que	los cacahuates se acaben.
La razón será justificada	en cuanto	el cholo vuelva a casa.
Terminaremos los estudios	tan pronto como	la muchacha diga tonterías.
Mi amigo va a cambiar mucho	aunque	mi mejor amigo se equivoque.
La confrontación será difícil	después de que	el pollo aprenda a hablar.
Nos van a atornillar de lo lindo	hasta que	nieve en el infierno.
No habrá ninguna reforma	cuando	termine el mundo.
Él amor será fácil	a menos que	(yo) sea muy viejo(a).

Un vehículo en *cuyo* interior fuero hallados diez pantalones	A vehicle in *which* (in *whose* interior) ten pairs of pants were found
Tengo una novia *cuyos* hermanos son graciosos.	I have a girlfriend *whose* brothers are funny.

The ending for **cuy-** agrees in number and gender with the noun that follows it and not with the possessor or possessors.

Ejercicios

A. Combine las dos oraciones siguientes.

Modelo: Como en la cafetería. / La comida es buena.	*Como en la cafetería cuya comida es buena.*

1. Compro un carro. / La puerta está mal.
2. Veo un programa. / La información es útil.
3. Vivo en un país. / El gobierno es activo.
4. Voy a una tienda. / Los descuentos son sorprendentes.
5. Tengo un abuelo. / Los intereses son extensos.
6. Me gusta esa discoteca. / La música es ultramoderna.
7. Conozco a un gringo. / Su pronunciación es fuerte.

B. Por medio de cualquier combinación, haga diez oraciones de los elementos de las tres columnas, eliminando el artículo de la tercera columna y usando la forma correcta de **cuy-**.

Modelo: Debemos leer el diario cuyas tonterías nos interesan mucho.

	cuyo (-a, -os, -as)	
Estudiamos con un profesor		los conceptos nos parecen medio justos.
Me hace pensar en una chica		la familia ya se fue.
Usted es un tenorio		la existencia nos plantea problemas de limpieza.
Conozco a un payaso		los pollos comen mucho.

Ha dicho bien el Sr. Aragón

las aventuras amorosas no son extensas.

El comité tendrá en consideración varios programas

la muerte es cierta.

el cuerpo está hecho un tren.

Adjectives

1. En la clase *nuestra*
   (In *our* class)

2. Estos son los coches *míos*.
   (These are *my* cars.)

3. Las responsabilidades *suyas* son enormes.
   (*His, Her, Your, Their* responsibilities are enormous.)

4. Las blusas *tuyas* están aquí.
   (*Your* blouses are here.)

5. Es la plata *mía*.
   (It's *my* money.)

Pronouns

1. En la *nuestra*
   (In *ours*)

2. Estos son los *míos*.

   (These are *mine*.)

3. Las *suyas* son enormes.

   (*His, Hers, Yours, Theirs* are enormous.)

4. Las *tuyas* están aquí.

   (*Yours* are here.)

5. Es la *mía*.
   (It's *mine*.)

Stressed possessive adjectives

	Spanish	English	
	mío, -a, -os, -as	my	
	tuyo, -a, -os, -as	your	
article + noun +	suyo, -a, -os, -as	his, her, your	+ noun
	nuestro, -a, -os, -as	our	
	vuestro, -a, -os, -as	your	
	suyo, -a, -os, -as	their, your	

1. In English the stressed possessive adjectives come before the noun they accompany and in speech are given added volume for emphasis.

2. In Spanish the stressed possessive adjectives follow the nouns they modify. In English they are not marked for number or gender; in Spanish they are.

Vista Catorce:
Bolivia/Paraguay

409

3. To derive the stressed possessive Spanish pronoun (below), simply delete the noun.

Stressed possessive pronouns

	Spanish	English
	mío, -a, -os, -as	mine
	tuyo, -a, -os, -as	yours
article +	suyo, -a, -os, -as	his, hers, yours
	nuestro, -a, -os, -as	ours
	vuestro, -a, -os, -as	yours
	suyo, -a, -os, -as	theirs, yours

1. The pronoun forms occur with the article of the noun that is implied.

2. Out of context, the third person forms (singular and plural) are ambiguous. Sometimes more information, given in a **de** phrase, is needed to make the reference explicit.

los suyos, es decir, los de María
los suyos, es decir, los de mis amigos

Ejercicios

A. Siga los modelos.

Modelos: Vemos tu coche. → *Vemos el coche tuyo.*
Entendemos sus → *Entendemos los problemas*
problemas. *suyos.*

1. Ellos tienen mi diario.

2. Robaron sus 4.000 pesos.

3. Él usará nuestro radio.

4. Es su especialidad.

5. Pienso cumplir mi responsabilidad.

6. Tus pantalones parecen muy modernos.

7. Mis amigos siempre me hacen bromas.

B. Siga los modelos.

Modelos: La casa de los → *La casa suya cuesta mucho.*
García cuesta
mucho.
Los regalos de → *Los regalos nuestros son*
nosotros son gratis. *gratis.*

1. La salsa de mi madre está muy buena.

2. La clase de nosotros sigue progresando.

3. El problema de ellos no tendrá solución.

4. Los derechos de las mujeres son importantes.

5. Las peticiones de los alumnos pedían demasiado.

6. La conferencia de los profesores resultó útil.

7. La autorización de los inspectores importaba mucho.

C. Siga los modelos.

Modelos: Ese lápiz que Ud.   *Es suyo.*
         tiene, ¿es mío o de
         Marta?

1. Este libro que tengo, ¿es mío o de Juan?

2. Esta escuela, ¿es mía o nuestra?

3. Esos zapatos que Ud. lleva, ¿son suyos o míos?

4. Esa blusa de *X,* ¿es suya o mía?

5. Este país, ¿es nuestro o es de los rusos?

D. Siga el modelo.

Modelo: Hablando de libros,   *Sí, tengo los míos.*
        ¿tiene Ud. los
        suyos?

1. Hablando de estudios, ¿terminó los suyos?

2. Hablando de notas, ¿ya saben Uds. las suyas?

3. Con respecto a la basura, ¿ya sacaste la tuya?

4. Con respecto a las elecciones, ¿ya tuvimos las nuestras?

5. Con referencia a los libros, ¿tengo el mío?

6. Con respecto a los problemas, ¿ya solucioné los míos?

7. Con referencia a los tareas, ¿ya terminamos las nuestras?

8. Hablando de la juventud, ¿hemos perdido la nuestra?

9. Con respecto a la cooperación, ¿quieren Uds. darme la suya?

10. Hablando de la razón, ¿todavía tienen Uds. la suya?

Entremés >>>

Su escritura y usted

La grafología es una ciencia seria, pero para tener una pequeña idea de lo que su escritura indica de su personalidad, haga esta prueba (test). En un papel blanco escriba la siguiente carta:

Portillo, 2 de julio

Querida Mercedes:

Acabo de llegar a Chile para mis vacaciones. Voy a esquiar en Portillo por una semana y entonces iré a visitar algunas aldeas (villages) y ciudades del país. Te escribiré.

Su firma (signature)

Ahora, conteste las siguientes preguntas:

1. ¿Dónde está escrita su carta en el papel:

   más como (a) o como (b)?

   (a)   (b)

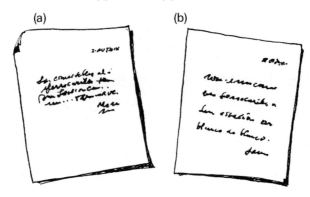

2. ¿En qué dirección va la carta?

   (a)   (b)   (c)

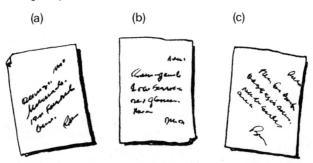

3. ¿En qué dirección van las letras?

a la derecha (right): *las vacaciones*

derecho (straight): *las vacaciones*

a la izquierda (left): *las vacaciones*

4. ¿Cómo son las letras de cada palabra?

a. pequeñas   b. medianas   c. grandes

5. ¿Cómo es su firma: en letras más grandes o más pequeñas que las otras palabras de la carta? ¿Está subrayada (underlined)?

6. ¿Cómo escribió la carta?

a. rápidamente
b. lentamente

7. ¿Cómo es su escritura?

a. pesada (heavy)
b. ligera (light)

Resultados

1. a. Esta escritura es la de una persona que usa el menos espacio posible. Esta persona presta atención (pays attention) al dinero y a la manera en que lo gasta (spends).
   b. Esta escritura es la de una persona más liberal, que piensa menos en las cosas prácticas.

2. a. Indica personalidad bastante optimista.
   b. Indica una personalidad que no tiene ni altos ni bajos.
   c. Indica una personalidad bastante pesimista.

3. La dirección de las letras indica sus sentimientos:
   a. Una escritura hacia la derecha es la de una persona activa a quien le gustan la vida y la gente.
   b. La persona que tiene una escritura derecha piensa en la realidad.
   c. La persona que escribe hacia la izquierda mira hacia el pasado y puede ser un poco reservada con otros.

4. a. Si las letras son muy grandes, esta persona quiere tener muchos amigos y no le gusta estar sola. Está segura de sí misma y no le gustan los detalles.
   b. Si las letras son muy pequeñas, la persona se interesa en los detalles. Los científicos muchas veces tienen esta escritura.
   c. Las medianas indican que la persona se adapta a todas las situaciones.

5. Si las letras de la firma son diferentes de las otras palabras, más grandes o más pequeñas, esta persona quiere que los otros crean que es diferente de como lo es en realidad. Si la firma está subrayada, esto indica que la persona desea afirmar su personalidad. La persona es orgullosa.

6. a. A una persona que escribe rápidamente le gusta la vida activa.
   b. La persona que escribe lentamente prefiere una vida más tranquila.

7. a. Una escritura pesada indica una persona fuerte que a veces quiere dominar a los otros y las situaciones. Tiene sentimientos intensos.
   b. Una escritura ligera es la de una persona que piensa en los demás.

Conceptos gramaticales

perfect tense 114 Past perfect tense 114 Past perfect tense 114 Past

Habían usado un martillo.	They *had used* a hammer.
El criminal *había robado* 4.000 pesos.	The criminal *had stolen* 4,000 pesos.
Habíamos llevado un martillo a la tienda.	We *had taken (carried)* a hammer to the store.

Past perfect tense

Subject	Imperfect of **haber**	Past participle
yo	había	
tú	habías	
Ud.	había	
él, ella	había	-do
nosotros	habíamos	(or an irregular form)
vosotros	habíais	
Uds.	habían	
ellos, ellas	habían	

The past perfect refers to an event in the past that took place before another point of time in the past. For example: *When the police arrived, the two boys already had entered the store.*

Ejercicios

A. Cambie Ud. del perfecto del presente al perfecto del pasado. Siga el modelo.

Modelo: Ya hemos comido. / *Ya habíamos comido.*

1. Ha vendido las prendas.

2. Ya se han regalado los parches.

3. He resuelto mis problemas.

4. ¿Has justificado la teoría?

5. Uds. han abierto un café.

6. Me ha pedido muchos mames.

B. Siga el modelo.

Modelo: Ya hemos comido. → *Ya habíamos comido cuando ellos llegaron.*

1. Ya has dormido.

2. Ya he estudiado.

3. Ya han comprado la pistola.

4. Ya hemos olvidado su nombre.

5. Ya has resuelto el problema.

6. Ya he conseguido un trabajo.

Confesaron haber robado el dinero.	They *confessed to have stolen* the money
No *debieron haber cometido* esos crímenes.	They *should* not *have committed* those crimes.
Creo haberlo visto.	I *believe* I *have seen* it.
Creí haberlo visto.	I *believed* I *had seen* it.
Nos *gustó haber resuelto* el problema.	It *pleased* us *to have solved* the problem.

This structure uses the infinitive form of **haber** plus the past participle to refer to a point in the past. The initial conjugated verb form may be in the present or past tense, according to the sense of the information to be conveyed.

Ejercicio

Modelo: ¿Qué creyó haber   *Creí haber jugado mucho.*
hecho Ud. en la
juventud? ¿Creyó
haber jugado
mucho o trabajado
mucho?

1. ¿Qué confesó haber hecho Ud. en la niñez? ¿Confesó haber tomado un juguete de otro niño o haber dicho una falsedad?

2. ¿Qué debió haber hecho ayer? ¿Debió haber resuelto unos problemas o haber recordado algunas cosas?

3. ¿Dónde podía haber ido durante las vacaciones? ¿A las montañas, a la playa, o al campo?

4. De niño, ¿qué debía haber comido? ¿Las verduras o los postres?

5. ¿Qué le gusta haber aprendido? ¿El significado de la vida o el nombre de un chico o una chica?

6. ¿Qué prefiere haber conseguido en la vida? ¿Muchas amistades o mucha alegría?

116 Three verbs meaning *to get (something)*

Fuimos a *conseguir* el dinero.	We went to *get* the money.
Él no *obtiene* nada en esta clase.	He *doesn't get* anything in this class.
¿Qué *recibiste* por el correo?	What *did* you *get* in the mail?

Conseguir means to get something after an effort has been made to obtain it. **Obtener** is somewhat synonymous with **conseguir**. **Recibir** refers to getting something from another source when the source sends or conveys it to the recipient.

Ejercicios

A. Sustitución

1. Cada día consigo alguna información más. (él) → *Cada día consigue alguna información más.*
(tú, los científicos, nosotros, la Fuerza Aérea, yo, el alcalde)

2. De los estudios obtengo algún beneficio. (ellos) → *De los estudios obtienen algún beneficio.*
(nosotros, los alumnos, el decano, tú, yo, los inspectores)

3. Recibo muchos anuncios comerciales de las tiendas. (tú)
→ *Recibes muchos anuncios comerciales de las tiendas.*
(los dependientes, el cliente, nosotros, yo, ellos, tú, él)

B. Preguntas

1. ¿Qué recibiste una vez cuando se te regaló algo en una fiesta? ¿Recibiste una prenda de ropa o un juguete?

2. ¿Qué conseguiste una vez por medio de una petición? ¿Conseguiste un permiso o una negación?

3. ¿Qué obtuviste la semana pasada? ¿Obtuviste mucha información o poca información?

4. Últimamente, ¿qué has recibido en la vida? ¿Mucha satisfacción o varias sorpresas?

5. Recientemente, ¿qué has conseguido por tu trabajo? ¿Mucho éxito o muchos fracasos?

6. Durante esta semana, ¿qué has obtenido en esta universidad? ¿Alguna información útil o varios consejos inútiles?

7. ¿Qué nota crees que vas a recibir en esta clase? ¿Una nota alta, una nota media, o una baja?

8. ¿Qué ayuda quieres conseguir en esta vida? ¿Un mame, cooperación, consejos, o dinero?

9. ¿Qué clase de éxito prefieres obtener en tu trabajo? ¿Un éxito económico o un éxito intelectual?

El señor Jaime Méndez	*Mr.* James Méndez
La señora González	*Mrs.* González
Los profesores García y López	*Professors* García and López
El doctor Emilio Vargas Colina	*Doctor* Emilio Vargas Colina
Escribimos *al alcalde* Ramírez.	We wrote to *mayor* Ramírez.

1. The definite article is often used with titles in Spanish.

2. In addressing a person directly, do not use the article with the title.

3. **Don, doña, santo,** and **san** usually do not take the article.

Vista Catorce:
Bolivia / Paraguay
417

Ejercicios

A. Indirect address

1. Mr. García will arrive late.

2. I see Doctor Vargas.

3. We plan to visit Mrs. López.

4. Does Mayor Méndez work late?

5. They spoke to Professor Fernández.

6. They are going to Don Julio's store.

B. Direct address

1. Mr. García, how are you?

2. Doctor Rojas, are you okay?

3. Miss Vargas, where are you going?

4. Professor Montoya, I'm here!

5. Don Julio, how's your wife?

Cuando le duela *el* hígado	Whenever *your* liver hurts you
Tengo *las* manos sucias.	*My* hands are dirty.
para que los pegue a *la* chaqueta	to stick them on *their* jackets

When referring to something that is obviously possessed by a person mentioned in the conversation, the speaker generally uses the definite article to indicate possession.

Ejercicio

Modelo: X, ¿cuántos ojos   *En la cara tengo dos ojos.*
              tienes en la cara?

1. X, ¿cuántos dedos tienes en la mano?

2. X, ¿cuántas orejas tienes en la cabeza?

3. X, ¿de qué color es la camisa que llevas?

4. X, ¿de qué color es la blusa que llevas?

5. X, ¿de qué color son los zapatos que llevas?

Vista Catorce:
Bolivia/Paraguay
418

6. X, ¿qué tienes en la cara?

7. X, qué tienes en los pies?

8. X, ¿qué tiene Y en los pies?

9. X, ¿qué tiene Y en la muñeca?

 Una vista del idioma español

Unas palabras compuestas

Muchas palabras en español se componen de dos o más palabras. Las palabras que se usan son de ciertas categorías gramaticales: nombres, verbos, adjetivos y adverbios.

Nombre + nombre → nombre

la bocacalle: street intersection

el aguafiestas: killjoy, party-pooper

el autobús: bus

el puntapié: a kick with a foot

la bocallave: keyhole

el balazorro: clown, ill-bred person

el avichucho: ragamuffin

Verbo + nombre → nombre

el pasatiempo: pastime hobby, interest

el guardarropas: closet

el abrelatas: can opener

el abrebotellas: bottle opener

el sacacorchos: corkscrew

el parasol: parasol (it stops the sun)

el paraguas: umbrella (it stops the water)

el matasiete: bully

el limpiabotas: person who shines shoes

el parabrisas: windshield

los matavíboras: mountain boots (snake killer)

el espantapájaros: scarecrow

el matasanos: doctor

el chupamedias: apple polisher, opportunist

Adjectivo + nombre → nombre

el altavoz: loudspeaker

el altímetro: altimeter

la bajamar: low tide

la buenaventura: fortune, good luck

la clarividencia: clairvoyance

Nombre + adjectivo → nombre

el patitieso: stiff-legged person

el bocaverde (boquiverde): person whose language is usually coarse

el aguardiente: cheap liquor

La Real Academia Española: la sala donde los miembros consideran las cuestiones de la lengua.

Adjetivo + adjetivo → nombre

los altibajos: the ups-and-downs

el claroscuro: a combination of light and dark

Adverbio + adjetivo → nombre

el malcontento: malcontent, grumbler

el bienamado: the dearly beloved

Compounding is a device whereby a language can create new words for new concepts. After a new word is "coined" and people begin using it regularly, it is absorbed into the working vocabulary of the society. Later, the Royal Spanish Academy may give its "stamp of approval" to the new word. Can you create a new compound word based on what you now know in Spanish? Use any of the formulas given above.

Comunicación/ Personalización ⟫⟫

Entrevista

Preguntas	Oral	Escrito
1. ¿Qué haces para que tus amigos(as) estén contentos(as)?	Para que ellos(as) estén contentos(as), yo . . .	Para que ellos(as) estén contentos(as), él/ella _____

2. ¿Habías preparado bien la lección antes de venir a clase hoy?	Sí, había . . . No, no había . . .	Había _____ No, no había _____
3. ¿Qué problema te gustó haber resuelto recientemente?	Me gustó haber resuelto . . .	Le gustó haber resuelto _____
4. ¿Crees que el profe comprende mejor la situación tuya o la de los otros estudiantes?	Creo que comprende mejor . . .	Cree que comprende mejor _____
5. ¿Qué crees haber hecho mejor en tu juventud?	Creo haber . . .	Cree haber _____

Actividades personales

A. Frases incompletas

Termina las siguientes frases usando el subjuntivo.

1. Iré a ver una película española para que el profe . . .

2. Voy a ganar mucho dinero a menos que los otros . . .

3. Mis niños no sufrirán en la vida con tal que . . .

4. Pienso hacer un viaje tan pronto como . . .

5. No voy al médico a menos que mi cuerpo . . .

6. Quiero tener mi libertad sin que nadie . . .

7. Voy a comprarme un coche con tal que el coche . . .

Termina las siguientes a tu gusto.

8. En mi juventud yo había . . .

9. Antes del final del año pasado mi familia . . .

10. Antes de los quince años yo había . . .

11. Antes de los quince años míos, mis padres me . . .

12. Antes de este año yo no . . .

B. Una situación de fantasía

Supongamos que antes de haber entrado en la universidad, habías vivido por un año con un mago. Con sus habilidades mágicas, tú y el mago habían hecho algunas cosas extraordinarias. ¿Qué habían hecho? Explica dos cosas que habían hecho.

Modelo: Habíamos *convertido la escuela en un jardín zoológico.*

Habíamos _____

Sección cultural ⟫⟫

La Paz, Bolivia, tierra rodeada, y una mujer que recibe una educación por radio y folletos.

Bolivia: tierra rodeada

rodeado: surrounded

Bolivia, país andino, está rodeado por cinco países (el Brasil, Paraguay, Chile, la Argentina y el Perú). Por eso, Bolivia no tiene costa pero hay comunicación directa a la costa chilena por tren.

La mayoría de la gente boliviana es de sangre india pura (quechua y aymará, dos grupos distintos de indios) y habla su propia lengua. Sólo el cuarenta por ciento de los habitantes hablan español, la lengua oficial. Hay unos de sangre europea y unos de sangre mezclada. Casi el setenta por ciento de la gente vive en una región que se llama el Altiplano. El Altiplano está situado entre las dos cordilleras de los Andes.

El famoso lago Titicaca queda en este Altiplano a unos 100 kilómetros de La Paz, la capital del país. Allí se encuentran los indios aymará. Antes, estos indios habían sido dominados por los incas y luego por los españoles. Bajo la dominación española vivían en un estado de esclavitud. Bolivia declaró su independencia de España en 1825, pero las malas condiciones seguían existiendo.

lago: lake

esclavitud: slavery

Finalmente, en 1952, el Movimiento Nacional Revolucionario, un partido bastante progresivo, declaró muchas leyes a favor de los aymará, incluso la reforma agrícola. Estas leyes reformaron el sistema de haciendas, dando tierra a los antiguos colonos.

hacienda: large estate

antiguo: former
colono: name given to Indian farmhands

Antes los aymará no habían tenido ningún control sobre los asuntos políticos, no habían ocupado posiciones importantes en sus pueblos (sus aldeas), ni habían participado en la vida económica de su región. Debido a esta reforma los habitantes de esta región están orgullosos del cambio que se puede ver. Han construido escuelas para los niños, y de noche los adultos asisten a clases para aprender nuevos métodos que puedan mejorar la producción agrícola.

aldea: village

Con más libertad económica, los aymará están participando activamente en el desarrollo de sus pueblos. Han establecido una red económica importante entre ellos y sus familiares en La Paz. Así es como funciona.

red: net, network

Muy a menudo estos indios, normalmente las mujeres, caminan a la capital para vender sus productos (papas, habas, cebollas, y pescado del lago Titicaca). Llegan por camión o autobús. Allí, viven con parientes (tíos, suegros) que antes habían venido a la

camión: truck

**Vista Catorce:
Bolivia/Paraguay**

capital para vivir, o viven en tambos (sitios especiales para los vendedores). Venden sus productos y con los beneficios compran otros para vender al regresar a su pueblo. A veces van a otras aldeas para vender y comprar donde hay ferias. Es posible también que en estas aldeas haya familiares.

feria: weekly local fairs

Este modo de vender y comprar es importante en la vida del vendedor (o de la vendedora). Primero, prepara la transición desde el pueblo hasta la ciudad; segundo, la relación entre la ciudad y el campo está mantenida; tercero, es una manera de abrir el mundo social del individuo; es decir, hay contacto perpetuo con otros y así se conoce a muchos.

vendedor: seller

Este sistema de participación en la vida diaria, poco a poco, ayudará a los aymará a vencer el triste pasado que habían tenido y a prepararse para el futuro en un país básicamente pobre.

Preguntas

1. ¿Cómo hay comunicación directa a la costa chilena?

2. ¿Dónde está situado el Altiplano?

3. ¿Cómo se llaman los indios que viven cerca del lago Titicaca?

4. ¿Por quiénes habían sido dominados?

5. ¿Cómo vivían bajo la dominación española?

6. ¿Qué no habían tenido los aymará antes de 1952?

7. ¿Qué hacen unos adultos de noche, y por qué?

8. ¿Qué han establecido los aymará en La Paz?

9. En La Paz, si no viven con familiares, ¿dónde viven?

10. ¿Qué hacen con los beneficios?

11. ¿Por qué van a otras aldeas?

12. ¿Por qué es importante para ellos su sistema de vender y comprar?

Vocabulario

Nouns

el alcalde
la aldea
el anuncio
el aparato
el camión
el cargo
la cita
el colono
el comando
la confesión
la consulta
el cuento
el cuero
el cumplimiento

el diploma
la enfermedad
la esclavitud
la especialidad
el/la especialista
el espectáculo
el espectador
el estilo
el estómago
la feria
la ferretería
la firma
la fuerza
la hacienda
el inspector

la institución
el martillo
la noticia
el parche
el piso
la prenda
la prensa
el propósito
la prueba
la red
el reglamento
la relojería
la responsabilidad
la sala
la sanción

el suceso
la suegra
la tela
el título
el útil
el vehículo
el/la vendedor(a)
la venta

Verbs

abandonar
atender (ie)
cometer
confesar
descuidar

designar
despedir (i)
detener (ie)
fundar
gastar
pegar
prohibir
robar
suspender

Adjectives

anciano
cinematográfico
comercial
cuyo

maravilloso
previo
rodeado
sensacional

Adverbs

próximamente

Expressions

de temporada
he aquí
prestar atención

VISTA QUINCE: LA MUERTE

Al principio

In this chapter you will be exposed to the theme of death in the Hispanic world. You'll read jokes, riddles, and philosophic statements about death and learn that burial customs differ from country to country. As you progress through the unit,

you'll learn

1. another tense, the conditional tense
2. the passive voice

3. the reflexive passive

4. the subjunctive as a reflection of doubt

5. the use of **pero, sino,** and **sino que,** three expressions equivalent to *but*

so look for

1. ¿Qué *dirías?* ¿Qué *pensarían* de eso?
2. *Fue detenido* por la policía.
3. Por radio *se oyen* programas.
4. Puede ser que *exista.* No creen que *haya* niños.
5. No quiero vino *sino* agua. Él no, *pero* mi tía sí. No como helados *sino que* prefiero comer postre.

In addition you'll work on exclamations (**¡Vaya una vida!**), two conjunctions that change (**y → e** and **o → u**), and four verbs that mean *to become* or *get?*

427

La muerte en el mundo hispánico

Tocante a la muerte, mucha literatura y mucha tradición folklóricas han sido producidas por los hispanos. Muchos ven la muerte como el fin de todo. ¿Después de la muerte, habrá una vida más allá o será la muerte el momento final de la existencia del individuo? ¿Qué diría Ud.? ¿Qué pensaría al punto de morirse? ¿Qué le pasaría a su alma? ¿Podría Ud. ganar la inmortalidad por medio de los resultados de su vida hasta ahora? Al pensar en la muerte se forman distintas opiniones y actitudes. Estas actitudes no son las mismas entre toda la gente, sino que son diferentes. Algunas personas son serias frente a la muerte. Otras desean tratar la muerte de una manera humorística o filosófica. Lo que sigue es una colección de dichos, refranes y chistes hispánicos sobre el concepto de la muerte.

A great deal of literature and folk tradition has been produced by the Hispanic people concerning death. Many see death as the end of everything. After death, will there be another life, or will death be the final moment of the individual's life? What would you say? What would you think on the brink of death? What would happen to your soul? Could you gain immortality as a result of your life up to now? Separate opinions and attitudes are formed when thinking about death. These attitudes are not the same for everyone, but (they're) different. Some people are serious when facing death. Others wish to treat death in a humorous or philosophical manner. What follows is a collection of Hispanic sayings, refrains, and jokes about the concept of death.

Vista Quince:
La Muerte

Refranes y dichos

Con la muerte todo se acaba.

Morir es esperar a los demás.

Morir es salir del infierno en que vivimos.

Vida sin amigos, muerte sin testigos.

A la muerte no hay remedio sino tender la pierna.

La muerte a nadie perdona.

La muerte, ni buscarla ni temerla.

Quien teme la muerte no goza la vida.

La muerte es una pena que nos salva de todas las anteriores, presentes y futuras.

Refrains and sayings

Everything ends with death.

To die is to wait for the others.

To die is to leave the hell in which we live.

Life without friends, death without witnesses.

At death there's no recourse except to stretch out your legs.

Death pardons no one.

Death, neither look for it nor fear it.

He who fears death doesn't enjoy life.

Death is a pain that saves us from all the former, present, and future ones.

Un rompecabezas	A riddle
Adivine.	Guess.
El que lo hace lo vende.	He who makes it sells it.
El que lo compra no lo usa.	He who buys it does not use it.
El que lo usa no lo ve.	He who uses it does not see it.
¿Qué cosa es?	What is it?
(Un cajón de difunto)	(A coffin)

Unos chistes	Some jokes
A. —Vale muy poco preocuparse de la vida, amigo.	A. There's little value in worrying about life, my friend.
B. —¿Por qué?	B. Why?
A. —Porque Ud. nunca la sobrevivirá.	A. Because you'll never survive it.
A. —¿Crees que sea posible comunicarse con los muertos?	A. Do you believe it is possible to communicate with the dead?
B. —Sí, puedo oírte muy claro.	B. Sure, I can hear you very clearly.
A. —Si me muriera, ¿podrías visitar mi sepultura a menudo?	A. If I were to die, would you visit my grave often?
B. —Como no, de todos modos tengo que pasar por el cementerio al ir a la peluquería.	B. Of course, anyway I have to go past the cemetery when I go to the barber shop.
A. —Por fin mi tío descansó en paz la semana pasada.	A. My uncle finally rested in peace last week.
B. —Pues, ten mis pésames. Yo no sabía que falleció.	B. Accept my condolences. I didn't know he passed away.
A. —Él no, pero mi tía sí.	A. He didn't, but my aunt did.

A. —Oye, digo que no estoy muerto.

A. Listen, I say I'm not dead.

B. —Ojalá sea verdad. Pero el médico dice que sí.

B. I hope it's true. But the doctor says you are.

A. —Pero te juro que no lo estoy.

A. But I swear to you that I'm not.

B. —Acuéstate. ¿Quieres que el médico sea mentiroso?

B. Lie down. Do you want the doctor to be a liar?

Un pensamiento humorístico

A humorous thought

Es probable que a los muertos les gusten las campanas, pero ¡qué fastidio para los vivos!

The dead probably like (church) bells, but what a drag for the living!

Miguel de Unamuno (1864—1936), pensador y poeta español, expresa concisamente el concepto final. Unamuno cree lo siguiente sin que haya otra posibilidad: ¡La única cosa que tenemos que hacer en la vida es morir!

Miguel de Unamuno (1864—1936), a Spanish thinker and poet, concisely expresses this final concept. Unamuno believes the following idea without there being any other possibility: The only thing we have to do in life is die!

Notas culturales

1. Before burial, the Hispanic funeral ceremony serves as a medium for an individual's expression of deep grief. Often as loved ones and close friends file past the casket during the ceremony, they fling themselves upon the casket, sobbing with hysterical outbursts. Such tremendous expressions of emotion perhaps help purge the survivors of their profound grief.

2. The death theme has always been a preoccupation of Hispanic poets and philosophers. **El Más Allá** *(The Beyond)* is also important.

Observaciones

¿Cómo se dice en español?

1. Concerning death

2. As a result of your life up to now

3. Everything ends with death.

4. There's no recourse.

5. Doesn't enjoy life

6. A coffin

7. You'll never survive it.

8. I can hear you.

9. Accept my condolences.

10. He passed away.

11. I hope it's true.

12. What a drag!

13. Without there being any other possibility

Repaso de la narrativa

Preguntas

1. Tocante a la muerte, ¿qué cosas han sido producidas por los hispanos?

2. La muerte, ¿cómo la ven los hispanos?

3. Al pensar en la muerte, ¿qué se forman?

4. Según un dicho, ¿qué es morir?

5. Según otro dicho, ¿qué pasa a la persona que teme la muerte?

6. ¿Cuál es la contestación del rompecabezas?

7. Según un chiste, ¿por qué no vale preocuparse de la vida?

8. Según otro chiste, ¿por qué descansó el tío en paz?

9. Según un pensamiento humorístico, ¿qué es probable?

10. ¿Qué expresó Unamuno sobre la muerte?

Ejercicios gramaticales

1. ¿Cómo ven la muerte?   *La muerte, la ven como el fin de todo.*

   ¿Cómo ven la tumba?
   ¿Cómo ven el concepto?
   ¿Cómo ven los chistes?
   ¿Cómo ven las penas?

2. ¿Cómo considera Ud. la vida?   *La vida, la considero importante.*
   ¿Cómo considera Ud. el futuro?
   ¿Cómo considera Ud. los chistes?
   ¿Cómo considera Ud. las cosas poéticas?

3. ¿Qué podría ganar Ud.?   *Sí, podría ganarla.*
   ¿La inmortalidad?
   ¿Qué podría aceptar Ud.? ¿La vida más allá?
   ¿Qué podría repetir Ud.? ¿El rompecabezas?
   ¿Qué podría temer Ud.? ¿La muerte?
   ¿Qué podría usar Ud.? ¿El cajón de difunto?

4. ¿Le gustaría ganar la   *Sí, me gustaría ganarla.*
   inmortalidad?
   ¿Le gustaría entender la opinión de Unamuno?
   ¿Le gustaría aceptar la muerte filosóficamente?
   ¿Le gustaría ganar la inmortalidad?
   ¿Le gustaría sobrevivir la muerte?

5. ¿Qué espera Ud.?   *Espero que haya otras*
                                   posibilidades en esta vida.

   ¿Qué quiere Ud.?
   ¿Qué desea Ud.?
   ¿Qué le gusta a Ud.?
   ¿Qué pide Ud.?

6. ¿Son las mismas acti-   *No, no son las mismas, sino*
   tudes?   *diferentes.*
   ¿Son las mismas ideas?
   ¿Son los mismos conceptos?
   ¿Son los mismos resultados?
   ¿Son los mismos chistes?

7. ¿Todavía se hace esta   *Sí, esta pregunta se hace*
   pregunta?   *todavía.*
   ¿Todavía se acepta esta idea?
   ¿Todavía se forma esta actitud?
   ¿Todavía se dice la verdad?
   ¿Todavía se saben las opiniones?

8. ¿Sabes que la muerte no   *¡Ay! ¡Qué fastidio!*
   perdona a nadie?
   ¿Sabes que con la muerte todo se acaba?
   ¿Sabe que Ud. nunca sobrevivirá la vida?
   ¿Sabes que yo no estoy muerto?
   ¿Sabes que todos tenemos que morir?

Conceptos gramaticales

Conditional tense 119 Conditional tense 119 Conditional tense 119 C

¿Qué *diría* Ud.?	What *would* you *say*?
¿Qué *pensaría* al punto de morirse?	What *would* you *think* at the moment of death?
Nos *gustaría* saber esa opinión.	We *would like* to know that opinion.
No me *pasaría* nada.	Nothing *would happen* to me.

Analysis of conditional tense

Singular				Plural			
yo	pensar	ía	—	nosotros	pensar	ía	mos
tú	pensar	ía	s	vosotros	pensar	ía	is
usted él, ella	pensar	ía	—	ustedes ellos, ellas	pensar	ía	n

1. To form the conditional tense (*would* + verb) for regular verbs, add the element -**ía** to the infinitive form of the verb. Notice that the forms for **yo, usted, él,** and **ella** are the same. Use the subject of the verb to clarify any misunderstandings.

2. When -**ía** is added to -**r**, it signals past futurity: the conditional tense. For example, **Ayer Juan dijo que estudiaría más,** *Yesterday John said he would study more. Would study* is future to the past moment when John actually said it.

3. A few verbs do not use the regular infinitive verb form for the stem of the conditional. The same verbs that have irregular stems in the future tense have irregular stems in the conditional.

Infinitive	Stem	Infinitive	Stem
caber	cabr-	tener	tendr-
haber	habr-	valer	valdr-
saber	sabr-	venir	vendr-
poder	podr-	decir	dir-
poner	pondr-	hacer	har-
salir	saldr-	querer	querr-

Ejercicios

A. Sustituya el verbo en bastardilla (italics) por los verbos entre paréntesis y use el tiempo condicional.

Modelos: *Podría* oírte muy   → *Esperaría oírte muy claro.*
claro.
(esperar, deber)   *Debería oírte muy claro.*

1. El que lo *haría* lo vendería.
   (ver, tener, usar, tomar, llevar)

2. El que lo *compraría* no lo usaría.
   (sacar, abrir, conseguir, hacer, poner)

3. El que lo usaría no lo *vería.*
   (vender, mirar, explicar, denunciar, pedir)

4. ¿Qué cosa *sería?*
   (tener, decir, valer, hacer, perder)

5. Con la muerte todo se *acabaría.*
   (explicar, saber, perder, resolver, justificar)

B. Cambie los verbos en bastardilla al condicional.

Modelo: *Digo* que morir es → *Diría que morir es esperar a*
esperar a los demás. *los demás.*

1. *Pienso* que la muerte no perdona a nadie.

2. *Parece* que el que lo usa no lo ve.

3. Porque Ud. nunca la *sobrevivirá*

4. *Vale* muy poco preocuparse de la vida.

5. El que lo *hace* lo *vende*.

6. Oye, *digo* que no estoy muerto.

7. ¿*Puede* existir una opinión filosófica?

8. Me *gusta* saber la opinión del médico.

C. Conteste las preguntas.

1. Para ganar la inmortalidad, ¿qué haría Ud.? ¿Escribiría un
libro o pintaría una pintura?

2. Para ganar la inmortalidad, ¿qué sería Ud.? ¿Sería escritor
o pintor?

3. Para divertirse, ¿qué haría Ud.? ¿Iría al cine o celebraría
una fiesta?

4. Para entender la vida, ¿qué haría Ud.? ¿Pensaría más o
descansaría más?

5. Para reducir las preocupaciones en su vida, ¿qué haría
Ud.? ¿Meditaría más o trataría de ganar más dinero?

6. Para proteger el hígado, ¿qué tomaría Ud.? ¿Tomaría
alcohol o tomaría jugos de fruta?

assive voice 120 True passive voice 120 True passive voice 120 True passive voice 120

Dos jóvenes *fueron detenidos*
por unos inspectores.

Two youths *were arrested*
by some patrolmen.

Un curso *será ofrecido* por
el Sr. Méndez.

A course *will be offered* by
Mr. Méndez.

Veinte inspectores *fueron
despedidos* por el alcalde.

Twenty inspectors *were fired*
by the mayor.

Mucha literatura y tradición
han sido producidas por los
hispanos.

A great deal of literature and
tradition *has been produced*
by Hispanic people.

Structure of true passive voice
subject + **ser** + past participle + **por** + agent

1. The true passive voice utilizes a form of the verb **ser** plus the past participle of the main verb.

2. The past participle functions as an adjective and must agree with the number and gender of the subject.

3. The agent, which may or may not be expressed, is the cause of whatever action is conveyed by the form of the verb **ser** and the past participle.

4. The passive voice sentence is related to a corresponding active voice sentence.

Active voice	*Passive voice*
El Sr. Méndez ofrecerá el curso.	El curso será ofrecido por el Sr. Méndez.
La Hna. Murrieta dirige el programa	El programa es dirigido por la Hna. Murrieta.
El gobierno estrangula a ellos.	Ellos son estrangulados por el gobierno.

Notice that the verb in the active voice becomes the past participle in the passive voice. Also notice that the subject in the active voice becomes the agent in the passive voice. The object in the active voice becomes the subject in the passive voice.

Ejercicios

A. Convierta Ud. la oración activa en su forma pasiva.

Modelo: Juan Garrido fundó → *El periódico fue fundado por*
el periódico.   *Juan Garrido.*

1. La tienda Marilú vende las blusas.

2. La tienda regala los parches.

3. Los bolivianos leen los sucesos diarios.

4. Presentamos unos artículos típicos.

5. Unamuno expresó el concepto final.

6. Mi padre no aceptará la muerte.

7. Los hispanos han producido mucha tradición.

B. **Preguntas**

1. El curso, ¿será ofrecido por el Sr. Méndez o por el mesero?

2. La literatura, ¿ha sido producida por los vivos o por los muertos?

3. Los dos idiomas, ¿son dominados por el Sr. Peñas o por el Sr. Hoyos?

4. La crisis económica, ¿será resuelta fácilmente o con dificultades?

5. Los barrios, ¿son mantenidos limpios por el municipio o por el Estado?

6. Los inspectores, ¿han sido despedidos por el alcalde o por el presidente?

eflexive verb 121 Passive voice with reflexive verb 121 Passive voice with reflexive verb 121

Esta pregunta *se ha hecho* mucho.	This question *has been asked (made)* often.
Se forman distintas opiniones y actitudes.	Separate attitudes and opinions *are formed*.
Se ven muchos anuncios comerciales.	Many commercials *are seen*.

según *se dijo* ayer en el comando	according to what *was said* yesterday at the command

1. The reflexive form of the verb expresses the same general meaning as the true passive voice form of the verb, but it is used more often than the true passive. The reflexive verb form can be translated in the passive voice or with the impersonal *they* or *you* or *one* as the subject. Remember, in the reflexive form, as in any sentence, the subject and verb must agree in number (singular and plural); **Esta pregunta se ha hecho** vs. **Estas preguntas se han hecho.**

2. When the agent is mentioned, the true passive is generally used: for example, **Un curso será ofrecido por el Sr. Méndez.**

Ejercicios

A. Cambie la forma reflexiva del singular al plural y del plural al singular.

Modelo: Se oye un programa.→ *Se oyen unos programas.*
      Se dan las notas. → *Se da la nota.*

1. Se hace la pregunta.

2. Se forma una actitud.

3. Unos cursos se ofrecerán este año.

4. En el programa se ofrece una clase de inglés.

5. No se sabía la respuesta.

6. Se están tratando de resolver las crisis.

7. Es importante que se imponga la ley.

8. El hombre se informa por radio.

B. Convierta Ud. la forma pasiva a la forma reflexiva.

Modelo: Los parches son → *Se regalan los parches.*
      regalados.
      El curso será → *Se ofrecerá el curso.*
      ofrecido.

1. El programa ha sido justificado.

2. El alumno es suspendido.

3. El plan social ya fue iniciado.

4. El cajón de difunto será cerrado.

5. Antes, las tradiciones eran establecidas.

6. Más literatura va a ser escrita.

C. Convierta Ud. la forma activa a la forma reflexiva.

Modelo: La tienda regala los → *Se regalan los parches.*
          parches.

1. Las directoras dirigen los programas.

2. Tenemos que escribir las cartas ahora.

3. El reglamento prohibe los cigarrillos.

4. El alcalde hace los reglamentos.

5. El gobierno impone un impuesto.

6. El gobierno debe imponer menos impuestos.

7. La gente puede solucionar los problemas.

D. Preguntas

1. ¿Qué se pueden resolver? ¿Los problemas o los
   rompecabezas?

2. ¿Cuándo se darán las calificaciones? ¿Ahora o al final
   del semestre?

3. ¿Cuándo se gana la vida? ¿En la niñez o en la vida adulta?

4. ¿Cómo se abre un cajón de difunto? ¿Con cuidado o con
   descuido?

5. ¿Cómo se debe tratar la muerte? ¿Con humor o filosóficamente?

6. ¿Dónde se ha gozado la vida más? ¿En una cantina o en
   un cajón de difunto?

7. ¿Dónde se van a poner los difuntos? ¿En un cajón o en
   una peluquería?

Ojalá *sea* verdad.	I hope it *is (may be)* the truth.
Tal vez el resto *tenga* miedo.	Perhaps the rest *will be* afraid.
No creen que *haya* una vida más allá de la muerte.	They don't think *there is (may be)* a life beyond death.
¿Crees que *sea* posible?	Do you believe it *is (may be)* possible?

Some words and phrases that convey doubt

Ojalá (que) . . .	I hope . . .
Tal vez . . .	Perhaps . . .
Quizá(s) . . .	Perhaps . . .
Dudar que . . .	To doubt that . . .
¿Creer que . . . ?	a doubtful belief
No creer que . . .	a negative belief
Puede ser que . . .	It may be that . . .
Puede que . . .	It may be that . . .

The subjunctive is used in the verbs that follow these words and phrases to reflect a statement of doubt or denial.

Ejercicios

A. Usando la indicación entre paréntesis, cambie la oración del modo indicativo al modo subjuntivo. Siga el modelo.

Modelo: Es la verdad. (Tal vez)   *Tal vez sea la verdad.*

1. La ven como el fin de todo. (Quizá)

2. No la han aceptado. (Ojalá)

3. Mucha literatura ha sido producida. (Puede que)

4. Les ha preocupado. (¿Crees que . . . ?)

5. Habrá una vida después de la muerte. (Puede ser que)

6. ¿La muerte será el momento final? (Dudas que)

7. Esta pregunta se hace todavía. (Tal vez)

8. Otras desean tratar la muerte con humor. (Ojalá que)

9. El médico dice que sí. (No creo que)

B. Usando el subjuntivo, termine a su gusto las siguientes frases.

Modelo: Hablando de precios, ojalá . . .   *Hablando de precios, ojalá bajen pronto.*

1. Hablando de los muertos, tal vez . . .

2. Tocante a mi inmortalidad, puede que . . .

3. Con respecto al cementerio, no creo que . . .

4. Referente de las campanas, quizá . . .

5. Tocante a la muerte, dudo que . . .

6. Sobre la cuestión de ser o no ser, ojalá . . .

7. Hablando de la sepultura, puede ser que . . .

La muerte . . . , *la* ven como el fin de todo.	Death . . . , they see *it* as the end of everything.
¿Los dichos . . . ?, *los* consideran muy importantes.	The sayings . . . ?, they consider *them* very important.
¿Las penas . . . ?, *las* sufren mucho los pobres.	Grief . . . ?, the poor people feel *it* a great deal.
El radio . . . , *lo* escucho a menudo.	The radio . . . , I listen to *it* often.

The redundant pronoun is used with the noun to which it refers. Once the object has been established as the main topic of the sentence, the speaker goes on with the sentence using the direct object pronoun in place of the object itself.

Ejercicio

Modelo: El Más Allá, ¿cómo lo ve Ud.? ¿Como una cosa probable o improbable?

El Más Allá . . . , lo veo como una cosa probable.

1. La muerte . . . , ¿cómo la explica Ud.? ¿Como algo justo o injusto?

2. Las fiestas . . . , ¿cómo las considera Ud.? ¿Necesarias o innecesarias?

3. Los conflictos sociales . . . , ¿cómo los acepta Ud.? ¿Con mucho gusto o como algo inevitable?

4. El vicio de alcohol . . . , ¿cómo lo considera Ud.? ¿Tolerable o intolerable?

5. Los mames . . . , ¿cómo los explica Ud.? ¿Como una cosa esencial o una cosa excesiva?

6. La pena de muerte, ¿cómo la ve Ud.? ¿Como algo malo o bueno?

7. La pobreza . . . , ¿cómo la trata el gobierno? ¿Con interés o con desinterés?

Representación
de la muerte

En el mundo hispánico, cuando uno muere, en determinadas ocasiones se anuncia la muerte en un diario (periódico) local. También se ven anuncios *In Memoriam* o misas celebrando el aniversario del funeral cada año después de la muerte, y durante nueve días después del entierro se reza la novena. En México el dos de noviembre es costumbre ver escritas en los periódicos algunas ''calaveras'' poéticas dirigidas a los políticos, a gente importante, o a personas populares del pueblo.

Vocabulario y expresiones útiles

la calavera: skull
la calavera en verso: satiric verse about politicians or other well-known people
el esqueleto: skeleton
fallecer: morir (to die)
Q.E.P.D.: Que en paz Descanse (May he/she Rest in Peace)
D.E.P.: Descanse en paz (Rest in Peace)
el cadáver: body of deceased
el domicilio: home
el funeral: funeral service; memorial mass service

R.I.P.: Requiescat in Pace (Que en paz descanse)
la casa mortuoria: funeral home (parlor)
ruega (rogar): pleads for, requests
la oración: prayer
doliente: suffering; surviving relative(s)
el duelo: sorrow
el entierro, sepelio: burial
el alma: soul
el hijo político: son-in-law

La familia del que en vida fue ejemplar padre y esposo

Ing. EDUARDO SUAREZ SERRANO
BENEMERITO DE LA GUERRA DEL CHACO
(Q.E.P.D.)

ruegan a sus familiares, amistades, residentes potosinos, Beneméritos y ex combatientes de la Guerra del Chaco y demás personas piadosas, se dignen asistir a la misa que en sufragio del alma del extinto y recordando el primer mes de su llorado fallecimiento se mandará oficiar en la Basílica Metropolitana el día de mañana viernes 4 del presente a horas diez y cuarenta y cinco.

Por este acto de piedad cristiana, la familia doliente quedará eternamente agradecida.

El duelo se despide por tarjeta.

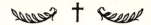

DOÑA ANGELES DE LA FUENTE LOPEZ

VIUDA DE RODRIGUEZ

FALLECIO EN MADRID

EL DIA 18 DE JUNIO DE 1976

Habiendo recibido los Santos Sacramentos y la bendición apostólica

R.I.P.

Su hijo, Alberto; hija política, Encarnación González; hermanos políticos, sobrinos y demás parientes

RUEGAN una oración por su alma.

El entierro no fue anunciado por deseo expreso de la finada, y el funeral tendrá lugar mañana, día 21, a las trece horas, en la parroquia (cripta) del Monte Carmelo (Ayala, 37).

Calavera en verso

Lic. Luis Echeverría
El electo Presidente
no pudo alcanzar la silla,
se murió muy de repente
por el rumbo de la Villa.

Y la gente mexicana
ha quedado muy sombría,
por la muerte tan temprana
de don Luis Echeverría.

Si San Pedro lo recibe
en los reinos del olvido,
quien estos versos escribe
le quedará agradecido.

Actividades

A. Termine las frases y haga un verso de una calavera sobre cualquier persona de su selección. Use la imaginación.

Un verso a _____ (nombre de la persona) _____ ,

que en su vida _____ (alguna cosa significativa que ha hecho) _____ ,

porque _____ (una razón por la cual ha hecho esa cosa) _____ .

Un día _____ (una frase en el tiempo pasado) _____ ,

pero hoy día _____ (una frase en el tiempo presente) _____ .

B. Actividad opcional: Lea su calavera en voz alta en
    la clase.

Práctica para la comunicación

Unas preguntas sobre su calavera

1. X, ¿a quién se dedicó su   *El verso se dedicó a . . .*
   verso?
   Y, ¿qué dijo X?   *X dijo que el verso se dedicó
                                    a . . .*

2. X, ¿qué ha hecho   *(nombre) ha . . .*
   (nombre) en su vida?
   Z, según X, ¿qué ha   *Según X, (nombre) ha . . .*
   hecho (nombre)?

3. X, ¿por qué ha hecho eso?
   Y, ¿qué dijo X?
   Z, según Y, ¿por qué ha hecho eso X?

4. X, ¿qué pasó un día?
   Y, según X, ¿qué pasó?

Conceptos gramaticales ⟫⟫

La muerte existe, *pero* no la han aceptado.	Death exists, *but* it hasn't been accepted yet.
No son las mismas actitudes, *sino que* son diferentes.	They're not the same attitudes, *but* rather they're different.
A la muerte no hay otro remedio *sino* tender la pierna.	At death there's no other recourse *except (but)* to stretch out your legs.
Él no, *pero* mi tía sí.	He didn't, *but* my aunt did.
No quiero vino, *sino* agua.	I don't want wine, *but* rather water.

1. **Pero** is the equivalent of *but, but nevertheless* and **sino** of *but on the contrary, except.* **Sino** is used to introduce a positive thought in direct contrast to a preceding negative thought, except when the verbs of both clauses or phrases are the same. In such cases use **pero.**

2. **Sino que** is used like **sino** but only when the following verb is finite (conjugated) in form.

Ejercicios

A. Combine las dos frases, usando *pero*. Siga el modelo.

Modelo: Los tres muchachos toman café. Miran a las chicas también.   *Los tres muchachos toman café, pero miran a las chicas también.*

1. Siempre tenía mala suerte. Ahora no.

2. Antes no estudiaba mucho. Ahora estudio todo el tiempo.

3. Me dicen tonterías. No presto atención.

4. No estoy para bromas. A mis amigos les gustan.

5. Me llevo bien con mis amigos. A veces me molestan.

6. ¡Qué idea genial! Es un poco tarde.

B. Haga el cambio para formar la frase nueva. Siga los modelos.

Modelos: ¿Comes bien y rápido también?   *No. Es que como bien pero no rápido.*
¿Bailas mucho en la Jota Jota?   *No. Es que bailo mucho pero no en la Jota Jota.*

1. ¿Tomas Coca Cola y alcohol también?

2. ¿Comes y fumas después?

3. ¿Te das cuenta de tus éxitos y tus fracasos?

4. ¿Quieres que yo sea chistoso y serio también?

5. ¿Estás a favor de las prisiones y la pena de muerte?

6. ¿Entiendes la religión y la política?

C. Combine las dos frases, usando *sino* pero sin usar el verbo de la segunda frase. Siga el modelo.

Modelo: Las mujeres latinas no estudian español. Estudian inglés.   *No estudian español sino inglés.*

1. No hay sólo un comité. Hay varios.

2. Florencio Medina no es solamente el presidente. Es también un consejero.

3. El propósito no es solamente investigar. Es también servir de consejero.

4. El comité no sólo estudia el plan social. Estudia todos los planes de la Federación.

5. Los oficiales de FAB no estudian la guerra. Estudian las relaciones públicas.

6. Los jóvenes no robaron dos vehículos. Robaron uno.

D. Termine Ud. las frases a su gusto.

Modelo: Muchas veces no   *Muchas veces no tomo*
        tomo leche   *leche sino chocolate.*
        sino . . .

1. No voy al hospital sino . . .

2. No me gustan las ciencias sino . . .

3. No prefiero las humanidades sino . . .

4. No como muchos hidratos de carbono sino . . .

5. No sufro mucho del hígado sino . . .

E. Combine las dos frases, usando *sino que* y el verbo de la segunda frase.

Modelo: No como helados.   *No como helados sino que*
        Prefiero comer   *prefiero comer postre.*
        postre.

1. No se vende la blusa a 700 guaraníes. Sale a 600 guaraníes.

2. No me molestan mis sueños. Me preocupan mis problemas.

3. El director no les despidió. Fue el alcalde.

4. No abrieron la puerta. Forzaron la caja fuerte.

5. El Sr. Hoyos no ofrecerá el curso. Lo dará el Sr. Méndez.

F. Termine Ud. las frases a su gusto.

Modelo: No estudio la   *No estudio la gramática sino*
        gramática sino   *que leo las notas culturales.*
        que . . .

1. No voy mucho a los restaurantes sino que . . .

2. No escucho la radio a menudo sino que . . .

3. Mi mejor amigo no domina nuestras conversaciones sino que . . .

4. A nuestra sociedad no le falta la tecnología sino que . . .

5. A mí no me falta ambición sino que . . .

¡Qué bien!	How nice!
¡Qué bonito!	How pretty!
¡Qué calamidad!	What a disaster!
¡Vaya una vida!	What a life!

¡Qué + adjective!	→	*How* + adjective!
¡Qué + adverb!	→	*How* + adverb!
¡Qué + noun!		
¡Vaya + indef. art. + noun!	→	*What a* + noun!

Remember not to use the indefinite article with the Spanish noun after **¡Qué!**

Ejercicios

A. Siga los modelos.

Modelos: Juan es un médico   *Ya lo creo. ¡Qué médico!*
muy bueno.
Mira a esa mujer,   *Ya lo creo. ¡Vaya una mujer!*
hecha un tren.

1. El tabaco es un gran vicio.

2. Donde yo nací es muy bonito.

3. Tienes una idea genial.

4. Los criterios que usan son muy malos.

5. La idea me parece sumamente extraña.

6. Ese tío parece tener un carácter peculiar.

7. Esta pena, no la quiero. La rechazo.

B. Translation Drill

1. Man, what a plan! How tremendous!

2. What an idea! How brilliant!

3. Hey, how lucky!

4. What a disaster! Man, how dumb!

5. Finally, a good diet, but what a diet!

6. Hey, that photo. How pretty!

7. Man, what an airline! What a flight! But what a stewardess! How nice!

Vista Quince:
La Muerte
447

hijos *e* hijas	sons *and* daughters
Es necesario *e* importante.	it is necessary *and* important.
siete *u* ocho	seven *or* eight
¿Quiere perderlo *u* olvidarlo?	Do you want to lose it *or* forget it?
Mujeres *u* hombres, no me importa.	Women *or* men, it doesn't matter to me.

Before a word beginning with **i**- or **hi**-, **y** changes to **e**. Before a word beginning with **o**- or **ho**-, **o** changes to **u**.

Ejercicios

A. Cambie las frases, según el modelo.

Modelo: Hijos pero no hijas

No, al contrario, hijos e hijas.

1. Culturas pero no idiomas
2. Francés pero no inglés
3. Inteligente pero no interesante
4. Escuelas pero no iglesias
5. Venir pero no ir
6. Ana pero no Isabel
7. Cooperación pero no influencia
8. Ciudadanos pero no inmigrantes
9. Anglos pero no hispanos
10. Fiel pero no infiel
11. López pero no Hidalgo

B. Cambie las frases, según el modelo.

Modelo: Casas y hoteles, ¿verdad?

No, casas u hoteles.

1. Ver y oír, ¿verdad?
2. Ojos y orejas, ¿verdad?
3. Estos y otros, ¿verdad?
4. Sujeto y objeto, ¿no?
5. Sujetivo y objetivo, ¿verdad?
6. Medias horas y horas, ¿verdad?
7. Ayer y hoy, ¿verdad?
8. Recordar y olvidar, ¿verdad?
9. Desocupar y ocupar, ¿verdad?
10. Personal y oficial, ¿verdad?
11. Mujeres y hombres, ¿verdad?
12. Juventud y honor, ¿verdad?

Los monos *se ponen* furiosos.	The monkeys *get* angry.
La muchacha quiere *hacerse* azafata.	The girl wants *to become* a stewardess.
El estudiante *se convierte en* un revolucionario.	The student *becomes* a revolutionary.
El maestro *se vuelve* loco.	The teacher *goes (becomes)* crazy.

to become, get	in terms of
poner(se) + adjective	a physical or emotional state *(Me pondré nervioso.)*
hacer(se) + adjective or noun	achieving a level or position after passing through a process to become something *(Algún día nos haremos profesionales.)*
convertir(se) en + noun	making a change from one thing to another *(Se convierte en un gobierno fascista.)*
volver(se) + adjective	a mental state, becoming (going) crazy or some other mental change or condition *(Me vuelvo loco.)*

Ejercicios

A. Sustitución

1. (poner[se]) En situaciones sociales me pongo genial. (él) →
   En situaciones sociales se pone genial.
   (nosotros, los oficiales, el diplomático, tú, yo)

2. (hacer[se]) A los 25 años mi papá se hizo abogado. (ellos) →
   A los 25 años se hicieron abogados.
   (la hermana Murrieta, los estudiantes, nosotros, yo)

3. (convertir[se]) Los indios se convierten en ciudadanos. (tú) →
   Te conviertes en ciudadano.
   (mis amigos, yo, nosotros, los cholos, el inmigrante, tú)

4. (volver[se]) Es posible que me vuelva loco. (nosotros) →
   Es posible que nos volvamos locos.
   (tú, el mesero, los jefes, los vivos, nosotros, yo, el profe)

Vista Quince:
La Muerte

Práctica para la comunicación

1. X, la próxima vez que   *Me pondré . . .*
   salgas con una chica,
   ¿te pondrás gracioso o
   nervioso?
   Y, ¿qué dice X?   *X dice que se pondrá . . .*

2. X, ¿qué quieres hacerte algún día? ¿Inventor, vendedor u
   otra cosa? ¿Cuál?
   Y, ¿qué dijo X?

3. X, en los últimos años, ¿en qué se ha convertido Ud.?
   ¿En una persona más conservadora o más liberal?
   Y, ¿qué dijo X?

4. X, pensando en cómo eres ahora, ¿será posible que te
   vuelvas loco(a) o sano(a)?
   Y, ¿qué dijo X?

Una vista del idioma español 》》》

Más palabras compuestas

En la lección anterior vimos unas palabras compuestas. Aquí
presentamos una mirada de otras palabras compuestas.

Preposición / adverbio + nombre → nombre

la sobremesa: tablecloth
el sobrepeso: overweight
el sobrenombre: nickname
el antebrazo: forearm
los anteojos: glasses
la bienvenida: welcome
la bienandanza: felicity,
  success

la sinrazón: wrong, injury,
  injustice
el sinnúmero: infinity
el sinfín: never-ending thing
el consocio: partner
el contraataque: counter-
  attack

Verbo + verbo → nombre

el vaivén (va y viene): coming-and-going
el/la ganapierde: a game or operation in which s/he wins
when all the elements (points, cards, men)
have been given away (lost) or reduced to
zero

Adverbio + verbo → nombre

el bienestar: wellbeing, welfare
el bienllegado: welcomed visitor
el bienparecer: comely appearance
la siempreviva: a type of succulent plant

Otras palabras compuestas

que + hacer	el quehacer: chore
que + dirán	el quedirán: public opinion
di + me	el dime (los dimes): quibble; ''picky'' person
diré + te	los diretes: quibblings in petty arguments
sabe + lo + todo	el sábelotodo: know-it-all
haz + me + reír	el hazmerreír: ridiculous person, laughingstock
meto + me + en + todo	el metomeentodo: busybody
en + hora + buena	la enhorabuena: congratulations
corre + ve + y + di + le	el correveidile: tattletale
pesa + me	el pésame: condolence
bien + me + sabe	el bienmesabe: meringue topping

Since almost any combination is ''fair game'' for bringing a new concept or word into the language, can you create a new compound word based on what you now know in Spanish? Use any of the formulas given above.

Una expresión idiomática: **andar en dimes y diretes,** *to use ifs and ands (or quibbles and quirks)*

¿Es usted una persona que anda en dimes y diretes? ¿Conoce usted a una persona que sea un sabelotodo y que ande en dimes y diretes? ¿Es usted un correveidile? ¿Cuál es el quedirán sobre los correveidiles?

 Comunicación/ Personalización »»

Entrevista

Preguntas	Oral	Escrito
1. Para controlar más tu propia vida, ¿qué harías?	Para controlar mi propia vida yo . . .	Para controlar su propia vida él/ella _____
2. Para divertirte, ¿qué preferirías?	Para divertirme, yo preferiría . . .	Para divertirse, preferiría _____
3. ¿Qué se oye demasiado en las noticias?	Se oye demasiado . . .	Se oye demasiado _____

4. ¿Qué dudas más,
que no haya un Más
Allá o que no
podamos vivir para
siempre?

Dudo más
que . . .

Duda más que
_____

5. ¿Cuándo te
pones más
nervioso(a)? ¿Antes
de un examen o
durante el examen?

Me pongo
más ner-
vioso(a) . . .

Se pone más
nervioso(a) _____

Actividades personales

A. Turn to a classmate and make two positive
exclamations about him/her. For example:

1. Hombre, ¡qué guapo!

2. Oye, ¡y qué ojos bonitos!

3. Perdón, pero ¡qué cara fantástica!

4. ¡Qué hombre tan guapo!

5. ¡Qué mujer, hecha un tren!

6. ¡Qué ojos tan contentos!

Recuerda, ¡hazlo con entusiasmo y gusto!

B. Unas preguntas sobre A, arriba.

1. X, ¿qué te dijo Y a ti?

2. Y me dijo, ''_____''.

3. Z, ¿qué indicó X?

4. X indicó que Y le dijo, ''_____.''

C. Una situación de fantasía

Supongamos que de noche estás en un cementerio. Estás solo(a)
y, de repente, se oye una cosa misteriosa. ¿Qué se oye? Di lo
que se oye.

Modelo: Se oye (n) *la voz (las voces) de un fantasma.*
Se oye(n) _____

Un mausoleo en Madrid y el dos de noviembre,
el Día de los Muertos.

El funeral en dos países hispánicos

La muerte (o la costumbre del funeral) no es
un tema agradable para discutir. Pero es
interesante comparar el funeral porque como
cualquier otra costumbre, la del funeral varía
de país en país, de región en región y de
localidad en localidad. De todos modos,
experimentarla implica una de las experiencias más terribles para los parientes (los
familiares del fallecido). El funeral en el
mundo hispánico es una ceremonia fundamentalmente religiosa. Cuando uno fallece
en Chile, por ejemplo, el cadáver (el
fallecido) es velado durante dos días. Al
final de estos dos días se le ofrece una
misa seguida por el sepelio correspondiente. Normalmente el velorio tiene lugar
en la casa del difunto.

En la Ciudad de México, cuando una persona
muere, hay ciertos requisitos establecidos por

experimentar: to experience
implica: implies
pariente: relative

fallecido: el muerto

fallece: muere

velado: watched over

misa: Mass
sepelio: burial
velorio: a wake for the deceased

requisito: requirement

Vista Quince:
La Muerte

453

la colectividad. Un ejemplo podría ilustrar esto. Una persona fallece. Inmediatamente es necesario dar parte a los otros. Las autoridades extienden un certificado de defunción que señala el nombre de la persona, el lugar, la hora y las circunstancias de su muerte. Entonces los parientes del difunto velan el cadáver. Muchos lo velan en ''velatorios''. Hay velatorios elegantes para la clase rica y comunes para la clase indigente. (La costumbre de velar al fallecido en casa va desapareciendo en la capital.) Este velorio dura sólo veinticuatro horas. Generalmente los familiares están tristes, están llorando y a veces están inconsolables. Algunas veces el estado de dolor es un poco aumentado artificialmente. Se supone que uno debe llorar al difunto.

En ambos países, Chile y México, es costumbre enviarle coronas de flores al difunto junto con una tarjeta de condolencia. Si uno asiste al velorio, lo normal es decirles algo a los familiares como ''Vengo a darle (te) mis condolencias'', ''Mi más sentido pésame'', ''Comparto su (tu) dolor'', ''No sabe(s) cómo me duele esta pérdida para Ud. (ti)'', ''Estoy con Ud. (contigo) en su (tu) pena'', o ''Lo siento en el alma''. Esto varía de persona en persona. Después del velorio del cadáver, la procesión va al cementerio o al panteón. Allí en el cementerio, si la familia lo quiere y puede pagar el costo de la ceremonia, un sacerdote reza por el alma. En Chile la familia del difunto recibe las condolencias en la puerta del cementerio y después se les envía tarjetas de agradecimiento.

Los familiares más cercanos visten de luto por períodos que pueden fluctuar entre seis meses y dos años. En estas ocasiones la mujer viste completamente de negro y el hombre suele usar una cinta negra en el

colectividad:	toda la gente de la ciudad
dar parte:	inform
certificado de defunción:	death certificate
velatorio:	place where wake occurs
indigente:	poor, needy
desapareciendo:	disappearing
aumentado:	increased
ambos:	both
corona:	wreath
junto con:	along with
tarjeta:	card
alma:	soul
sacerdote:	priest
luto:	mourning
fluctuar:	fluctuate
suele:	is accustomed to
cinta:	ribbon

brazo del vestón. En este estado la familia está de luto. Se supone que la viuda no debe escuchar música ni asistir a fiestas ni vestir de otro color que no sea el negro (el color de luto) por no menos de dos años. En México, el dos de noviembre se conmemora el día de los muertos. En ciertas partes es casi una fiesta. Unos llevan comida y bebidas al cementerio. Allí tienen una merienda y charlan con sus parientes ya fallecidos. También se vende, sólo ese día, el "pan de muerto". vende, sólo en ese día, el "pan de muerto". Otra costumbre típica en México es escribir calaveras. Entre amigos se intercambian versos, versos en los cuales se menciona al amigo como si hubiera fallecido. Circulan también en los periódicos calaveras sobre políticos o gente importante donde dicen cosas buenas y malas. Ese día se venden esqueletos de barro, o de dulce que se comen. En la frente está escrito el nombre de una persona. Los mexicanos se los regalan a un amigo. Es una broma, algo chusco, pero también es bien visto y aceptado. Esta costumbre revela, sin duda, un punto de vista mexicano hacia la muerte.

vestón: suit coat
viuda: widow

no menos de: no less than
conmemorar: to commemorate

merienda: picnic
charlar: to chat, talk

intercambiar: exchange

hubiera: he had

barro: clay
de dulce: sweet, candy

chusco: funny

revela: reveals

Preguntas

1. ¿Qué implica la muerte para los deudos del fallecido?

2. ¿Cómo es el funeral en el mundo hispánico?

3. En Chile, ¿qué pasa al final de los dos días del velorio?

4. ¿Cuáles son ciertos requisitos establecidos por la colectividad en la capital de México?

5. En la Ciudad de México, ¿dónde velan muchos al difunto?

6. ¿Cómo están los familiares durante el velorio?

7. ¿Qué hace el sacerdote?

8. ¿Qué tiene que hacer la viuda durante el período de luto?

9. ¿Por cuánto tiempo tiene ella que hacerlo?

10. En ciertas partes de México, ¿qué hacen unos el día de los muertos?

11. ¿Qué hacen los amigos el dos de noviembre, y qué se menciona?

12. ¿Qué está escrito en la frente de los esqueletos de dulce, y qué hacen los mexicanos con ellos?

13. ¿Qué puede revelar la costumbre de regalar calaveras?

14. ¿Puede Ud. describir cómo se celebra el funeral en los Estados Unidos para que los hispanos lo comprendan?

Vocabulario 〉〉〉

Nouns

la actitud
el alma
el barro
el cadáver
el cajón
la calavera
la campana
el certificado
la cinta
la colectivi- dad
la corona
el chiste

la defunción
el difunto
el dolor
el domicilio
el duelo
el dulce
el entierro
el esqueleto
el fallecido
el fin
la frente
el funeral
el hijo político

el infierno
la inmortalidad
el luto
la oración
el/la pariente
la pena
el pensador
el remedio
el requisito
el sacerdote
el sepelio
la sepultura
la tarjeta

implicar
intercambiar
perdonar
revelar
rogar (ue)
salvar
sobrevivir
soler (ue)
soñar (con) (ue)
tender (ie)
velar

el testigo
el velatorio
el veloiro
el vestón
la viuda

Verbs

aumentar
conmemorar
dar parte
desaparecer
experimentar
fallecer
fluctuar

Adjectives

amos
chusco
doliente
filosófico
folklórico
humorístico
indigente
metiroso
mortuoria

Expressions

de persona en persona
estar de luto
sin duda

REPASO III
(VISTAS 11, 12, 13, 14, 15)

1. Dialog/narrative résumé

Select the dialog or one of the narratives from **vistas** 11—15 and prepare a brief summary of its main ideas or events. You will present the résumé in class at some time during the period devoted to **Repaso** III.

2. Perfective and imperfective tenses

The perfective focuses attention on one point of time in the past, whether that point occupied one split second or one long block of time.

Conversely, the imperfective expresses the process, not the outcome. It conveys the idea that a past action was ongoing, repeated, habitual, or frequently done. The imperfective of **ser** (not the perfective!) is used to tell time in the past.

Ejercicio

Diga estas frases en el perfectivo o el imperfectivo, según la noción que Ud. quiere o debe expresar.

Modelos: Muchas veces voy → *Muchas veces iba al*
al mercado. *mercado.*
Voy solamente → *Fui solamente una vez.*
una vez.

1. Frecuentemente él cree que es una persona fanática.
   Oye, eres soltero solamente una vez en la vida.

457

2. A veces se piensa que los ministros discursan demasiado.
El ministro tiene un discurso más.

3. Al limpiar la casa, siempre recojo la basura.
Para limpiar la casa, recojo la basura una vez más.

4. Diariamente hay personas que mueren.
Hoy muere una persona que no conozco.

5. La prensa ofrece algo interesante todos los días.
La prensa nunca ofrece una edición nueva.

6. Repetidas veces se cometen infracciones contra la ley.
En un momento se comete un error.

7. A menudo sufrimos exámenes en la universidad.
¿En qué momento sufren dolores de cabeza?

3. Por y para

The main functions of **para** are to indicate direction toward a goal or purpose, to refer to a point of time in the future (direction toward that time), to focus on someone's viewpoint (**para nosotros,** *as far as we're concerned*), to indicate an employer (**Trabajo para él),** or with **estar** to show that something is about to happen (**La clase está para terminar,** *The class is about to end*).

Por indicates motive, cause, reason, manner or means, the period of time during which something occurs, the movement of an object through or along a given place, exchange of one thing for another, and measurement of quantity or time. It may also indicate the object of a search or an errand (**Voy por café,** *I'm going for coffee*). With **estar** it is used to show one's inclination in favor of doing something.

Ejercicio

1. ¿Trabaja Ud. para ganar la vida o para tener una posición más alta?

2. ¿Asiste Ud. a clase muchas veces o pocas veces por semana?

3. ¿Haría Ud. cola para ir a Latinoamérica o para ver un concierto de ''rock''?

4. ¿Es Ud. conocido(a) por su inteligencia, por su ambición, o por otra cosa? ¿Cuál?

5. Para Ud., ¿qué dolor es más común? ¿Un dolor de espalda o de estómago?

6. ¿Cuánto pagaría Ud. por una buena educación? ¿Más de mil dólares, más de cinco mil dólares, o más aún?

7. ¿Para qué hace Ud. trucos? ¿Para distraer a otros o para ganar atención?

8. ¿Está Ud. por los impuestos o por la pena de muerte?

9. ¿Está Ud. para fallecer o para contestar una pregunta?

10. ¿Para cuándo tendrá Ud. una cita importante? ¿Para mañana o para la semana entrante?

11. ¿Por cuánto tiempo estudia Ud. cada día? ¿Por dos horas, por cuatro o por más de cuatro horas?

4. Commands (imperative mood)

Ejercicios

A. Use la forma singular formal *(Ud.).*

Modelo: ¿Quiere Ud. que yo
vaya a casa?   *Sí, vaya a casa.*

1. ¿Desea Ud. que yo coma sardinas?

2. ¿Desea Ud. que yo prepare una fiesta?

3. ¿Quiere Ud. que yo traiga más dinero?

4. ¿Espera Ud. que yo organice una pachanga (fiesta)?

5. ¿Prefiere Ud. que yo sea más divertido(a)?

6. ¿Demanda Ud. que yo haga menos trabajo?

B. Use la forma plural formal *(Uds.).*

Modelo: ¿Quiere Ud. que
vayamos a casa?   *No, no vayan a casa.*

1. ¿Quiere Ud. que experimentemos más problemas?

2. ¿Desea Ud. que fallezcamos ahora?

3. ¿Quiere Ud. que intercambiemos más secretos?

4. ¿Prefiere Ud. que descuidemos los estudios?

5. ¿Quiere Ud. que despidamos a los inspectores?

6. ¿Desea Ud. que detengamos a los jóvenes?

C. Use la forma singular informal *(tú)*

Modelo: ¿Quieres que yo
pida más ayuda?   *Sí, pide más ayuda.*

1. ¿Quieres que yo hable menos?

2. ¿Deseas que yo regale dinero?

3. ¿Quieres que yo haga una fiesta?

4. ¿Prefieres que yo explique los problemas?

5. ¿Quieres que yo les dé más tiempo libre?

6. ¿Deseas que yo me haga invisible?

D. Use la forma singular informal *(tú)* negativa

Modelo: ¿Quieres que yo   *No, no salgas ahora.*
           salga ahora?

1. ¿Deseas que yo imponga la pena de muerte?

2. ¿Quieres que yo suspenda a esta clase?

3. ¿Esperas que yo hable menos?

4. ¿Prefieres que yo charle más?

5. ¿Quieres que yo me case mañana?

6. ¿Deseas que yo aburra más?

E. Use la forma imperativa para *nosotros.* Conteste positiva
   o negativamente.

Modelo: ¿Qué vamos a   *¡Sí, comamos! (¡No, no*
           hacer? ¿Comer?   *comamos!)*

1. ¿Qué vamos a hacer? ¿Ver un sepelio?

2.. ¿Qué vamos a conmemorar? ¿Un funeral?

3. ¿Qué vamos a decir? ¿Un chiste?

4. ¿Qué vamos a hacer? ¿Confesar?

5. ¿Qué vamos a comprar? ¿Una prenda?

6. ¿Qué vamos a ofrecer? ¿Un regalo?

7. ¿Qué vamos a contribuir? ¿Un plan?

5. Comparison

One can compare nouns, verbs, adjectives, or adverbs.

A. Conteste las preguntas, según el modelo.

Modelo: ¿Qué hace más?   *Juego más que estudio.*
           ¿Estudia o juega?

1. ¿Qué hace más? ¿Aburre o anima?

2. ¿Qué celebra más Ud.? ¿Fiestas o sepelios?

3. ¿Qué se lava más Ud.? ¿Las manos o la cara?

4. ¿Qué hace Ud. más? ¿Duda o produce?

5. ¿Dónde vive más? ¿En casa o fuera de casa?

6. ¿Con quién habla más? ¿Con los padres o con los profesores?

B. Siga el modelo.

Modelo: ¿Qué explica Ud. menos? ¿Sus errores o sus problemas?   *Explico mis errores menos que mis problemas.*

1. ¿Qué entiende menos? ¿La muerte o la vida?

2. ¿Qué experimenta Ud. menos? ¿La pena o el gozo?

3. ¿Quién reza menos? ¿Un sacerdote o la madre de Ud.?

4. ¿Quién vive menos? ¿Un cadáver o un enfermo?

5. ¿Adónde va Ud. menos? ¿Al cementerio o al cine?

C. Siga el modelo.

Modelo: ¿Qué hace Ud. tanto como estudia? ¿Charla?   *Sí, charlo tanto como estudio.*

1. ¿Qué hace Ud. tanto como sueña? ¿Medita?

2. ¿Qué hace Ud. tanto como confiesa? ¿Perdona?

3. ¿Quién es tan bonita como inteligente? ¿María?

4. ¿Dónde vive Ud. tanto como en las montañas? ¿En el campo?

5. ¿Qué hace Ud. tan bien como perdona? ¿Contribuye?

6. Present subjunctive

The subjunctive is used as a reflection of someone's subjective viewpoint.

A. Siga el modelo.

Modelo: ¿Qué quieres, que yo produzca más?   *Sí, quiero que produzcas más.*

1. ¿Qué esperas, que la muerte no venga?

2. ¿Qué exiges, que las clases sean cortas?

3. ¿Qué es necesario, que aceptemos la muerte?

4. ¿Qué prefieres, que no se fume?

5. ¿Qué te gusta, que los profesores sean sensacionales?

B. Práctica para la comunicación

1. X, ¿qué prefieres, que   *Prefiero que sigamos . . .*
   sigamos más rápido o
   menos rápido en esta
   clase?
   Y, ¿qué dice X?   *X dice que prefiere que*
                                    sigamos . . .

   Z, según Y, ¿qué prefiere   *Según Y, X prefiere que*
   X?   *sigamos . . .*

2. X, ¿qué quieres, que te inviten a una fiesta o que te lleven
   al cine?
   Y, ¿qué dice X?
   Z, según Y, ¿qué quiere X?

3. X, ¿qué esperas, que tus amigos sean fieles o que se
   diviertan mucho?
   Y, ¿qué dice X?
   Z, según Y, ¿qué espera X?

4. X, ¿qué exiges primero, que haya menos pobreza o
   menos contaminación del aire?
   Y, ¿qué dice X?
   Z, según Y, ¿qué exige X primero?

5. X, ¿qué dudas, que el decano se confunda mucho o que
   haga grotescos?
   Y, ¿qué dice X?
   Z, según Y, ¿qué duda X?

6. X, ¿qué prefieres, que tu mejor amigo(a) tenga menos
   vergüenza o más suerte?
   Y, ¿qué dice X?
   Z, según Y, ¿qué prefiere X?

7. More subjunctive

The subjunctive is also used to indicate indefiniteness with
respect to the future.

A. Preguntas

Modelo: ¿Dónde trabajará   *Sí, cuando salga de aquí*
        cuando salga de   *trabajaré en este estado.*
        aquí? ¿En este
        estado?

1. ¿Cómo será su vida después de que termine los estudios?
   ¿Fantástica?

2. ¿Adónde irá cuando le duela el estómago? ¿A la clínica?

3. ¿Con quién saldrá cuando Ud. vaya al cine? ¿Con alguien
   interesante?

Los obreros méxico-americanos en California.
¡Huelga para la justicia!

4. ¿Quién le ayudará a Ud. cuando sufra de muchos problemas? ¿Su amigo(a)?

5. ¿Qué comerá cuando tenga mucha hambre? ¿Una enchilada?

6. ¿Cómo hablará Ud. cuando esté nervioso(a)? ¿Con dificultad?

B. Traducciones

1. Where will you go whenever your head hurts?

2. I will work wherever I live.

3. I'll do it however I can.

4. When a problem comes, how will you treat it?

5. Whoever she is, she'll be nice.

8. Possessives and stressed possessives

A. Cambie la forma posesiva a su forma enfática.

Modelos: mi casa → *la casa mía*
          el marido de María → *el marido suyo*

1. tus manos
2. su terquedad
3. nuestras tonterías
4. mi deuda
5. los criterios de ellos
6. su vicio
7. el rosario de ella
8. nuestras sardinas
9. mi crisis fenomenal
10. mis parientes
11. nuestro rey
12. tu pena extraña

B. Conteste las preguntas.

Modelo: ¿Qué prefiere Ud.?   *Prefiero la educación*
        ¿La educación nuestra   *nuestra.*
        o la educación
        de los europeos?

1. ¿Qué le gusta más a Ud.? ¿El sistema nuestro o el sistema suyo?

2. ¿Cuáles le gustan más? ¿Las tareas mías o las de otro profesor?

3. ¿Qué gobierno apoya Ud. más? ¿El nuestro o el de otro país?

4. ¿Cuál le encanta más? ¿La personalidad mía o la suya (la de usted)?

5. ¿Qué ciudadanía le garantiza más libertad? ¿La suya (la de usted) o la de los rusos?

9. Conditional tense

A. Cambie las frases del futuro al condicional. Siga el modelo.

Modelo: Iré al cine. → *Iría al cine.*

1. Charlarán de cosas en general.

2. Nos pasearemos por la plazuela.

3. No quemarás nada.

4. No tendré fantasías de ver otros sitios.

5. Yo le reñiré chistosamente.

6. ¿Te darás cuenta de tus defectos?

7. Haré bien y no miraré a quien.

8. Ni siquiera podrá hacerlo.

9. Nos recortarán el sueldo.

10. Creo que será la única solución.

11. Me bajaré de las nubes.

B. Conteste las preguntas.

1. En un comité, ¿sería Ud. el/la jefe o sólo un miembro?

2. En una dictadura, ¿se convertiría en radical o aceptaría al dictador?

3. En una sociedad pobre, ¿haríamos muchos sacrificios o tendríamos muchas riquezas?

4. ¿Lucharía Ud. por una mejor vida o le gustaría seguir con la vida que ya tiene?

5. Para las vacaciones, ¿iría Ud. a Latinoamérica o a España?

10. Negative elements

Certain adverbs of time, place, and manner and certain indefinite pronouns have counterparts in the positive and negative. When one of these negative elements follows the verb, another negative element (often **no**) must precede the verb. A negative word may precede the verb without a negative element following the verb.

Ejercicios

A. Cambie la palabra positiva a su forma negativa.

1. alguien	6. también
2. algo	7. de alguna manera
3. alguno	8. de algún modo
4. siempre	9. algunos
5. o . . . o . . .	10. algunas

B. Cambie estas frases a su forma negativa.

Modelo: Siempre salgo de   →   *Nunca salgo de casa a las*
casa a las ocho.   *ocho.* or *No salgo de casa*
                          nunca a las ocho.

1. Alguien está llamando a la puerta.

2. ¿Tienes algo nuevo?

3. Se desayuna alguna comida.

4. Van a jugar algún deporte.

5. Conocí a alguien chusco.

6. Se me ha comunicado algo mentiroso.

7. O tiene suerte o tiene paciencia.

8. También cometo errores.

9. Él se equivoca también.

10. Ese grupo siempre trata de mejorar la situación.

11. Voy a aprender a patinar de alguna manera.

11. Past perfect tense

Ejercicios

A. Cambie las frases del perfectivo al perfecto del pasado. Siga el modelo.

Modelo: Creyeron en la   → *Habían creído en la*
        superstición.   *superstición.*

1. Ese señor me encantó.

2. Ya se casaron.

3. El decano nos aburrió mucho.

4. ¡Hombre! ¡Qué faena me hiciste!

5. No me aproveché de nada.

6. Nos distrajimos por un rato.

7. Me confundí en el asunto.

8. Se murieron en un accidente.

9. Después de poco tiempo, el viejo dió lata.

10. Estuvimos a gusto.

11. No hice grostescos.

12. El problema tuvo que ver con el velorio.

13. La familia estuvo de luto.

14. La decisión fluctuó varias veces en un día.

15. El alcalde los despidió el mismo día.

B. Conteste las preguntas.

1. ¿Qué había hecho antes del comienzo de este año? ¿Había viajado extensivamente o había pasado un verano tranquilo?

2. ¿Adónde había viajado de niño? ¿Al este, al norte, al sur, o al oeste?

3. ¿A quién había admirado antes de ser adulto Ud.? ¿A un actor o una actriz, a un político o algún escritor?

4. ¿Qué persona famosa había fallecido antes del comienzo de este año escolar?

5. Antes, ¿qué criterio había usado Ud. para escoger a un amigo? ¿La sinceridad, la confianza, la curiosidad, o la inteligencia?

6. ¿A qué escuela había asistido Ud. antes de entrar en esta universidad?

12. El humor hispánico y otras cositas

1. A los hispanos les gusta decir chistes de otras religiones. Se dice que en una ocasión un miembro de la religión protestante le preguntó a su ministro: —Señor Ministro, ¿qué pasa todos los lunes por la mañana cuando todos los ministros de la región celebran una reunión en la casa de usted?

—Bueno, tengo que confesarle— dijo el ministro —que en esas reuniones nos dedicamos a intercambiar sermones.

A lo que el miembro dijo: —Pues, el método de selección no es muy bueno, pues usted siempre sale con los peores sermones.

2. El padre, preocupadísimo por su hijo cuando supo que el hijo estaba en el hospital, fue muy rápido a verle. En el hospital lo encontró con una pierna rota y varias lesiones.

—¿Qué pasó, hijo mío?— preguntó el padre. —¿Sufriste un accidente al volver de la casa de tu novia?

—No.

—¿Qué pasó entonces?

—Mi novia y yo fuimos a un baile de ''rock y roll''— explicó el hijo. —Luego el padre de mi novia llegó a la sala de bailes. Como él es sordo (no puede oír), no pudo oír la música . . . ¡y me tiró por la ventana!

Un rompecabezas

Si se vende pan en una panadería, y si se vende leche en una lechería, ¿dónde se venden los puercos?

En una porquería (porquería: a mess, here a play on the word)

Y . . . , ¿dónde se venden los tontos?

En una tontería

Unos dichos

Hablando de Roma, se asoma el Papa.

Con hambre no hay mal pan.

El lunes ni las gallinas ponen.

VISTA DIECISÉIS: LA MUJER

◀◀◀ Al principio

In this **vista** we will look at cosmopolitan women in the Hispanic world and specifically at three unique women. The roles of Hispanic women are changing and will continue to do so. They face many of the problems being confronted by women in other parts of the world. As you progress through the unit

you'll learn

1. to use and form the imperfect subjunctive
2. compound relative pronouns
3. neuter relative pronouns
4. the interrogative and relative pronoun **quien(es)**
5. more about the present subjunctive
6. future and conditional tenses to indicate probability or conjecture.

so look for

1. si me *muriera;* como si la iglesia *dictara*
2. Veo *el que* está ahí.
3. Aprendí todo *lo que* estudié.
4. Es ella *a quien* vi anoche. *¿Quién* es?
5. Por mucho que *queramos*
6. *Será* posible. *Serían* las tres.

In addition you'll learn more about suffixes and their meanings, and in the **Entremés** you'll interpret your life and personality through numerology.

Por eso, ¡ojalá que su número sea el número uno!

469

La mujer en el mundo hispánico

Antes en el mundo hispánico existía el deseo o la necesidad de que todos pensaran más o menos igual, como si la Iglesia dictara una sola forma de conducta. Ahora, con las industrias, películas y noticias extranjeras, las cuales influyen mucho sobre la vida diaria, varias tradiciones se pierden y otros estilos de vida emergen. Debido a estas influencias, ¿cómo serán los hispanos entonces? Para definirlos o describirlos, sería más conveniente si todos fueran iguales. Pero, por mucho que queramos, es imposible estereotipar a los hispanos.

Before, in the Hispanic world there was (existed) the desire or need for everyone to think more or less the same, as if the Church dictated only one form of behavior. Now, with foreign industries, films, and news that greatly influence daily life, many traditions are being lost and other life styles are emerging. Due to these influences, what are the Hispanic people like? To define or describe them, it would be more convenient if they were all alike. But, no matter how we might like it, it is impossible to stereotype the Hispanic people.

Aquí se mencionan tres mujeres hispánicas, únicas y diferentes, para demostrar la diversidad entre los hispanos. Pero esta diversidad no existe sólo en los países latinos, sino en casi cualquier país del mundo.

Here we mention three unique and different Hispanic women to show the diversity among the Hispanic people. But this diversity is not found only in Latin countries, but in almost any country in the world.

Hay la mujer que usa su belleza para destacarse. Todos los años centenares de señoritas de muchos países hispánicos compiten en los concursos de belleza para ser elegidas la reina de cualquiera de las fiestas provincianas o nacionales. Recientemente en Manizales, Colombia, la señorita Colombia conquistó el título

There's the woman who uses her beauty to make herself stand out. Every year hundreds of young women from many Hispanic countries compete in beauty contests to be chosen queen of any one of the provincial or national festivals. Recently, in Manizales, Colombia, Miss Colombia won the title of International

de Reina Internacional del
Café. La nueva reina del café
nació en Medellín, es
graduada en ciencias de la
educación. Sus aficiones son
la música y la navegación;
su deporte es la natación.
Es modelo profesional, pesa
52 kilos, mide 1,70 de
altura y sus medidas son
86-60-86. La señorita a
quien eligieron virreina es
de Costa Rica. Los padres

Coffee Queen. The new
Coffee Queen was born in
Medellín; she has a degree
(is graduated) in Education.
Her favorite pastimes are
music and sailing; her sport
is swimming. She is a
professional model, weighs
52 kilos, measures 1 meter
and 70 centimeters in
height and her measure-
ments are 86-60-86
(centimeters). The señorita

de esas señoritas tenían grandes deseos de que sus hijas triunfaran en el concurso. Si Ud. fuera padre o madre, ¿estaría contento(a) también? ¿Es la belleza femenil un valor cultural en el cual pone mucho énfasis Ud.?

La segunda, un caso extremo, es la mujer convertida en terrorista. No hace mucho que una mujer argentina fue la causante de un estallido de bomba en el cual murieron cuatro personas y resultaron varias personas heridas. Ojalá no hubiera condiciones tan graves, para que no existieran terroristas. La mujer radicalizada ha llegado como si fuera una plaga contra el orden establecido.

La tercera es la mujer empresaria. En México, Monterrey, Veracruz, Guadalajara, Acapulco y otros centros urbanos, además de los otros países de mayor desarrollo, cada vez hay más participación femenina en el mundo de la empresa. Por ejemplo, doña Julia López García de Álvarez, que tiene varios hijos y domina dos idiomas, además del suyo, es dueña de una empresa constructora. Aparte de la ingeniería, ella estudia filosofía y letras.

Ella es la presidenta de una asociación de mujeres

---

whom they chose runner-up is from Costa Rica. The parents of those señoritas really wanted their daughters to win the contest. If you were the father or mother, would you be happy also? Is feminine beauty a cultural value on which you place much emphasis?

The second one, an extreme case, is the woman converted into a terrorist. Not long ago an Argentine woman was the cause of a bomb explosion in which four persons died and several were injured. One might wish there weren't such serious conditions, so that terrorists wouldn't exist. The radicalized woman has arrived as if she were a plague against the establishment.

The third is the business woman. In México, Monterrey, Vera Cruz, Guadalajara, Acapulco, and other urban centers, besides other more developed countries, there is more and more participation by women in the business world. For example, doña Julia López García de Álvarez, who has several children, and knows two languages well besides her own, is the owner of a construction business. Aside from engineering, she is studying philosophy and letters.

She is the president of a business womans'

empresarias en Ciudad de México. En este trabajo ella publica informes por los cuales junta datos sobre la posición femenil dentro de la fuerza laboral del país.

association in Mexico City. In this work she publishes information through which she gathers data on the woman's position in the country's labor force.

Era la esperanza de sus padres que utilizara su potencialidad para añadir algo positivo a la sociedad. Como si tuviera una misión, ella ha cumplido ese deseo.

It was her parents' hope that she might use her potential to add something positive to society. As if she had a mission, she has fulfilled that desire.

Notas culturales

1. The Spanish and English languages have influenced each other. For example, modern machinery and gadgets, which had no name in Spanish, have penetrated the Latin American markets and their English names have been adopted and Hispanicized. **Televisión, computadoras, tractores, jet,** and **polución** are some of the words used in the Spanish language.

2. With the advances of technology, new life styles have emerged in the Hispanic world. For example, when large groups of personnel from various institutions and businesses come to the U.S. for training courses, they return to their countries with new visions and sometimes with new needs. The age-old struggle between tradition and change continues.

3. The Hispanic woman is raising her consciousness. Some find that they want to perform functions outside the home. The women of Latin American countries took a very active role in the International Congress of Women held in Mexico in 1975. One of the world's first women's banks opened in Madrid in 1972. This bank is completely staffed and operated by women. Men, of course, are also able to deposit money there.

Observaciones

¿Cómo se dice en español?

1. As if the church dictated
2. Due to these influences
3. If they were alike
4. However we may want
5. In almost any country
6. The one who still uses her beauty
7. Her favorite pastimes
8. She weighs 52 kilos.
9. They really wanted
10. If you were the father
11. One might wish there weren't conditions.
12. As if she were a plague
13. Aside from engineering
14. Through which she gathers data
15. As if she had a mission

Repaso de la narrativa

Preguntas

1. ¿Qué necesidad existía antes en el mundo hispánico?

2. ¿Qué cosas influyen mucho sobre la vida diaria?

3. ¿Qué sería más conveniente?

4. Hablando de los hispanos, ¿qué es imposible?

5. ¿Quién es la nueva reina del café?

6. ¿Cuáles son las medidas de la Srta. Colombia?

7. ¿Qué deseos tenían los padres?

8. ¿A quién eligieron virreina?

9. ¿Quién es la segunda mujer presentada en la narrativa?

10. ¿Cómo ha llegado la mujer radicalizada?

11. ¿Qué sabe Ud. de doña Julia de Álvarez?

12. ¿Qué hace doña Julia como la presidenta de la Asociación de Mujeres Empresarias?

13. ¿Qué era la esperanza de sus padres?

Ejercicios gramaticales

1. ¿Qué sería un problema?   *Sería un problema si todos fuéramos iguales.*
   ¿Qué sería más conveniente?
   ¿Qué sería más ridículo?
   ¿Qué sería más absurdo?
   ¿Qué sería más excepcional?

2. ¿Qué esperaban sus padres?   *Esperaban que yo aprendiera algo útil.*
   ¿Qué deseaban sus padres?
   ¿Qué querían sus padres?
   ¿Qué recomendaban sus padres?
   ¿Qué era importante para sus padres?

3. ¿Qué dice Ud. de las condiciones graves?   *Ojalá no existieran.*
   ¿Qué dice Ud. de los terroristas?
   ¿Qué dice Ud. de las actividades criminales?
   ¿Qué dice Ud. de las bombas atómicas?
   ¿Qué dice Ud. de las plagas?

4. ¿Qué mujer se nos presentó hoy?   *La que tiene interés en las empresas.*
   ¿Qué hombre se nos presentó hoy? *El que . . .*
   ¿Qué señores se nos presentaron hoy?
   ¿Qué mujeres se nos presentaron hoy?

5. ¿Qué deseo existía El deseo que todos
   antes? pensáramos igual.
   ¿Qué necesidad existía antes?
   ¿Qué esperanza existía antes?
   ¿Qué interés existía antes?

6. ¿Cómo luchan los Como si fueran una plaga
   terroristas? contra la sociedad.
   ¿Cómo piensan los terroristas?
   ¿Cómo se destacan los terroristas?

7. ¿Qué hombre es? ¿Él? Sí, él, a quien conocimos ayer.
   ¿Qué mujer es? ¿Ella? . . . a quien . . .
   ¿Qué colombianos son? . . . a quienes . . .
   ¿Ellos?
   ¿Qué señoritas son? . . . a quienes . . .
   ¿Ellas?
   ¿Qué doña es? ¿Ella? . . . a quien . . .

8. ¿Cómo serán los No sé. Pues, serán distintos.
   hispanos?
   ¿Cómo serán los grupos culturales?
   ¿Cómo serán los estilos de vida?
   ¿Cómo serán las reinas?
   ¿Cómo serán los radicales?

9. ¿Sería normal la Quién sabe. Sería normal.
   situación?
   ¿Sería bogotana la terrorista?
   ¿Sería elegante la señorita?
   ¿Sería económico el deporte?
   ¿Serían graves las condiciones?

◀◀◀ Conceptos gramaticales

Imperfect (past) subjunctive 128 Imperfect (past) subjunctive 128 Imperfe

Si me *muriera,* ¿visitaría mi sepultura?	If I *died,* would you visit my grave?
Existía el deseo de que todos *pensaran* igual.	The desire existed that everyone *should think* alike.
Sería más conveniente si todos *fueran* iguales.	It would be more convenient if all *were* equal.
Ojalá no *existieran* condiciones tan malas.	I wish such bad conditions *did*n't *exist.*
Era la esperanza de sus padres que *utilizara* su potencialidad.	It was the hope of her parents that she *use* her potential.

Vista Dieciséis:
La Mujer
475

Analysis of *pensar*

Singular				Plural			
yo	pens	ara	—	nosotros	pens	ára	mos
tú	pens	ara	s	vosotros	pens	ara	is
usted	pens	ara	—	ustedes	pens	ara	n
él, ella				ellos, ellas			

1. For regular **A**-type verbs the form **-ara-** is the imperfect (past) subjunctive marker.

2. A substitute marker, **-ase-** may also be used. Since, for all practical purposes, we may view **-ase-** as merely a parallel form of **-ara-,** we will practice the **-ara-** form here.

3. The past subjunctive stem is similar to the third person plural of the perfective tense (ex.: **hablaron** → **hablara**).

Analysis of *comer*

Singular				Plural			
yo	com	iera	—	nosotros	com	iéra	mos
tú	com	iera	s	vosotros	com	iera	is
usted	com	iera	—	ustedes	com	iera	n
él, ella				ellos, ellas			

1. For regular **E**- and **I**-type verbs the form **-iera-** is the imperfect subjunctive marker.

2. A substitute marker, **-iese-**, may also be used. But since **-iese-** is simply a parallel form, we will practice the **-iera-** marker here.

main clause		subordinate (subjunctive) clause
past tenses or conditional tense	***que***	*imperfect subjunctive form*
Esperábamos	que	Juan estudiara español.
El profe deseaba	que	yo terminara mis tareas.
Se me dijo	que	(yo) me aplicara más.
Era importante	que	pensáramos más en el problema.
Sería necesario	que	comieras ahora.
Había querido	que	saliéramos pronto.

The past subjunctive is used in the subordinate clause when the verb in the main clause is in the past or the conditional and when the subjects of both clauses are different.

Ejercicios

A. Sustitución y repetición

1. Sería *mejor* que los gobiernos estuvieran de acuerdo.
   (conveniente, bueno, dudoso, posible, gran cosa, difícil)

2. Sería *importante* que elimináramos el elemento criminal.
   (necesario, conveniente, mejor, imposible, dudoso, bueno, difícil)

3. Mis amigos *querían* que yo fuera más honesto(a).
   (esperaban, preferían, insistían en, pedían, deseaban, me decían)

4. Yo *quería* que mis amigos siempre dijeran la verdad.
   (deseaba, prefería, insistía en, esperaba, les decía, pedía)

5. Mis padres *esperaban* que no me convirtiera en criminal.
   (deseaban, querían, rogaban, preferían, insistían en, pedían)

¡Qué labios! ¡Qué ojos! ¡Qué nariz!

Vista Dieciséis:
La Mujer

477

B. Preguntas

Modelo: ¿Qué esperaban   *Esperaban que yo estudiara.*
sus padres, que
Ud. estudiara o
trabajara?

1. De niño(a), ¿qué era importante, que jugara mucho o que comiera mucho?

2. De niño(a), ¿qué era necesario, que aprendiera mucho o que durmiera mucho?

3. De niño(a), ¿qué era mejor, que viajara mucho o fumara mucho?

4. En su niñez, ¿qué era esencial, que prestara atención o que pensara en las fantasías?

5. En su niñez, ¿qué era probable, que mirara mucho la televisión o que ayudara a su mamá?

6. ¿Qué deseaba Ud., que sus amigos hablaran bien o mal de usted?

C. Preguntas. Siga los modelos.

Modelos: ¿Qué opinión tiene
usted sobre . . .
la presentación de   *Sería mejor que no*
la lección?   *presentara la lección.*

la toma de la   *Sería mejor que no tomaran*
universidad?   *la universidad.*

¿Qué opinión tiene usted sobre . . .

1. el almuerzo tan temprano?   5. el descanso todo el tiempo?

2. el viaje a la luna?   6. la explicación de la muerte?

3. el trabajo por toda la vida? 7. los robos?

4. el estudio todo el día?   8. la existencia de los terroristas?

D. Haga Ud. diez oraciones de los elementos de las cuatro columnas. Hay muchas combinaciones posibles.

Modelo: *Fue fácil que yo comiera en dos minutos.*

I	II	III	IV
Era	importante	que	nevara en el infierno.
Fue	necesario		aprendiéramos a hablar con los chinos.

Sería	conveniente	hubiera menos terroristas.
	posible	no tuviera tanta suerte mala.
	imposible	existeran más posibilidades de trabajar.
	probable	los muertos volvieran a la vida natural.
	improbable	los monos llevaran bikinis.
	dudoso	todos fuéramos ricos y guapos.
	fácil difícil	el gobierno acabara de estrangular a los contribuyentes.
	bueno	me convirtiera en una persona genial.
	malo	todos los monstruos celebraran un concurso de belleza.
		yo comiera en dos minutos.

Past subjunctive: irregular verbs

verbs	past subjunctive stems	basic forms
tener	tuv-	tuviera, tuviese
estar	estuv-	estuviera, estuviese
andar	anduv-	anduviera, anduviese
hacer	hic-	hiciera, hiciese
querer	quis-	quisiera, quisiese
dar	d-	diera, diese
poder	pud-	pudiera, pudiese
poner	pus-	pusiera, pusiese
saber	sup-	supiera, supiese
decir	dij-	dijera, dijese
producir	produj-	produjera, produjese
traer	traj-	trajera, trajese
ser	fu-	fuera, fuese
ir	fu-	fuera, fuese
haber	hub-	hubiera, hubiese
leer	ley-	leyera, leyese
venir	vin-	viniera, viniese
oír	oy-	oyera, oyese
pedir	pid-	pidiera, pidiese
sentir	sint-	sintiera, sintiese

Ejercicios

A. Sustituya el verbo en subjuntivo por los otros en paréntesis. Siga el modelo.

Modelo: Ojalá supiéramos la → *Ojalá dijéramos la verdad.*
verdad. (dijéramos)

1. Ojalá tuviera un periódico aquí.
(trajera, pusiera, hubiera, leyera, pidiera)

2. Fue necesario que dijera la información.
(tuviera, consiguiera, promoviera, leyera, diera, quisiera, oyera)

3. Deseábamos que sintiera mejor.
(estuviera, leyera, anduviera, produjera, fuera, oyera)

4. Esperaban que yo lo pusiera aquí.
(diera, tuviera, hiciera, pudiera hacer, trajera, pidiera)

B. Preguntas

1. ¿Quería Ud. que fuéramos al cine o que viniéramos a su casa?

2. ¿Ayer fue mejor que hiciéramos los ejercicios o que oyéramos una conferencia?

3. ¿Esperaban sus padres que Ud. fuera niño o niña?

4. ¿Sería mejor que hubiera buenas notas para todos o que no hubiera ninguna nota?

5. ¿Fue conveniente que supiera la tarea antes o después de la lección?

ve with **como si** 130   Past subjunctive with **como si** 130   Past subjunctive with **como si** 130

como si la iglesia *dictara* una sola forma	as if the church *dictated* only one form
como si *fuera* una plaga	as if she *were* a plague
como si *tuviera* una misión	as if she *had* a mission

Introductory phrase sets up a hypothetical situation   *The following verb is cast in past subjunctive*

fuera la verdad

como si   tuviera la información

trabajaran mucho

The phrase **como si** reflects a hypothetical or contrary-to-fact situation and requires the use of the past subjunctive. An example of a contrary-to-fact situation follows: "I'll pretend *as if I knew* who did it." The fact is I don't know who did it, but I'll act as if I knew.

Ejercicios

A. Cambie la oración para expresar una situación hipotética. Siga el modelo.

Modelo: Juan dice que lo supo. *¡Ja! Como si lo supiera.*

1. El diplomático dice que lo vio.

2. El decano dice que lo hizo.

3. El ministro dice que pidió el plan.

4. El alcalde dice que los despidió.

5. Mi amigo dice que lo leyó.

6. El profe dice que no quiso dar el examen.

7. El comerciante dice que pudo bajar el precio.

8. El gobierno dice que puso en marcha el plan.

9. La chica dice que supo mi nombre.

10. La directora dice que fue a la conferencia.

B. Forme diez oraciones diferentes combinando los elementos de las diferentes columnas.

Modelo: *Busco la verdad como si yo fuera idealista.*

Lo hago		mi vida dependiera de ello.
Explico mis motivos		fuera muy importante.
Guardo un secreto		tuviera que hacerlo.
Busco la verdad		el diablo me dirigiera.
Trato de mejorar las condiciones malas	como si	no quisiera hacer nada más.
		Dios estuviera auydándome.
Protesto		yo fuera idealista.
Quiero disciplinarme		yo tuviera que justificarlo.
Juego mucho		no hubiera otro recurso.

C. Preguntas generales sobre el ejercicio anterior

X, ¿qué dice Y?   Y dice que . . . como si . . .
X, ¿qué dice Z?

Ahora, con las industrias extranjeras, *las cuales* influyen mucho . . .

Now, with foreign industries, *which (the ones which)* greatly influence . . .

La primera mujer es *la que* todavía usa su belleza.

The first woman is *the one who* still uses her beauty.

¿Es la belleza un valor cultural *al cual* pone mucho énfasis Ud.?

Is beauty a cultural value on *which* you place much emphasis?

Ella publica informes por *los cuales* junta datos.

She publishes information through *which* she gathers data.

que	*cual*
el que	el cual
la que	la cual
los que	los cuales
las que	las cuales

1. The definite article + relative pronoun **(el que, el cual)** provide an alternate form that often may be used in place of the relative pronoun **que.**

2. The particular definite article used depends on the number and gender of the antecedent to which it refers: **Mi amigo, con *el cual* estudio, está bien; No me gustaron *las chicas, las cuales* no decían mucho.**

3. The **que** forms (**el que, la que,** etc.) come from a deletion: **el hombre que → el que.** The **cual** forms may be viewed simply as substitutes for the **que** forms.

Ejercicios

A. Preguntas con respuesta fija

Modelos: ¿Ve Ud. a ese   *Sí, el que está ahí.*
hombre?
¿Oye Ud. a esa   *Sí, la que está ahí.*
chica?

Las posiciones de las mujeres van cambiando.

1. ¿Conoce Ud. a esos tíos?

2. ¿Supo Ud. el nombre de esa chica?

3. ¿Habló Ud. a esas maestras?

4. ¿Escuchó a los ministros?

5. ¿Oyó Ud. a esa cantante?

B. Preguntas con respuesta fija

Modelo: ¿Va Ud. a comprar   *Sí, esa casa, la que vi*
        esa casa?   *esta mañana.*

1. ¿Va Ud. a explicar ese deporte?

2. ¿Va Ud. a vender esos coches?

3. ¿Puede Ud. mejorar ese sistema?

4. ¿Puede Ud. cambiar esas tradiciones?

5. ¿Tiene que conseguir esos documentos?

6. ¿Quiere conocer a esa azafata?

C. Preguntas con respuesta fija

Modelos: ¿Qué son? ¿Gitanos?   *Sí, de los cuales no*
                                  sabemos nada.

         ¿Qué es? ¿Una   *Sí, de la cual no sabemos*
         celebración?   *nada.*

1. ¿Qué es? ¿Un mito?   5. ¿Qué es? ¿Una actividad?

2. ¿Qué son? ¿Unas bromas?   6. ¿Qué es? ¿Un movimiento?

3. ¿Qué son? ¿Payasos?   7. ¿Qué son? ¿Rateros?

4. ¿Qué es? ¿Un conflicto?   8. ¿Qué es? ¿Una secretaria?

Entremés 〉〉〉

La numerología y usted

Para saber su signo numerológico y para mejor conocerse, mire primero lo siguiente:

1	2	3	4	5	6	7	8	9
A	B	C	CH	D	E	F	G	H
I	J	K	L	LL	M	N	Ñ	O
P	Q	R	RR	S	T	U	V	W
X	Y	Z						

Escriba Ud. debajo de cada letra de su nombre el número que corresponde de la caja:

Ejemplo: RAÚL GUTIÉRREZ
3174 87616463

Luego, sume todos los números:

$3 + 1 + 7 + 4 + 8 + 7 + 6 + 1 + 6 + 4$
$+ 6 + 3 = 56$

Ahora, sume el total de los números individuales (56 = 5 + 6) hasta tener sólo un número:

$5 + 6 = 11$
$1 + 1 = 2$

Luego, busque la definición de su número:

El 1: Su símbolo es el Sol.
El número uno es el primero, el jefe—sabe decidir rápidamente y los otros aceptan su decisión. Le gusta la libertad y optará por una profesión (o trabajo) de autoridad.

El 2: Su símbolo es la Luna.
El dos es el número de la salud y de la suerte. Usted es diplomático y no le gustan las disputas. Le gusta soñar y tiene mucha imaginación.

El 3: Su planeta es Jupiter.
Es enérgico e inteligente, vive en el presente y le gustan las fiestas. Prefiere un trabajo donde tenga que usar su intuición.

El 4: Su planeta es Saturno.
Es serio, honesto, bastante tradicional y conservador, le gustan el orden y la tranquilidad. Piensa en el futuro y trabaja para tener éxito.

El 5:   Su planeta es Mercurio.
Con el cinco le gustan el cambio y el juego. Le fascinan los viajes, es independiente y activo. Busca una profesión donde haya mucha actividad.

El 6:   Su planeta es Venus.
Es sentimental y altruista. Con el seis le es importante ayudar a los otros y siempre está disponible (available) si alguien necesita su ayuda. Le gustan las artes.

El 7:   Su planeta es Urano.
Para el siete es importante estar solo. Es reservado e inteligente. A veces es soñador. Busca un trabajo que requiera reflexión—ser filósofo, por ejemplo.

El 8:   Su planeta es Marte.
El ocho tiene mucho éxito en los negocios. Tiene una personalidad fuerte y no le gusta soñar ni los que sueñan demasiado. Tiene buena salud y no tiene miedo del trabajo. La vida del ocho nunca es fácil, pero puede ganar mucho dinero.

El 9:   Su planeta es Neptuno.
El nueve tiene una enorme inteligencia; es romántico, idealista, pero decidido (con opinión fija). Le gustan la libertad y la humanidad. El nueve tiene mucha ambición y tendrá éxito como científico, artista o profesor.

⫷ Conceptos gramaticales

Neuter relative pronoun 132 Neuter relative pronoun 132 Neuter relative p

La influencia de los españoles en *lo que* se llama hoy los EE.UU.	The influence of the Spaniards in *what (that which)* today is called the U.S.
Tal vez el resto tenga miedo si sabe *lo que* le espera.	Perhaps the rest will be afraid if they know *what (that which)* awaits them.
Lo que sigue es una colección de dichos.	*That which (what)* follows is a collection of sayings.

1. **Lo que** is a device used to refer to a concept for which there is no gender. It refers to an abstract notion.

2. When **lo que** is used to refer to some indefinite element in the future, the verb that follows is cast in the subjunctive. In this construction, the present subjunctive is used to indicate future time from the present moment: **Lo que Juan diga no será la verdad,** *What John may say won't be the truth.* To indicate the

future from a past reference point, use the imperfect subjunctive; **Lo que Juan dijera no sería la verdad,** *Whatever John said wouldn't be the truth.*

Ejercicios

A. Modelo: Al estudiar, ¿qué aprendió Ud.?   *Todo lo que estudié.*

Al observar, ¿qué vio Ud.?   *Todo lo que observé.*

1. Al escuchar, ¿qué entendió Ud.?

2. Al producir, ¿qué consiguió Ud.?

3. Al oír, ¿qué comprendió Ud.?

4. Al construir, ¿qué terminó Ud.?

5. Al desear, ¿qué le dieron a Ud.?

B. Preguntas con respuesta fija en el modo indicativo

Modelos: ¿Entiende Ud. lo que le digo?   *Sí, todo lo que me dice.*

¿Ve Ud. lo que le enseño?   *Sí, todo lo que me enseña.*

1. ¿Compra Ud. lo que le muestra?

2. ¿Rechaza Ud. lo que le ofrezco?

3. ¿Hace Ud. lo que le digo?

4. ¿Entiende Ud. lo que le explico?

5. ¿Recuerda Ud. lo que le leo?

C. Preguntas con respuesta fija en el modo subjuntivo del presente

Modelo: ¿Repetirá Ud. lo que yo le diga?   *Sí, todo lo que Ud. me diga.*

1. ¿Hará Ud. lo que yo le mande?

2. ¿Servirá Ud. lo que yo le pida?

3. ¿Comprará Ud. lo que yo le venda?

4. ¿Me dará Ud. lo que yo le pida?

5. ¿Me devolverá Ud. lo que yo le dé?

6. ¿Entenderá Ud. lo que yo le explique?

D. Preguntas con respuesta fija en el modo subjuntivo
del pasado

Modelo: ¿Guardaría Ud. todo   *Sí, todo lo que Ud. me diera.*
lo que yo le diera?

1. ¿Aceptaría Ud. todo lo que yo tuviera?

2. ¿Recordaría Ud. todo lo que yo le dijera?

3. ¿Me daría Ud. todo lo que yo le pidiera?

4. ¿Buscaría Ud. todo lo que yo le mandara?

5. ¿Me compraría Ud. todo lo que yo deseara?

¿Quién es esa señorita?	*Who* is that young woman?
¿De *quién* es el coche?	*Whose* car is it?
¿A *quién* busca Ud.?	*Whom* are you looking for?
La señorita a *quien* eligieron virreina fue de Costa Rica.	The young woman *whom* they elected runner-up was from Costa Rica.

1. **¿Quién(es)?** or a preposition plus **¿quién(es)?** is used instead of **¿que?** in a question when referring to persons.

2. The relative pronoun **quien** refers only to persons and is used only as the object of a preposition.

Ejercicios

A. Preguntas con respuesta fija.

Modelos: ¿Ves a esas   *Sí, son las señoritas a*
señoritas?   *quienes vi anoche.*
¿Conoces a ese   *Sí, es el hombre a quien*
hombre?   *conocí anoche.*

1. ¿Miras a esa señora?

2. ¿Observas a ese ministro?

3. ¿Oyes a esos directores?

4. ¿Ves a esos tíos?

5. ¿Conoces a esa rubia?

6. ¿Hablas a esas empresarias?

7. ¿Estás entrevistando a ese terrorista?

B. Preguntas

Modelo: La persona con quien sale Ud., ¿es más inteligente o más simpática?

La persona con quien salgo es más inteligente.

1. La persona con quien habla Ud. más, ¿es un adulto o un niño?

2. La persona a quien trata Ud. más, ¿es más cortés o más chistosa?

3. La persona en quien piensa Ud. más, ¿es masculina o femenina?

4. El político por quien votaría Ud., ¿sería inteligente o sincero?

5. Las personas para quienes el profesor prepara la lección, ¿son los alumnos o los decanos?

C. Preguntas

1. ¿Quién enseña esta clase?

2. ¿Con quién prefiere Ud. salir?

3. ¿En quién piensa mucho Ud.?

4. ¿Quién es la persona con quien prefiere estar Ud.?

5. ¿Para quién es esta lección?

Por mucho que queramos estereotipar a los hispanos, es imposible.

However much we may want to stereotype the Hispanic people, it's impossible.

Por muy parecidos que sean, no lo son.

However similar they may seem, they are not (similar).

Por más paciencia que tenga, no es suficiente.

Whatever patience I may have, it is not enough.

Por mucho que expliquemos, él no podrá entender.

However much we may explain, he won't be able to understand.

**Vista Dieciséis:
La Mujer
488**

1. **Por mucho que** + subjunctive verb + main clause (*However much* + *may* + verb + main clause). Note that nothing usually comes between **mucho** and **que.**

2. **Por más** $\begin{Bmatrix} \text{adj.} \\ \text{noun} \end{Bmatrix}$ **que** + subjunctive verb + main clause

(*However* + adj. + *may* + verb + main clause; *Whatever* + noun + *may* + verb + main clause). An adjective or a noun may follow **más.**

3. **Por (muy)** adj. **que** + subjunctive verb + main clause (*However* + adj. + *may* + verb + main clause).

Ejercicios

A. Sustitución y repetición

Modelo: Por muy *desagra-*   *Por muy deshonesto que*
dable que parezca   *parezca ese ministro, no*
ese ministro, no lo   *lo es.*
es. (deshonesto)

1. Por más *inteligencia* que tenga, ese señor no funciona bien.
   (paciencia, suerte, deseo, ganas, gracia, disciplina)

2. Por más *mame* que él consiga, no vale la pena.
   (palanca, respeto, información, reforma, consejo, equipo)

3. Por muy *grande* que sea, yo no voy a creerlo.
   (listo, malo, bueno, sobresaliente, natural, interesante)

4. Por muy *interesante* que parezca, lo rechazo.
   (importante, necesario, barato, legítimo, natural, común)

5. Por más *conflicto* que haya, lo aceptamos.
   (problema, dificultad, risa, tontería, fantasía, follón, vicio)

B. Sustitución y repetición

Modelo: Por mucho que   → *Por mucho que estudiemos,*
discutamos, nunca   *nunca sabremos la verdad.*
sabremos la verdad.
(estudiemos)

1. Por mucho que *leamos,* es el mismo rollo.
   (discutamos, escribamos, observemos, tengamos, vayamos)

2. Por muy cansada que la chica *esté,* todavía sigue trabajando.
   (quede, se sienta, parezca, se encuentre, suela estar, pueda parecer)

3. Por mucho que mi amigo *se equivoque,* todavía es buen amigo.
   (se olvide, se queje, se inquiete, se ponga nervioso, se discipline)

4. Por muy moderno que *hable,* ese tipo no lo es.
   (piense, cante, baile, se ponga, se sienta, se presente)

¿Cómo *serán* los hispanos, entonces?	I *wonder how* the Hispanic people *are (may be)* then.
—Pues, *serán* diferentes.	—Well, *they're probably* different.
¿*Será* posible que ellos progresen más?	*Could it be* possible that they progress more?
—¿Quién sabe? *Será* posible.	—Who knows? *It's probably* possible.
¿Qué hora *será?*	What time *is it (could it be)?*
—Pues, *serán* las dos.	—Well, *it must be* (about) two.

Spanish	English
Future form to express probability and conjecture	I wonder what . . . Could it be . . . ? It must be . . . It's probably . . .

The future tense form may be used in Spanish to express conjecture (''what may be the case'' or ''what may be probable,'' without knowing for certain).

Ejercicios

A. Sustitución y repetición

Modelo: No sé. Estarán en → *No sé. Estarán en París.*
Madrid. (París)

1. No sé. Estarán en *París.*
   (Berlín, Buenos Aires, Nueva York, Lima, Ciudad de México, Madrid)

2. ¿Quién sabe? Lo haremos *bien.*
   (despacio, rápido, con cuidado, fácilmente)

3. No estoy seguro(a). Hablarán de *Castro.*
   (Franco, Batista, Ferrari, Bolívar, Cervantes)

4. Pues, no sé. Dirán algo *útil.*
   (interesante, necesario, falso, importante, chistoso)

5. ¿Quién sabe? Será un *robo.*
   (atentado, atraco, crimen, dicho, chiste, proverbio)

B. Preguntas

Modelo: ¿Qué hora será?   *No sé. Será la una.*
        ¿La una o las dos?

1. ¿Quién será el director? ¿Héctor o Julio?

2. ¿Dónde será el examen final? ¿Aquí o allí?

3. ¿Cómo serán las condiciones? ¿Normales o graves?

4. ¿Qué día será la fiesta? ¿Viernes o sábado?

5. ¿Cuántos terroristas habrá? ¿Muchos o pocos?

6. ¿Dónde tendrá lugar el concurso? ¿En Bogotá o en Manizales?

7. ¿Adónde irán los ministros? ¿A la ciudad o al campo?

8. ¿Quiénes progresarán más? ¿Los hombres o las mujeres?

9. ¿Qué dirán los anuncios? ¿Algo creíble o algo increíble?

10. ¿Cuánto bajarán los precios? ¿Mucho o poco?

¿Sería normal su emoción?	I *wonder if* your emotion *was* normal.
—¿Quién sabe? *Sería* normal.	—Who knows? *It was probably* normal.
¿Quién *tendría* el dinero?	Who *could have had* the money?
—Pues, el alcalde lo *tendría.*	—Well, the mayor *probably had* it.
¿Qué hora *sería?*	I *wonder* what time *it was.*
—No sé. *Serían* las tres y media.	—I don't know. *It must have been* 3:30.

Spanish	English
Conditional form to express probability and conjecture	I wonder what . . . Could it have been . . . ? It must (might) have been . . . It was probably . . .

To express probability in the past, Spanish uses the conditional tense.

Ejercicios

A. Sustitución y repetición

1. No sé. Serían *las cinco.*
   (las seis, las diez, las dos, las cuatro y media)

2. No estoy seguro(a), pero sería *la verdad.*
   (la razón, el hombre, el consejero, el curso, el alcalde)

3. Pues, ¿quién sabe? Tendrían *frío.*
   (calor, paciencia, calma, suerte, interés)

4. No sé. Lo pondrían *en la mesa.*
   (debajo de la cama, al lado del coche, sobre la silla, dentro de la caja)

B. Preguntas

Modelo: ¿Quién era el consejero? ¿Medina o Méndez?

No sé. Méndez sería el consejero.

1. ¿Quién fue la Reina? ¿La Srta. Colombia o la Srta. Costa Rica?

2. ¿Cómo sería la Reina? ¿Más hermosa o más talentosa?

3. ¿Cuándo firmaron el tratado de Guadalupe Hidalgo? ¿En 1848 o en 1852?

4. ¿Cómo era el aeropuerto ''el Coco''? ¿Atractivo o regular?

5. ¿Qué hora era? ¿La una o las dos?

6. ¿Dónde estalló la bomba? ¿En Bogotá o en Caracas?

7. ¿Cuánto reformaron el plan? ¿Mucho o poco?

Una vista del idioma español ⟫⟫⟫

Los sufijos femeninos

Certain suffixes denote the feminine gender of nouns.

1. **-ción (-sión, -tión):** This suffix is related to the English suffix *-tion (-sion).*
la solución, la petición, la decisión, la cuestión
¿Qué otras palabras de este grupo puede Ud. nombrar?

2. **-dad (-tad, -tud)** and **-eza:** These suffixes are related to the English suffix *-ty* (or *-ness*).
la verdad (verity, truth), la lealtad (loyalty), la felicidad (felicity, happiness), la bondad (goodness) la pobreza (poverty), la limpieza (cleanliness)

3. **-umbre:** This suffix is somewhat equivalent to the English suffix *-ume* or *-on.*
la costumbre (custom), la legumbre (legume, vegetable grown underground)

4. **-encia (ancia):** These are equivalent to English *-ence* or *-ance.*
la preferencia, la conferencia, la ciencia, la distancia, la importancia
¿Qué otras palabras de este grupo puede Ud. nombrar?

5. **-cia (cía):** Related to English *-cy* or *-ce.*
la diplomacia, la farmacia, la noticia, la policía
¿Qué otras palabras de este grupo puede Ud. nombrar?

6. **-ura:** there is no one English equivalent to this suffix.
la cultura, la lectura, la verdura, la basura, la literatura

Comunicación/ Personalización

Entrevista

Preguntas	Oral	Escrito
1. De niño(a), ¿qué querías que te llamaran?	Quería que me llamaran . . .	Quería que lo/la llamaran _____
2. Antes, ¿qué era importante que supieras hacer? ¿Jugar a los deportes o llevarte bien con otros?	Era importante que yo supiera . . .	Era importante que supiera _____
3. De niño(a), ¿qué esperaban tus padres que estudiaras? La medicina, el derecho, la pedagogía u otra cosa? ¿Cuál?	Esperaban que estudiara . . .	Esperaban que estudiara _____
4. Antes, ¿adónde deseabas que tus padres te llevaran? ¿A las montañas, a la playa, al museo o a otro sitio? ¿Adónde?	Yo deseaba que me llevaran a . . .	Deseaba que lo/la llevaran a _____

5. Para tu cumpleaños el año pasado, ¿qué querías que tus amigos te dieran? ¿Dinero, ropa, un reloj, un disco u otra cosa? ¿Cuál?

Quería que me dieran . . .

Quería que le dieran

_____

Actividades personales

A. Contesta las siguientes preguntas.

1. De niño(a), ¿qué era más importante, que tuvieras muchos amigos o que tuvieras buena salud?

2. De adolescente, ¿qué era mejor, que tus amigos te aconsejaran sobre problemas personales o que fueras a ver al consejero?

3. ¿Qué esperaban tus padres, que te hicieras algo importante o que conquistaras el mundo?

4. ¿Qué preferirías en una fiesta, que fumaran menos o que se discutieran cosas importantes?

B. Frases incompletas
   Termina las frases a tu gusto. (Puedes usar el humor, si quieres.)

1. Voy a estudiar esta semana como si _____

2. Una vez fue necesario que yo _____

3. Gasto mi dinero como si _____

4. En la escuela secundaria mis maestros me trataban como si _____

5. Mis mejores amigos, los que me ayudan más, _____

6. Los políticos, los que están en el mame, _____

7. Mi mejor amigo, con quien hablo más, _____

C. Una situación extraordinaria
   Supongamos que unos terroristas entraron en tu casa y mandaron que fueras con ellos. No querías resistir porque tenían armas. Al principio no pudiste escapar, pero ahora es posible. ¿Cómo puedes escapar? Explica cómo piensas escapar.

Modelo: *Voy a estudiar la magia, hacerme invisible y salir por la puerta.*

Sección cultural

Una de las mujeres que se ven más hoy en día en el mundo empresario y Gabriela Mistral, poeta chilena, recipiente del Premio Nobel.

Los papeles cambiantes
en el mundo hispánico

papel: role
cambiante: changing

Como se sabe, cada individuo es diferente y único. Además, los individuos forman grupos diferentes. Por ejemplo, los hombres que salen con chicas forman un grupo diferente de los que no tienen gran interés en salir con ellas. A veces hay hombres que se creen con mucha habilidad en el asunto de las mujeres, y luego ellos se dan cuenta de que sus esperanzas no dan resultado.

salir con: to go out with

se creen: consider themselves

Por ejemplo, un hombre tuvo una triste experiencia con una mujer y ahora él estereotipa a toda mujer. Este hombre dice:

—Las mujeres (o muchachas) no son ni coles

ni coles ni lechugas: neither cabbage nor lettuce, unsteady

ni lechugas, porque pretenden disfrutar de la vida moderna, pero no dejan sus tradiciones. Ellas salen con los señores a divertirse, pero primero dicen: ''salgo con usted como un amigo.'' Pero si este amigo se descuida, se lo beben, se lo comen, se lo bailan, hasta quitarle todo.

dejan: leave, leave behind

se lo beben: they'll drink him clean

Según este pobre hombre, ellas son un problema para los hombres. Más bien parece que el problema está en el pobre hombre y en los hombres que piensan igual. Ellos creen que estas muchachas son tontas, porque presumen ser modernas y liberadas, mientras que no lo son. Este señor ahora nos daría un consejo: —ningún hombre debe tratar de tocarlas o echarles una mirada íntima, porque se enfadan y se quejan de que él es un sinvergüenza que no sabe respetar a las damas. Cuando los hombres las abandonan y ellas se dan cuenta de que no hay otro remedio, buscan la manera de atraerlos de nuevo con piropos y palabras de doble sentido, y andan adornadas con prendas sugestivas. Tratan de encontrar a un fulano de tal que las lleve a los bares y restaurantes, hasta la madrugada.

tonto: foolish, stupid

echar: throw, toss out

se quejan de: they complain about

sinvergüenza: a shameless person

piropo: complimentary word, flattery

fulano de tal: John Doe

madrugada: early morning hours

Los hombres más decepcionados tienen la esperanza de conquistarlas, diciendo que ''ese huevo quiere sal, y yo se la pongo''. Ellos, con su estrategia, harán sus planes, pero se quedarán frustrados, porque es difícil que tales señoritas caigan en la trampa.

esperanza: hope

huevo: egg
sal: salt

trampa: trap

Este tipo de señorita probablemente sabe despertar el instinto del hombre que ni noquea ni tira la toalla, porque por un lado el hombre no puede vencer la resistencia de esas chicas y por otro lado, no pierde la esperanza de tener un trofeo más en su colección. Sin embargo, sería importante que los hombres tuvieran cuidado en el mundo femenil y, sobre todo, que les dieran el respeto merecido.

noquear: to knock out
tira la toalla: throws in the towel

trofeo: trophy

merecido: merited, due

Afortunadamente, para hombre y mujer, hay cambios en el mundo. Debido al desarrollo de la industrialización en varias partes del mundo hispánico, se ven cambios en el sentido de los papeles sexuales. ¿Qué papeles definidos van a continuar llevando los hombres y las mujeres? ¿Qué fuerzas extranjeras entran para influir sobre los papeles que están cambiando? Éstos son algunos asuntos contemporáneos que no sólo se tratan en el mundo anglosajón, sino también en el mundo hispánico.

sentido: sense

se tratan: are dealt with

Una venezolana en la biblioteca.
Preparándose para su carrera.

En varios sectores del mundo hispánico, se consideran estas cuestiones muy importantes, y la gente las explora en sus conversaciones diariamente. La mujer contemporánea de las grandes ciudades—Madrid, Bogotá, Buenos Aires, por ejemplo—es diferente de la mujer provinciana y rural. Debe considerarse que hay cambios sociales en todo

sector del mundo, y hay mujeres progresistas
y ambiciosas, que van adelante con un propósito de sobresalir en el mundo empresario.
Esta mujer tiene confianza en sí misma y sabe   **sí misma:** herself
moverse dentro de la sociedad. Ella es el   **moverse:** move about
resultado de una evolución social de los
últimos años, dentro de la cual, ella — urbana
o provinciana—ha venido transformándose
con el estímulo de la lectura, el cine, el jet,   **estímulo:** stimulus
la radio y las transmisiones de satelite, que-   **quemar etapas:** (*lit.* burn laps) move
mando etapas y ''madurándose a los garro-   ahead, progress
tazos'', como dicen en Colombia. Ella es la   **madurarse a los garrotazos:** learn
nueva mujer a quien se le tiene que respetar   by tough experience
porque es sincera, honesta, trabajadora y
asertiva.

Preguntas

1. ¿Qué hace ahora el hombre que tuvo una triste
   experiencia?

2. ¿Qué pasa si los señores se descuidan con esas señoritas?

3. ¿Qué consejo nos daría este señor?

4. ¿Qué hace la señorita cuando se da cuenta de que no
   hay otro remedio?

5. ¿Qué dicen los hombres decepcionados que esperan
   conquistarlas?

6. ¿Por qué ni noquea ni tira la toalla el hombre?

7. ¿Qué sería importante en el mundo femenil?

8. Debido a la industrialización, ¿qué cambios vienen?

9. ¿Cómo son las mujeres progresistas y ambiciosas?

10. ¿Con qué estímulos se ha venido transformando la mujer
    empresaria?

 Vocabulario

Nouns

la afición
el atentado
el/la cau-
  sante
el centenar
el concurso
la cuestión
los datos
el/la
  dueño(a)
el/la ele-
  gido(a)
la emoción
la empresa
el énfasis
la esperanza

el estableci-
  miento
el estallido
el estímulo
los informes
la madru-
  gada
la misión
la mujer
  empresaria
la nave-
  gación
el papel
el piropo
la plaga
la reina

el reinado
la sal
el sector
el/la sin-
  vergüenza
la técnica
el/la
  terrorista
la trampa
el trofeo

Verbs

añadir
calificar
capturar
conquistar

cumplir
dejar
despertar
destacarse
dictar
distinguir
echar
emerger
enfadarse
estallar
estereotipar
exigir
explorar
juntar
moverse
noquear

presumir
triunfar

Adjectives

adecuado
ambicioso
asertivo
constructivo
extranjero
herido
íntimo
laboral
merecido
progresista
radicalizado

sugestivo
tonto

Expressions

aparte de
fulano de tal
madurarse
  a los
  garrotazos
ni coles
  ni lechuga
quemar
  etapas
sí mismo(a)
tirar la toalla

VISTA DIECISIETE: CUBA

Al principio

The focus of this chapter is Cuba: the first country in the western hemisphere to come under the control of Communism. You'll learn about Cuba from a young mother writing to her cousin in the U.S. As you progress through the unit

you'll learn

1. hypothetical and contrary-to-fact statements that require the past subjunctive

2. to soften statements by using the past subjunctive

3. the present subjunctive with an indefinite antecedent

4. more present subjunctives

5. the comparison of sameness

6. to state a period of time using the verb **hacer**

so look for

1. Si Ud. *fuera* padre; Si *estudiaras* más

2. *Quisiera* una foto. *¿Pudieras* mandarme otros?

3. Busco un trabajo que me *dé* un poquito.

4. No lamentes que me *haya* divorciado.

5. Están *iguales* que antes.

6. Ya *hace* rato. *Hace* unos días que estudio esto.

In addition you'll practice equivalents of the English *ago,* and in the **Entremés** you'll practice ordering a meal **a la cubana.**

Una carta de Cuba

Una muchacha de origen cubano, que estudia en los Estados Unidos, recientemente recibió la siguiente carta de su prima que todavía vive en Cuba.

A young woman of Cuban origin, who is studying in the United States, recently received the following letter from her cousin who still lives in Cuba.

La Habana, 19 de marzo

Havana, March 19

Querida prima:

Dear cousin,

Ya hace rato que tengo la carta tuya. No lamentes tanto el hecho que me haya divorciado. Me siento mucho mejor ahora sin compromiso, y respecto al nene, mami me ayuda mucho. Además los abuelos están ''culecos'' con el nieto. ¡Imagínate!

I have had your letter for some time now. Don't be so upset about my having (the fact that I have) gotten a divorce. I feel much better now without that obligation (of marriage), and mom helps me a lot with the baby. Besides the grandparents are ''crazy with joy'' about their grandson. Just imagine!

El nene no es un obstáculo para mí en ningún sentido, es un nene muy tranquilo. Es mi tesorito.

The baby is no problem (for me) at all; he's very quiet. He's my little treasure.

Respecto a las Navidades, aquí no hay Navidades en diciembre por la cosecha de caña. Hay fiestas de Navidad en julio y todos nos divertimos hasta saciarnos.

Me alegro de que hayas pasado las pascuas felices. Ojalá fuera siempre así. No sabes cuánto me alegra la noticia de tu casamiento, menos mal. Ojalá seas muy feliz. Respecto a tener hijo allá, no es muy conveniente tener ni muchos hijos ni muy pronto, pero de todos modos debieras tenerlo. Un hijo ayuda tanto a uno: cuando uno se siente triste, un hijo es una alegría, una esperanza; siempre es algo nuevo. Además es una cosa tan significativa ser madre.

Regarding Christmas, there is no Christmas here in December because of the sugar cane harvest. There are Christmas festivities in July, and we all have a good time until we've had enough.

I'm glad that you had a happy Easter. I wish it were always like that. You don't know how happy I am to hear about your marriage (how much the news of your marriage cheers me), great! I hope that you're very happy. About having a child there, it isn't very convenient to have a lot of children or to have them right away, but you ought to have one (it) at any rate. A child helps you so much. When you feel sad, a child is a joy, a hope; he's always something new. Besides it's such a meaningful thing to be a mother.

Vista Diecisiete:
Cuba
503

Las cosas aquí en Cuba marchan bien. Hay unas dificultades, pero es que se van superando poco a poco. Muchas cosas son gratis: medicina, libros, enseñanza. Yo quisiera que vieras cuántos edificios se están fabricando por toda la parte de Guanabo y Sta. María. Por la parte llamada ''Alamar'' es asombroso cómo se construye. Ahora busco un trabajito que me dé un poquito, a ver si me compro alguna cosita para la cocina.

La familia está bien, muy unida y ahora nos vemos muy a menudo. Josefina y Maruca vienen dos veces a la semana a ver al niño. Están iguales que antes. Se quedan a almorzar y ¡hablan hasta por los codos! Me gustaría que volvieras a visitarnos. ¿Sería posible que regresaras algún día?

Este año pienso entrar en la Escuela de Idiomas a ver si empiezo a estudiar dos o tres idiomas. Si pudiera, estudiaría varias horas cada día. Pero tú sabes, en los estudios siempre me hago bola.

Hace poco (en febrero) que estuve todo el mes en la Sierra Maestra con una Brigada Artística de jóvenes. Fuimos para allá a brindarles un poco de arte a esos guajiros que viven por allá aislados, ya que no saben lo que pasa en la ciudad.

Things are going well here in Cuba. There are some difficulties, but they are being overcome little by little. Many things are free: medicine, books, school. I would like you to see how many buildings are going up (being built) all over the area of Guanabo and St. Mary. It's amazing how the area around what is called ''Alamar'' is getting built up. Now I'm looking for a job that will make me a little (money), to see if I can buy some small thing for the kitchen.

The family is well, very close, and we see each other often now. Josephine and Maruca come twice a week to see the baby. They haven't changed (they're the same as before). They stay for lunch and talk your head off (up to the elbows)! I would like you to come back to visit us. Would it be possible some day?

I plan to enter the Language School this year to see if I can begin to study two or three languages. If I could, I would study several hours every day. But, you know, I always get fouled up in studying.

Not long ago (in February) I spent the whole month in the Sierra Maestra with the Artistic Brigade of young people. We went there to give a little art to those country folks who live around there isolated, not knowing (since they don't know) what's happening in the city.

Respecto a lo que me dices de los pañuelos, tienes que saber mandarlos; no los mandes solos, sino que cuando me escribas, envuélvelos con la carta misma; así el cartero no se da cuenta y no me abre la carta. ¿OK? No me han llegado todavía. ¿Pudieras mandarme otros? A ver si llegan, pero sé discreta y mándamelos bien.

Concerning (what you tell me about) the handkerchiefs, you have to know how to send them. Don't send them alone, but when you write me, wrap them up in the letter itself; that way the postman won't realize and he won't open my letter. OK? I haven't gotten them (they haven't come to me) yet. Could you send me some others? Let's see if they get here. But be discreet and send them to me the right way.

Cecilia está al parir. Está gordísima. Quiero alguna foto tuya. ¿Quisieras una foto de tu sobrinito? Pues, creo que he dado bastante lata. Todos estamos bien y contentos. No te preocupes. Cuídate. Besos y cariños de todos. Pues, ten todo lo bueno. De mí recibe un beso grande y te deseo todas las cosas buenas que puedas desear.

Cecilia is near delivery. She's huge. I want a picture of you. Would you like a snapshot of your little nephew? Well, I think that's about enough for now. We're all well and happy. Don't worry. Take care. Love and kisses from everyone. And may all good things be yours. I send you a big kiss and wish you all the good things you may want.

Te quiero siempre.

I love you always.

Tu prima que no te olvida.

Your cousin who never forgets you,

Tina

Tina

P.D. ¡Ah! El muchacho no está mal. Te felicito.

P.S. Oh! Your guy isn't too bad. Congratulations.

Notas culturales

1. Both the immediate family and the extended family help care for the children in the Hispanic culture.

2. Hispanic mothers tend to refer to their children with endearing names, such as, treasure, precious, sweetheart. Here is a lullaby that is common in Cuba. A dormir mi niño, / A dormir mi amor. / Duérmete pedazo / de mi corazón. /

3. The Cubans who have elected to stay on their native island seem to have faith in the future of their country. And many of

those who live in the hills now have better homes with T.V., radios, schools for all, electricity, a hospital, and the like.

4. Normally in Cuba one has to use a quota card (ration card) to buy certain goods (clothes, for example). Occasionally, for special sales, the card is not necessary and one can buy as many sale items as desired.

5. Letter carriers in Latin America are notorious for examining or opening letters out of curiosity before they are delivered.

6. **Parir** means *to deliver* or *give birth.* The word usually refers to animals since Hispanic people, in general, tend to use a more euphemistic term such as **dar a luz** *(give light to).* On the same topic, **preñada** *(pregnant)* refers only to animals. A woman is said *to be* **(estar) embarazada** or **(estar) encinta.** Look out, though. Don't confuse the false cognate **embarazada** with the English *embarrassed.*

7. Letters among close friends and family members tend to be affectionate.

8. In Cuba when they say everything's free, it means they don't have to pay for it again out of pocket. Taxes have already provided for socialized medicine and the like.

Observaciones

¿Cómo se dice en español?

1. Dear cousin
2. For some time now I have had
3. Imagine!
4. The baby is no problem.
5. We all have a good time.
6. You don't know how much
7. Great
8. Things are going well here.
9. They're being overcome.
10. I would like you to see
11. Many things are free.
12. They haven't changed.
13. Twice a week
14. If I could, I would study.
15. Don't worry.
16. Take care.
17. P.S.
18. Congratulations

Repaso de la narrativa

Preguntas

1. ¿Quién estudia en los Estados Unidos?
2. ¿Cuánto tiempo hace que Tina tiene la carta de su prima?
3. ¿Qué no quiere Tina que la prima lamente tanto?
4. Con respecto a las pascuas, ¿de qué se alegra?

5. ¿Qué dice de tener hijo allá?

6. ¿Qué dice Tina sobre ser madre?

7. ¿Cómo marchan las cosas en Cuba? ¿Qué se van superando?

8. ¿Qué quisiera que la prima viera?

9. ¿Qué busca Tina?

10. ¿Qué quiere comprarse Tina?

11. ¿Qué hacen Josefina y Maruca?

12. ¿Qué piensa hacer Tina este año?

13. Si pudiera, ¿cuánto estudiaría?

14. ¿Dónde estuvo Tina en febrero?

15. ¿Qué no saben los guajiros?

16. ¿Qué quiere que el cartero no haga?

17. ¿Qué cree Tina que ha dado?

18. ¿Qué dice en la P.D.?

Ejercicios gramaticales

1. ¿Cuánto hace que tienes la carta?   *Ya hace rato que la tengo.*
   ¿Cuánto hace que entiendes?
   ¿Cuánto hace que te diviertes?
   ¿Cuánto hace que te alegras?
   ¿Cuánto hace que no haces nada?

2. Me he divorciado.   *No lamento que se haya divorciado.*

   Me he divertido.
   Me he alegrado.
   Me he casado.
   Me he quedado.

3. He pasado las pascuas felices.   *Me alegro de que haya pasado las pascuas felices.*
   He celebrado las fiestas.
   He comprado un apartamento.
   He superado mis dificultades.
   He mandado los pañuelos.

4. ¿Ver qué? ¿La casa?   *Sí, quisiera que Ud. viera la casa.*

   ¿Ver qué? ¿La película?
   ¿Comprar qué? ¿La casa?
   ¿Comprar qué? ¿La televisión?
   ¿Mandar qué? ¿Los pañuelos?

5. ¿Se divirtieron?   *Sí, nos divertimos hasta*
                                    saciarnos.

    ¿Comieron?
    ¿Bebieron?
    ¿Desayunaron?
    ¿Almorzaron?
    ¿Cantaron?

6. ¿Debería regresar yo?   *Sí, me gustaría que Ud.*
                                    regresara.

    ¿Debería hacer grotescos yo?
    ¿Debería tener paciencia yo?
    ¿Debería bailar yo?
    ¿Debería estar presente yo?

7. ¿Qué quieres? ¿Una   *Sí, ¿quisiera Ud. darme una*
    foto?   *foto?*
    ¿Qué quieres? ¿Un pañuelo?
    ¿Qué quieres? ¿Un beso?
    ¿Qué quieres? ¿Un consejo?

8. ¿Cuándo estudiaría Ud.?   *Si pudiera, estudiaría esta*
                                    noche.

    ¿Cuándo iría Ud. al velorio?
    ¿Cuándo se lavaría las manos?
    ¿Cuándo saldría de casa?

9. ¿Qué quieres buscar?   *Quiero buscar algo que me*
                                    ayude.

    ¿Qué quieres leer?
    ¿Qué quieres tener?
    ¿Qué quieres conseguir?
    ¿Qué quieres escuchar?

10. ¿Qué puedo tener?   *Pues, tenga todo lo que sea*
                                    bueno.

    ¿Qué puedo decir?
    ¿Qué puedo esperar?
    ¿Qué puedo hacer?
    ¿Qué puedo buscar?

Conceptos gramaticales ⟫⟫

ctive + conditional clause 137 *If*-clause with subjunctive + conditional clause ⟫⟫

Si pudiera estudiar, estudiaría mucho cada día.	If I could study, I would study a lot every day.
Si Ud. fuera padre, ¿estaría contento también?	If you were a father, would you be happy too?
Si yo tuviera suficiente dinero, iría a España.	If I had enough money, I would go to Spain.

Si estudiara más, tendría
menos problemas.

If you studied more, you'd
have fewer problems.

Si-clause	conditional clause
use past subjunctive form of verb	use conditional tense
Si me dieran mil dólares,	me compraría un coche.

1. The *if*-clause (**si**-clause) establishes a hypothetical situation, one which runs counter to the facts of reality: for example, "If I were you . . ." (The fact is I'm not you.) or, "If I had a million dollars . . ." (In reality I don't have that much money.). The *if*-clause is a device used to set up a contrary-to-reality or hypothetical situation. The conditional clause states what *would* occur if the hypothetical situation were true.

2. The order of the two clauses (*if*-clause and conditional clause) may be reversed.

3. Not all **si**-clauses set up a hypothetical situation. A **si**-clause may be used to express something that occurs frequently or naturally. In this case, both clauses may be expressed in the present tense of the indicative mood.

Si llueve, no salgo.
Si tengo dinero, lo gasto.

If it rains, I don't go out.
If I have money, I spend it.

Ejercicios

A. Preguntas

Modelo: ¿Qué haría Ud. si
tuviera mucho
dinero? ¿Compraría
un coche o alguna
ropa nueve?

Si tuviera mucho dinero,
compraría un coche.

1. ¿A dónde iría Ud. si tuviera un año de vacaciones? ¿A Sudamérica o a Europa?

2. ¿Cómo sería Ud. si cambiara? ¿Sería más inteligente o más chistoso(a)?

3. ¿Dónde trabajaría Ud. si le dieran una selección? ¿En este país o en otro país?

4. ¿Qué haría esta noche si estuviera en México? ¿Iría a una fiesta o a un cine?

5. ¿Qué regalo daría Ud. si hoy fuera la Navidad? ¿Daría un regalo exótico o caro?

6. ¿Qué le gustaría tener si fuera viejo(a)? ¿La fama o la salud?

B. Sustitución y repetición

Modelo: Si yo fuera → Si yo fuera profesor, daría
profesor, daría menos tarea.
notas más altas.
(menos tarea)

1. Si yo fuera profesor(a), daría *notas más altas.*
   (muchos consejos, pocas conferencias, buenas calificaciones)

2. Si pudiera, yo iría a *México.*
   (China, Rusia, Cuba, Francia, España, Inglaterra, la luna)

3. Si fuera posible, yo sería *médico.*
   (abogado, ingeniero, profesor(a), poeta, ministro, mono)

4. Si yo pudiera ser un animal, me gustaría ser *un perro.*
   (un gato, un pez, un caballo, un toro, una vaca, un mono)

5. Si me dieran un regalo, preferiría tener *un tren en miniatura.*
   (un juguete, un calendario azteca, una caja fuerte)

C. Termine a su gusto las siguientes oraciones. Use Ud. la imaginación.

Modelo: Si pudiera, me Si pudiera, me gustaría ir a
gustaría ir a *Buenos Aires.*
_____.

1. Si pudiera, iría a _____.

2. Si pudiera, sería _____.

3. Si pudiera, trabajaría para _____.

4. Si fuera posible, escribiría _____.

5. Si no fuera difícil, me convertiría en _____.

6. Si tuviera mil dólares, yo _____.

¿*Pudieras* mandarme otros?	*Could you* send me others?
¿*Quisieras* una foto de tu sobrinito?	*Would you like* a photo of your little nephew?
Quisiera que vieras los edificios.	*I would like* you to see the buildings.
De todos modos *debieras* tenerlo.	At any rate *you ought* to have it.

The past subjunctive is not *always* found in the secondary clause; it may be used in the main clause to express a softer tone than would the same verb in the indicative mood. There are four verbs that may be used in this way: **querer, poder, deber, haber**.

Indicative:	Quiero salir ahora.	I want to leave now.
Subjunctive:	Quisiera salir ahora.	I should like to leave now.
Indicative:	¿Puedes prestarme dos pesos?	Can you loan me two pesos?
Subjunctive:	¿Pudieras prestarme dos pesos?	Could you (possibly) loan me two pesos?
Indicative:	Debemos dedicarnos a los estudios.	We should dedicate ourselves to our studies.
Subjunctive:	Debiéramos dedicarnos a los estudios.	We (probably) ought to dedicate ourselves to our studies.
Indicative:	¿Hay otra posibilidad?	Is there another possibility?
Subjunctive:	¿Hubiera otra posibilidad?	Might there be another possibility?

Ejercicio

Sustitución y repetición

1. ¿Qué quiere Ud.? ¿Más helado?   *Pues, sí . . . Quisiera más helado, por favor.*
   ¿Qué quiere Ud.? ¿Más tiempo?
                 ¿Más informes?
                 ¿Más justicia?
                 ¿Más sueño?
                 ¿Más amor?
                 ¿Más consideración?

2. ¿Qué me puede dar? ¿Un regalo?   *Pues, sí . . . Pudiera darle un regalo.*
   ¿Qué me puede dar? ¿Un banquete?
                 ¿Una fiesta?
                 ¿Unos útiles?
                 ¿Un diccionario?
                 ¿Una bomba atómica?

3. ¿Qué debe darme Ud.? ¿Un proyecto nuevo?   *Pues, sí . . . Debiera darle un proyecto nuevo.*
   ¿Qué debe darme Ud.? ¿Una nota alta?
                 ¿Un gran consejo?
                 ¿Un concierto musical?
                 ¿Un tesoro grande?
                 ¿Mucho amor?
                 ¿Mucha felicidad?

4. ¿Qué me habría ofrecido   *Pues, sí . . . Le hubiera*
Ud.? ¿Un poco de arte?   *ofrecido eso.*
¿Qué me habría ofrecido Ud.? ¿Una invitación gratis?
¿Una solución justa?
¿Un buen apartamento?
¿Muchos cariños?

El propósito es investigar *áreas* que sean problemas.	The purpose is to investigate *areas* that may be problems (*areas* are indefinite).
Nos dejan hacer *lo que* nos dé la gana.	They let us do *whatever* we want (*whatever* is vague, indefinite).
Busco *un trabajo* que me dé un poquito.	I'm looking for *a job* that will give me a little money (indefinite job).
Ten *todo* lo que sea bueno.	Have *all* that is good (*all* is an unknown entity).
Quien fume tendrá que sufrir las consecuencias.	*Whoever* may smoke will have to suffer the consequences (indefinite person).
dondequiera necesite simpatía	*wherever* you may need sympathy (indefinite location)
Cualquiera que conteste bien, ganará.	*Anyone* who answers correctly will win (indefinite person).

1. When an indefinite antecedent occurs in the main clause, the subjunctive is used in the dependent clause.

2. The subjunctive occurs in the main clause when its antecedent (often its grammatical subject) is an indefinite element.

Ejercicios

A. Siga el modelo.

Modelo: ¿Dices un coche   *Sí, busco un coche que*
con mucha   *tenga mucha potencia.*
potencia?

1. ¿Dices un plan con varias posibilidades?

2. ¿Dices un programa con sólo un objetivo?

3. ¿Dices un amor con mucha satisfacción?

4. ¿Dices un apartamento con varios cuartos?

5. ¿Dices una televisión con buena garantía?

6. ¿Dices un trabajo con un pago bueno?

B. Siga el modelo.

Modelo: ¿Qué deseas? ¿Una   *Pues, ¿tendrás una*
televisión en   *televisión que sea así?*
colores?

1. ¿Qué deseas? ¿Un coche en buenas condiciones?

2. ¿Qué deseas? ¿Un abrigo bien forrado?

3. ¿Qué deseas? ¿Una camisa bien trabajada?

4. ¿Qué deseas? ¿Una chaqueta de cuero?

5. ¿Qué deseas? ¿Un tren en miniatura?

C. Siga el modelo.

Modelo: ¿Qué dicen de los   *Pues, quien tome drogas*
que toman drogas?   *sufrirá las consecuencias.*

1. ¿Qué dicen de los que beben mucho?

2. ¿Qué dicen de los que roban?

3. ¿Qué dicen de los que no dicen la verdad?

4. ¿Qué dicen de los que tienen muchos vicios?

5. ¿Qué dicen de los que no se preparan?

6. ¿Qué dicen de los que no se cuidan?

D. Siga el modelo.

Modelo: ¿Está bien si bailan   *Cualquiera que baile*
ahí?   *ahí . . . está bien.*

1. ¿Está bien si van allá?

2. ¿Está bien si tienen hijo allí?

3. ¿Está bien si celebran ahí?

4. ¿Está bien si buscan trabajo allí?

5. ¿Está bien si empiezan temprano?

6. ¿Está bien si fracasan?

7. ¿Está bien si nos ayudan?

El Dorado Restaurant — Washington D.C.

Aperitivos-Appetizers

COCKTAIL DE CAMARONES $1.95
(Shrimp Cocktail)

GAMBAS AL AJILLO 1.60
(Shrimp In Garlic Sauce)

CEVICHE DE PESCADO 1.50

ENSALADA MIXTA 70
(Tossed Salad)

ENSALADA EL DORADO 1.00
(Lettuce, Tomatoes, Avocado)

TOSTONES 80
(Fried Green Bananas)

PLATANOS MADUROS 80
(Sweet Ripe Bananas) (Fried)

YUCA 80
(Tropical Root)

PAPAS FRITAS 80
(French Fries)

SOPA DE ESPARRAGOS 80
(Asparagus Soup)

CALDO GALLEGO 1.00
(Galician Soup)

SOPA DE POLLO 70
(Chicken Soup)

SOPA DE VEGETALES 80
(Vegetable Soup)

SOPA DE MARISCOS 1.00
(Oyster Soup)

Carnes-Meats

N.Y. SIRLOIN $4.50

BISTEC A LA CRIOLLA 3.50
(Steak Creole)

BISTEC EMPANIZADO 3.40
(Breaded Steak)

COSTILLAS DE PUERCO 2.80
(Pork Chops)

LOMO SALTEADO 3.75
*(Beef Strips Sautéed with Green Peppers,
Tomatoes, and Potatoes)*

PICADILLO A LA CUBANA 2.50
(Chopped Ground Beef)

BOLICHE MECHADO 3.00
(Roast Beef Latin Style)

CONEJO AL DORADO 4.25
(Dorado's Rabbit Special)

ARROZ A LA CUBANA 3.00
(Chopped Beef, Rice, Egg, Fried Bananas)

ARROZ CON CHORIZO 2.75
(Rice and Spanish Sausage)

MASITAS DE PUERCO 2.75
*(Cuban Style Roast Pork with Black
Beans and Rice)*

LOS PLATOS ANTERIORES INCLUYEN
ARROZ Y FRIJOLES NEGROS
*(All These Dishes Served With
Rice and Black Beans)*

Palabras útiles

el desayuno: breakfast

el almuerzo: lunch

la comida: meal; midday meal

la cena: supper, dinner

la merienda: snack; picnic

la carne: *meat*

el bistec: beefsteak

el jamón: ham

el cordero: lamb

el pollo: chicken

la ternera: veal

la vajilla: *tableware*

el plato: plate

el platillo: saucer

la servilleta: napkin

el tenedor: fork

el cuchillo: knife

la chuchara: spoon

la chucharita: teaspoon

el vaso: glass

la taza: cup

la bandeja: tray

la botella: bottle

el jarro: pitcher

el pimentero: pepper shaker

el salero: salt shaker

Mariscos-Seafood

TORTILLA DE CAMARONES $4.50
(Shrimp Omelette)
   CHORIZO *(Sausage)* 2.50
   GUISANTE *(Green Peas)* 2.25

PAELLA A LA VALENCIANA 5.25
(Seafood, Chicken and
Yellow Rice Cooked in Wine)

ARROZ A LA MARINERA 5.00
(Seafood and Rice)

CAMARONES ENCHILADOS A LA
CATALANA 4.50
(Shrimp in El Dorado Sauce with/without
Hot Sauce) (Rice & Beans)

CALAMARES RELLENOS 4.25
(Stuffed Squid plus Rice and Beans)

MARISCADA 4.75
(Seafood in Tomato Sauce & Spanish Brandy)
(Black Beans & Rice)

ARROZ CON CALAMARES 2.75
(Saffron Rice with Fresh Squid)
(In Casserole)

ASOPAO DE CAMARONES 3.95
(Shrimp Stew with Beans and Rice)

Aves-Poultry

POLLO A LA MEXICANA $2.50
(Mexican Chicken Stew, Black Beans
and Rice)

POLLO ASADO A LA CRIOLLA 2.50
(Roast Chicken, Black Beans and Rice)

POLLO EN CAZUELA 2.75
(Chicken Casserole Black Beans and Rice)

ENCHILADAS DE POLLO 2.75
(Slices of Chicken in Corn Tortilla
and Hot Sauce with Black Beans & Rice)

CROQUETAS DE POLLO 2.15
(Chicken Croquettes with Black Beans
and Rice)

ASOPAO DE POLLO 2.50
(Chicken Stew)

ARROZ CON POLLO 2.75
(Chicken and Rice)

PASTA O CASCOS DE GUAYABA CON
QUESO CREMA 90
   (Guava Shells with Cream Cheese)

FLAN 80

PUDIN DIPLOMATICO 80

CAFE ESPRESO 40

---

el pescado: *fish*

los postres: *desserts*

  el helado: ice cream
  el pastel: pastry
  la fruta: fruit
     las naranjas: oranges
     las uvas: grapes
     las manzanas: apples
     los plátanos: bananas
  el queso y membrillo:
    cheese and quince

las legumbres: *legumes*

  la papa: potato
  la patata: sweet potato
  el frijol: bean
  el arroz: rice
  la cebolla: onion
  el tomate: tomato

las bebidas: *drinks*

  el café: coffee
  el té: tea
  la leche: milk
  el vino: wine
  la cerveza: beer

las verduras: *green vegetables*

la lechuga: lettuce
la col: cabbage
la coliflor: cauliflower
las habichuelas: beans
las arvejas: type of pea
los guisantes: peas
la berenjena: eggplant
el pepino: cucumber

otras cosas

la sal: salt
la pimienta: pepper
la mostaza: mustard
la salsa de tomate: tomato sauce
la mayonesa: mayonnaise
la mermelada: marmalade, jam
la miel: honey
las aceitunas (olivas): olives
la salsa picante: hot sauce
el huevo: egg
el pan y la mantequilla: bread and butter

Situación

Supongamos que usted está en un restaurante. Desea pedir una gran comida para celebrar una ocasión especial. Nombre Ud. algunos platos que quiere pedir, incluso un aperitivo, bebida y postre, entre otras cosas.

1. De aperitivo quisiera _____
2. De ensalada quisiera _____
3. De sopa prefiero _____
4. Para plato principal, ¿me trae _____
5. Para beber quiero _____
6. De postre tomo _____
7. Luego tomaré un cafecito.

Según el menú, ¿cuánto será la cuenta de usted?

Práctica para la comunicación

1. X, en un restaurante, ¿qué clase de ensalada prefiere Ud.? ¿Una ensalada de lechuga y tomate o una ensalada de frijoles?

   Prefiero una ensalada . . .

   Y, ¿qué ha dicho X?

   X ha dicho que prefiere una ensalada . . .

   Z, según Y, ¿qué prefiere X?

   Según Y, X prefiere una ensalada . . .

2. X, en un restaurante, ¿qué aperitivo le gusta?
   Y, ¿qué ha indicado X?
   Z, según Y, ¿qué le gusta a X?

3. X, en un restaurante, generalmente, ¿qué sopa toma Ud.?
   Y, ¿qué ha dicho X?
   Z, según Y, ¿qué toma X?

La educación para los adultos. Tratando de eliminar las deficiencias de antes.

4. X, en un restaurante, ¿qué plato principal prefiere Ud.?
   Y, ¿qué ha indicado X?
   Z, según Y, ¿qué prefiere X?

5. X, en un restaurante, ¿qué postre le gusta?
   Y, ¿qué indicó X?
   Z, según Y, ¿qué le gusta a X?

6. X, en un restaurante, ¿qué bebida pediría Ud.?
   Y, ¿qué dijo X?
   Z, según Y, ¿qué pediría X?

❮❮❮ Conceptos gramaticales

Subjunctive in the present perfect tense 140 Subjunctive in the present perfec

No lamentes que me *haya divorciado.*

Don't fret that I *have gotten* divorced.

Me alegro de que *hayas pasado* las pascuas felices.

I'm glad you *have spent* a happy Easter.

Me gusta que *hayamos sobresalido* en esta clase.

It pleases me that we *have excelled* in this class.

Vista Diecisiete:
Cuba
517

	Main clause	Secondary clause in subjunctive

Main clause		Secondary clause in subjunctive
Present moment of looking back at an event in the near past.		An event in the near past which may still be valid for the present moment.
Me alegro de	que	el nene haya dormido tanto.

Ejercicios

A. Siga el modelo.

Modelo: Ya he confesado. *¡Bien! Me alegro de que haya confesado.*

1. Ya he cumplido la tarea.
2. Ya he devuelto el dinero.
3. Ya he resuelto el problema.

4. Ya he escrito la carta.
5. Ya me he divorciado.
6. Ya me he casado.

B. Siga el modelo.

Modelo: ¡Oiga! Ya dormí. *¡Qué bien! Me gusta que haya dormido.*

1. ¡Oiga! Ya pagaron.
2. ¡Oiga! Ya me casé.
3. ¡Oiga! Ya tuvimos suerte.

4. ¡Oiga! Ya sobresalí.
5. ¡Oiga! Ya venció.

C. Siga el modelo.

Modelo: Todavía no he salido. *¿De veras? No me gusta que no haya salido.*

1. Todavía no he almorzado.
2. Todavía ellos no han abierto la caja fuerte.
3. Todavía no han regalado los parches.
4. Todavía no han bajado los precios.
5. Todavía no hemos hecho nada.

ons of sameness 141 Comparisons of sameness 141 Comparisons of sameness 141 Compa

Vista Diecisiete: Cuba
518

Está *igual que* antes.	He's *the same* (now) *as* before.
Teníamos los *mismos que* ellos.	We had the *same ones as* they.

Comparison with **que**-clause included

mismo que   Él tiene la *misma* actitud *que* antes.

igual que   La situación es *igual* aquí *que* allí.

Comparison with implied **que**-clause

Ella es la *misma* persona (que vimos ayer).

Ahora son los *mismos* (que antes).

Ésta es una situación *igual* (que cualquier otra).

Ellos tienen una foto *igual* (que la otra).

Ejercicios

A. Siga el modelo.

Modelo: ¿Cómo son estas   *Son iguales que las otras.*
        mujeres?

1. ¿Cómo son estos programas?   5. ¿Cómo es este guajiro?

2. ¿Cómo son estos cursos?   6. ¿Cómo serán las pascuas?

3. ¿Cómo son estas partes?   7. ¿Cómo será esta clase?

4. ¿Cómo es esta gente?   8. ¿Cómo pensará ese oficial?

B. Siga el modelo.

Modelo: ¿Qué ideas tiene   *Sí, las mismas que Juan.*
        Ud.? ¿Las de Juan?

1. ¿Qué soluciones tiene Ud.? ¿Las de María?

2. ¿Qué tesoro busca Ud.? ¿El que busca José?

3. ¿Qué pistola busca Ud.? ¿La que busca la policía?

4. ¿Qué tradiciones prefiere Ud.? ¿Las de su familia?

5. ¿Qué pena sufre Ud.? ¿La de sus amigos?

6. ¿Qué actividades prefiere Ud.? ¿Las de los empresarios?

7. ¿Qué consejos da Ud.? ¿Los de los diplomáticos?

C. Preguntas

Modelo: ¿Qué actitud tiene   *Tengo la misma que mi*
        Ud.? ¿La misma   *madre.*
        que su madre o su
        padre?

1. ¿Qué ojos tiene Ud.? ¿Los mismos que su madre o
   su padre?

2. ¿Qué preferencias políticas tiene Ud.? ¿Las mismas que
   los liberales o los conservadores?

3. ¿Cómo es usted? ¿Igual que los responsables o los
   irresponsables?

4. ¿Cómo es la moda de su ropa? ¿Igual que la de sus amigos
   o la de otras personas?

5. ¿Cuánto toma Ud.? ¿Igual que sus amigos o no?

6. ¿Qué tonterías ha dicho Ud.? ¿Las mismas que sus amigos
   o sus amigas?

7. ¿Qué curiosidad tendrá Ud.? ¿La misma que antes o la
   misma que ahora?

Ya hace rato que tengo la carta tuya.	For some time now I have had your letter.
No hace mucho que trabajo aquí.	I have worked here for long.
Hace tiempo que no nos vemos.	We haven't seen each other for some time now.

Spanish **Hace** + time period + **que** + verb phrase in present tense
    Hace + **dos días** + **que** + **leo este libro.**

English Verb phrase in present perfect + *for* + time period
    I have been reading this book + *for* + *two days.*

---

1. Spanish uses **hace** and a time period to express the time that something has been happening or going on. The Spanish literally conveys the notion of "It makes X time that something is happening." In English we might say, "Something has been going on for X amount of time."

2. Notice the different sentence constructions in the two languages. Spanish uses the present tense; English, the present perfect (sometimes with the -*ing* form).

3. In both Spanish and English you may reverse the word order in this type of sentence. When **hace** plus time period occur after the verb phrase in Spanish, the word **que** is deleted: **Hace dos días que leo este libro.** → **Leo este libro hace dos días** (delete the word **que**).

Ejercicios

A. Sustitución y repetición

Modelo: Hace *dos semanas* → *Hace diez días que trabajo*
que trabajo para él.   *para él.*
(diez días)

1. Hace *dos días* que vivo aquí.
   (tres semanas, cuatro meses, un año, diez años)

2. Hace *unos días* que sigo mejorando.
   (unos momentos, un rato, mucho tiempo, un año)

3. Hace *tres horas* que no comemos.
   (medio día, un rato, un par de horas, mucho tiempo)

B. Preguntas

Modelo: ¿Cuánto tiempo   *Hace dos meses que estudio*
hace que Ud.   *aquí.*
estudia aquí?

1. ¿Cuánto tiempo hace que Ud. se disciplina?

2. ¿Cuánto tiempo hace que Ud. practica los deportes?

3. ¿Cuánto tiempo hace que Ud. está de dieta?

4. ¿Cuánto tiempo hace que Ud. desea una reforma política?

5. ¿Cuánto tiempo hace que Ud. trata de mejorar su vida?

Hace una hora que llegó	She arrived an hour ago.
Hace dos días que empecé a estudiar.	I started to study two days ago.
Hace ocho meses que estuve de vacaciones.	I was on vacation eight months ago.
Hace un mes que estuve en los montes.	I was in the hills a month ago.

> **Hace** + time period + **que** + verb phrase in perfective tense

1. Notice the use of the perfective tense for expressing the English concept of *ago*.

2. This construction may be reversed with the elimination of the word **que: Hace una hora que llegó.** → **Llegó hace una hora.**

Vista Diecisiete:
Cuba

Tres veterinarias. Trabajando en una finca.

Ejercicios

A. Cambie la oración del presente al perfectivo, según
el modelo.

Modelo: Hace dos días que   →   *Hace dos días que viví aquí.*
vivo aquí.

1. Hace dos semanas que trabajo para él.

2. Hace diez días que observo la situación.

3. Hace tres horas que estoy en este asunto.

4. Hace varios días que me disciplino.

5. Hace un año que practicamos los deportes.

B. Cambie la oración al revés, según el modelo. (Elimine
la palabra *que*.)

Modelo: Hace mucho tiempo   *Mis abuelos me ayudaron*
que mis abuelos me   *hace mucho tiempo.*
ayudaron.

1. Hace dos semanas que preparé la comida.

2. Hace unos meses que perdí la billetera.

3. Hace una hora que lo supe.

4. Hace dos horas que se lo juramos.

5. Hace varios siglos que los gitanos fueron a España.

6. Hace unos días que los tomistas pidieron una solución.

 Una vista del idioma español

Los sufijos masculinos

Certain suffixes denote the masculine gender of nouns. The following are some common suffixes for the masculine gender.

1. **-miento**: This suffix is somewhat equivalent to English **-ment** and **-ing** (when used as a noun): **el funcionamiento**, *the functioning (of the government, for example);* **el entrena-miento**, *the training;* **el entretenimiento**, *the entertainment, distraction;* **el movimiento**, *the movement;* **el cumplimiento**, *the fulfillment.*

2. **-sor** (**-tor**, **-or**): This suffix relates to English **-er** (**-or**) and indicates a masculine person who carries out a specific function or job: **el pensador, el director, el profesor, el investigador, el inspector**. The feminine counterpart adds **-a: la profesora, la directora**. ¿Qué otras palabras de este grupo puede usted nombrar?

3. **-ente** (**-ante**): An equivalent to English **-er (ent)**, this suffix denotes a person who performs a function: **el contribuyente**, *the contributor (taxpayer);* **el parlante**, *the speaker;* **el discur-sante**, *the lecturer (discussant);* **el estudiante**, *the student;* **el remitente**, *the sender;* **el recipiente**, *the receiver;* **el descen-diente**, *the descendant.*

The common patronymic ending to a person's name is **-ez**.

Fernando	Fernández
Sancho	Sánchez
Rodrigo	Rodríguez
Martín	Martínez
Lope	López

Los prefijos

1. Those used to express something negative or opposite: **in-, im-, i-: indecisión, innecesario, imposible, ininteligente, ilegal, inimaginativo, inhumano.**

des-: **descomunal**, *colossal, enormous;* **desayuno**, *breakfast (break + fast);* **desaprobar**, *disapprove;* **desagradable**, *unpleasant*

poco (while not a prefix, it is used before certain adjectives to express a negative notion or opposition?: **poco ambicioso**, *unambitious;* **poco interesante**, *uninteresting;* **poco atractivo**, *unattractive.*

2. The prefix **re-** is used with some verbs to express emphasis or a repetition of the action: **rehacer**, *to repair, to do again;* **remirar**, *to look again with concentration;* **renacer**, *to be born again;* **revolver**, *to revolve (to return again and again);* **rellenar**, *to fill completely,* **releer**, *to read again;* **rematar**, *to give a final blow to an item (kill off; to auction off);* **rebuscar**, *to search further, research.*

Another common device to convey the repetition of an action (in the sense of *to do it again*) is the construction **volver a +** infinitive verb: **Vuelvo a leer el libro; Volvió a explicar el problema.**

Comunicación/ Personalización ⟫⟫

Entrevista

Preguntas	*Oral*	*Escrito*
1. Si pudieras cambiar tu nombre, ¿cómo te llamarías?	Si pudiera, me llamaría . . .	Se llamaría _____
2. Si fueras otra persona, ¿quién serías?	Si fuera otra persona, sería . . .	Sería _____
3. ¿Habrá alguna cosa de esta universidad que no te guste? ¿Qué será?	Es la situación de . . .	Es la de _____
4. Tu conducta, ¿es igual que antes o no eres la misma persona que antes?	. . .	
5. ¿Qué lamentan tus padres que hayas hecho o que no hayas hecho?	Lamentan que yo (no) haya . . .	Lamentan que (no) haya _____

Actividades personales

A. Termina las frases a tu gusto.

1. Quien fume demasiado _____

2. Busco un trabajo que _____

3. Quien tome drogas _____

4. Quien no cumpla una promesa _____

5. Cualquier persona que haga estallar una bomba _____

6. Busco un amor que _____

7. Haré lo que _____

8. Quien tenga un mono en casa _____

B. Contesta las preguntas a tu gusto.

1. Si pudieras cambiar algo, ¿qué cambiarías?

2. Si fueras profesor(a), ¿qué enseñarías?

3. Si garantizaras algo a las minorías, ¿qué les garantizarías?

4. Si les aconsejaras a las mujeres, ¿qué les aconsejarías?

5. Si les aconsejaras a los hombres, ¿qué les aconsejarías?

6. Si quisieras establecer algo, ¿qué establecerías?

7. Si tuvieras que confesar algo, ¿qué confesarías?

C. Supongamos que el médico te dice que pierdas peso. Pero ya te encuentras en un restaurante con unos amigos. ¿Cuáles son unas cosas que no vas a comer, beber, o pedir?

Modelo: *No voy a pedir un helado.*

D. ¿Qué dirías tú?

1. Tú ves a un(a) muchacho(a) con quien quieres hablar:
   ''Perdón. Quisiera _____ .

2. El profesor acaba de devolverte el examen. Tú lo fracasaste.
   ''Profesor, ¿pudiera _____?

3. Te falta dinero para comprarte algo importante. Le dices a tu papá (mamá): ''¿Pudieras _____?

4. Un(a) amigo(a) tuyo(a) tiene dificultades escolares. Le dices: ''Debieras _____ .

5. Estás con un grupo de compañeros que quieren ver un programa de televisión que no te interesa. Tú les dices: ''¿Hubiera _____?

Dos mujeres militares: "el gobierno ha tratado de eliminar los rasgos del machismo", y un pionero va a caballo.

Cuba: Primer país comunista en el mundo occidental

Sólo queda la isla de Cuba a unas noventa millas de la costa de la Florida. En 1959 esta isla se convirtió en el primer país comunista en este hemisferio. ¿Sabía la gente que Fidel Castro iba a cambiar la isla así? ¿Comprendían las razones por las que luchaban los soldados contra el gobierno de Bautista? No sabemos por seguro. Pero queremos darles el punto de vista del Gobierno Revolucionario al llegar al poder en 1959.

La primera cosa que el nuevo gobierno quería cambiar fue la distribución de las tierras—la reforma agraria. Según los datos que se nos ofrecen, en 1959 había 111 mil fincas de menos de dos caballerías[1] que comprendían una extensión de sólo 76.000 caballerías. Esto quiere decir que el 70% de las fincas sólo disponían de menos del 12% del área nacional en fincas.

finca: farm

comprendían: comprised
extensión: expanse

disponían de: made use of

Vista Diecisiete:
Cuba
526

1. una caballería equivale a 13,4 hectáreas. Una hectárea equivale a 2,5 "acres".

Estos datos no sólo contradicen el concepto moderno de la justicia social, sino que constituyen uno de los factores que conforman la estructura subdesarrollada y dependiente de la economía cubana.

conforman: shape

Este fenómeno de tener el 88% del área nacional en fincas en las manos de poca gente se llama el fenómeno latifundista, o el latifundismo.[1] La ley del gobierno revolucionario proscribió el latifundio y estableció que la ley adoptara medidas para su extinción definitiva.

proscribió: prohibited

Para mejor comprender una de las razones dadas por la revolución les damos unos de los artículos de La Ley de la Reforma Agrícola.

El Artículo I:

> Se proscribe el latifundio. El máximo de extensión de tierra que podrá poseer una persona natural o jurídica será treinta caballerías. Las tierras, propiedad de una persona natural o jurídica, que excedan de ese límite serán expropiadas para su distribución entre los campesinos y los obreros agrícolas sin tierra.

jurídico: legal

Ya escrito el artículo, ¿cómo decidieron repartir las tierras que resultaban disponibles para su distribución? ¿Qué campesinos recibirían tierra? El gobierno usó el siguiente orden:

repartir: dividir
disponible: available

> 1. los campesinos que habían sido despojados de las tierras que cultivaban.

despojado: stripped

> 2. los campesinos que cultivan un área inferior al mínimo vital.

mínimo vital: necessary minimum

> 3. los obreros agrícolas que trabajan y residen habitualmente en las tierras que son el objeto de distribución.

Vista Diecisiete:
Cuba
527

1. **el latifundismo:** concept of extremely large land holdings

4. cualquier otra persona incluso:

   a. los combatientes del Ejército Rebelde o sus familiares dependientes.

   b. las víctimas de la guerra o de la represión de la Tiranía.

   c. los familiares dependientes de las personas muertas como consecuencia de su participación en la lucha revolucionaria contra la Tiranía.

En todo caso los jefes de familia tendrían prioridad.   **jefe:** head

Los revolucionarios lucharon por algo más que la reforma agrícola. Según la Segunda Declaración de La Habana, del 4 de febrero de 1962, el año de la planificación, los aspectos educacionales eran importantes también. Antes de la revolución cubana, según los datos, entre el primer y el sexto grado, como promedio, perdían como el **promedio:** average
74% de los niños escolares. Y si se fija la vista en el campo, sólo el 1% de los niños **se . . . vista:** focus attention
llegaba al quinto grado de enseñanza.   **enseñanza:** teaching, instruction

Nadie sabe, por seguro, si todas las condiciones malas que existían antes de la revolución de 1959 han empeorado o mejorado. La información exacta sobre estos asuntos es difícil de obtener o saber. Pero una cosa que el Gobierno Revolucionario ha tratado de cambiar es la desigualdad de los sexos; es decir, quiere eliminar los rasgos del machismo. Una cosa es mandar que se elimine todo esto, otra cosa es llevarlo a cabo, **llevar a cabo:** to carry out, fulfill
verlo suceder.   **suceder:** to happen

Los cubanos que han querido salir y podido pagar han salido de su isla, dejando todo allí. La mayoría viene a los EE.UU. Otros que han querido salir no pueden porque no pueden pagar. Pero parece que a muchos les gusta la vida allí en su país natal y se han quedado voluntariamente.

Preguntas

1. ¿A cuántas millas de la costa de la Florida queda Cuba?

2. ¿Qué fue la primera cosa que el Gobierno Revolucionario quería cambiar?

3. En 1959, ¿cuántas fincas había con menos de dos caballerías?

4. ¿Cómo se llama el fenómeno de tener la mayoría de la tierra en las manos de poca gente?

5. ¿Qué proscribía el nuevo gobierno?

6. ¿Qué pasará si alguien posee más de treinta caballerías?

7. ¿Cuáles son dos criterios que el nuevo gobierno usó para la distribución de las tierras disponibles a los campesinos?

8. En 1959, antes de la revolución, ¿a cuántos niños escolares perdían entre el primer y el sexto grado?

9. Si se fija sólo en el campo, ¿qué por ciento llegaba hasta el quinto grado de enseñanza?

10. ¿Cómo ha tratado el gobierno de hacer los dos sexos iguales?

11. ¿Qué opina Ud. del cambio forzado?

12. ¿Quiénes son los que han salido de Cuba?

 Vocabulario

Nouns

la aceituna
la alegría
la arveja
la bandeja
el beso
el bistec
la botella
la caña
el cariño
el cartero
el casamiento
la cocina
la coliflor
el compromiso
el cordero
la cuchara

la cucharita
el cuchillo
la enseñanza
la extensión
la finca
la foto
el guajiro
el hecho
el helado
el jamón
el jarro
el jefe
la mami
la manzana
la mayonesa
el membrillo
la miel
el mínimo

el monte
la mostaza
la naranja
el nene
la nieta
el nieto
la papa
las pascuas
el pastel
la patata
el pepino
el pimentero
la pimienta
el platillo
el/la primo(a)
el salero
la servilleta
la sobrina

el sobrino
la taza
el tenedor
la ternera
el tesoro
el tomate
la uva
la vajilla
el vaso

Verbs

brindar
conformar
comprender
disponer de
divorciarse
fabricar
felicitar

lamentar
marchar
parir
proscribir
repartir
saciarse
suceder
superar

Adjectives

aislado
asombroso
conveniente
despojado
disponible
igual
jurídico
picante

querido
significativo
vital

Expressions

dar lata
estar culeco
(con)
fijar(se) la
vista
hablar hasta
por los codos
hacerse bola
llevar a cabo
menos mal
ya hace rato

VISTA DIECIOCHO: CENTROAMÉRICA

Al principio

From Cuba and the Caribbean we return to Central America, **la cintura de las Américas,** to focus on a concern of many Latin Americans: exploitation of their natural resources by the U.S. As you progress through the unit

you'll learn

1. about verbs that take either the subjunctive or the infinitive
2. to use the subjunctive in questions with doubt
3. **mismo** as a reflexive
4. a reciprocal use of reflexive
5. the reflexive for unplanned events
6. that Spanish has different levels of obligation
7. the redundant **lo** with **todo**
8. **sin** with infinitive to form an adjective phrase

so look for

1. Mi papá *dejó* que yo *durmiera.* Mi papá me *dejó dormir.*
2. *¿Crees* que sea posible?
3. La chica *misma*
4. Se conocen *uno al otro.*
5. *Se me rompió* el plato.
6. *He de* estudiar. *Debo* estudiar. *Tengo que*
7. El alcalde me *lo* dijo *todo.*
8. Nos mandan películas *sin censurar.*

In the **Sección cultural** you'll read a poem critical of foreign interference written by the Chilean poet Pablo Neruda.

531

Unas preguntas problemáticas

Corrientemente mucha gente de los países centroamericanos (Honduras, El Salvador y Nicaragua, por ejemplo) se ve explotada por el capitalismo de los Estados Unidos. Esa gente se queja de que los capitalistas les pagan muy poco a los obreros mientras ellos mismos ganan mucho por los productos nativos de la región: plátanos, cacao, cocos, caucho y chicle. Pero un oficial de CEPAL (Comisión Económica de las Naciones Unidas para América Latina) expresó sus ideas de la siguiente manera:

—Se me ocurre que los norteamericanos desean ayudarnos a solucionar los problemas que los latinoamericanos, nosotros mismos, no somos capaces de resolver. Entre los varios países latinoamericanos, no nos ayudamos los unos a los otros a organizar la unidad política. Creo que podemos evitar que América Latina se convierta en un gran Puerto Rico. Sin embargo, nuestra relación con los Estados Unidos, el único país exportador de capitales en nuestro hemisferio, es esencial. Que no se nos olvide toda la ayuda que nuestro gran vecino nos ha brindado.

Currently many people of the Central American countries (Honduras, El Salvador, and Nicaragua, for example) see themselves as exploited by U.S. capitalism. They (those people) complain that the capitalists pay their workers very little while making (they themselves make) large profits themselves on the products native to the area: bananas, cocoa, coconuts, rubber, and gum. But an official of *CEPAL* (Economic Commission of the United Nations for Latin America) expressed his ideas in the following manner:

"It occurs to me that the North Americans want to help us solve the problems that we Latin Americans are not capable of resolving ourselves. Among the various Latin American countries, we don't help each other organize our political unity. I think we can avoid Latin America becoming (getting converted into) a big Puerto Rico. Nevertheless, our relationship with the U.S., the only country exporting capital goods in our hemisphere, is essential. Let's not suddenly forget all the help that our big neighbor has given us."

Dicho esto, todavía mucha gente común sospecha las intenciones del capitalismo estadounidense. Aquí se presentan varias preguntas que se dirigen en Latinoamérica a los norteamericanos:

Having said this, many ordinary people are still suspicious of the intentions of U.S. capitalism. Here are several questions that are directed in Latin America to North Americans:

Vista Dieciocho: Centroamérica

533

1. ¿Por qué permite su gobierno que algunos hombres de negocios norteamericanos se enriquezcan, explotando nuestros recursos naturales y vendiendo productos a precios muy altos en Latinoamérica?

2. ¿Por qué nos dan Uds. una clase de ayuda que hace que nuestra gente se ponga más dependiente y floja? Si Uds. nos dieran sólo precios razonables por la riqueza que sacan de nuestro país, podríamos levantarnos a nosotros mismos, sin su ayuda.

3. ¿Es cierto que los intereses económicos norteamericanos determinan la política exterior hacia Latinoamérica? ¿Lo determinan todo?

4. ¿Creen los norteamericanos que puedan comprar nuestra amistad? Uds. han de entendernos mejor.

5. ¿Cómo se explica que haya tanta pobreza y desempleo en un país tan rico? ¿Podría remediarse esto con más planeamiento social científico?

6. ¿Por qué no tienen Uds. ninguna filosofía ni convicciones espirituales?

7. ¿Por qué nos mandan películas sin censurar que corrompen a nuestra juventud?

8. Se supone que Uds. son los guías del mundo democrático, así que ¿por qué apoyan dictaduras y juntas militares que son también dictaduras?

1. Why does your government allow some North American businessmen to get rich, exploiting our natural resources and selling products at very high prices in Latin America?

2. Why do you give us the kind of help that makes our people become more dependent and weak? If you just gave us reasonable prices for the resources (wealth) you take out of our countries, we would be able to lift ourselves up without your help.

3. Is it true that North American economic interests determine foreign policy toward Latin America? Do they determine everything?

4. Do you North Americans believe that you can buy our friendship? You ought to understand us better.

5. How do you explain that there's so much poverty and unemployment in such a rich country? Could this be remedied with more scientific social planning?

6. Why don't you have any ethics (philosophy) or spiritual convictions?

7. Why do you send us uncensored films that corrupt our youth?

8. Supposedly, you are the leaders of the democratic world. So why do you support dictatorships and military juntas that are also dictatorships?

9. Ya que la mujer norteamericana dispone de tantos aparatos eléctricos y de supermercados, y por lo tanto no tiene que trabajar tanto, ¿qué hace con su tiempo libre?

10. ¿Por qué hay tantos divorcios? ¿Sucede esto debido a la influencia del materialismo y el debilitamiento del círculo familiar?

11. ¿No creen Uds. que los divorcios, la delincuencia juvenil y el desempleo se deben a que la mujer trabaja fuera del hogar?

12. ¿Es cierto que las escuelas de Uds. ignoran principios fundamentales, la disciplina y la cultura y que, teniendo muchos recursos modernos, hay estudiantes que nunca se aprovechan de ellos?

13. ¿Cómo se explica que Uds. sepan tan poco de Latinoamérica, de nuestra geografía, de nuestra historia? ¿No creen Uds. que esto pruebe la falta de interés hacia nosotros?

14. ¿Por qué ponen Uds. a la gente de edad avanzada en hogares para ancianos? ¿No creen Uds. que esto sea un resultado de la destrucción de la vida familiar?

Estas preguntas no representan las opiniones de toda la gente de Latinoamérica, pero sí son suficientemente comunes como para tratarlas aquí.

9. Since the North American woman has (available) so many electrical appliances and supermarkets and therefore doesn't have to work too (so) hard, what does she do with her free time?

10. Why are there so many divorces? Does this occur due to the influence of materialism and the weakening of the family circle?

11. Don't you believe that divorces, juvenile delinquency, and unemployment are due to the woman working outside the home?

12. Is it true that your schools ignore fundamental principles, discipline, and culture and that, having many modern resources, there are students who never take advantage of them?

13. How does one explain that you know so little about Latin America, about our geography, our history? Don't you believe this proves the lack of interest toward us?

14. Why do you put the elderly in old peoples' homes? Don't you believe this is a result of the destruction of your family life?

These questions do not represent the opinions of everyone in Latin America, but indeed they (the opinions) are common enough to be dealt with here (to deal with them here).

Notas culturales

1. A popular but inaccurate notion among many Latin Americans is that in the U.S. no one has any ethical or spiritual convictions.

2. For many years the U.S. has been the whipping boy of Latin America. Sometimes the accusations apply and other times they seem merely to reflect the need to explain the unknown. Corruption of Latin American morals does not emanate solely from the United States. Governments have the power to prohibit the importing of pornographic materials. Yet these governments often permit an open market, determined by public supply and demand. Presumably, erotic films would not be sent to Latin America if there weren't a considerable demand for them. France, England, Germany, and Italy also supply these materials to Latin America.

3. Often there is a great lack of information about the U.S. in foreign countries. Many of the conclusions drawn by foreigners are based on distorted views they get from our exported movies. It is probably true that, on balance, the U.S. housewife has more free time than her Latin American counterpart. There are fewer time-saving home appliances and prepared packaged foods in Latin America. Housewives there do more by hand (washing clothes and dishes and preparing meals). Yet, many middle and upper-class Latin American women have domestic help, and many time-saving devices are now being produced and used in Latin America.

Observaciones

¿Cómo se dice en español?

1. While they themselves make large profits

2. They pay their workers very little

3. In the following manner

4. It occurs to me

5. We don't help each other

6. We can avoid

7. Let's not suddenly forget all the help

8. That are directed to North Americans

9. Makes our people become more dependent and weak

10. Do they determine everything?

11. You ought to understand us better.

12. Uncensored films

13. Why do you support dictatorships?

14. Therefore

15. Has available so many electrical appliances

16. Who never take advantage of them

17. The lack of interest toward us

18. Don't you believe this is a result

19. But indeed they are

20. To deal with them

Repaso de la narrativa

Preguntas

1. ¿Qué países se ven explotados por el capitalismo?

2. ¿De qué se queja esa gente?

3. ¿Cuáles son algunos productos nativos de la región?

4. ¿Qué significa CEPAL?

5. ¿Qué se le ocurre a un oficial de CEPAL?

6. Según aquel oficial, ¿qué pueden evitar?

7. ¿Cómo se enriquecen los hombres de negocios?

8. ¿Qué creen los norteamericanos que pueden comprar?

9. ¿Con qué podrían remediarse los problemas de los EE.UU.?

10. Según los latinoamericanos, ¿qué hemos de tener?

11. ¿Qué hacen las películas sin censurar?

12. ¿De qué dispone la mujer norteamericana?

13. ¿Qué pasa cuando la mujer trabaja fuera del hogar?

14. ¿De qué no se aprovechan muchos estudiantes norteamericanos?

15. ¿Dónde ponemos a la gente de edad avanzada?

Ejercicios gramaticales

1. X, ¿de qué se queja Ud.?   *Sí, me quejo de la comida.*
   ¿De la comida?
   X, ¿de qué se queja Ud.? ¿De la falta de dinero?
   X, ¿de qué se queja Ud.? ¿De tantos divorcios?
   X, ¿de qué se queja Ud.? ¿De los precios altos?

2. Ese hombre, ¿a quién habla?   *Habla a sí mismo.*
   Esa mujer, ¿a quién expresa sus ideas?
   Esos gobiernos, ¿a quién ayudan?
   Esas comisiones, ¿a quién controlan?

La influencia norteamericana.

3. ¿Ya se ayudan ellos?   *Sí, se ayudan los unos a los otros.*

   ¿Ya se conocen ellos?
   ¿Ya se abrazan ellos?
   ¿Ya se ven ellos?

4. ¿Se te olvidó algo importante?   *No, no se me olvidó nada.*

   ¿Se te ocurrió algo chistoso?
   ¿Se te perdió algo personal?
   ¿Se te hizo algo notable?

5. ¿Tiene que pagar mucho la gente?   *Sí, los oficiales hacen que pague mucho.*

   ¿Tiene que trabajar mucho la gente?
   ¿Tiene que aceptar mucho la gente?
   ¿Tiene que saber mucho la gente?

6. Creo que saben poco.   *¿Cómo se explica que sepan poco?*

   Creo que siempre está luchando.
   Creo que hay alguna pobreza.
   Creo que explotan sus recursos.

7. ¿Tiene Ud. que aprender mucho más?   *No, pero debo aprender algo más.*

   ¿Tiene Ud. que leer mucho más?
   ¿Tiene Ud. que comprar mucho más?
   ¿Tiene Ud. que trabajar mucho más?

8. ¿Debemos estudiar más?   *No sé. Pero hemos de estudiar algo.*

   ¿Debemos tener más?
   ¿Debemos saber más?
   ¿Debemos hacer más?

Mi papá *dejó* que yo durmiera más tarde.

My dad *let* me (*permitted that I*) sleep later.

Mi papá me *dejó* dormir más tarde.

My dad *let* me sleep later.

El alcalde *mandó* que fueran despedidos.

The major *ordered* that they be fired.

El alcalde les *mandó* ser despedidos.

The mayor *ordered* them to be fired.

main clause	secondary clause
Permito	que ellos vayan temprano.
Les permito	ir temprano.

A few verbs of permitting, commanding, or forcing may be followed by either a **que**-clause in the subjunctive or by an infinitive phrase. When an infinitive is used, an indirect object pronoun is often found in the main clause. This pronoun corresponds to the logical subject (not expressed) of the infinitive verb.

Ejercicios

A. Siga los modelos.

Modelos: Ella habla poco. (dejo)

Le dejo hablar poco.

Luchamos contra ellos. (no dejan)

No nos dejan luchar contra ellos.

1. Somos capaces. (él hace)

2. Ellos sospechan las intenciones. (no permito)

3. Vendió sus productos. (hice)

4. Sacan las riquezas. (dejamos)

5. Compramos su amistad. (no permitían)

6. Apoyan las dictaduras. (no hacemos)

7. Los dueños estaban en poder. (dejé)

Vista Dieciocho:
Centroamérica

B. Cambie las oraciones a la forma del infinitivo y
    pronombre de objeto indirecto. Siga el modelo.

Modelo: Mando que María   *Le mando pasar por mi casa.*
        pase por mi casa.

1. Hago que mi amigo recoja la basura.

2. Dejé que los tiburones comieran las sardinas.

3. El gobierno ha permitido que los hombres ganen
   demasiado.

4. Los oficiales mandaron que los obreros trabajaran más.

5. Haré que mis amigos se diviertan.

6. La gente no permitió que el gobierno hiciera más trucos.

7. La profesora no deja que nos confundamos.

C. Conteste Ud. las preguntas, según el modelo.

Modelo: X, ¿qué permite el   *El gobierno permite que la*
        gobierno, que la   *gente pague más impuestos*
        gente se enriquezca   *(subjunctive).*
        o pague más
        impuestos?
        Y, ¿qué dice X?   *X dice que el gobierno le*
                                   permite pagar más
                                   impuestos (infinitive phrase).

1. X, ¿qué hacen los capitalistas, que los países sean
   explotados o que los obreros celebren una fiesta?
   Y, ¿qué dice X?

2. X, ¿qué dejan los oficiales, que los países resuelvan
   sus problemas o que otros exploten sus recursos?
   Y, ¿qué dice X?

3. X, ¿qué ha mandado el gobierno, que la gente no se
   divorcie o que tenga más convicciones éticas?
   Y, ¿qué dice X?

4. X, ¿qué no permite la muerte, que sobrevivamos la vida o
   que vayamos a la peluquería?
   Y, ¿qué dice X?

¿Creen los norteamericanos   Do the North Americans
que *puedan* comprar nuestra   believe they *can* buy our
amistad?   friendship?

| ¿Cómo se explica que *haya* tanta pobreza? | How do you explain that *there's (could be)* so much poverty? |
| ¿No creen Uds. que la educación *sea* demasiado especializada? | Don't you believe that education *is* too specialized? |

	Question clause expressing doubt	Subjunctive clause
Question with implied doubt	¿Crees tú	que yo *pueda* sacar buenas notas?
	Do you believe	that I can get good grades?
	(I'm not sure you believe	that I can get good grades.)

Whenever you want to imply some doubt in your question, use the subjunctive mood in the secondary clause. Remember, the doubt originates in the speaker's mind. The listener will not know the doubt is there unless it is expressed by means of the subjunctive form.

Ejercicios

. Haga una pregunta de duda, usando el subjuntivo. Siga el modelo.

| Modelo: No sé si esos países se ven explotados. | ¿Cree Ud. que esos países se vean explotados? |

1. No sé si esa gente se queja de los capitalistas.

2. No estoy seguro de que les pagan poco.

3. No sé si las conferencias han sido necesarias.

4. No estoy seguro de que están bien informados.

5. No sé si la educación es demasiado especializada.

6. No sé si podemos comprar su amistad.

B. Siga el modelo.

| Modelo: Dicen que hay tanta pobreza. | ¿Cómo se explica que haya tanta pobreza? |

1. Dicen que no tenemos ninguna filosofía.

2. Dicen que apoyamos dictaduras.

3. Dicen que la educación es muy especializada.

4. Dicen que venden los productos nativos.

5. Dicen que se ven explotados.

6. Dicen que no resuelven sus problemas.

Ellos *mismos* ganan mucho.	They *themselves* make a lot (of money).
¿Dices que vas a hacerlo? —Sí, yo *misma*.	You say you're going to do it? —Yes, me *(myself)*.
Podríamos levantarnos a *nosotros mismos* sin su ayuda.	We could lift *ourselves* up without your help.

reflexive	adjective
noun + **mismo**	**mismo** + noun
-self	same
el hombre mismo	**el mismo hombre**
the man himself	the same man
las mujeres mismas	**las mismas mujeres**
the women themselves	the same women

When **mismo** (or its variants) precedes a noun, it means *same;* when it follows a noun, it means *-self* (in the sense of *itself, herself, ourselves*). With adverbs, **mismo** acts as an intensifier: **ahí mismo,** *right there;* **ahora mismo,** *right now.*

Ejercicios

A. Conteste según los modelos.

Modelos: ¿Quiénes explotan a los pobres? ¿Los oficiales?　　*Sí, ellos mismos.*

¿Adónde van los muertos? ¿Allá?　　*Sí, allá mismo.*

1. ¿Quiénes no faltan a clase? ¿Nosotros?

2. ¿Quiénes tienen muchas supersticiones? ¿Los gitanos?

3. ¿Quién es una persona supersticiosa? ¿El gitano?

4. ¿Cuál es un producto nativo de Nicaragua? ¿El caucho?

5. ¿Qué no perdona a nadie? ¿La muerte?

6. ¿Cuándo tenemos que hablar español? ¿Ahora?

B. Conteste las preguntas, usando los nombres de los alumnos de esta clase. (Sustituya *X* e *Y* por los nombres de los alumnos.)

Modelo: ¿Quién tendrá miedo   *Pedro mismo.*
de la muerte?
¿María o Pedro?

1. ¿Quién tendrá mucho sueño? ¿X o Y?

2. ¿Quién buscará un tesoro misterioso? ¿X o Y?

3. ¿Quién se casará en un año? ¿X o Y?

4. ¿Quién se aprovecha de esta universidad? ¿X o Y?

5. ¿Quién tendrá narices? ¿X o Y?

6. ¿Quién está cansado de esta clase? ¿X o Y?

7. ¿Quién bailará hasta la medianoche? ¿X o Y?

8. ¿Quién contará con el profe? ¿X o Y?

"¿Por qué nos mandan películas sin censurar
que corrompen a nuestra juventud?"

Vista Dieciocho:
Centroamérica

No nos ayudamos los unos a los otros.	We don't help ourselves (one another).
para apoyarnos	to support ourselves (each other)
Nos vemos.	We'll see each other (*I'll see you.*).
Se conocieron uno a otro anoche.	They met (each other, one another) last night.

Reciprocal reflexive forms	Additional phrases for emphasis	
se (themselves, each other)	uno a otro	el uno al otro
nos (ourselves, each other)	unos a otros	los unos a los otros

In Spanish, the plural reflexive pronoun can be used to express reciprocal or mutual encounters. There may also be a redundant, optional phrase to emphasize the notion of *one another* or *each other*.

Ejercicio

Conteste las preguntas, usando una de las cuatro frases de énfasis mencionadas arriba.

Modelo: ¿Ya se ven ellos?   *Sí, se ven uno a otro.*

1. ¿Ya nos ayudamos?
2. ¿Ya se conocieron ellas?
3. ¿Ya se saludaron?
4. ¿Ya se olvidaron?
5. ¿Van a censurarse?

6. Antes, ¿nos influíamos?
7. ¿Ya se contestan?
8. ¿Se llevaban bien?
9. ¿Ya se han aburrido?
10. ¿Quieren animarse?

Se me ocurre que los norteamericanos desean ayudarnos.	It occurs to me that the North Americans want to help us.
Anoche *se me perdió* todo el dinero.	Last night I (accidentally) lost all the money.

1. When a person does something accidentally or unintentionally or when something happens unexpectedly to a person, use **se** plus indirect object pronoun plus verb. The indirect object pronoun in this construction refers to the person. For example, the equivalent of *I accidentally broke the dish* in Spanish is **Se me rompió el plato,** *The dish got broken (on me).* Or, *I unintentionally dropped the books* in Spanish is **Se me cayeron los libros,** *The books fell (dropped away) from me.*

2. When the action is planned, intentional or deliberate, use a regular sentence structure: **El niño rompió el vaso con el martillo,** *The child broke the glass with the hammer.*

Sing: Se me olvidó el examen.	I (unintentionally) forgot about the exam.
Pl: Se me olvidaron los exámenes.	I (unintentionally) forgot about the exams.
Sing: Se me rompió el reloj.	I (accidentally) broke the watch.
Pl: Se me rompieron los relojes.	I (accidentally) broke the watches.
Sing: Se me ocurre la idea.	I (suddenly) get the idea.
Pl: Se me ocurren las ideas.	I (suddenly) get the ideas.

Ejercicio

Conteste las preguntas.

Modelo: ¿Qué se le ocurrió anoche? ¿Una idea genial o un chiste interesante?

Se me ocurrió una idea genial.

1. ¿Qué se le olvidó esta mañana? ¿Un libro o el nombre de alguien?

2. ¿Qué se le caen más? ¿Los libros o los papeles?

3. ¿Qué se le caen? ¿Los calcetines o los pantalones?

4. ¿Qué parte del cuerpo se le quebró (rompió)? ¿El brazo o la pierna?

5. Por lo común, ¿qué se le olvida? ¿Limpiarse los dientes o peinarse el pelo?

6. ¿Qué se le va sin intención? ¿La memoria o el dinero?

7. ¿Qué se le perdió? ¿El humor o la libertad?

8. En la biblioteca, ¿qué se le cayó? ¿Un libro o una salchicha?

Tacaño.

Abrazo.

Cuidado.

Adiós.

Llamar al mesero.

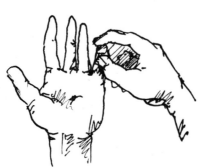

Contando.

Ven acá.

La terquedad.

Pensando.

No tener dinero.

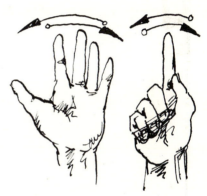

La negación.

Un momentito.

Es muy pequeño.

¡Espéreme!

Vista Dieciocho:
Centroamérica

547

¡Estás loco!

¡Qué estúpido!

¡Perfecto!

Invitación a beber.

Perdón, no sabía.

Tratando de recordar.

Invitación a comer.

Práctica para la comunicación

¿Cómo se indica lo siguiente con un gesto? Ud. puede imitar el gesto o puede referirse al dibujo.

1. Bueno, tengo sed. Vamos a beber algo.

2. Raúl es un buen tipo, pero nunca quiere prestarme dinero.

3. Quisiera ir al cine esta noche pero me falta la plata (dinero).

4. ¡Qué comida estupenda!

5. Cuidado, hay muchos rateros por ahí.

6. Nos vemos pronto, ¿eh? Adiós.

7. Niño, ven acá, por favor.

8. Tres Dos Equis, por favor.

9. Mesero, la cuenta.

10. Vi un insecto muy pequeño.

11. El profesor Blanco es un intelectual. Tiene ideas profundas.

12. El profe no va a cambiar mi calificación. ¡Qué terco!

13. ¡No, no, no! ¡Mil veces te dije que no!

14. Tengo hambre. Vamos a comer.

15. Sé que *vez* se escribe con *z*. ¡Qué estúpido!

⫸Conceptos Gramaticales

Three verbs of obligation 149 **Three verbs of obligation** 149 Three verbs c

Tengo que devolver el dinero.	*I have to* return the money.
Debo devolver el dinero.	*I should* return the money.
He de devolver el dinero.	*I'm supposed to* return the money.

Strong	**tener que** + infinitive verb
Moderately strong	**deber** + infinitive verb
Least strong	**haber de** + infinitive verb

There is a hierarchy of levels of obligation, ranging from mild to strong. In addition to the above forms which take a grammatical subject, there are two impersonal forms that show strong obligation.

1. **hay que** + infinitive verb	
2. **Es** **necesario** **preciso** **imprescindible** + infinitive verb	

Ejercicios

A. Preguntas

1. Para vivir, ¿qué tenemos que hacer? ¿Comer o bailar?

2. Para aprender, ¿qué hemos de hacer? ¿Estudiar más o meditar más?

3. Para perder peso, ¿qué debemos hacer? ¿Comer más carne o más verduras?

4. Para enriquecerse, ¿qué ha de tener Ud.? ¿Petróleo o un tío rico?

5. Para saber tocar el piano, ¿qué tiene que hacer Ud.? ¿Aprender las notas musicales o comprar un piano?

6. Para aprovecharse de la universidad, ¿qué ha de hacer Ud.? ¿Saber usar la biblioteca o el cafetín?

7. Para estar a gusto, ¿qué ha de hacer Ud.? ¿Ponerse furioso(a) o tranquilo(a)?

8. Para entender mejor a los latinos, ¿qué debemos hacer? ¿Estudiar su historia o probar su comida?

B. Práctica para la comunicación

Conteste las preguntas a su gusto.

1. X, para saber más, ¿qué ha de hacer Ud.?   *He de . . .*
   Y, ¿qué dijo X?   *X dijo que ha de . . .*
   Z, según Y, ¿qué ha de hacer X?   *Según Y, X ha de . . .*

2. X, para sufrir menos en la vida, ¿qué debe hacer Ud.?
   Y, ¿qué dijo X?
   Z, según Y, ¿qué debe hacer X?

3. X, para tener más éxito, ¿qué ha de tener?
   Y, ¿qué dijo X?
   Z, según Y, ¿qué ha de tener X?

5. X, para disfrutar más de la vida, ¿qué debe hacer?
   Y, ¿qué dijo X?
   Z, según Y, ¿qué debe hacer X?

6. X, para concentrar más, ¿que ha de hacer Ud.?
   Y, ¿qué dijo X?
   Z, según Y, ¿qué ha de hacer X?

7. X, para tener más éxito en el amor, ¿qué tiene que hacer Ud.?
   Y, ¿qué dijo X?
   Z, según Y, ¿que tiene que hacer X?

Estas preguntas no *lo* comprenden *todo*.	These questions do not comprise *everything (it all)*.
¿*Lo* determinan *todo*?	Do they determine *everything (it all)*?
No *lo* veo *todo* claro.	I don't see *everything (it all)* clearly.
El alcalde me *lo* dijo *todo*.	The mayor told *it all (everything)* to me.

When **todo** is the direct object of the verb, the neuter pronoun **lo** (used as a redundant direct object) is frequently used also. Together they act as one unit of information.

Ejercicios

A. Conteste la primera pregunta según el modelo. Conteste la segunda pregunta según la lógica.

Modelo: ¿Qué dicen los dictadores?   *Lo dicen todo.*

¿Cómo lo hacen?   (por ejemplo, *Con poder.*)

1. ¿Qué protestan los radicales? ¿Dónde lo hacen?

2. ¿Qué explicaron los decanos? ¿Cuándo lo hicieron?

3. ¿Qué mandan los jefes? ¿Dónde lo hacen?

4. ¿Qué han negociado los diplomáticos? ¿Cómo lo han hecho?

5. ¿Qué pueden curar los médicos? ¿Por qué lo hacen?

6. ¿Qué imaginan los supersticiosos? ¿Cómo lo hacen?

7. ¿Qué comen los que tienen hambre? ¿Por qué lo hacen?

B. Conteste las preguntas, según el modelo.

Modelo: ¿Ya se lo dijo Ud.?   *Sí, se lo dije todo.*

1. ¿Ya se lo explicó Ud.?

2. ¿Va Ud. a justificarlo?

3. ¿Puede Ud. entenderlo?

4. ¿Ya lo trajo Ud.?

5. ¿Se lo había comunicado Ud.?

6. ¿Ya lo comió Ud.?

7. ¿Ya lo supieron ellos?

8. ¿Lo va a negar Ud.?

Ustedes viven en una sociedad *sin controlar.*	You live in an *uncontrolled* society.
Nos mandan películas *sin censurar.*	You send us *uncensored* films.
Tengo una carta *sin abrir.*	I have an *unopened* letter.
En la mesa hay un bocadillo *sin comer.*	There is an *uneaten* sandwich on the table.

| Spanish | noun + **sin** + infinitive |
| English | *un-* + past participle + noun |

When the phrase **sin** + infinitive acts as an adjective, it is placed after the noun it describes. It is equivalent to the English prefix *un-* attached to a past participle that is functioning as an adjective.

Práctica para la comunicación

Modelo: X, ¿qué tiene Ud.?   *No. Tengo una carta sin*
         ¿Una carta abierta?   *abrir.*
         Y, ¿qué dice X?   *X dice que tiene una carta*
                                    sin abrir.

1. X, ¿qué comprará Ud.? ¿Una chaqueta usada?
   Y, ¿qué dice X?

2. X, ¿qué vendió Ud.? ¿Un coche reparado?
   Y, ¿qué dice X?

3. X, ¿qué encontró Ud.? ¿Un mapa de un tesoro descubierto?

4. X, ¿qué recibió Ud.? ¿Un boleto pagado?
   Y, ¿qué dice X?

5. X, ¿qué discute Ud.? ¿Una cuestión protestada?
   Y, ¿qué dice X?

6. X, ¿qué desea Ud.? ¿Una idea explicada?
   Y, ¿qué dice X?

7. X, ¿qué escribió Ud.? ¿Un examen aprobado?
   Y, ¿qué dice X?

8. X, ¿qué investiga la policía? ¿Un crimen resuelto?
   Y, ¿qué dice X?

Una vista del idioma español

La variación del vocabulario en varios países

En el mundo hispánico, como Ud. ya ha visto, hay diferencias culturales. También hay diferencias en el uso de vocabulario. Estas diferencias ayudan a enriquecer el idioma. Aquí tiene Ud. varios usos interesantes de vocabulario en unos países.

Colombia

Un(a) coca-colo(a): un adolescente *(teenager)*
una corbata: un trabajo con el gobierno en el que no se hace nada
limpio, estar: no tener dinero *(to be broke)*
¡Miércoles!: *Gosh*
¡Qué guama!: *Darn it!*
Hace verano (invierno) hoy.: Hace calor (frío) hoy.
una pachanga: una fiesta

Bolivia

un falso: un cigarrillo
un decano: un estudiante lento que no termina sus estudios
gusano, matémonos al: una invitación a beber
leche (en el examen): buena suerte (en el examen)

Bolivia (continued)

mula: una persona estúpida
padre: excelente (Tiene un automóvil padre.)
tequila: un aperitivo; un cóctel

Honduras

quien quita: tal vez, quizás
ya colón: Lo sé.
¿A mí qué?: No me importa.
tres piedras: Es muy bueno.
¿Cómo está su prole?: ¿Cómo está su familia?
¡Qué mango!: ¡Qué bonita! (said about a girl)
cometa: un(a) estudiante que no va a clases
mondongo: una persona gorda
chance: un trabajo, un empleo
tata: un padre

Honduras (continued)

tatita: un abuelo
jachas: los dientes
lavado, acabado (estar): sin dinero
pisto, plata, lana, mosca: dinero

Puerto Rico

ácido: una persona impertinente
asopao: una sopa; una cosa fácil
china: naranja dulce
fresco: un estudiante de primer año en la universidad
fresquecito, estar: no estar preparado para un examen
guineo: un banano
jíbaro: una persona del campo
oso: una persona que sabe mucho
turista: un(a) estudiante que va a clase sin preparar las lecciones

Perú

bagre: una mujer muy fea
Bolivia, estar en: estar en la luna; ignorar algo
cachoco: un agente de policía
chupar: beber en exceso
guitarra: dinero
querosene: licor de mala calidad

Chile

en onda, estar: ''stoned'' (with drugs)
tira, pesquiza: un detective
salvaje: sobresaliente, extraordinario (una película salvaje)
paco: un policía
milico: un término despectivo para un militar (soldado)
lolo(a): un adolescente *(teenager)*
mina: cualquier mujer joven
cimarra, hacer la: no asistir a las clases
monono: bonito
patudo (choro): audaz, valiente

 Comunicación/ Personalización ⟫⟫⟫

Entrevista

Preguntas	Oral	Escrito
1. ¿Cómo te llamas?	Me llamo . . .	Se llama _____
2. ¿De qué te quejas?	Me quejo de . . .	Se queja de _____
3. ¿De qué te das más cuenta? ¿De tus posibilidades en la vida o de tu dependencia de otros?	Me doy más cuenta de . . .	Se da más cuenta de _____

4. ¿Qué has de hacer para sobresalir en la vida?

He de . . .

Ha de _____

5. ¿Qué cosa diferente se te ha ocurrido hacer últimamente?

Se me ha ocurrido . . .

Se le ha ocurrido _____

Actividades personales

¿Cómo votas tú? Indica si estás de acuerdo o no con las frases siguientes, indicando con *Sí* o *No;* luego escribe una frase corta explicando por qué.

1. El gobierno de los EE.UU. explota los recursos naturales de los países de Latinoamérica.   Sí No

2. La ayuda del gobierno hace que la gente se ponga más dependiente y floja.   Sí No

3. Es posible comprar la amistad de los otros países.   Sí No

4. Hemos de entender mejor a la gente hispanoamericana.   Sí No

5. Podría remediarse el desempleo con más planeamiento social-científico.   Sí No

6. Hemos de tener más convicciones espirituales.   Sí No

7. Las películas de los EE.UU. corrompen a la juventud.   Sí No

8. Los aparatos eléctricos nos dan más tiempo libre.   Sí No

9. Debido al debilitamiento del círculo familiar hay muchos divorcios en los EE.UU.   Sí No

10. La delincuencia juvenil se debe a que los padres trabajan fuera del hogar.   Sí No

11. En nuestras escuelas ignoramos principios fundamentales.   Sí No

12. Lo poco que sabemos de Latinoamérica es prueba de una falta de interés hacia los latinoamericanos.   Sí No

13. No debemos poner a la gente de edad avanzada en hogares para ancianos.   Sí No

Una plantación bananera en el Panamá y Pablo Neruda, escritor chileno, ganador del Premio Nobel.

La United Fruit Co.

Pablo Neruda (1904–1973) fue un poeta chileno que recibió el Premio Nobel en 1971. Con el siguiente poema, Neruda criticó a los Estados Unidos y expuso la explotación **expuso:** exposed de los indios latinoamericanos por las grandes compañías como La United Fruit Co. Algunas actividades de esas compañías tuvieron una influencia corruptible en unos gobiernos de Latinoamérica. Ha cambiado la situación en tiempos más recientes. La Frutera, La United Fruit Co., y otras compañías cambiaron su modo de operación. Ahora pagan buenos sueldos y les ofrecen muchos beneficios y servicios a los trabajadores. Todavía La United Fruit Co. tiene una gran influencia y sigue siendo una fuerza poderosa en Colombia, Costa Rica, Panamá, Nicaragua, Honduras y Guatemala. Este poema nos muestra el punto de vista de un intelectual latinoamericano que representa la opinión de muchos latinoamericanos . . . pero no todos.

La United Fruit Co.

Cuando sonó la trompeta, estuvo
todo preparado en la tierra,
y Jehová repartió el mundo
a Coca-Cola Inc., Anaconda,
Ford Motors y otras entidades:

sonó: sounded

La Compañía Frutera Inc.
se reservó lo más jugoso,
la costa central de mi tierra,
la dulce cintura de América.

jugoso: juicy

cintura: middle, belt, waist

Bautizó de nuevo sus tierras
como ''Repúblicas Bananas,''
y sobre los muertos dormidos,
sobre los héroes inquietos
que conquistaron la grandeza,
la libertad y las banderas,
estableció la ópera bufa:
enajenó los albedríos,
regaló coronas de César,
desenvainó la envidia, atrajo
la dictadura de las moscas,
moscas Trujillos, moscas Tachos,
moscas Carías, moscas Martínez,
moscas Ubivo, moscas húmedas
de sangre humilde y mermelada,
moscas borrachas que zumban
sobre las tumbas populares,
moscas de circo, sabias moscas
entendidas en tiranía.
Entre las moscas sanguinarias
la Frutera desembarca,
arrasando el café y las frutas,
en sus barcos que deslizaron
como bandejas el tesoro
de nuestras tierras sumergidas.

bautizó: baptized

inquieto: anxious, worried

bandera: flag

bufo: comic

enajenó: alienated/**albedrío:** free will

desenvainó: unsheathed/**envidia:** envy/**atrajo:** attracted/**mosca:** fly

húmedo: humid

borracho: drunk
zumban: buzz

circo: circus
sabio: wise
entendido: skilled, expert

sanguinario: bloody

desembarca: lands

arrasando: llenando

barco: boat/**deslizaron:** slipped away
bandeja: tray, dish

sumergido: submerged

Mientras tanto, por los abismos
azucarados de los puertos,

abismo: abyss

azucarado: sugared

Vista Dieciocho:
Centroamérica

557

caían indios sepultados

en el vapor de la mañana:

un cuerpo rueda, una cosa

sin nombre, un número caído,

un racimo de fruta muerta

derramada en el pudridero.

sepultados: enterrados

vapor: vapor, mist

rueda: rolls (along)

racimo: bunch

derramado: discarded, dumped /
pudridero: lugar donde se pone la basura

Pabla Neruda, ''La United Fruit Company,'' *Obras completas 1,* 1956, Editorial Losada, S.A., Buenos Aires, Argentina.

Preguntas

1. ¿Quién fue Pablo Neruda?

2. ¿Qué hizo en su poema ''La United Fruit Co.''?

3. ¿Cómo han cambiado las compañías en tiempos más recientes?

4. ¿A quiénes repartió Jehová el mundo?

5. ¿Qué parte de la América es la más jugosa?

6. ¿Cómo bautizó La Frutera estas tierras?

7. ¿Qué cosa desenvainó la compañía?

8. ¿Qué atrajo?

9. ¿Cómo describe el poeta a los dictadores?

10. ¿En qué son entendidas las ''moscas''?

11. ¿Qué arrasa La Frutera en sus barcos?

12. Según su opinión, ¿por qué dice el poeta ''los abismos azucarados''?

13. ¿Por qué caían los indios?

14. ¿Cómo describe el poeta el cuerpo que rueda?

Vocabulario

Nouns

el albedrío
el abismo
la amistad
el/la ancia-
　no(a)
el aparato
la bandera
el barco
el capitalismo
el caucho
la cintura
el circo
el círculo
el coco
la convicción
el chicle
el debilita-
　miento
la delincuen-
　cia
el desempleo
la destruc-
　ción
la dictadura
la disciplina
el divorcio
la edad
la envidia
el exportador
la geografía
el hogar
la intención
el materia-
　lismo
la mosca
el planea-
　miento
el principio
el pudridero
el racimo
el vapor
el vecino

Verbs

arrasar
bautizar
corromper
desembarcar
desenvainar
deslizar
dirigirse
disponer de
enajenar
enriquecer
evitar
explotar
expresar
haber de
ignorar
ocurrir
organizar
quejarse de
remediarse
rodar (ue)
sonar (ue)
sospechar
tratar
zumbar

Adjectives

avanzado
azucarado
borracho
bufo
capaz
científico
derramado
efectivo
eléctrico
entendido
especializado
espiritual
estadouni-
　dense
ético
fundamental
húmedo
inquieto
jugoso
juvenil
razonable
sabio
sanguinario
sepultado
sumergido

Adverbs

corriente-
　mente

Prepositions

fuera de

Expressions

pero sí
por lo tanto

—¿De dónde venimos?... ¿Adónde vamos?

Vista Dieciocho:
Centroamérica

559

VISTA DIECINUEVE: GUATEMALA

Al principio

In this nineteenth **vista,** a Latin American view of past U.S. interference in hemispheric affairs is presented. Latin Americans are expressing more interest and involvement in order to handle the problems of developing nations, especially those of the Central American region. As you progress through the unit

you'll learn

1. another expression of time
2. the past perfect subjunctive in hypothetical statements
3. the future perfect tense

4. to use the past participle for a whole clause clause
5. that many verbs are followed by a preposition
6. some suffixes that change the notion of size

so look for

1. Me duele *desde hace* una hora.
2. Si *hubiera nacido* en Rusia *habría comido* mucho yogurt.
3. Antes de mañana *habremos comido* otra vez.
4. *Terminada* ya la conferencia . . .

5. Consiste *en,* depende *de,* sueño *con*
6. Un bomb*azo,* mi mama*cita,* la mantequ*illa*

In the **Entremés** you'll discuss the effect that music has on you.
In the **Sección cultural** you'll read about **el fútbol.**

Los de abajo y los de arriba

Los latinoamericanos tienen grandes deseos de mejorar su nivel de vida, y desde hace mucho saben que tienen que desarrollar su tecnología y ganar entrada a los mercados internacionales.

Latin Americans are very anxious to improve (have great desires of improving) their standard of living, and for a long time they have known that they have to develop their technology and gain entrance into international markets.

Cuando estaba en Chichicastenango (en Guatemala) no hace mucho tiempo, el secretario general de la Organización de los Estados Americanos (O.E.A.) declaró que Hispanoamérica podría ayudar a Estados Unidos por medio de la exportación de más petróleo y otros recursos estratégicos.

When he was in Chichicastenango (in Guatemala) not long ago, the Secretary General of the Organization of American States (O.A.S.) declared that Latin America could help the U.S. by (means of) exporting to that country (it) more petroleum and other important (strategic) natural resources.

La crisis de energía ha servido para demostrar que los americanos no pueden vivir aislados. Latinoamérica ahora tendrá una voz más fuerte en las decisiones hemisféricas occidentales. El secretario general dijo que si no hubiera habido una crisis de energía, no se habría presentado esta buena oportunidad de ir adelante en el mercado internacional.

En esta reunión de Chichicastenango, hizo énfasis en la necesidad de un mayor acceso de la producción manufacturada hispanoamericana al mercado norteamericano.

En pocos años las economías hispanoamericanas se habrán elevado mucho. En su discurso el secretario general hizo saber que, aunque los EE.UU. es el mayor mercado para Latinoamérica, el comercio

The energy crisis has served to demonstrate that Americans cannot live isolated. Latin America will now have a stronger voice in the decisions of the western hemisphere. The Secretary General said that, if there had not been an energy crisis, there wouldn't have been this good opportunity to move ahead in the international market.

At the Chichicastenango meeting he emphasized (laid stress on) the need for greater access of Latin American manufactured goods to the North American market.

In a few years the Latin American economies will have risen a good deal. In his talk, the Secretary General made it known that, although the U.S. is the major market for Latin America, U.S. commerce

de los EE.UU. ha venido aumentando considerablemente con otros países en los últimos años. Por eso ha habido una tendencia descendente de la influencia económica estadounidense en los países hispanoamericanos. Sin embargo, este oficial expresó su idea de que las Américas, refiriéndose a los Estados Unidos por una parte y a Hispanoamérica por la otra, se necesitan uno al otro, e irán necesitándose mutuamente.

Cuando mencionó la ayuda que Hispanoamérica puede dar a los EE.UU., hizo énfasis en el punto de que esa ayuda no sería sólo en el alivio de la crisis petrolera sino que comprendería otros recursos naturales estratégicos que los Estados Unidos necesitan, inclusive minerales, de los que hay escasez, y los productos agrícolas de Guatemala y de otros países centroamericanos.

Mencionó que recientemente Panamá aplicó un impuesto adicional sobre los bananos exportados a los EE.UU. y que los oficiales de la industria bananera van a aumentar los precios de ese producto en los EE.UU. Panamá así se convirtió en la primera nación centroamericana en imponer impuestos adicionales para elevar el precio de los bananos sacados del país. Guatemala y los otros países deberían de hacer lo mismo, dijo el secretario general.

with other countries has been increasing considerably in the last few years. Therefore, there has been a declining trend of U.S. economic influence on Latin American countries. Nevertheless, this official expressed his idea that the Americas, referring to the United States on the one hand and to Latin America on the other, need each other and they'll go on mutually needing each other.

When he mentioned the aid that Latin America can give to the U.S., he emphasized (the point) that help would not only be in alleviating the oil crisis but would comprise other important natural resources that the U.S. needs, including minerals, of which there is a scarcity, and the agriculture products of Guatemala and other Central American countries.

He mentioned that recently Panama levied an additional tax on bananas exported to the U.S. and that officials of the banana industry are going to increase the prices of that product in the U.S. Panama, thus, became the first Central American country to impose additional taxes to raise the price of bananas taken out of the country. Guatemala and the other countries probably ought to do the same, the Secretary General said.

| Terminado ya el discurso, se puede entender que los oyentes lo recibieron con gran placer, ya que ''los de abajo'' por primera vez se veían un poquito como ''los de arriba''. | The speech having ended, it is understandable (one can understand) that the audience received it with great pleasure, since ''the underdogs'' for the first time saw themselves a little like ''those on top.'' |

Notas culturales

1. Often Latin Americans and Spaniards berate themselves for not being business-minded or astute in their business affairs. Many of them have said that they frequently get the short end of the deal. However, their business acumen is sharpening. Modern business techniques are affecting their actions, and, hopefully, that negative attitude will become a thing of the past.

2. Latin Americans do not feel ''ecstatic'' when they see the North Americans, Germans, and Japanese developing great industrialized societies with the concomitant increase in their standard of living. Latin Americans, too, would like ''a piece of the action.'' Many Hispanic people hold to a ''lottery motivation,'' that is, that the only way to have social mobility is to win a lot of money in the lottery, that work will not achieve that goal. They have been held back by such a tradition or by lack of means. This attitude, however, is changing to one favoring more industrial progress. Many Hispanic people are not sure of the kind of political atmosphere in which this ''experiment in progress'' should occur: a dictatorship, a socialist state, a democracy, or some other political form. The internal struggles for the creation of the optimal political environment are evident in almost every Latin American country. These struggles affect all levels of society.

3. Labor unions are evident in all Hispanic countries. Some are politically strong and others are almost impotent. These, too, affect society at all levels.

Observaciones

¿Cómo se dice en español?

1. Are very desirous of improving their standard of living

2. For a long time

3. Not long ago

4. By means of exporting to it

5. He laid stress on the need

6. They cannot live isolated

7. Will have a stronger voice

8. If there had not been an energy crisis

9. The economies will have risen

10. He made known

11. There has been a declining trend

12. Referring to the United States

13. He emphasized the point

14. Are going to increase the prices

15. They probably ought to do the same

16. When he had finished his speech

17. The "underdogs" and "those on top"

Repaso de la narrativa

Preguntas

1. ¿Qué deseos tienen los latinoamericanos?

2. Cuándo estaba en Chichicastenango, ¿qué declaró el secretario general?

3. ¿Sobre qué punto hizo énfasis el secretario general?

4. ¿Cuál es la razón del cambio en las relaciones hemisféricas?

5. ¿Qué ha hecho la crisis de energía?

6. ¿Dónde tendrá Latinoamérica una voz más fuerte?

7. ¿Qué no habría ocurrido, si no hubiera habido una crisis de energía?

8. Cuando dijo un oficial "las Américas", ¿a qué países se refería?

9. ¿Cuáles son algunos recursos naturales estratégicos de Hispanoamérica?

10. ¿Qué hizo Panamá, según el secretario general?

11. ¿Quiénes van a aumentar los precios de los plátanos?

12. Ahora, ¿cómo se ven los de abajo?

Ejercicios gramaticales

1. ¿Sabe Ud. que los latinos desean mejorar su nivel de vida?   *Sí, me doy cuenta de eso.*

   ¿Sabe Ud. que hay otros mercados internacionales?

   ¿Sabe Ud. que hay otros recursos naturales estratégicos?

   ¿Sabe Ud. que había una crisis de energía?

Unos diplomáticos de la OEA (Organización de los Estados Americanos).

2. ¿Lo sabe Ud.?

                      Sí, lo sé desde hace mucho
                      tiempo.

   ¿Lo ve Ud.?
   ¿Lo entiende Ud.?
   ¿Lo considera Ud.?

3. Los problemas, ¿son los
   de ahora o los de hace
   unos años?

                      Son los de hace unos años.

   Las crisis, ¿son las de ayer o las de hace varios días?
   Los impuestos, ¿son los de aquí o los de allí?
   La reunión, ¿es la de aquí o la de Chichicastenango?

4. ¿Qué deben de hacer?
   ¿Seguir hablando o
   formar una asociación?

                      Deben de formar una
                      asociación.

   ¿Qué deben de hacer? ¿Aplicar un impuesto a aceptar lo
   mismo de antes?
   ¿Qué debemos de hacer? ¿Meditar más o festejarnos más?
   ¿Qué debe de hacer Ud.? ¿Producir más o continuar como
   ahora?

5. ¿Habría comido más Ud.?

                      Sí, si hubiera habido más
                      para comer.

   ¿Habría leído más Ud.?
   ¿Habría producido más Ud.?
   ¿Habría ganado más Ud.?

6. Si hubiera comido
mucho, ¿qué habría
hecho después?
¿Dormido?

Sí, habría dormido después.

Si hubiera estudiado mucho, ¿qué habría hecho después?
¿Jugado?
Si hubiera trabajado mucho, ¿qué habría hecho después?
¿Descansado?
Si hubiera hablado mucho, ¿qué habría hecho después?
¿Escuchado?

7. ¿A qué se refiere Ud.?
¿A las compañías
bananeras?

Sí, me refiero a ellas.

¿A qué se refiere Ud.? ¿A la economía estadounidense?
¿A qué se refiere Ud.? ¿Al comercio estadounidense?

Conceptos gramaticales ⟫⟫

Se dan cuenta de eso *desde
hace* mucho tiempo.

They have realized that *for* a
long time.

Desde hace varios días
estamos metidos en estos
líos.

For several days *now* we
have been involved in these
problems.

Me duele la cabeza *desde
hace* una hora.

My head has hurt *since* an
hour ago.

> *Desde hace* + time period + verb phrase
>
> or
>
> Verb phrase + *desde hace* + time period

This time construction is another way of expressing *since* or *for*
plus the time period. The use of **desde** stresses the concept of the
whole period of time from beginning to end.

Ejercicios

A. Conteste las preguntas usando cualquier período de
tiempo que le guste.

Modelos: ¿Desde hace cuánto
tiempo lee Ud.?

Desde hace varios años.

¿Desde hace cuánto
tiempo estudia?

Desde hace muchos años.

1. ¿Desde hace cuánto tiempo va a la biblioteca?

2. ¿Desde hace cuánto tiempo comprende sus problemas?

3. ¿Desde hace cuánto tiempo no fuma Ud.?

4. ¿Desde hace cuánto tiempo estudia Ud. aquí en la universidad?

5. ¿Desde hace cuánto tiempo se acuerda Ud. de lo lindo de la vida?

6. ¿Desde hace cuánto tiempo no tiene Ud. dolor de cabeza?

7. ¿Desde hace cuánto tiempo distingue lo malo de lo bueno?

B. Práctica para la comunicación

Modelo: X, ¿por cuánto tiempo se disciplina Ud.? ¿Por muchos años o relativamente por poco tiempo?
Y, ¿qué dijo X?

Me disciplino desde hace muchos años.

X dijo que se disciplina desde hace muchos años.

1. X, ¿por cuánto tiempo se da cuenta de sus problemas? ¿Por varios años o por toda la vida?
Y, ¿qué dijo X?

2. X, ¿por cuánto tiempo vivimos en una crisis de energía? ¿Por unos meses o por unos años?
Y, ¿qué dijo X?

3. X, ¿por cuánto tiempo se siente Ud. fenomenal? ¿Por mucho tiempo o por más o menos una hora?
Y, ¿qué dijo X?

4. X, ¿por cuánto tiempo se hace bola Ud.? ¿Por varios días o por unos momentos?
Y, ¿qué dijo X?

statements 153 Past perfect subjunctive in hypothetical statements 153 Past perfect subjunctiv

Si no *hubiera habido* una crisis, no se nos habría presentado esta oportunidad.

If *there had* not *been* a crisis, this opportunity would not have come through to us.

No habríamos hecho todo esto si no *hubiéramos escogido* esta clase.

We wouldn't have done all of this if we *had*n't *chosen* this class.

Vista Diecinueve:
Guatemala

569

Si Ud. *hubiera dicho* la verdad, no se habría avergonzado.

If you *had told* the truth, you wouldn't have been embarrassed.

Formation	
Si clause with past perfect subjunctive	Conditional perfect
Si hubiera _____ do,	habría _____ do.

1. Any past participle can appear in this construction.

2. The two clauses are reversible: the conditional perfect clause can be expressed first and the **si**-clause second.

Ejercicios

A. Diga las oraciones al revés según el modelo.

Modelo: Si hubiera comido mucho, habría dormido bien. → *Si hubiera dormido bien, habría comido mucho.*

1. Si hubiera tenido dinero, habría jugado al póquer.

2. Si hubiéramos estudiado mucho, habríamos aprendido mucho.

3. Si el/la profesor(a) hubiera hablado más, habríamos entendido mucho.

4. Si hubieran producido más, habrían sobresalido.

5. Si el torero no hubiera ganado, el toro no habría muerto.

6. Si no hubiera mencionado nada, se habría ido.

7. Si no hubiera sido terrorista, se habría sido elegida reina del concurso.

B. Conteste las preguntas.

Modelo: ¿Qué habría hecho si hubiera nacido en Rusia? *Si hubiera nacido en Rusia, habría comido mucho yogurt.*

1. ¿Qué habría hecho si hubiera nacido en Japón?

2. ¿Qué habría comprado si hubiera nacido rico?

3. ¿Qué habría hecho si hubiera perdido todo el dinero en un juego de póquer?

4. ¿Qué habría hecho Ud. si hubiera sido el secretario de la O.E.A.?

5. Hablando de la reencarnación, ¿qué habría sido si hubiera tenido una vida anterior?

6. Hablando de la reencarnación, ¿qué habría hecho si hubiera tenido una vida anterior?

7. Hablando de la fantasía, ¿qué habría hecho si hubiera tenido un poder mágico?

En pocos años se *habrán elevado* mucho.	In a few years *they will have risen* a good deal.
Antes de mañana *habremos comido* otra vez.	Before tomorrow *we will have eaten* again.
Oye, ¿qué *habrás hecho* antes de este fin de semana?	Hey, what *will you have done* before this weekend?

Formation of future perfect tense

Future of **haber**		Past participle
habr	é	—
habr	á	s
habr	á	—
habr	e	mos
habr	é	is
habr	á	n

$+$ _____ do

The future perfect refers to something that will have occurred in the future before some other point in the future.

A	B	C
present moment	future perfect	a point in the future

B is future to A but is still a perfect (or past) tense in reference to C.

Ejercicios

A. Cambie la oración según la palabra indicadora. Siga los modelos.

1. Antes de mañana habremos estudiado suficiente. (comido)
   → *Antes de mañana habremos comido suficiente.*

(pensado, escrito, meditado, explorado, hablado, esperado)

2. En unos días mis amigos habrán leído algo erótico. (visto)
→ *En unos días mis amigos habrán visto algo erótico.*

(explicado, requerido, hecho, comprado, mirado)

B. Cambie según el modelo.

Modelo: Hoy he comido   *Antes del domingo Ud.*
mucho pero antes   *habrá comido demasiado.*
del domingo . . .

1. Hoy he dormido mucho pero antes del sábado . . .

2. Hasta ahora he hablado mucho pero en el futuro . . .

3. Hoy he fracasado mucho pero más adelante . . .

4. Hoy he trabajado mucho pero la semana que viene . . .

5. Esta semana he festejado mucho pero el próximo
mes . . .

6. Hoy he producido mucho pero antes de mañana . . .

C. Conteste las preguntas a su gusto.

Modelo: ¿Qué habrá hecho   *Habré bailado.*
Ud. antes de esta
noche? ¿Bailado o
estudiado las
lecciones?

1. ¿Qué habrá hecho antes de mañana? ¿Visto una película
o charlado con unos amigos?

2. ¿Qué habrá hecho antes de esta noche? ¿Jugado al póquer
o ido a la biblioteca?

3. ¿Qué habrá comprado antes de la semana entrante? ¿Una
cosa necesaria o una cosa tonta?

4. ¿Qué habrá hecho antes de mañana? ¿Algo descomunal o
algo común?

5. ¿Qué habrá visto antes de mañana? ¿Una cosa
sorprendente o una cosa normal?

or a whole clause   155   Past participle phrase for a whole clause   155   Past participle phrase for a v

Dicho todo esto, continuó   Having said all this, he
explicando la información.   continued explaining the
    information.

Terminada ya la   When he had ended his
conferencia . . .   conference . . .

| La información ya explicada, volvió a hablar más. | When he had already explained the information, he spoke again. |

1. Native speakers of many languages attempt to economize on the number of words needed to express an idea.

2. One way is to use the past participle in a short phrase to express a longer phrase or clause.

3. If used in conjunction with a noun, the participle acts as an adjective and must agree with the noun in number and gender.

Ejercicio

Cambie la oración según el modelo.

Modelo: Después de haber dicho esto, se fue.   *Dicho esto, se fue.*

1. Después de haber acostado el niño, la mamá se durmió.

2. Después de haber establecido su posición, se la negó.

3. Después de haber sentido la vergüenza, lloró.

4. Después de haber perdido el dinero, se mató.

5. Después de haber llegado a Coco, tomó un taxi.

6. Después de haber apoyado al gobierno, ella descubrió unos defectos.

7. Después de haber estallado una bomba, fue capturado.

8. Después de haber escrito las cartas, fuimos a cenar.

 Entremés

La música

Los instrumentos musicales se clasifican según la manera en que el aire transmite sus vibraciones: instrumentos de viento, de cuerda y de percusión. Los varios instrumentos se usan en conciertos de música clásica o sinfónica, música de jazz, música de baile y música popular o folklórica. Por ejemplo, para la música de jazz y de baile se utilizan la trompeta, el trombón de varas, el saxofón, el clarinete, la guitarra, el piano y los tambores (la batería).

Vista Diecinueve: Guatemala

El carácter propio y la belleza de la gran música orquestal no están solamente en las melodías y los ritmos, sino también en el modo cómo se combina el timbre de los instrumentos, como se oye en un instante el violín, luego la flauta, y después se nota de nuevo el sonido de todos los instrumentos juntos.

la trompeta: trumpet
el saxofón: saxophone
el trombón de varas:
    trombone
el clarinete: clarinet
la guitarra: guitar
el oboe: oboe
la flauta: flute
el bajo: bassoon

el banjo: banjo
la batería: drums
las maracas: maracas
el violín: violin
el violoncelo: cello
la viola: viola
el corno francés:
    French horn

La música es un arte. El arte es una experiencia. La música también es una experiencia y a veces tenemos necesidad de expresar los sentimientos (placeres y emociones) que experimentamos al escuchar la música. El lenguaje (las palabras y

La marimba. "Mi maestro me dice que tenga que practicar las escalas hasta la perfección."

frases) que usamos para expresar lo que sentimos es especial.
El lenguaje refleja esa experiencia. Vamos a ver si podemos
experimentar la música.

Actividades

Traiga Ud. a clase un disco o ''cassette'' de música favorita.
Se tocará esta música en clase. Después de escuchar la
música como experiencia, termine Ud. las siguientes frases.

1. La música que trajo _____
     (nombre del estudiante cuya música se evalúa)

2. me afecta _____,

3. porque es muy _____.

4. Me hace pensar en _____.

5. Me gusta porque _____.

6. No me gusta porque _____.

7. El tema es _____.

8. Algunos de los sentimientos que expresa son _____.

9. Los instrumentos son _____.

10. El elemento indispensable de esta experiencia estética es
     _____.

Conceptos gramaticales

Verbs followed by a preposition 156   Verbs followed by a preposition 156

La comida *consiste en* una variedad de alimentos.	The diet *consists of* a variety of foods.
La estudiante *piensa en* hacer un viaje a España.	The student *is thinking about* taking a trip to Spain.
Sueño con las señoritas.	I *dream about* girls.
Mi amigo *se ha enamorado de* una chica magnífica.	My friend *has fallen in love with* a great girl.

Here are some common verbs that take a preposition before an
infinitive verb phrase.

acabar de: to have just finished
aprender a: to learn to
ayudar a: to help to
comenzar a: to start to
dejar de: to stop, cease

empezar a: to begin to
enseñar a: to teach how to
negar(se) a: to refuse to
tardar en: to delay in
tratar de: to try to
volver a: to do again

Vista Diecinueve:
Guatemala
575

The next group of verbs are among those that take a preposition before a following infinitive verb or noun phrase.

acordar(se) de	gozar de
alegrar(se) de	insistir en
asistir a	ocupar(se) en
burlar(se) de	olvidar(se) de
consistir en	poner(se) a
constar de	preocupar(se) de / por
contar con	quejar(se) de
enfadar(se) con / por	referir(se) a
equivocar(se) de	

Ejercicios

A. Conteste las preguntas. Siga el modelo.

Modelo: ¿De qué se olvida   *Me olvido de lavarme la*
         más Ud.? ¿De   *cara.*
         limpiarse los dientes
         o de lavarse la cara?

1. ¿Por qué cosa se preocupa Ud. más? ¿Por sus estudios o por su vida social?

2. ¿De qué se queja más Ud.? ¿Del sistema educativo o de la política nacional?

3. ¿Qué se atrevería a hacer? ¿A enseñar una clase de español o a casarse en un año?

4. ¿En qué cosa tarda más Ud.? ¿En terminar las tareas o en descubrir la verdad?

5. ¿Qué cosa se niega a hacer Ud.? ¿A falsificar la verdad o a meterse en los problemas de otros?

6. ¿Con quién cuenta más Ud.? ¿Con sus padres o con sus amigos?

7. ¿En qué consiste la filosofía de Ud.? ¿En la paz para todos o en el empleo para todos?

B. Práctica para la comunicación

1. X, ¿con quién se enfada más Ud.? ¿Con su amigo más íntimo o con otras personas?
   Y, ¿qué dice X?
   Z, según Y, ¿con quién se enfada X?

2. X, ¿en qué insiste Ud.? ¿En que el Congreso haga más o
   en que el Presidente haga más?
   Y, ¿qué dijo X?
   Z, según Y, ¿en qué insiste X?

3. X, ¿qué ha dejado de hacer? ¿De fumar, de beber, o de
   meterse en los problemas de otros?
   Y, ¿qué dice X?
   Z, según Y, ¿qué ha dejado de hacer X?

4. X, ¿de qué se acuerda Ud. más? ¿De sus éxitos o de sus
   fracasos?
   Y, ¿qué dice X?
   Z, según Y, ¿de qué se acuerda X?

5. X, ¿de qué se equivoca Ud.? ¿De no estudiar suficiente o
   de no jugar más?
   Y, ¿qué dice X?
   Z, según Y, ¿de qué se equivoca X?

el hombrón: the big man
un besote: a big kiss
un bombazo: a big bomb
   explosion

un poquito: a little bit
una chiquilla: a small girl
el pobrecito: the poor little
   guy

Basic form	Form with suffixes	Meaning
un camión	un camionazo	a big truck
un codo	un codazo	a blow of the elbow
un examen	un examenazo	a tough (long) exam
un golpe	un golpazo	a hard knock, hit
un gordo	un gordote	an obese man
un hombre	un hombrote	a huge man
una lucha	un luchazo	a heavy struggle
una mujer	una mujerona	a huge woman
un muchacho	un muchachote	a big kid, boy
un muchacho	un muchachazo	a clumsy kid who has fallen down
una palabra	una palabrota	a vulgar word
un perro	un perrote	a big dog
un puro	un purazo	a huge cigar
una silla	un sillón	a big, soft chair
un toro	un torote, torazo	a huge, mean bull
un trago	un tragote	a big swallow
una vista	un vistazo	a close look
un zapato	un zapatazo	a big (gigantic) shoe

Vista Diecinueve:
Guatemala
577

1. Augmentative/depreciative suffixes are used to denote magnitude in size, the impact of a smashing blow, or a depreciating aspect of someone or something.

2. The augmentative/depreciative endings are -**on(a)**, -**ote(a)**, and -**azo(a)**. Usually these are added directly to words ending in a consonant. For words ending in a vowel, these endings are used instead of the vowel.

Ejercicio

Cambie las frases a su forma aumentativa según los modelos. Use la lista de arriba.

Modelos: Es una mujer grande.   ¡*Qué mujerona!*

Es un avión grande.   ¡*Qué avionazo!*

1. Es un golpe de codo grande.
2. Es un golpe grande.
3. Es un toro grande.
4. Es un beso grande.
5. Es una vista grande.
6. Es un zapato grande.
7. Es un trago grande.
8. Es un examen grande.
9. Es un gordo grande.
10. Es un perro grande.
11. Es una silla grande.
12. Es un muchacho grande.
13. Es un puro grande.

Basic form	Diminutive form	Meaning
mi mamá	mi mamacita	my mommy
un momento	un momentito	just a second
un cigarro	un cigarrillo	a cigarette
un pueblo	un pueblecito	a small village, town
ahora	ahorita (used in Mexico)	right now
el abuelo	el abuelito	grandpa

1. The diminutive suffixes are used to denote smallness or an endearing aspect.

2. Words that end in a vowel usually ad -**ito**, -**illo**, or sometimes -**cito;** words ending in a consonant usually add -**cito**, for example, **capitancito, doctorcito.** Substitute -**a** for -**o** in feminine nouns.

Ejercicio

Cambie las frases a su forma diminutiva y repítalas.

Modelo: Tengo carro. *Tengo carrito.*

1. Lo hago tranquilo.

2. Voy a comprar algunas cosas.

3. Me dieron un libro.

4. ¿Quieres un vaso de agua?

5. Busco un trabajo.

6. Mi amor.

7. Una mirada.

8. ¡Ay, mamá!

9. Vamos a comer esos pescados.

10. Es su corazón.

11. ¡Qué hombre!

12. ¡Cuidado!

13. Lo hago ahora.

14. ¿Dónde está mi papel?

15. Aquí viene papá.

16. Es mi tesoro.

Continúa explicando la verdad.	He *continues* explaining the truth.
Los dos países *varían* mucho.	The two countries *vary* widely.

1. Some verbs ending in **-iar** and **-uar** have an accent shift in all present tense forms except **nosotros** and **vosotros**. The shift also occurs in the present subjunctive and in command forms.

2. Some common verbs with these endings are:

continuar: to continue   **situar**: to be located
enviar: to send   **vaciar**: to empty
evaluar: to evaluate   **valuar**: to value
fotografiar: to photograph   **variar**: to vary

Ejercicios

A. Conteste las preguntas. Siga el modelo.

Modelo: ¿Valúa Ud. el dinero?   *Sí, lo valúo.*

1. ¿Envía Ud. cartas?

2. ¿Continúa Ud. practicando el español?

3. ¿Varía Ud. su dieta?

4. ¿Fotografía Ud. los monumentos?

5. ¿Valúa Ud. a los otros?

6. ¿Evalúan ellos los exámenes?

7. ¿Vacías la botella de vino?

B. Práctica para la comunicación

1. X, ¿qué valúa más? ¿La fama o la riqueza?
   Y, ¿qué dice X?

2. X, ¿qué varía más? ¿Los programas de televisión o las películas?
   Y, ¿qué dice X?

3. X, ¿dónde está situada la Casa Blanca? ¿En el Distrito de Columbia o en Nueva York?
   Y, ¿qué dice X?

4. X, ¿qué envía más? ¿Telegramas o cartas?
   Y, ¿qué dice X?

5. X, ¿qué continúa más? ¿La lucha de la vida o la práctica del idioma español?
   Y, ¿qué dice X?

Una vista del idioma español ⟫⟫⟫

Las expresiones idiomáticas

Una expresión idiomática es una frase cuyas palabras individuales en conjunto (en combinación) no parecen significar el sentido total de la misma frase. Hay dos clases de expresiones idiomáticas: (1) las expresiones comunes del mundo hispánico y (2) las expresiones peculiares de un solo país.

Aquí se presentan algunas expresiones con los sentidos literales primero entre paréntesis y después los sentidos idiomáticos.

A. Las comunes

armarse la grande: (to fortify the big one) all hell to break loose

buscar tres pies al gato: (to look for three feet on the cat) to look for trouble, pick a fight.

dormir a pierna suelta: (to sleep with a loose leg) to sleep like a log, soundly

echar la casa por la ventana: (to throw the house out the window) to have a party, to go beyond your limits; to have had it; to throw the baby out with the bath water; to blow the works; to go for broke

empinar el codo: (to lift up the élbow) to bend an elbow, drink

estar crudo: (to be crude, raw) to be drunk; to be hung over

Haciendo ladrillos de barro en Guatemala.
"Sólo me falta hacer dos millones más."

estar con mal cuerpo: (to be with a bad body) to have a hangover

estar en la luna: (to be on the moon) to daydream, be inattentive

estirar la pata: (to stretch the leg) to kick the bucket, die

hablar hasta por los codos: (to talk up to the elbows) to talk your head off

hacer(le) caso: (to make a case to someone) to mind someone, attend to someone, pay attention to someone

ir a la inglesa: (to go English style) to go Dutch treat, 50-50

ir de juerga: (to go for recreation) to have a bust, go out and have a good time

llover a cántaros: (to rain pitchers) to rain cats and dogs

meter la nariz en todas partes: (to stick your nose in everywhere) to be a busybody

meter la pata: (to stick in the paw) to get into trouble, put your foot in your mouth, butt into the affairs of others

sacar el gordo: (to take out the big one) to win first prize; to get an A

sacar de quicio (a alguien): (to take support away from someone) to try one's patience, exasperate someone

tomar el pelo (a alguien): (to take the hair of someone) to pull one's leg, be facetious, kid, put someone on

vaya a freír monos: (go fry monkeys) go jump in a lake

B. Algunas expresiones idiomáticas de unos países

México: caerle moscas a alguien: (flies to fall on someone) said when things are going badly (Me caen moscas.)

Argentina: **estar apolillado(a):** (to be moth-eaten) to be bushed, very tired, worn out

Argentina: **estar seco/estar pato:** (to be dry/to be duck) to be broke, out of money

Puerto Rico: **estar en papas:** (to be in potatoes) to be well off, in good shape (materially)

México, Cuba: **hacerse bola:** (to make oneself into a ball) to get confused, go around in circles

México: **hacer novillos:** (to make young bulls) to play hookey, cut classes

España: **tener pasta:** (to have pasta) to have money

Ejercicios

A. Use una expresión idiomática para las siguientes ideas.

Modelo: Cuando uno muere, *estira la pata*
        se dice que _____

1. Cuando uno duerme muy bien, se dice que _____

2. Cuando uno bebe demasiado alcohol, se dice que _____

3. Cuando uno no se siente bien el día después de haber bebido demasiado, se dice que _____

4. Cuando uno siempre quiere saber lo que pasa en los asuntos privados de otros, se dice que _____

5. Cuando uno le habla tanto a otra persona y esta persona se fatiga, se dice que _____

6. Cuando uno le hace bromas a otra persona, se dice que _____

7. Cuando uno quiere pelear, se dice que _____

8. Cuando uno no tiene dinero, se dice que _____

9. Cuando uno no presta atención se dice que _____

10. Cuando uno gana la lotería o recibe una nota de A, se dice que _____

11. Cuando hay problemas por todos lados, se dice que _____

12. Cuando uno va más allá de sus límites o hace más de lo que pueda, se dice que _____

13. Cuando uno se pone irritado o aburrido con otra persona, le dice que _____

14. Cuando uno le quita a otro toda su paciencia, se dice que _____

15. Cuando uno entra en los asuntos privados de otros sin permiso, se dice que _____

16. Cuando uno no asiste a las clases, se dice que _____

17. Cuando uno se confunde, se dice que _____

18. Cuando las cosas no le van bien a uno, se dice que _____

19. Cuando las cosas le van bien a uno, se dice que _____

20. Cuando uno está muy cansado, se dice que _____

B. Una situación práctica

Supongamos que usted es una persona que siempre piensa en muchas cosas de fantasía y no presta gran atención a las cosas concretas del momento. Es decir, que muchas veces usted está en la luna. Nombre usted tres momentos cuando está en la luna.

Muchas veces estoy en la luna cuando _____

o cuando _____

o cuando _____

⟪ Comunicación/ Personalización

Entrevista

Preguntas	Oral	Escrito
1. ¿Con quiénes simpatizas más? ¿Con los de abajo o los de arriba?	Simpatizo más con . . .	Simpatiza más con _____
2. ¿Desde hace cuánto tiempo no te haces bola?	No me hago bola . . .	No se hace bola _____
3. ¿Qué instrumento musical habrías querido tocar si hubieras tenido la habilidad? ¿La guitarra o el piano?	Habría querido tocar . . .	Habría querido tocar _____

| 4. ¿Con qué sueñas más ahorita? ¿Con tener un amorcito fantástico o con terminar este curso con éxito? | Sueño más con . . . | Sueña más con _____ |

| 5. Antes de terminar este curso, ¿cuál es una cosa que habrás superado? | Habré superado . . . | Habrá superado _____ |

Actividades personales

A. ¿Cómo eres tú?

Escoge una de las posibilidades de cada grupo.

Soy más como
1. el piano / la guitarra
2. el banjo / la trompeta
3. el violín / el violoncelo
4. el clarinete / la batería
5. el oboe / la flauta
6. el saxofón / el bajo
7. el corno francés / las maracas
8. la viola / el violoncelo
9. el clarinete / la trompeta

B. Dinos por qué has escogido tu respuesta. Por ejemplo: la flauta porque es un instrumento de amor, es dulce y romántica; o el corno francés porque me hace pensar en la caza.

C. De los instrumentos musicales mencionados, ¿tienes una buena / mala asociación con uno de ellos? Por ejemplo: Tengo una mala asociación con el violín porque mi hermanita trataba de tocarlo y hacía un ruido horrible.

Cien mil personas van al partido de fútbol en Madrid. El momento de verdad.

El fútbol en el mundo hispánico

Guatemala, por centenares de años, fue la capital del Imperio maya que se extendía desde Yucatán en México hasta El Salvador y Honduras. Los mayas jugaban un partido de pelota con el fin de poner la pelota por un arco más de tres metros sobre el campo. Lo jugaban con tanta intensidad que los que perdían el partido, según lo que se dice, eran decapitados. Se puede ver esta intensidad en cualquier partido de fútbol en el mundo hispánico hoy en día. Pero el resultado no es tan grave.

fin: end

arco: ring, hoop

decapitado: decapitated

El fútbol es el deporte más popular en el mundo hispánico. Como no se puede tocar la pelota (o balón) con las manos, este juego, en realidad, lleva el nombre apropiado: fútbol. Pero no es el fútbol al estilo norteamericano.

Hace más de cinco mil años que los chinos practicaban el fútbol y sabemos que mucha gente de la antigüedad tenía gran pasión por ciertos juegos en los que se daban patadas a una pelota. Las reglas de hoy día fueron fijadas definitivamente en Inglaterra en 1833. Promovido por los entusiastas futbolistas ingleses, se ha extendido el juego en su forma actual por todo el mundo.

antigüedad: antiquity

daban patadas: pegaban con el pie
fijado: fixed

El terreno de juego (llamado la cancha o la pista) es un rectángulo de 100 metros de largo y 70 metros de ancho. La pista está dividida en dos mitades por una línea central (1). En cada lado menor se encuentra situada una portería (2) de 7 metros de anchura. En las cuatro esquinas hay pequeños cuadrantes (3). Delante de la portería hay una zona de castigo (4).

mitad: half

portería: goal zone
cuadrante: quadrant, corner area

castigo: penalty

Cada equipo consta de once jugadores, el portero (5), los defensas derecho (6) e izquierdo (7), el medio derecha (8), el medio

el portero: goalie
medio: halfback

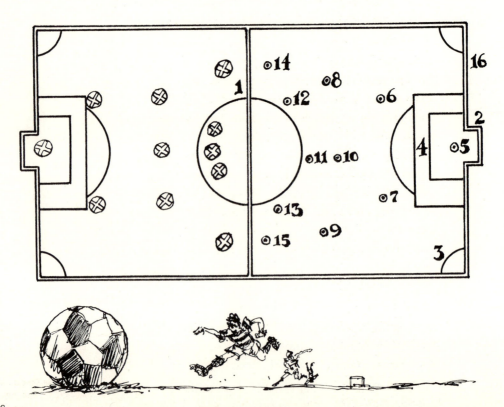

izquierda (9), y el medio centro (10). Delante de ellos están situados los cinco delanteros: el delantero centro (11), el interior derecha (12), el interior izquierda (13), el extremo derecha (14) y el extremo izquierda (15).

delantero: forward
interior: inside (forward)
extremo: wing

Un partido consta de dos medio tiempos de 45 minutos cada uno, con un corto descanso de intermedio de unos 10 a 15 minutos. El árbitro dirige el partido ayudado por dos jueces de línea y por el público que muchas veces se pone frenético.

árbitro: referee

juez:

Al comienzo del partido, el balón se sitúa en la línea central, y el delantero centro del equipo hace el saque (comienza el movimiento del balón), pasando la pelota adelante con el pie a uno de sus compañeros de equipo. Los delanteros tratan de entrar con el balón en el campo contrario para meterlo en la portería. Solamente el portero puede tocar el balón con la mano. Los demás jugadores no pueden hacerlo. Se consigue un gol cuando el balón pasa completamente la línea de meta (16) de la portería.

meta: goal

Si el balón cruza la línea de meta fuera de la portería después de haber sido tocado por un jugador del equipo defensor, se lanza un "corner" (una patada) desde el cuadrante del equipo atacante. Pero si el balón ha sido tocado por un jugador del equipo atacante inmediatamente antes de salir por la línea de meta, se hace un "saque de portería por un jugador del equipo defensor desde la zona de castigo.

fuera: outside

patada: kick

saque de portería: in-bounding (kicking ball down field from goal zone)

Si el balón sale fuera por la línea lateral, el equipo contrario hace un "saque de banda" (se tira el balón adentro) lanzando uno de sus jugadores el balón con las manos por encima de la cabeza al campo desde el lugar donde el balón salió fuera.

línea lateral: sideline

saque de banda: in-bound pass from sideline

Naturalmente, todos los jugadores han de dominar el balón con cualquier parte del cuerpo, menos las manos y los brazos. Saber

Vista Diecinueve:
Guatemala
587

parar y chutar (lanzar la pelota para hacer un gol) son dos cosas importantes que ha de tratar de conseguir todo futbolista mediante largos períodos de entrenamiento. Es muy importante que cada jugador sepa pasar el balón con precisión a otro compañero. La estrategia, planificación y táctica requieren que todos los jugadores del mismo equipo estén bien coordinados entre sí, que se pasen el balón unos a otros tan hábilmente para que el equipo contrario no tenga ocasión de evitar el movimiento hacia la meta para marcar (hacer) un gol en la portería.

parar: to stop
chutar: to shoot

entre sí: among themselves

hábilmente: skillfully

marcar: to score

Preguntas

1. ¿Por qué cosa tenían que poner la pelota los mayas?

2. ¿Qué le pasaba el equipo maya que perdía el partido?

3. ¿Por qué lleva el partido el nombre de fútbol?

4. ¿Qué sabemos de la gente de la antigüedad?

5. ¿Cómo es el terreno de juego?

6. ¿Qué hay en las cuatro esquinas?

7. ¿De cuántos jugadores consta un equipo y quiénes son?

8. ¿Qué hace el árbitro?

9. ¿Cómo se pone el público muchas veces?

10. ¿Qué tratan de hacer los delanteros?

11. ¿Cuándo se consigue un gol?

12. ¿Qué pasa si un jugador defensor toca el balón y lo hace cruzar la línea de meta?

13. ¿Cuáles son unas cosas que un jugador ha de dominar?

# Vocabulario

Nouns

el acceso
el alivio
el antebrazo
la antigüe-
  dad
el árbitro
el arco
el bajo
la batería
el castigo
el clarinete
el cuadrante
el delantero

la energía
la escasez
el fin
la flauta
la guitarra
el impuesto
el interior
el juez
las maracas
el medio
la meta
la mitad
el nivel
el oboe

los oyentes
la patada
la portería
el portero
el saque
el saxofón
el tecnología
la tendencia
el trombón
  de varas
la trompeta
la viola
el violín
el violoncelo

Verbs

aplicar
constar de
continuar
chutar
decapitar
declarar
exportar
expresar
fijar
fotografiar
marcar
meterse en
negar-
  se (a) (ie)

parar
referir (ie)
situar
vaciar
variar

Adjectives

adicional
descendente
energético
estratégico
fijado
inclusive
manufacturado

Adverbs

asimismo
hábilmente
mutuamente

Expressions

los de abajo
los de arriba
por medio de

VISTA VEINTE:
EL DESARROLLO

 Al principio

In this final **vista** we take a look at a problem that faces many of the emerging nations of Latin America—illiteracy—and its corollary, a high drop-out rate in schools. As you progress through the unit

you'll learn

1. to use the singular of **todo** to indicate the plural

2. another way to express obligation using **deber de**

3. to distinguish between similar constructions in which **tener que** or **hay que** occur

so look for

1. *Todo* niño podrá asistir.

2. *Debiéramos de* estudiar más esta noche.

3. Tengo mucho que hacer. Tengo que hacer mucho.

You'll also practice more **de** phrases **(los problemas de hace muchos años)**. In the **Entremés** there are some common road signs and in the **Sección cultural** a variety of readings that reflect concerns of Hispanic people today.

Prior to completing **repaso** IV, briefly review **vistas** 16–19. **¡Recuerde! Es prohibido estudiar con luces bajas.**

El desarrollo y la educación

Casi todo país hispánico se preocupa por el problema del analfabetismo.

Es un problema del subdesarrollo y debe ser considerado en un contexto nacional. Para eliminarlo, las palabras bonitas no bastan; al contrario, hay que poner en marcha un plan definitivo que ponga fin al subdesarrollo.

Los gobiernos hispánicos actuales planean no sólo alfabetizar a los iletrados, sino también llevar caminos, agua, salubridad y servicios de salud pública al campesino, que es el más afectado por no saber leer y escribir.

Almost all Hispanic countries are concerned with the problem of illiteracy.

It is a problem of underdevelopment and ought to be considered in a national context. To eliminate it, pretty words are not enough; on the contrary, it is necessary to put into effect a definitive plan that will end the underdevelopment.

The current Hispanic governments plan not only to educate the illiterates but also to take roads, water, good health, and public health services to the farmer, who is the most affected by not knowing how to read and write.

Es posible alcanzar la meta de dar escuela a todos los niños y adultos que lo demanden, si se alcanza el número necesario de profesores. Este número asciende a muchos millares cada año. Todo esto significa la construcción de nuevas escuelas en todos los países. Y un plan de construcción serio dependerá de muchos impuestos nacionales o ganancias del mercado internacional.

It's possible to achieve the goal of providing schooling for all the children and adults who want it, if there are enough teachers (if the necessary number of teachers is reached). This number figures into the many thousands each year. All this means the construction of new schools in all countries. And a serious construction program will depend on a large national tax or income from the international market.

Hay otro problema: el de la deserción. La deserción ocurre en la enseñanza primaria. Muchos niños, sobre todo los del campo, desertan en primaria. La deserción resulta de las necesidades económicas y éstas últimas originan en el subdesarrollo.

There's another problem: that of dropouts. Absenteeism occurs in primary school. Many children, especially those in the country, quit in primary school. The drop-out rate occurs from financial needs and these are caused by (originate from) being underdeveloped.

Como parte de una acción integral de ayuda técnica a los campesinos, hay que ofrecer otra clase de ayuda a los niños, como por ejemplo, un programa de alimentación durante el año escolar y los materiales necesarios para aprender. Además, tiene que haber un número más grande de ayudantes de maestro en la sala de clase para dar más atención individual a los niños.

As part of a total effort of technical aid to the farmers, it's essential to offer another kind of help to the children, (as) for example a food program during the school year and the necessary materials for learning. In addition, there has to be more (a larger number) of teacher's aides in the classroom to give more individual attention to the children.

A lo largo de las últimas décadas, el analfabetismo ha descendido un poco, pero a pesar de este descenso, en todo el mundo hispánico los índices de natalidad son elevados y esto tiende a agravar el problema de la educación y del subdesarrollo. La sobrepoblación es una cuestión que no se debe olvidar. Todavía hay mucho que hacer, y lo fundamental es que todos cooperen.

During the last decades, illiteracy has declined somewhat, but despite this drop, the birth rate is up all over the Hispanic world and this increase tends to aggravate the problem of education and underdevelopment. Overpopulation is a question that should not be forgotten. There's still a lot to be done and the basic point is that everyone should cooperate.

Otra consideración es la de los indígenas. Casi todos los países han tratado de implementar un programa de castellanización para que el indio sienta el interés en aprender a leer, escribir y comunicarse mejor con los demás. Muchos de los indios iletrados (pero no todos) han manifestado este interés. Poco a poco la población indígena se integra a la comunidad nacional.

Another consideration is that of the Indians. Almost all countries have tried to implement a Spanish-language program, so that the Indian will be interested in learning to read, write, and communicate better with everyone else. Many illiterate Indians (but not all) have shown this interest. Little by little the indigenous population is being integrated into the national community.

Los oficiales gubernamentales no desean que desaparezcan los idiomas

Government officials do not want the Indian languages to disappear. The govern-

indígenos. El propósito de los gobiernos es llevar progreso al campo y dar oportunidad al indígena a fin de que aprenda español. Todo individuo tiene derecho a hablar su propia lengua, y hay que respetar a una persona que hable *más* de un idioma.

Un proyecto actual en varios países individuales es aumentar el número de centros de educación de adultos; poner programas educativas para adultos por televisión; acelerar la elaboración y adaptación de materiales escolares para adultos; entrenar a muchos maestros bilingües para la alfabetización por radio. El desarrollo económico y la educación son consocios. Los dos van juntos.

ment's purpose is to take progress to the countryside and provide opportunities to the indigenous person so that s/he may learn Spanish. Each person (all individuals) has the right to speak his/her own language, and one has to respect a person who speaks *more* than one language.

A current project in several different (individual) countries is to increase the number of adult education centers; to set up adult education programs on television; to accelerate the development and adaptation of school materials for adults; to train many bilingual teachers to teach on the radio. Economic development and education are partners. Both go together.

Notas culturales

1. Illiteracy is a major concern in many Hispanic countries, especially those that are poor (Bolivia, Ecuador, Guatemala, Honduras). Free public libraries, for instance, do not exist in many towns or cities. The ability to charge a book out is often unheard of. Reading must be done in the library.

2. In order to give basic instruction to people in remote areas and to help overcome the teacher shortage, radio and television are being used extensively.

3. Access to adequate medical care is another major problem of developing Hispanic countries. UNESCO, the Organization of American States, and the Peace Corps, among others, have helped set up clinics in many remote areas where information about diet, birth control, child care, and so forth, may be given. These outside agencies sometimes encounter difficulties due to superstitions and traditional ways of doing things. There are those who still believe that **mal de ojo** *(evil eye),* and **susto** *(fright)* are major causes of illness.

Observaciones

¿Cómo se dice en español?

1. Are concerned with
2. The illiteracy problem
3. Are not enough
4. A definitive plan that will end the underdevelopment
5. By not knowing how to read
6. It's possible to achieve the goal
7. The necessary number of teachers
8. All this means
9. Will depend on a large national tax
10. There's another problem, that of dropouts
11. They spring (originate) from our underdevelopment
12. As for example
13. The school year
14. A larger number
15. Teacher's aides
16. The birth rate
17. They tend to aggravate
18. To communicate better with others
19. Is being integrated into the national community
20. Economic development and education are partners

Repaso de la narrativa

Preguntas

1. ¿Por cuál problema social se preocupa casi todo país hispánico?

2. ¿Qué se tiene que hacer para eliminar el analfabetismo?

3. ¿Qué planean llevar al campesino los gobiernos hispánicos?

4. ¿Qué es posible alcanzar?

5. ¿Cuántos maestros y profesores se necesitan cada año?

6. ¿De qué depende un plan de construcción serio?

7. Además de los materiales, ¿qué tiene que haber?

8. ¿Qué ha descendido un poco?

9. ¿Qué tiende a agravar el problema de la educación y del desarrollo?

10. ¿Por qué existe un programa de castellanización para los indios?

11. ¿Quiénes no desean que desaparezcan las idiomas indígenas?

12. ¿Cuál es el propósito de los gobiernos?

13. ¿Quién tiene derecho a hablar su propia lengua?

14. ¿Cuáles son unos proyectos actuales en varios países?

15. Como consocios, ¿cómo van el desarrollo económico y la educación?

Ejercicios gramaticales

1. ¿Por qué cosa se preocupa Ud.? ¿Por su salud o por su fama?

   Me preocupo por mi salud.

   ¿Por qué cosa se preocupa Ud.? ¿Por su educación o por su trabajo?

   ¿Por quiénes se preocupa Ud.? ¿Por los indios o por los ministros?

   De niño, ¿por qué cosa se preocupaba Ud.? ¿Por su conducta o por sus juguetes?

   Anoche, ¿por qué cosa se preocupó más? ¿Por los estudios o por el sueño?

2. Su educación, ¿es sólo cuestión de tiempo o de trabajo?

   Es cuestión de trabajo.

   Una dieta, ¿es cuestión de disciplina o de buena voluntad?

   Para hacerse rico, ¿es cuestión de mucho trabajo o de estar en la luna (no prestar atención)?

   Para contestar al profesor, ¿es cuestión de prestarle atención o de tomarle el pelo?

3. ¿Cómo le afecta el dinero? ¿Le motiva?

   Sí, me motiva.

   ¿Cómo le afecta el alcohol? ¿Le fatiga?

   ¿Cómo le afecta la televisión? ¿Le aburre?

   ¿Cómo le afecta el analfabetismo? ¿Le preocupa?

   ¿Cómo le afecta la sobrepoblación? ¿Le preocupa?

4. ¿De qué dependerá su éxito? ¿De la educación?

   Sí, dependerá de la educación.

   ¿De qué dependerá su salud? ¿De la dieta?

   ¿De qué dependerá su motivación? ¿De su trabajo?

   ¿De qué dependerá su felicidad? ¿De sus amigos?

5. ¿La natalidad agrava la situación?

   Sí, tiende a agravar la situación.

   ¿El gobierno ayuda con el desarrollo?

   ¿El analfabetismo desciende un poco?

   ¿El plan implementa el programa?

6. ¿Qué cuestión es?

   Es la que no se debe olvidar.

   ¿Qué solución es?

   ¿Qué plan es?

   ¿Qué oportunidad es?

7. ¿Hacen mucho? *Sí, hay mucho que hacer.*
   ¿Dicen mucho?
   ¿Aprenden mucho?
   ¿Ponen mucho?
   ¿Respetan mucho?

8. ¿Tratan de hablar *Sí, para que hablen bien.*
   mucho?
   ¿Tratan de aprender mucho?
   ¿Tratan de escribir mucho?
   ¿Tratan de leer mucho?
   ¿Tratan de cooperar mucho?

Conceptos gramaticales ⟫⟫

159 **The singular form todo for plural** 159 **The singular form todo for plural**

Casi todo país hispánico se preocupa por . . .	Almost all Hispanic countries worry about . . .
Todo individuo tiene derecho a hablar.	All individuals have a right to speak.
Todo niño podrá asistir.	All children will be able to attend.

Either the singular or the plural of **todo** may be used to indicate the plural. In its singular form **todo** may also mean *each*: **todo país,** *each country (all countries).*

Ejercicio

Cambie la forma plural a la correspondiente forma singular, según el modelo.

Modelo: Todos los estudiantes → *Todo estudiante asiste a*
        asisten a clase.   *clase.*

1. Todos los países dan un programa de salubridad.

2. Hay programas para todos los analfabetos.

3. Todas las zonas rurales tienen problemas.

4. Todos los centros urbanos ofrecen elementos culturales.

5. Los gobiernos asisten a todas las familias pobres.

6. Todos los profesores tienen necesidad de estudiar.

7. Todas las necesidades originan de una falta.

8. Todas las nuevas escuelas cuestan mucho.

Los varios países *deben de* formar una asociación.	The various countries *should probably* form an association.
Los otros países *deberían de* hacer lo mismo.	The other countries *probably ought* to do the same.
Debiéramos de estudiar más esta noche.	We *probably ought* to study more tonight.
Ud. *debía de* haber estado aquí.	You *probably should* have been there.

1. **Deber de** plus the infinitive verb is somewhat equivalent to the English expression of probability, in the sense of a very mild obligation.

2. In this construction, the present tense, indicative mood (ex., **debe**) expresses more obligation than the conditional or past subjunctive forms. The latter conveys the mildest sense of obligation in this particular construction.

Ejercicios

A. Cambie la frase, según el modelo.

Modelo: Hemos de estar en   *Debiéramos de estar en*
        contra de ellos.   *contra de ellos.*

1. He de mejorar mi nivel de vida.

2. Has de darte cuenta de tus errores.

3. Ha de alcanzar un nivel de vida más alto.

4. Hemos de ganar entrada a otros mercados.

5. Han de ayudar a los pobres.

6. No he de meter la nariz en todas partes.

7. No has de tomarme el pelo.

8. Ud. no ha de meter la pata.

9. No hemos de estar crudos.

10. No han de hablar hasta por los codos.

B. Cambie la frase, según el modelo.

Modelo: Yo había de poner   *Yo debía haber puesto*
     énfasis en la verdad.   *énfasis en la verdad.*

1. Tú habías de cooperar más con tus compañeros.

2. Ud. había de producir unos cambios profundos.

3. Habíamos de dudar menos.

4. Uds. habían de aprovecharse de la educación.

5. Yo no había de estar en la luna.

6. No habías de decir una falsedad.

8. No habíamos de vernos como ''los de arriba''.

C. Conteste las preguntas.

1. ¿Qué debía haber hecho? ¿Haber estudiado más o haber desertado en la primaria?

2. ¿Qué debió haber hecho anoche? ¿Haber charlado más o dormido más?

3. ¿Qué debimos haber hecho ayer? ¿Haber practicado más o analizado más la gramática?

4. ¿Qué debería haber hecho yo al principio de esta lección? ¿Haber hablado más o menos?

5. ¿Qué debe hacer más Ud.? ¿Planear el futuro o pensar en el momento actual?

Entremés >>>

Unas señales para el control del tránsito

Curva peligrosa a la izquierda

Curva pronunciada a la derecha

Glorieta

Trabajos en la vía

Superficie deslizante

Paso de peatones

Zona de juegos

Zona escolar

Intersección con semáforo

Dirección prohibida

Prohibido parquear

Prohibido adelantar

Prohibido girar a la izquierda

No use la bocina

Pare

Permitido girar en "U"

Circule con luces bajas

Conserve su derecha

Parqueadero

Teléfono

Taller

Estación de
servicio

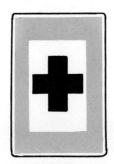

Primeros auxilios

Servicios
sanitarios

Hotel

Restaurante

Monumento nacional

Ejercicios

A. ¿Qué señal debe ser? Lea las siguientes frases y luego
determine la señal.

1. Hay niños jugando por aquí.

2. Hay obreros trabajando al lado de la vía.

3. Hay una escuela muy cerquita.

4. El tráfico (la circulación) tiene que andar en forma de un
círculo.

5. Su coche está roto, descompuesto. No anda bien. Quiere
buscar un mecánico.

6. Ud. quiere lavarse las manos.

7. Después de haber caminado por diez horas Ud. está cansado(a) y quiere dormir.

B. Supongamos que Ud. trabaja para el Departamento de Tránsito y Transportes. Su trabajo es instalar la señal apropiada. Conteste las siguientes preguntas usando el español que ya sabe.

1. ¿Dónde se pone una señal que indica *Zona escolar?*

2. ¿Dónde se pone una señal que indica *Pare?*

3. ¿Por qué pone Ud. una señal que indica *No use la bocina?*

4. Recientemente han ocurrido muchos accidentes en una esquina. ¿Qué señal va a poner?

5. Cuando hay nieve o lluvia en el camino o en la calle, es muy peligroso. ¿Qué señal va a poner?

6. Ud. quiere informarles a los turistas que hay un lugar donde pueden comer. ¿Qué va a poner?

7. Para los turistas que tienen interés en ver las cosas históricas, etc., ¿qué señal usará para indicárselo?

8. ¿Dónde pone Ud. la señal *Paso de peatones?*

9. ¿Por qué va Ud. a poner la señal *Prohibido adelantar?*

10. ¿Dónde se pone la señal *Circule con luces bajas?*

Conceptos gramaticales

Tener and **hay** in similar constructions 161

Tengo que hacer mucho.	I have to do a lot (obligation).
Tengo mucho que hacer.	I have a lot to do (implies that the task is yet to be started).
Tengo mucho para hacer.	I have a lot to do (possibly implies that the task has already started yet there is still more to do).
Hay que comer mucho.	One must eat a lot (obligation).
Hay mucho que comer.	There is a lot to be eaten.
Hay mucho para comer.	There is a lot to eat.

The syntactic patterns here reveal some subtle differences in meaning. The first item (**tener** + **que** + infinitive or **hay** + **que** + infinitive) in each set, above, reflects obligation to undertake a task (i.e., **hacer** or **comer**). There is little or no difference between the last two items in each set. That is, the significant difference lies between the first example and the other two in each set. When the word **mucho** is placed after **tener** or **hay**, there is a considerable reduction in the obligation expressed.

Ejercicios

A. Cambie las frases para reflejar una obligación.

Modelos: ¿Tiene Ud. mucho → *Sí, tengo que hacer mucho.*
que hacer?
¿Hay demasiado → *Sí, hay que terminar*
que terminar? *demasiado.*

1. ¿Tiene Ud. mucho que comprar?

2. ¿Hay mucho que mandar?

3. ¿Tiene Ud. demasiado que superar?

4. ¿Hay mucho que pedir?

5. ¿Tiene Ud. demasiado que declarar?

6. ¿Tiene Ud. mucho que explicar?

B. Conteste las preguntas.

1. ¿Tiene Ud. mucho que estudiar o tiene que descansar ahora?

2. ¿Tiene que celebrar mucho o tiene que trabajar todavía?

3. ¿Qué tuvo que hacer anoche? ¿Investigar un problema o visitar a un amigo?

4. ¿Qué hay que hacer para estar contento? ¿Ganar dinero o hacer amistades?

5. ¿Tiene Ud. muchos errores que cambiar o muchos problemas que olvidar?

6. ¿Todavía hay que considerar la crisis de energía o limpiar el aire contaminado?

ase as adjective 162 **De**-phrase as adjective 162 **De**-phrase as adjective 162 **De**-phrase as

No se metieron en los problemas petroleros *de hace unos años.*

They didn't get involved in the oil problems *of a few years ago.*

en esta reunión *de Chichi-castenango*		in the *Chichicastenango* meeting
la política *de los EE.UU.*		the *U.S.* policy

1. There are different kinds of **de**-phrases, some of which serve to characterize nouns or noun phrases. Here are some examples of adjective **de**-phrases: **de aquí, del pueblo, de siempre, de tanta importancia, del momento actual, de la magnífica descripción histórica, de hoy, de antes, de mañana.**

2. Often, the use of the definite article in the **de**-phrase expresses a more specific notion: **la comida de cafetería** *(the cafeteria-style food)* vs. **la comida de la cafetería** *(the food of the cafeteria or the cafeteria's food).*

Ejercicio

Haga diez frases diferentes con **de,** combinando los elementos de las dos columnas. (Tenga cuidado porque todas las combinaciones no son posibles.)

Modelo:	los problemas	del cholo	*los problemas del pollo*
	la memoria	de antes	*la memoria del cholo*
	el chiste	del pollo	*el chiste de antes*

las compañías	del color rojo
el pescado	de vergüenza
la música	de petróleo
las economías	de la justicia mala
la isla	de la raza
el funcionamiento	del momento
las colonias	de ahora
el jefe	de hoy día
el ferrocarril	de al lado
la muerte	de por aquí
el universo	del color azul
el tabaco	de monstruos

⫷ Una vista del idioma español

Aquí se presenta una lista de varias palabras y frases necesarias para funcionar de una manera mínima en un país hispánico.

Para pedir direcciones

Perdón, ¿me puede decir Ud. dónde queda . . . (el museo, la comisaría, el hotel, etc.)?

¿A cuánta/qué distancia queda . . . (el café, el cine, etc.)?

¿En qué calle queda . . . ?

¿Voy a la derecha, a la izquierda o derecho?

¿Por dónde doblo (turn) para llegar a . . . (la estación de tren, la parada de taxi, etc.)?

Para pedir sellos o estampillas

¿Me puede dar tres sellos de cinco (pesos)?

Necesito cinco (sellos) de diez (pesos).

¿Cuántos sellos para mandar esta carta (este paquete) a EE.UU.?

Para comprar boletos

¿Cuánto vale para ir a . . . (Santander, Monterrey, etc.)

Voy de primera/de segunda. (primera clase)

de ida y vuelta

¿A qué hora sale el tren para . . . (Bogotá, Quito, Madrid, etc.)?

¿Qué conexiones hay en . . . (Granada, Arequipa, etc.)?

Algunos estudiantes en Madrid.

En un hotel u hostal

¿Todavía le queda un cuarto doble (un cuarto para dos)?

¿Cuánto vale por noche?

¿Un cuarto con baño / sin baño?

¿Un cuarto sencillo, por favor? (un cuarto para una persona)

¿En qué piso? ¿Qué número?

¿Me da la llave, por favor?

¿Me da el pasaporte, por favor?

Tengo mochila / maleta.

Otras cositas para saber

¿Tiene fuego?: Do you have a match, a light?
¿Puedo subir?: Can I get in (the taxi, bus)?
Cueste lo que cueste.: Whatever it may cost.
andar de mal en peor: to go from bad to worse
dar sentido: to make sense
Me da lo mismo.: It's all the same to me.
dar por sentado: to take for granted
de cabo a rabo: from beginning to end
de lo lindo: wonderfully, perfectly
de mala gana: unwillingly
De nada.: Don't mention it; You're welcome.
en la actualidad: at the present moment
actualmente: right now, currently
¿Qué hubo?: What's up?, What's happening?
¿Qué tal?: how goes it?
¿Cómo le va?: How's it going?
tener que ver con: to have to do with, deal with

Comunicación
Personalización

Entrevista

Preguntas	Oral	Escrito
1. Para ti, ¿cuál es peor? ¿El analfabetismo o la desnutrición?	Para mí es peor . . .	Para él/ella es peor _____
2. ¿Cómo prefieres estudiar? ¿Solo(a) o con otros?	Prefiero estudiar . . .	Prefiere estudiar _____

3. Para que tengas motivaciones, ¿qué necesitas, dinero o satisfacción personal?	Para que tenga motiva-ciones . . .	Para que tenga motivaciones _____
4. ¿Qué debieras hacer para ayudar a los pobres?	Debiera . . .	Debiera _____
5. ¿Qué deseas que desaparezca del mundo? ¿La sobre-población o la deserción?	Deseo que . . .	Desea que _____

Actividades personales

A. Escribe una o dos frases indicando tus sentimientos hacia seis de las siguientes palabras. Por ejemplo: Para mí la tecnología ha causado mucha polución, pero puede ayudar a los países subdesarrollados.

1. la deserción
2. el analfabetismo
3. el subdesarrollo
4. la sobrepoblación
5. los indígenas

6. la tecnología
7. el bilingüismo
8. el respeto
9. la salubridad
10. la natalidad

B. Frases incompletas. Termina las frases a tu gusto.
1. Los indígenas debían (de) _____
2. Ser bilingüe _____
3. La política de hace cincuenta años _____
4. Nuestro gobierno actual _____
5. La deserción resulta de _____
6. La deserción en los EE.UU. _____
7. El sistema de servicios de salud pública en los EE.UU. _____
8. Una persona que no pueda leer _____
9. Para mí un lugar aislado _____
10. La ayuda técnica es mejor que _____
11. La educación por televisión _____

Una escuela primaria en Taxco, México, y
la frontera entre México y los Estados Unidos.

La gente y algunos problemas

En esta sección se presentan unas vistas pequeñas de algunas
cosas que afectan a los hispanos en su vida diaria.

*Una manifestación de burócratas que demandan un
aumento*

Los trabajadores de muchos Sindicatos de Servicio Civil del
Estado han realizado muchas manifestaciones por las calles de
sus ciudades en demanda de un aumento justo en los salarios.

A veces son los diputados que han tenido que encabezar (funcionar como guías) a los manifestantes. Año tras año los trabajadores expresan la misma queja, ya que el año anterior el
Estado les había concedido un aumento mínimo y que, debido
al alto costo de la vida, los trabajadores requieren otro aumento.

Preguntas

1. ¿Qué problema social está indicado en esta vista?

2. ¿Qué solución debe haber?

3. ¿Qué piensa Ud. de esta cuestión?

4. Si Ud. fuera uno de los trabajadores, ¿qué haría Ud.?

5. Si Ud. fuera el gobernador del Estado, ¿qué haría Ud.?

Ejercicios gramaticales

1. ¿Expresa Ud. la misma queja?

   Sí, año tras año expreso la misma queja.

   ¿Explora Ud. la misma solución?
   ¿Experimenta Ud. el mismo dolor?
   ¿Explica Ud. la misma excusa?

2. ¿Dices manifestaciones?

   Sí, he realizado muchas manifestaciones.

   ¿Dices demandas?
   ¿Dices aumentos?
   ¿Dices servicios?

¿Quién supervisa al supervisor?

A veces la situación del gobierno se pone tan ridícula que la gente se ve obligada a hacer sátiras de los funcionarios gubernamentales. La siguiente sátira es típica:

Gran concurso

Elija al peor funcionario de la Administración Pública. Cada cupón vale por diez votos y debería ser remitido a nuestras oficinas, calle Sinservicios 1022, oficina 2, ó a la casilla (una cajita para cartas en el correo) que no tenemos porque son muy caras (las casillas).

En cada cupón podrá votar por un solo funcionario, desde un ministro hasta el último asesor (supervisor), pasando por senadores, diputados y burócratas.

El peor funcionario será premiado con un hermoso certificado en reconocimiento a su deplorable trabajo y será servido un banquete que él mismo tendrá que pagar porque le pagan tan bien.

CUPÓN: Concurso "El Peor Funcionario"

Voto por don _____ que ocupa el cargo de _____ y que me parece muy _____ (Se ruega en lo posible no escribir una palabrota o grosería aunque, en casos muy justificados, éstas se aceptan.) _____ de la actual administración.

Preguntas

1. ¿De qué trata esta sátira?

2. ¿Por qué se ve la gente obligada a escribir sátiras así?

3. Si Ud. fuera elegido(a) el/la peor funcionario(a), ¿qué haría Ud.? ¿Qué diría Ud.?

4. En su propio estado, ¿por quién votaría Ud. como el peor funcionario?

Ejercicios gramaticales

1. ¿La gente? ¿Enfadada?   *Sí, la gente se pone enfadada.*
   ¿El gobierno? ¿Ridículo?
   ¿Los funcionarios? ¿Despreocupados?
   ¿El senador? ¿Triste?
   ¿El asesor? ¿Deplorable?
   ¿El burócrata? ¿Grosero?

2. ¿Dices un funcionario?   *Sí, se podrá votar por un solo funcionario.*

   ¿Dices un diputado?
   ¿Dices un asesor?
   ¿Dices un burócrata?
   ¿Dices un supervisor?
   ¿Dices un senador?

Mejor alimentación para los niños

Se calcula que en Hispanoamérica alrededor de un millón de niños mueren cada año. ¿La causa principal? Las madres no observan una dieta adecuada durante el embarazo y no dan una alimentación nutritiva a los recién nacidos.

La mortalidad infantil en los países subdesarrollados es 10 y hasta 33 veces superiores a la que existe en los países desarrollados. Los países deben promover una política (unos reglamentos oficiales) nacional de alimentación y nutrición.

En dicha política deben de participar no solamente las agencias dedicadas a la promoción de la salud, sino también los sectores agrícolas y económicos oficiales. Estos sectores deben formular programas conjuntos, coordinados para resolver el problema.

Preguntas

1. ¿Por qué existe una preocupación por una mejor alimentación para los niños?

2. ¿Cómo se podría resolver el problema?

En una agencia de salud pública.

3. ¿Qué podrían hacer los que tienen que ver con el sector agrícola?

4. ¿Qué podrían hacer los que tienen que ver con el sector económico oficial?

5. Si Ud. fuera un funcionario dedicado a la promoción de la la salud, ¿qué haría Ud.?

6. Si Ud. fuera el padre o la madre de un niño que sufriera de desnutrición, ¿qué haría?

Ejercicios gramaticales

1. ¿Cuántos mueren? ¿Un   *Pues, se calcula que un*
   millón?   *millón mueren.*
   ¿Cuántos votaron? ¿Casi todos?
   ¿Cuántos van a participar? ¿Millares?
   ¿Cuántos habían pagado? ¿Pocos?
   ¿Cuántos manifestarían? ¿Centenares?
   ¿Cuántos supieron? ¿Varios?

2. ¿Promueve Ud. la salud?   *Sí, estoy dedicado(a) a la*
                                   promoción de la salud.

   ¿Promueve Ud. la nutrición?
   ¿Promueve Ud. la cooperación?
   ¿Promueve Ud. la economía?
   ¿Promueve Ud. el desarrollo?
   ¿Promueve Ud. una dieta adecuada?

Hay que tener cuidado con los estafadores (swindlers)

Las estafas existen por todos lados. A veces nos afectan directamente y a veces no tienen ningún efecto directo sobre nosotros. En las fronteras entre dos países hay muchos negocios legales e ilegales.

Recientemente, los agentes judiciales federales capturaron a un hombre acusado de vender ''micas'' (permisos o identificación) falsificadas para residir o trabajar en los Estados Unidos. El acusado confesó que desde noviembre del año anterior ha estado ligado con una organización de falsificadores que tiene su centro de operaciones en una ciudad grande en la frontera y ramificaciones en toda la frontera. Desde luego, los que compran y llevan mica falsificada pueden ser enviados a la prisión. ¡Cuidado!

Preguntas

1. Si Ud. fuera capturado(a) vendiendo micas falsificadas, ¿qué les diría a los agentes judiciales?

2. ¿Qué puede hacer Ud. para protegerse contra los estafadores?

3. ¿Cuáles son algunas operaciones estafadoras de las que Ud. sabe algo?

Ejercicios gramaticales

1. ¿Qué dice Ud. de las estafas?   *Digo que nos afectan directamente.*
   ¿Qué cree Ud. de los estafadores?
   ¿Qué piensa Ud. de la desnutrición?
   ¿Qué opina Ud. de la economía?
   ¿Qué dice Ud. de la natalidad?

2. ¿Dices un estafador y una organización?   *Sí, está ligado con una organización de estafadores.*
   ¿Dices un ladrón y un grupo?
   ¿Dices un falsificador y un centro?
   ¿Dices un agente y una organización?
   ¿Dices un diputado y un centro?
   ¿Dices un médico y una clínica?

Ante la rebelión de los hijos

En general, los padres se sienten fuertemente impulsados a enseñar y moldear a sus hijos de acuerdo con (según) sus propios ideales. Pero a veces los ideales paternos se rompen. Los hijos forman sus propios ideales y valores (las cosas que ellos valúan). Las diferencias entre las dos generaciones muchas veces son enormes.

Aquí se presenta un caso que podría ocurrir en cualquier familia. ¿Cuál es la opinión de Ud. sobre esta situación?

Un muchacho de dieciocho años se ve idealista, y decide que el único modo de transformar la sociedad en que vive — que él desaprueba — es hacerse miembro de una organización radical. Cuando los padres se informan, la madre llora y hace una escena histérica. El padre insulta al hijo. El hijo se da cuenta de que ha causado un gran problema para los padres y decide dejar la familia y continuar haciendo planes radicales para cambiar la sociedad.

Preguntas

1. ¿Qué piensa Ud. de esta situación?

2. ¿Qué deben hacer los padres?

3. ¿Qué debe hacer el hijo con respecto a las leyes judiciales?

4. En la opinión de usted, ¿hasta qué limite debería ir en su intento de cambiar la sociedad?

Ejercicios gramaticales

1. ¿Se impulsan fuertemente?   *Sí, se sienten fuertemente*
   ¿Se motivan fuertemente?   *impulsados.*
   ¿Se preocupan fuertemente?
   ¿Se recuperan fuertemente?
   ¿Se aumentan fuertemente?

2. ¿Es idealista?   *Sí, se ve idealista.*
   ¿Es conformista?
   ¿Es derechista?
   ¿Es realista?
   ¿Es capitalista?
   ¿Es radical?

Las predicciones astrológicas

Toda persona experimenta la necesidad de escapar de la realidad objetiva y estar en la luna, es decir, pensar en la fantasía. A veces pensamos que somos otra cosa de la que en realidad somos. Para ayudarnos a mejorar las posibilidades de éxito, leemos las predicciones astrológicas (el horóscopo) para ver si hay alguna cosita más en la vida que nos ayude.

Los hispanos son iguales. Ellos también tienen sus aspiraciones objetivas y subjetivas. También hay hispanos que siguen las predicciones astrológicas. ¿Qué dice tu horóscopo?

Tu Horóscopo

Aries (21 de marzo a 20 de abril)—Trata de crear asociaciones más profundas y menos superficiales. Tu defecto consiste en dar la apariencia de desinteresado.

Tauro (21 de abril a 21 de mayo)—Puedes tener fracasos que te harán más difícil el cambio. Sin embargo, a lo largo del mismo encontrarás personas cuyo espíritu reforzará el tuyo.

Géminis (22 de mayo a 21 de junio)—Vivirás horas de intensa emoción. El planeta Venus favorece las cuestiones afectivas. Vas a encontrar el amor en la persona menos esperada.

Cáncer (22 de junio a 23 de julio)—Si continuamente cambias de parecer, es casi seguro que tus proyectos están encaminados al fracaso por muy seguros y originales que sean. Además tú provocas desconcierto y discordia.

Leo (24 de julio a 23 de agosto)—Te quejas de la poca comprensión que encuentras en el hogar pero la verdad es que tú tampoco has hecho lo debido para merecerla. Trata de poner un poco de tu parte.

Virgo (24 de agosto a 23 de septiembre)—No te faltarán dificultades hoy que te harás tomar resoluciones que no son muy definitivas pero que tienden a intentar un control de la situación por la que pasas.

Libra (24 de septiembre a 23 de octubre)—Se te ofrece la ocasión que siempre deseabas de vivir días inolvidables en compañía de tus íntimos amigos. Pero hay en ti un pasado que te impide vivir como quisieras.

Escorpión (24 de octubre a 23 de noviembre)—Ya es el momento para hablar con la persona querida de asuntos que tienen que ver con ambos, especialmente los proyectos que se relacionan con el futuro.

Sagitario (24 de noviembre a 21 de diciembre)—Las estrellas tuyas indican que la victoria te favorecerá rápidamente.

Capricornio (22 de diciembre a 20 de enero)—Te sentirás mejor de espíritu si buscas una distracción que te estimule. Busca a amigos que tengan gustos y sensibilidades similares a los tuyos.

Acuario (21 de enero a 19 de febrero)—Existirán malentendidos que surgirán de tu impulsividad para dirigir tus asuntos sentimentales. Pero las diferencias tendrán remedio y esto no debe hacerte la vida infeliz.

Piscis (20 de febrero a 20 de marzo)—Vas a experimentar grandes éxitos sociales hoy. Hay aspectos de tu personalidad que pueden desarrollarse positivamente en un ambiente favorable para estos éxitos.

Preguntas

1. ¿Qué indicación astrológica se te ofrece? ¿A tu mejor amigo?

2. ¿A tu compañero(a) de clase?

3. ¿En qué situación podría ser esta predicción de alguna utilidad para ti?

4. ¿Qué opinas tú de los horóscopos?

Actividad

Haz un debate en clase sobre el valor de los horóscopos y la veracidad de ellos.

Vocabulario

Nouns

la adaptación
la alfabetización
la alimentación
el analfabetismo
el/la ayudante
el camino
la casilla
el consocio
el correo
la década
las/los demás
la deserción
la elaboración
la ganancia
el iletrado
el índice
la natalidad
la sala de clase
la salubridad
la sobrepoblación
el subdesarrollo

Verbs

acelerar
agravar
alcanzar
alfabetizar
bastar
desaparecer
descender (ie)
desertar (ie)
entrenar
implementar
integrar(se)
manifestar

Adjectives

corriente
definido
gubernamental
integral

REPASO IV
(VISTAS 16, 17, 18, 19, 20)

1. Narrative résumé

Select one narrative from **vistas** 16—20 and prepare a brief oral summary of its main ideas or events. You will present this summary orally in class at some time during the period devoted to **Repaso** IV.

2. Imperfect (past) subjunctive

In most cases the past subjunctive is used in a subordinate clause. The past, not the present, subjunctive is used primarily when the verb in the main clause is cast in a past tense or in the conditional tense. Like the present subjunctive, it is used as a reflection of someone's subjective viewpoint.

Ejercicios

A. Cambie las frases del tiempo presente al tiempo pasado.

Modelo: El comité quiere → *El comité quería que*
que pensemos *pensáramos igual.*
igual.

1. Los padres desean que las hijas triunfen en el concurso.

2. El jefe espera que la secretaria pese poco.

3. El gobierno demanda que los terroristas salgan.

4. La mujer no quiere que la policía la busque.

5. Es difícil que las chicas caigan en la trampa.

6. El fulano de tal pide que ella no lo decepcione.

7. Es importante que los hombres tengan cuidado.

8. La prima no lamenta que Tina se divorcie.

B. Conteste las preguntas.

Modelo: ¿Qué querías, que todas los mexicanos fueran iguales?

Sí, quería que todos fueran iguales.

1. ¿Qué lamentabas, que todo no fuera gratis?

2. ¿Qué sería posible, que te dieras cuenta de tus errores?

3. ¿Qué no te gustaba, que la gente viviera mal?

4. ¿Qué deseabas, que aprendiéramos más rápido?

5. ¿Qué perferías, que yo no fuera tan discreto(a)?

6. ¿Qué esperabas, que los alumnos no se preocuparan?

7. ¿Qué fue difícil, que se cambiara el latifundismo?

8. ¿Qué querías, que los americanos ayudaran a solucionar los problemas?

C. Práctica para la comunicación

Modelo: X, ¿qué prefería Ud., que hubiera más concursos de belleza o menos concursos de belleza?

Prefería que hubiera menos concursos de belleza.

Y, ¿qué dijo X?

X dijo que prefería que hubiera menos concursos de belleza.

Z, según Y, ¿qué prefería X?

Según Y, X prefería que hubiera menos concursos de belleza.

1. X, ¿qué deseaba Ud., que los latinoamericanos se pusieran más flojos o menos flojos?
   Y, ¿qué dijo X?
   Z, según Y, ¿qué deseaba X?

2. X, ¿qué sería más probable, que se comprara la amistad de otros o que nevara en el infierno?
   Y, ¿qué dijo X?
   Z, según Y, ¿qué dijo X?

3. X, ¿qué preferías, que hubiera menos contaminación del aire o más recursos naturales?
Y, ¿qué dijo X?
Z, según Y, ¿qué prefería X?

4. X, ¿qué deseabas, que tu amigo metiera la pata o que le tomara el pelo a alguien?
Y, ¿qué dijo X?
Z, según Y, ¿qué deseaba X?

5. X, ¿qué exigías, que el profe estirara la pata o que hablara hasta por los codos?
Y, ¿qué dijo X?
Z, según Y, ¿qué exigía X?

6. X, ¿qué esperabas, que sacáramos el gordo o que tuviéramos más pasta?
Y, ¿qué dijo X?
Z, según Y, ¿qué esperaba X?

3. Past subjunctive in hypothetical situations

In this structure there are two clauses: (1) the **si**-clause in which the past subjunctive verb form is used and (2) the conditional clause in which the conditional tense is used.

Ejercicios

A. Cambie la forma indicativa a una situación hipotética.

Modelo: Si como, estoy contento. → *Si comiera, estaría contento.*

1. Si se ven explotados, se quejan.

2. Si les pagan poco, se quejan también.

3. Si ganan mucho, gastan mucho.

4. Si solucionan los problemas, se sienten bien.

5. Si evitan la crisis, no tienen que luchar tanto.

6. Si nos dan precios razonables, podemos comprarlo.

7. Si se producen cambios profundos, hay progreso.

B. Conteste las preguntas.

Modelo: Si no tuviera dinero, ¿qué haría Ud.? ¿Se acostaría o se pasearía?   *Si no tuviera dinero, yo me pasearía.*

1. Si pudiera, ¿qué haría? ¿Cambiaría el sistema político o invertiría en la Bolsa de Valores?

2. Si Ud. empinara el codo demasiado, ¿cómo estaría? ¿Fantástico(a) o crudo(a)?

3. Si Ud. estirara la pata, ¿dónde estaría? ¿En una tumba o en una peluquería?

4. Si Ud. durmiera a pierna suelta, ¿cómo estaría al día siguiente? ¿Alerta o cansado(a)?

5. Si Ud. buscara tres pies al gato, ¿qué haría? ¿Trataría de pelear o se comería a un animal?

6. Si Ud. sacara de quicio al profesor, ¿quién estaría enfadado? ¿Ud. o el profesor?

7. Si Ud. se hiciera bola, ¿lo entendería todo o entendería muy poco?

4. The future tense

Ejercicios

Cambie las frases del tiempo presente al tiempo futuro.

Modelo: Las señoritas   → *Las señoritas competirán en*
         compiten en los   *los concursos.*
         concursos.

1. Saco el gordo.

2. Le caen moscas a mi amigo.

3. El profesor tiene narices.

4. Algunos alumnos se hacen bola.

5. Llueve a cántaros.

6. El jefe está con mal cuerpo.

7. Se arma la grande.

5. Future and conditional of probability

These two structures of probability express conjecture; that is, what a person, without being absolutely certain, thinks must be, ought to be, or probably is true. The future of probability expresses that conjecture for the present moment; the conditional or probability, for the past.

Ejercicio

Cambie las frases del futuro de probabilidad al condicional de probabilidad.

Modelo: ¿Qué hora será? → ¿Qué hora sería?

1. Los iletrados tendrán problemas.

2. ¿Pondrán en marcha un nuevo plan?

3. Algunos analfabetos sabrán escribir un poco.

4. Un plan serio dependerá de muchos impuestos.

5. ¿Habrá más ayudantes?

6. El problema agravará la situación.

7. ¿Cooperarán todos en el desarrollo económico?

8. Los campesinos se aprovecharán de la educación.

6. Expression of time (*since* or *for*)

Hace + time period + *que* + verb phase
or
Verb phrase + *hace* + time period

Desde hace + time period + verb phrase
or
Verb phrase + *desde hace* + time period

English equivalents of these expressions use the present perfect tense in the verb phrase where Spanish uses the present tense.

Hace dos días que lo uso.

It makes two days that I use it. (literal translation)

I have used it for two days.

Ejercicios

 . Cambie las frases de la forma de *yo* a la forma de *nosotros.*

Modelo: Hace dos horas que → *Hace dos horas que estamos*
estoy aquí.   *aquí.*

1. Hace varios días que reconozco la belleza de ella.

2. Hace un día que me pongo nervioso.

3. Hace un mes que peso 63 kilos.

4. Estoy contento desde hace varios días.

5. Hace poco que le llevo la contra al decano.

6. Desde hace un año estudio español.

7. Utilizo mi potencialidad desde hace más de un año.

8. Hace unos meses que sobresalgo en mis clases.

B. Cambie las frases de la forma de *él / ella* a la forma de *ellos / ellas.*

Modelo: Hace tres horas   → *Hace tres horas que se dan*
que se da cuenta   *cuenta de la bomba.*
de la bomba.

1. Hace una semana que tiene más confianza.

2. Desde hace poco tiempo ella sabe bailar.

3. Disfruta de la vida moderna desde hace mucho tiempo.

4. Está quemando etapas desde hace varias semanas.

5. Hace varios días que él está ''culeco'' con el trabajo.

6. Sabe que nos casamos hace dos horas.

7. Vive en los montes hace más de un año.

7. Expression of time *(ago)*

Use the perfective tense in the verb phrase to form an equivalent of the *ago* concept: **Hace mucho tiempo que llegué,** *I arrived a long time ago.*

Ejercicio

Siga el modelo.

Modelo: ¿Cuánto tiempo   *Sí, hace dos días que recibí*
hace que Ud.   *la carta.*
recibió la carta?
¿Dos días?

1. ¿Cuánto tiempo hace que ellos mandaron la carta? ¿Una semana?

2. ¿Cuántos días hace que empezamos este repaso? ¿Un día?

3. ¿Cuántas semanas hace que Ud. escribió una carta? ¿Varias semanas?

4. ¿Cuánto tiempo hace que Ud. pudo hablar español? ¿Unos meses?

5. ¿Cuántos años hace que Ud. se graduó de la secundaria? ¿Más de un año?

6. ¿Cuánto tiempo hace que Ud. besó a alguien? ¿Poco tiempo?

7. ¿Cuánto tiempo hace que el decano dio una conferencia pública? ¿Mucho tiempo?

8. ¿Cuánto tiempo hace que Ud. metió las narices en otra parte? ¿Poco tiempo?

8. Future and conditional perfect tenses

Ejercicios

A. Cambie las frases del perfecto de futuro al perfecto de condicional.

Modelo: Su emoción habrá → *Su emoción habría sido*
sido normal. *normal.*

1. Ya habrá mandado una foto.

2. Nos habremos preocupado mucho.

3. La prima habrá recibido los pañuelos.

4. Los jefes habrán aceptado las ofertas.

5. Me habré dado cuenta del error.

6. Los gobiernos habrán vendido los productos.

7. El gobierno habrá podido comprar mucho dinero.

8. Al final del año, habremos aprendido mucho.

B. Conteste las preguntas.

1. Para mañana, ¿qué habrá hecho? ¿Habrá cumplido una tarea o habrá salido con alguna persona fantástica?

2. Para el mes pasado, ¿lo habría comprendido todo o sólo una parte?

3. Para el compleaños de su padre, ¿le habría regalado Ud. unos pañuelos o una corbata?

4. El verano pasado, ¿habría estado de vacaciones el profesor o habría trabajado mucho?

5. Antes, ¿cómo habría sido Ud., simpático(a) o antipático(a)?

6. Antes de casarse Ud., ¿qué le habrá gustado hacer, viajar mucho o inventar algo importante?

9. Present perfect subjunctive

Ejercicios

A. Cambie las frases, según los modelos.

1. Él ha comido mucho. → *Es posible que él haya comido mucho.*
Se les han mandado películas sin censurar.
Han corrompido a la juventud.
Hemos sacado buenas notas.
Han apoyado una dictadura.

2. Has trabajado poco. → *Es probable que hayas*
trabajado poco.

Hemos vivido en una sociedad sin controlar.
Han tenido sus convicciones.
He ignorado los principios fundamentales.
El político lo ha explicado todo.

3. Hemos sabido la verdad. → *Es conveniente que hayamos*
sabido la verdad.

Los alumnos han avanzado un poco.
El problema ha resultado en poca cosa.
El decano ha creído en los alumnos.
Nos hemos informado recientemente.

10. El humor hispánico y otras cositas

1. Hace poco que cierto caballero extremadamente gordo entró en una zapatería. Se sentó con sus 140 kilos de peso en una silla cerca de la entrada y cruzó las manos tranquilamente sobre su colosal abdomen.

Un dependiente le preguntó amablemente, — ¿Puedo mostrarle algo, señor? —

— Nada, — contestó el grandote, — pero me hace el favor de atarme (to tie for me) el cordón de este zapato porque yo no puedo hacerlo.

2. Una joven estudiante, apasionada de las bellas artes, fue a una galería de arte donde pasó una hora difícil mirando cuadros (paintings) abstractos y cubistas, cosas que no entendía. Por fin, vio una pequeña pintura simple, formada por un punto negro sobre campo (background) blanco.

— ¿Cuánto vale? — le preguntó al dueño de la galería.

— No se vende. Ese es el interremptor (switch) de luz, — contestó el dueño.

3. A los hispanos les gusta decir chistes de otras sociedades. El editor de una revista dice que lo que más le impresionó, durante un viaje que hizo por el Japón, fue la tendencia de los japoneses a no dar nunca una respuesta claramente negativa. El editor dijo que en una ocasión él tuvo que telefonear al Sr. Nikoto y la secretaria contestó diciendo, — Lo siento (I'm sorry) mucho, pero el Sr. Nikoto no está aquí por completo.

Unos dichos

El día que te casas, o te curas o te matas.

De médico, poeta, y loco, todos tenemos un poco.

Donde hay amor, hay dolor.

Tonto que calla por sabio pasa.

Un año bueno y dos malos para que nos entendamos.

De la mujer y del dinero no te burles, amigo.

Desnudo nací, desnudo me hallo; ni pierdo ni gano.

Cuatro rompecabezas

En medio del mar estoy, no soy de Dios ni del mundo, ni del
infierno profundo, y en todas partes estoy. ¿Qué soy?
(la letra *a*)

Primero estoy en el océano y dos veces, pero nunca estoy en
el mar; la última soy en el cielo, con Dios en tercer lugar.
¿Qué soy?   (la letra *o*)

¿Un cántaro lleno de qué cosa pesa menos?   (agujeros)

¿En qué se parece el huevo al sol?   (Los dos se ponen.)

Unos pensamientos humorísticos

A. —No me gusta esta sopa alfabética.
B. —¿Por qué? ¿Qué tiene?
A. —Esas letras están formando una palabra grosera.

A. —¿Cuál es tu plato favorito?
B. —Uno limpio.

A. —Tenemos miles de cosas para comer.
B. —¿Qué?
A. —Frijoles.

A. —¿Fresco, señora? Pues, este pescado respiró (breathed)
su último aliento (breath) mientras usted entraba por la
puerta.
B. —¡Y qué aliento feo tenía!

A. —¿Cómo se comparan los platos extranjeros con los nuestros?
B. —Pues, se rompen tan fácilmente como los nuestros.

A. —¿Quieres decir que puedes hacer pan de patatas?
B. —Eso no es nada. Las mujeres pueden hacer monos de
los hombres.

A. —¿Viste a esa bonita señorita que me sonrió (smiled at
me)?
B. —Eso es poca cosa. La primera vez que te vi, me reí a
carcajadas (I laughed hard).

A. —Me pregunto qué tendrá ese tipo rubio ahí. Hace un minuto hablaba amistosamente conmigo y de pronto se puso pálido, se retiró y ahora no me mira más.

B. —Tal vez me vio entrar. ¡Es mi marido!

A. —En la comisaría de policía vi una máquina que puede verificar si un hombre dice cosas falsas.

B. —¡Bah!

A. —¿Bah? ¿Viste una alguna vez?

B. —¿Si vi una? ¡Me casé con una!

Un tonto: —¿Cómo va la plantación de tabaco de tu tío?

Otro tonto: —Mal. Por fin la abandonó. No pudo decidir si quería plantar cigarrillos o cigarros.

Primer borracho: —¿Qué hora es?

Segundo borracho: —Viernes.

Primer borracho: —Entonces ya perdí mi tren.

A. —¿Cuál es la diferencia entre besar a su hermana y a su novia?

B. —Pues, veinticinco segundos, más o menos.

A. —Soy un loco besador, dijo él.

B. —Y yo beso a un loco, respondió ella.

A. —Me dicen que tus besos hablan el lenguaje de amor.

B. —Sí.

A. —Pues, vamos a hablar de cosas.

VERB CHARTS

 **A**-type verbs

Infinitive	Present Participle	Past Participle
hablar	hablando	hablado

Indicative Mood

Present Tense	Perfective	Imperfective	Future	Conditional
habl-o	habl-é	habl-aba	hablar-é	hablar-ía
-as	-aste	-abas	-ás	-ías
-a	-ó	-aba	-á	-ía
-amos	-amos	-ábamos	-emos	-íamos
-áis	-asteis	-abais	-éis	-íais
-an	-aron	-aban	-án	-ían

Present Perfect		Past Perfect		Future Perfect		Conditional Perfect	
he	hablado	había	hablado	habré	hablado	habría	hablado
has	''	habías	''	habrás	''	habrías	''
ha	''	había	''	habrá	''	habría	''
hemos	''	habíamos	''	habremos	''	habríamos	''
habéis	''	habíais	''	habréis	''	habríais	''
han	''	habían	''	habrán	''	habrían	''

Subjunctive Mood

Present	Imperfect (past): two alternate forms	
habl-e	habl-ara	habl-ase
-es	-aras	-ases
-e	-ara	-ase
-emos	-áramos	-ásemos
-éis	-arais	-aseis
-en	-aran	-asen

Present Perfect		Past Perfect: two alternate forms			
haya	hablado	hubiera	hablado	hubiese	hablado
hayas	''	hubieras	''	hubieses	''
haya	''	hubiera	''	hubiese	''
hayamos	''	hubiéramos	''	hubiésemos	''
hayáis	''	hubierais	''	hubieseis	''
hayan	''	hubieran	''	hubiesen	''

Imperative Mood

	Affirmative	Negative
tú:	habla	no hables
Ud.:	hable	no hable
Uds.:	hablen	no hablen

Estoy hablando   - other persons (tú, ella, nosotros, etc.)   ,,   **Progressive**
Estuve hablando   ,,   **Forms**
Estaba hablando   ,,
He estado hablando   ,,
Había estado hablando   ,,
Habré estado hablando   ,,
Habría estado hablando   ,,
. . . que haya estado hablando   ,,
. . . que hubiera estado hablando   ,,

Infinitive	Present Participle	Past Participle
comer	comiendo	comido

Indicative Mood

Present	Perfective	Imperfective	Future	Conditional
com-o	com-í	com-ía	comer-é	comer-ía
-es	-iste	-ías	-ás	-ías
-e	-ió	-ía	-á	-ía
-emos	-imos	-íamos	-emos	-íamos
-éis	-isteis	-íais	-éis	-íais
-en	-ieron	-ían	-án	-ían

Present Perfect		Past Perfect		Future Perfect		Conditional Perfect	
he	comido	había	comido	habré	comido	habría	comido
has	,,	habías	,,	habrás	,,	habrías	,,
ha	,,	había	,,	habrá	,,	habría	,,
hemos	,,	habíamos	,,	habremos	,,	habríamos	,,
habéis	,,	habíais	,,	habréis	,,	habríais	,,
han	,,	habían	,,	habrán	,,	habrían	,,

Subjunctive Mood

Present	Imperfect (past): two alternate forms	
com-a	com-iera	com-iese
-as	-ieras	-ieses
-a	-iera	-iese
amos	-iéramos	-iésemos
-áis	-ierais	-ieseis
-an	-ieran	-iesen

Present Perfect		Past Perfect: two alternate forms			
haya	comido	hubiera	comido	hubiese	comido
hayas	,,	hubieras	,,	hubieses	,,
haya	,,	hubiera	,,	hubiese	,,
hayamos	,,	hubiéramos	,,	hubiésemos	,,
hayáis	,,	hubierais	,,	hubieseis	,,
hayan	,,	hubieran	,,	hubiesen	,,

Imperative Mood	Affirmative		Negative
tú:	come		no comas
Ud.:	coma		no coma
Uds.:	coman		no coman

Progressive Forms	
Estoy comiendo	- other persons (tú, él, ustedes, etc.)
Estuve comiendo	ʼʼ
Estaba comiendo	ʼʼ
He estado comiendo	ʼʼ
Había estado comiendo	ʼʼ
Habré estado comiendo	ʼʼ
Habría estado comiendo	ʼʼ
. . . que haya estado comiendo	ʼʼ
. . . que hubiera estado comiendo	ʼʼ

 I-type verbs

Infinitive	Present Participle	Past Participle
decidir	decidiendo	decidido

Indicative Mood

Present	Perfective	Imperfective	Future	Conditional
decid-o	decid-í	decid-ía	decidir-é	decidir-ía
-es	-iste	-ías	-ás	-ías
-e	-ió	-ía	-á	-ía
-imos	-imos	-íamos	-emos	-íamos
-ís	-isteis	-íais	-éis	-íais
-en	-ieron	-ían	-án	-ían

Present Perfect		Past Perfect		Future Perfect		Conditional Perfect	
he	decidido	había	decidido	habré	decidido	habría	decidido
has	ʼʼ	habías	ʼʼ	habrás	ʼʼ	habrías	ʼʼ
ha	ʼʼ	había	ʼʼ	habrá	ʼʼ	habría	ʼʼ
hemos	ʼʼ	habíamos	ʼʼ	habremos	ʼʼ	habríamos	ʼʼ
habéis	ʼʼ	habíais	ʼʼ	habréis	ʼʼ	habríais	ʼʼ
han	ʼʼ	habían	ʼʼ	habrán	ʼʼ	habrían	ʼʼ

Subjunctive Mood

Present	Imperfect (past): two alternate forms	
decid-a	decid-iera	decid-iese
-as	-ieras	-ieses
-a	-iera	-iese
-amos	-iéramos	-iésemos
-áis	-ierais	-ieseis
-an	-ieran	-iesen

Present Perfect		Past Perfect: two alternate forms				**Subjunctive Mood**
haya	decidido	hubiera	decidido	hubiese	decidido	
hayas	''	hubieras	''	hubieses	''	
haya	''	hubiera	''	hubiese	''	
hayamos	''	hubiéramos	''	hubiésemos	''	
hayáis	''	hubierais	''	hubieseis	''	
hayan	''	hubieran	''	hubiesen	''	

	Affirmative	Negative	**Imperative Mood**
tú:	decide	no decidas	
Ud.:	decida	no decida	
Uds.:	decidan	no decidan	

		Progressive Forms
Estoy decidiendo	-other persons (tú, él, ustedes, etc.)	
Estuve decidiendo	''	
Estaba decidiendo	''	
He estado decidiendo	''	
Había estado decidiendo	''	
Habré estado decidiendo	''	
Habría estado decidiendo	''	
. . . que haya estado decidiendo	''	
. . . que hubiera estado decidiendo	''	

Verbs with irregular forms ⟫⟫

Andar

Perfective	Past Subjunctive: two ways		Other verbs of this category
anduve	anduviera,	anduviese	tener: tuve. . .
anduviste	anduvieras	anduvieses	estar: estuve. . .
anduvo	anduviera,	anduviese	
anduvimos	anduviéramos,	anduviésemos	
anduvisteis	anduvierais,	anduvieseis	
anduvieron	anduvieran	anduviesen	

Buscar

Perfective	Present Subjunctive	Other verbs of this category
busqué	busque	sacar: saqué, sacaste. . .
buscaste	busques	saque, saques. . .
buscó	busque	indicar: indiqué, indicaste. . .
buscamos	busquemos	indique, indiques. . .
buscasteis	busquéis	
buscaron	busquen	

Conocer

Present	Present Subjunctive	Other verbs of this category
conozco	conozca	establecer: establezco. . .
conoces	conozcas	establezca. . .
conoce	conozca	desaparecer: desaparezco. . .
conocemos	conozcamos	desaparezca. . .
conocéis	conozcáis	
conocen	conozcan	

Caer

Present	Perfective	Present Subjunctive
caigo	caí	caiga
caes	caíste	caigas
cae	cayó	caiga
caemos	caímos	caigamos
caéis	caísteis	caigáis
caen	cayeron	caigan

Past Subjunctive: two ways		Present Participle
cayera	cayese	cayendo
cayeras	cayeses	
cayera	cayese	
cayéramos	cayésemos	
cayerais	cayeseis	
cayeran	cayesen	

Conducir

Present	Perfective	Present Subjunctive
conduzco	conduje	conduzca
conduces	condujiste	conduzcas
conduce	condujo	conduzca
conducimos	condujimos	conduzcamos
conducís	condujisteis	conduzcáis
conducen	condujeron	conduzcan

Past Subjunctive: two ways		Other verbs of this category	
condujera	condujese	reducir:	reduzco. . .
condujeras	condujeses		reduje. . .
condujera	condujese		reduzca. . .
condujéramos	condujésemos		redujera. . .
condujerais	condujeseis	deducir	
condujeran	condujesen		

Creer

Perfective	Past Subjunctive: two ways		Present Participle
creí	creyera	creyese	creyendo
creíste	creyeras	creyeses	
creyó	creyera	creyese	
creímos	creyéramos	creyésemos	
creísteis	creyerais	creyeseis	
creyeron	creyeran	creyesen	

Dar

Present	Perfective	Present Subjunctive	Past Subjunctive: two ways	
doy	di	dé	diera	diese
das	diste	des	dieras	dieses
da	dio	dé	diera	diese
damos	dimos	demos	diéramos	diésemos
dais	disteis	deis	dierais	dieseis
dan	dieron	den	dieran	diesen

Decir

Present	Perfective	Present Subjunctive
digo	dije	diga
dices	dijiste	digas
dice	dijo	diga
decimos	dijimos	digamos
decís	dijisteis	digáis
dicen	dijeron	digan

Past Subjunctive: *two ways*

		Past Participle
dijera	dijese	dicho
dijeras	dijeses	*Imperative*
dijera	dijese	
dijéramos	dijésemos	
dijerais	dijeseis	
dijeran	dijesen	

	Aff.	Neg.
tú:	Di	No digas
Ud.:	Diga	No diga
Uds.:	Digan	No digan

Distinguir

Present	Present Subjunctive
distingo	distinga
distingues	distingas
distingue	distinga
distinguimos	distingamos
distinguís	distingáis
distinguen	distingan

Dormir

Present	Perfective	Present Subjunctive	Present Participle
duermo	dormí	duerma	durmiendo
duermes	dormiste	duermas	
duerme	durmió	duerma	
dormimos	dormimos	dormamos	
dormís	dormisteis	dormáis	
duermen	durmieron	duerman	

Empezar

Present	Perfective	Present Subjunctive
empiezo	empecé	empiece
empiezas	empezaste	empieces
empieza	empezó	empiece
empezamos	empezamos	empecemos
empezáis	empezasteis	empecéis
empiezan	empezaron	empiecen

Hacer

Present	Perfective	Present Subjunctive	Past Participle
hago	hice	haga	hecho
haces	hiciste	hagas	*Imperative*
hace	hizo	haga	
hacemos	hicimos	hagamos	
hacéis	hicisteis	hagáis	
hacen	hicieron	hagan	

	Aff.	Neg.
tú:	Haz	No hagas
Ud.:	Haga	No haga
Uds.:	Hagan	No hagan

Ir

Present	Perfective	Imperfective	Present Subjunctive
voy	fui	iba	vaya
vas	fuiste	ibas	vayas
va	fue	iba	vaya
vamos	fuimos	íbamos	vayamos
vais	fuisteis	ibais	vayáis
van	fueron	iban	vayan

Past Subjunctive:	two ways		Present Participle
fuera	fuese		yendo
fueras	fueses		*Imperative*
fuera	fuese		Aff. / Neg.
fuéramos	fuésemos		
fuerais	fueseis		
fueran	fuesen		

	Aff.	Neg.
tú:	Vé	No vayas
Ud.:	Vaya	No vaya
Uds.:	Vayan	No vayan

Leer

Perfective	Present Participle
leí	leyendo
leíste	
leyó	
leímos	
leísteis	
leyeron	

Pagar

Perfective	Present Subjunctive
pagué	pague
pagaste	pagues
pagó	pague
pagamos	paguemos
pagasteis	paguéis
pagaron	paguen

Pedir

Present	Perfective
pido	pedí
pides	pediste
pide	pidió
pedimos	pedimos
pedís	pedisteis
piden	pidieron

Perder

Present	Present Subjunctive
pierdo	pierda
pierdes	pierdas
pierde	pierda
perdemos	perdamos
perdéis	perdáis
pierden	pierdan

Present	Perfective	Present Subjunctive	Future	**Poder**
puedo	pude	pueda	podré	
puedes	pudiste	puedas	podrás	
puede	pudo	pueda	podrá	
podemos	pudimos	podamos	podremos	
podéis	pudisteis	podáis	podréis	
pueden	pudieron	puedan	podrán	

Past Subjunctive:	two ways	Present Participle	**Poner**
pudiera	pudiese	pudiendo	
pudieras	pudieses		
pudiera	pudiese		
pudiéramos	pudiésemos		
pudierais	pudieseis		
pudieran	pudiesen		

Present	Perfective	Future	Present Subjunctive
pongo	puse	pondré	ponga
pones	pusiste	pondrás	pongas
pone	puso	pondrá	ponga
ponemos	pusimos	pondremos	pongamos
ponéis	pusisteis	pondréis	pongáis
ponen	pusieron	pondrán	pongan

Past Subjunctive:	two ways	Past Participle		
pusiera	pusiese	puesto		
pusieras	pusieses	*Imperative*		
pusiera	pusiese	Aff.	Neg.	
pusiéramos	pusiésemos	tú: Pon	No pongas	
pusierais	pusieseis	Ud.: Ponga	No ponga	
pusieran	pusiesen	Uds.: Pongan	No pongan	

Present	Perfective	**Reír**
río	reí	
ríes	reíste	
ríe	rió	
reímos	reímos	
reís	reísteis	
ríen	rieron	

Present	Perfective	Present Subjunctive	Present Participle	**Oír**
oigo	oí	oiga	oyendo	
oyes	oíste	oigas		
oye	oyó	oiga		
oímos	oímos	oigamos		
oís	oísteis	oigáis		
oyen	oyeron	oigan		

Saber

Present	Perfective	Future	Present Subjunctive
sé	supe	sabré	sepa
sabes	supiste	sabrás	sepas
sabe	supo	sabrá	sepa
sabemos	supimos	sabremos	sepamos
sabéis	supisteis	sabréis	sepáis
saben	supieron	sabrán	sepan

Past Subjunctive: two ways

supiera	supiese
supieras	supieses
supiera	supiese
supiéramos	supiésemos
supierais	supieseis
supieran	supiesen

Sentar

Present	Present Subjunctive
siento	siento
sientas	sientes
sienta	siente
sentamos	sentemos
sentáis	sentéis
sientan	sienten

Sentir

Present	Perfective	Present Subjunctive
siento	sentí	sienta
sientes	sentiste	sientas
siente	sintió	sienta
sentimos	sentimos	sintamos
sentís	sentisteis	sintáis
sienten	sintieron	sientan

Past Subjunctive: two ways | | | *Present Participle*

sintiera	sintiese	sintiendo
sintieras	sintieses	
sintiera	sintiese	
sintiéramos	sintiésemos	
sintierais	sintieseis	
sintieran	sintiesen	

Present	Perfective	Imperfective	Present Subjunctive	**Ser**
soy	fui	era	sea	
eres	fuiste	eras	seas	
es	fue	era	sea	
somos	fuimos	éramos	seamos	
sois	fuisteis	erais	seáis	
son	fueron	eran	sean	

Past Subjunctive

			Imperative	
fuera	fuese			
fueras	fueses			Aff.	Neg.
fuera	fuese		tú:	Sé	No seas
fuéramos	fuésemos		Ud.:	Sea	No sea
fuerais	fueseis		Uds.:	Sean	No sean
fueran	fuesen			

Present	Perfective	Future	Conditional	**Tener**
tengo	tuve	tendré	tendría	
tienes	tuviste	tendrás	tendrías	
tiene	tuvo	tendrá	tendría	
tenemos	tuvimos	tendremos	tendríamos	
tenéis	tuvisteis	tendréis	tendríais	
tienen	tuvieron	tendrán	tendrían	

Present Subjunctive

Past Subjunctive: two ways

Present Subjunctive	Past Subjunctive	two ways
tenga	tuviera	tuviese
tengas	tuvieras	tuvieses
tenga	tuviera	tuviese
tengamos	tuviéramos	tuviésemos
tengáis	tuvierais	tuvieseis
tengan	tuvieran	tuviesen

Imperative

	Aff.	Neg.
tú:	Ten	No tengas
Ud.:	Tenga	No tenga
Uds.:	Tengan	No tengan

Traer

Present	Perfective	Present Subjunctive
traigo	traje	traiga
traes	trajiste	traigas
trae	trajo	traiga
traemos	trajimos	traigamos
traéis	trajisteis	traigáis
traen	trajeron	traigan

Past Subjunctive: two ways   *Present Participle*

trajera	trajese	trayendo
trajeras	trajeses	
trajera	trajese	
trajéramos	trajésemos	
trajerais	trajeseis	
trajeran	trajesen	

Venir

Present	Perfective	Future	Present Subjunctive
vengo	vine	vendré	venga
vienes	viniste	vendrás	vengas
viene	vino	vendrá	venga
venimos	vinimos	vendremos	vengamos
venís	vinisteis	vendréis	vengáis
vienen	vinieron	vendrán	vengan

Past Subjunctive: two ways   *Present Participle*

viniera	viniese	viniendo
vinieras	vinieses	
viniera	viniese	
viniéramos	viniésemos	
vinierais	vinieseis	
vinieran	viniesen	

Imperative

	Aff.	Neg.
tú:	Ven	No vengas
Ud.:	Venga	No venga
Uds.:	Vengan	No vengan

Present	Present Subjunctive	Past Participle
vuelvo	vuelva	vuelto
vuelves	vuelvas	
vuelve	vuelva	
volvemos	volvamos	
volvéis	volváis	
vuelven	vuelvan	

Rules to form the present subjunctive of any verb except the following six verbs: *dar, estar, haber, ir, saber, ser*

A-type verbs:
Take the first-person singular present tense form of the indicative mood.
Drop the *o* ending and add *e*.

Ejemplos:

hablar: habl-o → habl- → hable

andar: and-o → and- → ande

tirar: tir-o → tir- → tire

E-type and *I*-type verbs:
Take the first-person singular present tense form of the indicative mood.
Drop the *o* ending and add *a*.

Ejemplos:

poner: pong-o → pong- → ponga

poder: pued-o → pued- → pueda

oír: oig-o → oig- → oiga

hacer: hag-o → hag- → haga

tener: teng-o → teng- → tenga

Exceptions:

dar: dé, des, dé, demos, deis, den

estar: esté, estés, esté, estemos, estéis, estén

haber: haya, hayas, haya, hayamos, hayáis, hayan

ir: vaya, vayas, vaya, vayamos, vayáis, vayan

saber: sepa, sepas, sepa, sepamos, sepáis, sepan

ser: sea, seas, sea, seamos, seáis, sean

Rule to form the past subjunctive of any verb.

Take the third-person plural perfective tense form of the indicative mood.
Drop the *on* ending and add *a* to create the basic form.

Ejemplos:

hablar: hablaron → hablar- → hablara

planear: planearon → planear- → planeara

volar: volaron → volar- → volara

comer: comieron → comier- → comiera

vivir: vivieron → vivier- → viviera

traer: trajeron → trajer- → trajera

VOCABULARY

The vocabulary includes the meanings of all words and idiomatic expressions used in the dialogs, narratives, and cultural reading sections, as well as selected vocabulary from the **Entremeses**. The Spanish system of alphabetization is used: **ch** following **c**, **ll** following **l**, **rr** after **r**, and **ñ** occurring after **n**. Reflexive verbs are indicated by **(se)** after the infinitive. Stem-changing verbs have **(ie)**, **(i)**, or **(ue)** after the infinitive. A **(zc)** after an infinitive indicates that this spelling change occurs in the **yo** form of the present tense **(conozco, parezco)**.

The following abbreviations are used:

abbr abbreviation
adj adjective
adv adverb
contr contraction
f feminine noun

indir obj indirect object
inf infinitive
m masculine noun
n noun
pl plural

pp past participle
pron pronoun
refl pron reflexive pronoun
sing singular

a to, at
abajo below; **los de abajo** the underdogs
abandonar to abandon
abierto, -a *adj* (see abrir) open; *pp* opened
abismo *m* abyss
abogado *m* lawyer
abrazo *m* embrace
abrigo *m* overcoat
abril *m* April
abrir to open
abrochar to fasten
abuela *f* grandmother
abuelo *m* grandfather; *pl* grandparents
abundar to abound
aburrir to bore
acá here
acabar to finish, end; **acabar de** *(+ inf)* to have just (done something)
acceso *m* access
aceituna *f* olive
acelerar to accelerate
acerca de about
acompañar to accompany
aconsejar to advise
acordar (ue) to agree

acostar (ue) to put to bed; **acostarse** to go to bed
actitud *f* attitude
actual present; **actualmente** presently
acuerdo *m* accord, agreement; **estar de acuerdo** to be in agreement
adaptación *f* adaptation
adecuado, -a adequate
además besides; **además de** besides, in addition to
adicional additional
adquisición *f* acquisition
aerolinea *f* airline
aeropuerto *m* airport
afectar to affect
afición *f* interest
afirmativo, -a affirmative
agosto *m* August
agradable pleasant
agravar to aggravate
agrícola *n adj m f* agrarian
agua *f* water
ahí there, **ahí mismo** right there
ahora now; **ahora mismo** right now
aire *m* air; **al aire libre** in the open air
aislado, -a isolated

ajedrez *m* chess
ajo *m* garlic
al *(contr of a + el)* to the; **al + inf** upon (on) ———ing
albedrío *m* free will
alcachofa *f* artichoke
alcalde *m* mayor
alcanzar to reach
alcoba *f* bedroom
alcohólico, -a *n adj* alcoholic
aldea *f* village
alegre happy
alegría *f* happiness
alfabetización *f* education, basic instruction
alfabetizar to educate, give basic instruction
algo something
algodón *m* cotton
alguien someone
algún, alguno, -a some, any
alimentación *f* food
alimento *m* food
aliviar to alleviate
alivo *m* alleviation
alma *f* soul
almorzar (ue) to eat lunch
alojamiento *m* housing
alquiler *m* rent
alto, -a high, tall; loud
altura *f* height

alumno, -a *m f* student

allí there

amable nice, kind

amarillo, -a yellow

ambicioso, -a ambitious

ambiente *m* atmos-
phere, ambience

ambos both

amigo, -a *m f* friend

amistad *f* friendship

amistoso, -a friendly

amo *m* master

amor *m* love

amplio, -a large, ample

analfabetismo *m*
illiteracy

anaranjado, -a orange
colored

anciano, -a *adj* old;
los ancianos old
people

ancho, -a wide, broad

andino, -a *n adj*
Andean

anglo *m* Anglo

anglosajón, -a *n adj*
Anglo-Saxon

anhelar por to long for

animal *m* animal

animar to animate,
enliven

anoche last night

antebrazo *m* forearm

anteojos *m pl*
eyeglasses

antes (de) before;
antes (de) que
conj before

antigüedad *f*
antiquity

anunciar to announce

anuncio *m* announce-
ment

añadir to add

año *m* year;
tener _____
años to
be _____ years
old

aparato *m* apparatus,
appliance

aparentemente
apparently

aparte de apart from

apasionado, -a
passionate

aperitivo *m* appetizer

apio *m* celery

aplicar to apply, levy

apoyar to support

aprender to learn

apretar (ie) to squeeze;
to apply pressure

aprobado, -a approved,
passing

aprobar (ue) to
approve, pass
(a course)

aprovecharse de to take
advantage of

apunte *m* note,
lecture note

aquel, aquella *adj* that;
aquellos, -as those

aquél, aquélla *pron*
that, that one;
aquéllos, -as those

aquello that *(neuter
form)*

aquí here

arbeja *f* kind of pea

árbitro *m* referee

arco *m* arc, ring

área *f* area

arete *m* earring

armas *f pl* arms

arrasar to fill

arreglado, -a arranged

arriba up, above;
de arriba up, above,
from above; los de
arriba those on top

arroz *m* rice

asegurarse to assure

asertivo, -a assertive

asesor *m* supervisor

asiento *m* seat

asignatura *f* assignment;
subject matter

asimismo likewise

asistencia *f* assis-
tance, help;
attendance

asistir to attend (a
class, a concert, etc.)

asombroso, -a aston-
ishing

aspecto *m* aspect

asunto *m* matter;
business affair

atacar to attack

atención *f* attention;
prestar atención to
pay attention

atender (ie) to attend to,
assist

atentado *m* crime

atornillar a uno de lo
lindo to put it to
someone nicely

atraco *m* assault

atraer *(like* traer*)*
to attract

atreverse (ie) a to
dare to

atún *m* tuna

aumentar to raise,
augment

aún still, yet

aunque although

autoridad *f* authority

avanzado, -a advanced

aventura *f* adventure

aventurero, -a, *m f*
adventurer

ayer yesterday

ayuda *f* help

ayudante *m f* assistant

azafata *f* stewardess

azucarado, -a, sugar-
coated

azul blue

bajo under

bajón *m* bassoon

bandeja *f* tray, dish

bandera *f* flag

banjo *m* banjo

banquete *m* banquet

bar *m* bar

barato, -a, cheap,
inexpensive

barbero *m* barber

barco *m* boat

barriado *f* slum *(in Peru)*

barrio *m* neighborhood,
district

barro *m* clay

basta de enough of

bastante rather; **bastante bien** not bad

bastar to be enough, to suffice

basura *f* trash

batería *f* drums

bautizar to baptize

beber to drink (alcoholic beverages)

bebida *f* drink

belleza *f* beauty

beneficio *m* profit

berengena *f* eggplant

beso *m* kiss

bibliotecario, -a *m f* librarian

bien, well, fine

bienes *m pl* riches

bilingüe *n adj* bilingual

billetera *f* billfold, wallet

bistec *m* beefsteak

blanco, -a, white

boca *f* mouth

bocas *f pl* sandwich appetizers *(in Costa Rica)*

bochas *f pl* bowling

bola: hacerse _____ to get all fouled up

boleta *m* ticket

bolsa *f* purse; **bolsa de valores** stockmarket

bolsillo *m* pocket

bombero *m* fireman

borracho, -a *n adj* drunk

bosque *m* forest

botella *f* bottle

bracero *m* farm hand

brazo *m* arm

brindar to offer; to toast, drink to someone's health

broma *f* joke

buen, bueno, -a good

bufanda *f* scarf

bufo, -a comic

burbujeo *m* gurgling

burlar de to make fun of

buró *m* bureau, office

busca *f* search; **en busca de** in search of

buscar to look for

caballero *m* gentleman

cabello *m* hair

cabeza *f* head; **estar con cabeza de turco** to have things go bad

cabina *f* cabin

cacao *m* cocoa

cachondeo: estar de _____ to be looking for girls

cada each

cadáver *m* dead body, corpse, deceased

cadena *f* chain

caer to fall; **el caer** falling; **caerse** to fall down

café *m* coffee, café

cafetín *m* cafeteria; small café

caja *f* box

cajón *m* box, casket

calabaza *f* pumpkin

calamidad *f* disaster; **¡Qué calamidad!** What a disaster!

calavera *f* skeleton, skull and bones; satirical poem

calcetín *m* sock

caldo *m* broth

calendario *m* calendar

calidad *f* quality (top quality)

calificación *f* grade

calificado, -a qualified

calificar to qualify; to grade

calma *f* calm; **tener calma** to be calm

caloría *f* calorie

calzoncillos *m pl* shorts, drawers

calle *f* street

cama *f* bed

cámara *f* chamber

cambiar to change

cambio *m* change; **en cambio** on the other hand

camino *m* road

camión *m* truck

camisa *m* shirt

camiseta *f* undershirt

campana *f* bell

campeonato *m* championship

campesino *m* farmer (peasant)

campo *m* field, country(side); ski slope; athletic court or field

canal *m* canal

cansado, -a tired

cansancio *n* fatigue; **tener cansancio** to be tired, fatigued

cantidad *f* quantity

cantina *f* canteen

caña *f* sugar cane

capaz capable

capitalismo *m* capitalism

cara *f* face

carácter *m* character, characteristic

cargo *m* charge

cariño *m* love, affection, fondness

carnaval *m* carnival

carne *f* meat

caro, -a expensive

carpintero *m* carpenter

carta *f* letter

cartero *m* mailman

cartón *m* carton

carrera *f* career

carro *m* car

casa *f* house, home

casamiento *m* marriage

casar to marry; **casarse** to get married

casi almost

caso: en _____ de que in case

castigo *m* penalty, punishment

catarro *m* head cold

católico, -a *n adj* catholic

catorce fourteen

caucho *m* rubber

causar to cause

caza *f* hunt, hunting; **ir de caza** to go hunting

cazar to hunt
cebada f barley
cebolla f onion
celebración f celebration
celebrar to celebrate
cello m cello
cena f supper
censura f censorship
centenar m a hundred
central central
centro m downtown, center
cepillar to brush
cerca adv near, nearby;
    cerca de prep near,
    close to
cero zero
certificado m certificate
cerveza f beer
cesar to cease
ciclismo m bicycling
cielo m sky
ciencia f science
científico, -a adj
    scientific; n scientist
ciento (cien) a (one)
    hundred; por ciento
    percent
cierto, -a certain
cifra f number
cinco five
cincuenta fifty
cine m movie, movie house
cinematográfico, -a adj
    movie, pertaining to
    films
cinta f ribbon, tape
cintura f waist, waistline,
    middle
cinturón m belt, seatbelt
circo m circus
circular to circulate
círculo m circle
cita m appointment
citado, -a cited,
    appointed, scheduled
ciudad f city
ciudadanía f citizenship
ciudadano, -a m f citizen
clarinete m clarinet
claro, -a clear, light;
    ¡Claro que no! Of
    course not; ¡_____
    que sí! of course
    ¡claro! sure, certainly

clase f class
cocina f kitchen
coco m coconut
cocodrilo m crocodile
coctel m cocktail
coche m car
codo m elbow; hablar
    hasta por los codos to
    talk your head off
coima f bribery
col f cabbage; ni coles
    ni lechuga neither
    cabbage nor lettuce
    (unsteady)
cola f tail, line; guardar
    cola to wait in line
colección f collection
colectividad f people of a
    city; the whole group
coliflor m cauliflower
colonia f colony
colonizado, -a colonized
colono m Bolivian Indian
collar m neckline
coma m coma, stupor;
    coma f comma
comando m command
comentar to comment;
    to discuss
comentario m commentary
comer to eat
commercial commercial
comerciante m merchant
comestíble edible
cometa m kite; cometa f
    comet
cometer to commit
comida f meal
comité m committee
como like, as, since, how
¿Cómo? How?
¡Cómo! Howl; What!
compañía f company
competencia f
    competition
competir (i) to compete
complejo, -a complex
compras: hacer las
    _____ to go
    shopping, do the
    shopping
comprender to
    understand; to
    comprise

compromiso m
    compromise
común common
comunicación f
    communication
comunidad f community
con with; con tal que
    provided (that)
concepto m concept
concurso m contest
condición f condition
conferencia f lecture
confesar to confess
confesión f confession
confianza f confidence;
    tener confianza to be
    confident
conflicto m conflict
conformar to conform,
    shape
confrontación f
    confrontation
confundir to confuse
conmemorar to
    commemorate
conmigo with me
conocer (zc) to know,
    meet, get acquainted
    with
conquistar to win,
    conquer
conseguir (i) (like seguir)
    to get
consejero m advisor
consejo m council,
    advice
consistir en to consist of
consocio m partner
constar de to be made of
constipado, -a: estar
    _____ to have a cold
constructor, -ra adj n
    construction;
    constructor
construir to construct
consulta f office hours;
    consultation
consultar to consult
contacto m contact
contar con (ue) to count
    on, rely on
contener (ie) (like tener)
    to contain
contigo with you

continente *m* continent

continuar to continue

contra against; **estar en contra de** to be against; **llevar la contra** to be incompatible

contraparte *f* counterpart

contrario contrary; **al contrario** on the contrary

contribuir to contribute

contribuyente *m* taxpayer, contributor

controversia *f* controversy

convencer (zc) to convince

conveniente convenient

convertirse en (ie) to become

convicción *f* conviction

convocar a to convene

coñac *m* cognac

cooperación *f* cooperation

copita *f* small cup, glass

corazón *m* heart

corbata *m* necktie

cordero *m* lamb

cordillera *f* mountain range

corona *f* wreath; crown

corte *f* court

corto, -a short

correr to run

corriente *adj* current, present; running; *n f* current (electrical)

corrientemente currently

corromper to corrupt

cosa *f* thing

cosecha *f* crop, harvest

costa *f* coast

costar (ue) to cost

costarricense *n adj* Costa Rican

costeño, -a *m f* person who lives on the coast

costo *m* cost

costumbre *f* custom; **de costumbre** usually, customarily

creer to believe; to think

crema *f* cream

crimen *m* crime

criminal *n adj m* criminal

criollo *m* American descendent of European parents

crisis *f sing + pl* crisis

criticar to criticize

cruzada *f* crusade

cual: el _____, la _____, los _____es, las _____es which

¿Cuál? Which? What?

cualquier any, anyone

cuando when

¿Cuándo? When?

cuandoquiera whenever

cuanto: en _____ a as for, as regards

¿Cuánto, -a? How much?; *pl* How many?

cuarenta forty

cuarto *m* room

cuarto, -a, fourth

cuatro, four

cubierto, -a covered

cuchara *f* spoon

cucharita *f* teaspoon

cuchillo *m* knife

cuello *m* neck

cuenta: tomar en _____ to take into account; **darse cuenta de** to realize; to be aware of

cuento *m* story

cuero *m* leather

cuestión *f* question, issue

cueva *f* cave

cuidado *m* care; **tener cuidado** to be careful

cuido *m* care

culeco: estar _____ con to be crazy with joy with

cumpleaños *m* birthday

cumplimiento *m* fulfillment

cumplir to fulfill

cuña *f (slang)* influence, ''pull''

curiosidad *f* curiosity

cuyo, -a whose

CH

chaleco *m* vest

chamarra *m* leather jacket

charlar to chat

chica *f* girl

chicle *m* gum

chico *m* boy, fellow, guy

chícharo *m* pea

chile verde *m* green pepper

chileno, -a *n adj* Chilean

chiste *m* joke

chistoso, -a funny (joking)

cholo, -a *m f* Indian

chorro *m* puff of air

chusco, -a *humorous, funny*

D

daga *f* dagger

dama *f* lady; *pl* checkers

dañino, -a harmful

dar to give

datar de to date from

datos *m pl* data

de of, from, to

debajo de under, below

deber must, ought to

debido a due to

debilitamiento *m* weakening

década *f* decade

decano *m* dean

decapitar to decapitate

decidir to decide

décimo, -a tenth

declarar to declare

dedo *m* finger

deficiente deficient

déficit *m* deficit

definido, -a definite; defined

defunción *f* death

dejar to let, allow; to leave; **dejar de (+ *inf*)** to stop, cease (doing something)

del (contr of de + el) of the, from the
delante de in front of
delantero m forward; the first one
delgado, -a slender, thin
delicadeza f delicacy
delincuencia f delinquency
demandar to demand; to want
demás m f pl the others; lo demás the rest, the remaining
demasiado too much
democrático, -a democratic
dentista m f dentist
dentro de within
denunciar to denounce
depender (de) to depend (on)
dependiente adj dependent; dependiente n m clerk
deporte m sport
deportivo, -a sportive, sporting
derecha right; a la derecha to the right
derecho m right, privilege, law; adj straight
derramado, -a discarded, dumped
desagradable unpleasant
desaparecer (zc) to disappear
desarrollo m development
desayunarse to eat breakfast
desayuno m breakfast
descansar to rest
descendente decreasing
descender (ie) to decline, to drop
desconfianza f mistrust
descrito, -a pp (like escribir) described
descubrir to discover
descuidar to neglect

desde from, since
desear to wish, want
desembarcar to land
desempleo m unemployment
desenvainar to unsheath
deseo m wish, desire
deserción f dropout, desertion
desertar to drop out, desert
desfile m parade
desgraciadamente unfortunately
deshonesto, -a dishonest
designar to designate
deslizar to slip; to slip away
desnutrición f undernourishment, malnutrition
desorientado, -a disoriented
despacio slowly
despacho m office
despedir (i) to fire
despertar (ie) to awaken; despertar (se) to wake up
después de after; después de que after
destacarse to make oneself stand out
destino m destiny
destrucción f destruction
detener (ie) (like tener) to detain; to arrest
deuda f debt
deudo, -a m f relative
devolver (ue) (like volver) to return (an object)
día m day
diablo m devil
diámetro m diameter
diariamente daily
diario, -a adj daily; diario n m newspaper
diarrea f diarrhea
diciembre m December
dictadura f dictatorship
dictar to dictate
dicho pp (see decir) said; m saying
diecinueve nineteen

dieciocho eighteen
dieciséis sixteen
diecisiete seventeen
diente m tooth
dieta f diet
diez ten
difícil hard, difficult
difunto m dead person, deceased
digno, -a worthy, deserving
dinero m money
diploma m diploma
diplomático m diplomat
dirección f direction, address
directamente directly
directo, -a direct
dirigirse to direct
disciplina f discipline
disciplinar (se) to discipline (oneself)
discoteca f discotheque
discreto, -a discrete
discurso m speech
disfrutar to enjoy
disolver (ue) (like volver) to dissolve
disponer de (like poner) to make use of, to have available
distinguido, -a distinguished
distinguir to distinguish
distraer (like tracer) to distract
diversidad f diversity
divorciar to divorce; divorciarse to get a divorce
divorcio m divorce
doce twelve
docilidad f docility
documento m document
doliente painful
dolor m pain, sadness, grief; dolor de cabeza headache
doméstico, -a domestic
domicilio m home, residence
dominación f domination
domingo m Sunday
dominio m domain

dominó *m* dominoes
donde where
¿Dónde? Where?
dondequiera wherever
dormir (ue) to sleep
dormitorio *m* dormitory,
  bedroom
dos two
droga *f* drug
dudar to doubt
dudoso doubtful
duelo *m* pain, grief; duel
dueño, -a *m f* owner
dulce *adj* sweet, soft,
  tender; dulce *m* candy
durante during
durar to last
duro, -a hard, callous

e (*variant of* y) and
economía *f* economy
económicamente
  economically
ecuatoriano, -a *n adj*
  Ecuadorian
echar to throw, toss
edad *f* age
edificio *m* building
EE.UU. abbreviation for
  Estados Unidos (*also*
  E.U.)
efectivamente effectively
efectivo, -a effective
efecto *m* effect
eficaz efficient
ejército *m* army
ejote *m* string bean
el the
él he, him; de él his
elaboración *f*
  development, elaboration
eléctrico, -a electric
elegido, -a elected
elemento *m* element
ella she, her; de ella hers
ellas they, them
ello it
ellos they, them
embargo: sin _____
  nevertheless

emerger to emerge
emoción *f* emotion
empanada *f* turnover
  (a food)
empeorar to worsen
empleado *m* employee
emplear to use
empleo *m* employment,
  use
empresa *f* business
en in, on
enajenar to alienate
encantado, -a delighted
encantar to enchant,
  delight
encargado, -a *m f* one in
  charge
encontrar (ue) to
  encounter, to meet
enérgico, -a energetic
energía *f* energy
enero *m* January
enfadar (se) to get angry
énfasis *m* emphasis
enfermedad *f* illness
enfermo, -a sick, ill
enfocar to focus
enfrentar to confront
enorme enormous
enriquecer (zc) to enrich
ensalada *f* salad
enseñanza *f* teaching,
  instruction
enseñar to teach
entendido, -a skilled,
  expert
entierro *m* burial
entonces then
entrada *f* entrance
entrante next (e.g. la
  semara entrante next
  week)
entrar to enter
entre between, among
entremezclar to intermix,
  intermingle
entrenamiento *m* training
entrenar to train
entrevista *f* interview
enviar to send
envidia *f* envy
envolver (ue) (*like*
  volver) to involve; to
  wrap

época *f* epoque
equipo *m* team;
  equipment
equivocarse to be
  mistaken
erótica, -a erotic
escasez *f* scarcity
esclavitud *f* slavery
escoger to choose, select
escolar pertaining to
  school
escribir to write
escrito, -a *adj pp* (*see*
  escribir) written
escuchar to listen (to)
escuela *f* school
ese, esa *adj* that; esos,
  -as those
ése, ésa, *pron* that, that
  one; ésos, -as those
eso that (neuter form);
  por eso therefore; a
  eso de around
espacio *m* space
español *n m* Spanish
  (language)
español, española *n adj*
  m f Spaniard; Spanish
espárragos *m pl*
  asparagus
especialidad *f* specialty
especialista *m f* specialist
especializado, -a
  specialized
espectáculo *m* show
espectador *m* spectator
esperanza *f* hope
esperar to hope; to wait
  for; to expect
espinaca *f* spinach
espiritual spiritual
esqueleto *m* skeleton
esquí *m* ski, skiing
esquiar to ski
esquina *f* street corner
estable stable
establecer (zc) to
  establish
establecimiento *m*
  establishment
estadounidense referring
  to the United States
estafa *f* swindle
estafador *m* swindler

estallar to explode
estallido *m* explosion
estaño *m* tin
estar to be
este, esta, *adj* this;
    estos, -as these
este *m* east
éste, ésta, *pron* this, the
    latter; éstos, -as these,
    the latter
estereotipar to stereotype
estilo *m* style
estímulo *m* stimulus
esto this *(neuter form)*
estóico, -a *n adj* stoic
estómago *m* stomach
estrangular to strangle
estratégico, -a strategic
estrecho, -a narrow
estudiante *m f* student
estudiantil *adj* student
estudio *m* study
estupendo, -a great
ético, -a ethical
evitar to avoid
exactamente exactly
exagerado, -a
    exaggerated
examen *m* exam, test
excepción *f* exception
exceso *m* excess
exigente demanding
exigir to require
existir to exist
éxito *m* success
experimentar to
    experience
explicar to explain
explicatorio, -a explanatory
explorar to explore
explotar to exploit
exportación *f* exportation
exportador *m* exporter
exportar to export
exposición *f* exposition,
    presentation
expresar to express
extensión *f* expanse
extranjero, -a *adj* foreign;
    n foreigner
extraño, -a strange
extremadamente
    extremely
extremo *m* extreme

 F

fabricar to fabricate, to
    make
faceta *f* facet
facultad *f* college or
    school of a university
faena *f* task; dirty deal;
    hacerle a uno una
    faena to pull a dirty
    deal on someone
falda *f* skirt
falsedad *f* phoniness,
    falseness
falta *f* lack; por falta de
    for lack of
faltar to lack, be lacking;
    faltar a clase to miss
    class
fallecer (zc) to die
fallecido *m* deceased
familia *f* family
familiares *m pl* family,
    relatives
fantasía *f* fantasy
farmacéutico *m*
    pharmacist
fascinar to fascinate
fatalismo *m* fatalism
favorecer (zc) to favor
febrero *m* February
fecha *f* date
federación *f* federation
felicidad *f* happiness
felicitar to congratulate
feliz happy
femenil feminine
femenino, -a feminine,
    effeminate
fenomenal phenomenal
fenómeno *m*
    phenomenon
feo, -a ugly
feria *f* fair
fértil fertile
ferretería *f* hardware
    store
ferrocarril *m* railroad
festejarse to party
fibra *f* fiber
fidelidad *f* fidelity,
    faithfulness

fideo *m* noodle
fiebre *f* fever
fiel faithful
fiesta *f* party
figura *f* figure
figurar to figure;
    figurarse to imagine
fijado, -a fixed
fijar to fix, focus; fijarse
    en to focus attention
    on; to notice
filosofía *f* philosophy
filosófico, -a philosophic
fin *m* end, objective; fin
    de end of; en fin in
    short; por fin finally
finca *f* farm
firma *f* signature
firmar to sign
flauta *f* flute
flor *f* flower
fluctuar to fluctuate
folklórico, -a folkloric
follón *m* disturbance
formar to form
forro *m* lining
foto *f* photograph,
    picture
fotografiar to photograph
fracasar to fail
frente *f* forehead
fresco, -a cool, fresh;
    hacer fresco to be cool
    (weather)
frijol *m* bean
frío, -a cold; hacer frío
    to be cold (weather);
    tener frío to be cold
fruta *f* fruit
fuego *m* fire
fuente *f* fountain, spring,
    source
fuera de outside of, away
    from
fuerte strong
fuerza *f* force
fulano de tal John Doe
fumar to smoke
funcionamiento *m*
    functioning
funcionar to function
    (work)
fundamental
    fundamental

fundar to found
funeral *m* funeral, memorial, mass service

gafas *f pl* glasses
galante galant
gallo *m* rooster, cock
gana *f* desire; darle la gana to feel like; tener ganas de to feel like
ganado *m* cattle
ganancia *f* income; profit
garantizar to guarantee
garganta *f* throat
gastar to spend
gasto *m* expense
general general; por lo general generally
generalización *f* generalization
genético, -a genetic
genial brilliant
gente *f* people
geografía *f* geography
gitano, -a *m f* gypsy
gobierno *m* government
gordo, -a fat
gorra *f* cap, hat
gozar to enjoy
gracias thank you
gracioso, -a funny
grado *m* degree, grade
gran, grande big, large, great
gratis free
grave serious, grave
gripe *f* flu
gris gray
grotesco, -a grotesque; hacer grotescos to make awkward movements
grupo *m* group
guajiro, -a *m* pérson from the Cuban countryside
guapo, -a handsome, good-looking
guardar to keep
gubernamental government

guía *m* guide; guía *f* directory (guide)
guisante *m* pea
guitarra *f* guitar
gustar to be pleasing
gusto *m* pleasure; estar a gusto to be happy (pleased)
gustosamente pleasantly

haba *f* bean
haber to have, be; haber de (+ *inf*) must, ought to, hay there is (are); hay que (+ *inf*) it is necessary to
habichuela *f* string bean
habilidad *f* ability
habilmente skillfully
habitante *m* inhabitant
habitar to inhabit
hacer to do, make; hacerse to become
hacia toward
hacienda *f* ranch
hallar to find
hambre *f* hunger
harto, -a fed up; estar harto (a) de to be fed up with
hasta until, up to; hasta que *conj* until
hay (see haber) there is (are)
he aquí here are . . . , look here *(used to attract attention)*
hecho, -a *pp* (see hacer) made, done; de hecho in fact; hecho *m* fact
helado *m* ice cream
herido, -a wounded
hermana *f* sister
hermano *m* brother *pl* brothers (and sisters)
hermoso, -a pretty
hidrato de carbono *m* carbohydrate
hígado *m* liver
hija *f* daughter; hija política daughter-in-law

hijo *m* son *pl* sons and daughters; hijo político son-in-law
historia *f* history
hogar *m* home
hoja *f* leaf
hola hello (hi)
hombre *m* man; hombre de negocios businessman
hombro *m* shoulder
honesto, -a honest
hora *f* hour, time
hotel *m* hotel
hoy today; hoy en día nowadays
hueco *m* hole
huerto *m* orchard
hueso *m* bone
huevo *m* egg
humanidades *f* humanities
húmedo, -a humid
humillación *f* humiliation
humorístico, -a humoristic

ida y vuelta: de _____ round trip
iglesia *f* church
ignorar to be ignorant of, not know
igual equal, the same
iletrado, -a *n adj* illiterate
impedir (i) (*like* pedir) to prevent
impermeable *m* raincoat
implementar to implement
implicar to imply
imponer (*like* poner) to impose
importancia *f* importance
importar to matter, be important
impuesto *m* tax
incluir to include
inclusivo, -a inclusive
increíble incredible, unbelievable

indicar to indicate

índice *m* rate, index; indication

indígena *adj.* indigenous; *n mf* native

indigente poor, needy, indigent

industria *f* industry

inestabilidad *f* instability

infierno *m* hell

inflación *f* inflation

influencia *f* influence

información *f* information

informes *m pl* news

ingeniería *f* engineering

ingeniero *m* engineer

inglés *m* English

ingreso *m* income

iniciar to initiate

inmediato, -a immediate

inmigrado *m* immigrant

inmortalidad *f* immortality

inquietar to cause to worry; inquietarse to worry oneself

inquieto, -a anxious, worried

insípido, -a dull, insipid

inspector *m* inspector

institución *f* institution

insuficiente insufficient

insularismo *m* insularism

integrado, -a integrated

integral integral

integrarse to integrate

inteligente intelligent

intención *f* intention

intercambiar to exchange; to share

interés *m* interest; tener interés to be interested

interesante interesting

interesar to interest

internacional international

intestino *m* intestine

íntimo, -a intimate

intolerable intolerable

investigación *f* investigation, study

investigar to investigate

invierno *m* winter

ir to go; ir de compras to go shopping; ir de pesca to go fishing; irse to go away (out); el ir y venir the coming and going

ira *f* ire, anger

irlandés, irlandesa *adj n m f* Irish

istmo *m* isthmus

izquierda: a la to (on) the left; el izquierdo (political) left wing

jamás never

jamón *m* ham

jardín *m* garden

jarro *m* jar, jug, pitcher

jefa *f* boss

jefe *m f* boss, chief, head (of a family)

joyero *m* jeweler

juego *m* game

jueves *m* Thursday

juez *m* judge

jugar to play

jugoso, -a juicy

julio *m* July

junio *m* June

juntar to gather, collect

juntos together

jurar to swear

jurídico, -a legal

justicia *f* justice

justificar to justify

justo, -a just, right

juvenil juvenile, youthful

juventud *f* youth

kilo *m* kilo, kilogram (2.2 pounds)

kilómetro *m* kilometer (.62 of a mile)

la the; her, you, it

laboral *adj* labor

lado *m* side; por todos lados everywhere, from all sides

lamentar to fret, lament, worry about

lana *f* wool

lanzar to throw

lapicera *f* ball point pen (Argentina)

largo, -a long; a lo largo de the length of; over the period of

las the; them, you

lata *f* tin can; dar lata to give a lot of anything, to go on and on, to be tiresome

latino, -a n person of Latin background; *adj* Latin

lavar to wash; lavarse to wash (oneself)

le him, you, to (for) him, to (for) her, to (for) you, to (for) it

lealdad *f* loyalty

lección *f* lesson

lector *m* reader

lectura *f* reading

lechuga *f* lettuce

leer to read

legal legal

legalmente legally

legítimo, -a good, legitimate

legumbre *f* vegetable

les to (for) them, to (for) you

levantar to raise; levantarse to get up

ley *f* law

libertar to liberate, free

librar to free

libre free

libremente freely

libro *m* book

licor *m* liquor

ligero, -a light (weight)

límite *m* limit
limpiar to clean
limpieza *f* cleanliness, clean-up
limpio, -a clean
lío *m* mess, jam
lo it, him, you; the
local local
loco, -a crazy
los the; them, you
lucha *f* struggle, fight
luego then
lugar *m* place; **tener lugar** to take place
luna *f* moon
lunar lunar
lunes *m sing pl* Monday
luto *m* mourning; **estar de luto** to be in mourning
luz *f* light

llamado, -a called, so-called
llegada *f* arrival
llegar to arrive
lleno, -a full; **lleno de** filled with
llevar to wear (clothes), carry; **llevarse bien con alguien** to get along with someone; **llevarse algo** to take something away
llorona *f* woman who cries alot
llover (ue) to rain
lluvia *f* rain

¡macanudo! great, fantastic
madera *f* wood
madre *f* mother
madrugada *f* dawn, early morning

madurarse a los garrotazos to mature through a difficult experience
maestro, -a *m f* teacher
maíz *m* corn
malo, -a bad, sick
mame *m* (slang) graft
mami *f* Mommy
mandar to send
mandioca *f* manioc
manera manner; **de otra manera** otherwise; **de manera que** so that
manifestación *f* demonstration, meeting
manifestar to show, to demonstrate
mano *f* hand
mantener (ie) to maintain
mantequilla *f* butter
manufacturado, -a manufactured
manzana *f* apple
mañana *f* morning; *adv* tomorrow
mar *m f* sea
maracas *f pl* maracas
maravilloso, -a marvelous
marcar to score; to dial (telephone)
marcha: poner en _____ to put into practice, effect
marchar to go
marginado, -a marginal, border line
marido *m* husband
marina *f* navy
marinero *m* sailor
marino, -a sea blue; pertaining to the sea
marisco *m* shell fish
martes *m sing pl* Tuesday
martillo *m* hammer
marrón brown
marzo *m* March
más more, most; **más de** (+ *number*) more than; **más que** more than

matar to kill
matemáticas *f* math
materialismo *m* materialism
matrimonial pertaining to marriage
mayo *m* May
mayonesa *f* mayonnaise
mayoría *f* majority
me me, to (for) me
mecánico *m* mechanic
mecánico, -a mechanical
medalla *f,* medal, medallion
medianoche midnight
mediante by means of
medias *f pl* hose, stockings
médico *m* doctor
medida *f* measure
medio, -a *adj* half, middle; **medio** *n m* halfback; **por medio de** by means of
mediodía noon
medir (i) to measure
mejor better, best; **el (la) mejor** the best
mejorar to better, to improve
membrillo *m* quince
mencionar to mention
menos less; **a menos que** *conj* unless; **a menos** at least; **menos mal** great, so much the better; **menos que** less than; **las cinco menos diez** ten 'til five
mensajero *m* messenger
mentiroso, -a *adj* lying; *n* liar
menudear to serve frequently
menudo: a _____ often
mercado *m* market
merecer to deserve, merit
merecido, -a merited, due
merienda *f* snack, picnic (main meal in Ecuador)
mermelada *f* marmalade
mes *m* month

mesero, -a *m f* waiter, waitress

meta *f* goal, objective

meterse en to get involved in

mezcla *f* mixture

mi my

mí to (for) me

miedo *m* fear; **tener miedo (de)** to be afraid (of)

miel *f* honey

miembro *m* member

miércoles *m sing pl* Wednesday

milla *f* mile

millar *m* thousand

miniatura *f* miniature; **en miniatura** in miniature

ministro *m* minister

minoría *f* minority

minuto *m* minute

mío, -a mine

mirada *f* glance, look

mirar to look (at)

misión *f* mission

mismo, -a same, self; **el (la) mismo, -a** the same

misterioso, -a mysterious

mitad *f* half

mito *m* myth

moderno, -a modern

molestar to bother

mono *m* monkey

monte *m* hill, small mountain

morado, -a purple

mordida *f* (slang) graft; bite

mortuaria mortuary

mosca *f* fly

mostaza *f* mustard

mover (ue) to move; **moverse** to move (get) around

movimiento *m* movement

muchacha *f* girl

muchacho *m* boy *pl* boys (and girls)

mucho, -a much; **muchos, -as** many

muerte *f* death

muerto, -a *pp* **morir** dead, died

mujer *f* woman; **mujer empresaria** business woman

mundial worldly, world-wide

municipio *m* city, municipal

muñeca *f* wrist; doll

museo *m* museum

música *f* music

musical musical

mutuamente mutually

nacer to be born

nación *f* nation

nacionalidad *f* nationality

nada nothing

nadar to swim

nadie *m* nobody, no one

naranja *f* orange

nariz *f* nose; **tener narices** to be nosey

natación *f* swimming

natalidad *f* birth

natural natural

navegación *f* sailing

Navidad *f* Christmas

necesario, -a necessary

necesidad *f* necessity, need

necesitar to need

negar (ie) to deny; **negarse (a)** to refuse

negativo, -a negative

negociar to negotiate; to have business dealings

negocio *m* business

negro, -a black

nene *m* baby, child, kid

nevar (ie) to snow

nieta *f* granddaughter

nieto grandson *pl* grandchildren

nieve *f* snow

nilón *m* nylon

ningún, ninguno, -a none, not any

nivel *m* level

noche *f* night; **de noche** at night

nombre *m* name

noquear to knock out

normal normal

noroeste *m* northeast

norte *m* north

norteamericano, -a North American

nos to (for) us, us

nosotros, -a we, to (for) us

notable above average, not able

noticia *f* news

novecientos, -as nine hundred

noveno, -a ninth

noventa ninety

novia *f* fiancée, girlfriend

noviembre *m* November

novillos: hacer _____ to play hooky

novio *m* boyfriend, fiancé; *pl* sweethearts; bride and groom

nube *f* cloud

nublado cloudy; **estar nublado** to be cloudy

nuestro, -a our, ours

nueve nine

nuevo, -a new; **de nuevo** again

nuez *f* nut

numeroso, -a numerous

nunca never

o or; **o . . . o** either . . . or

obedecer (zc) to obey

obediente obedient

objetivo *m* objective

objeto *m* object

oboe *m* oboe

obrero *m* worker

observar to observe

obstáculo *m* obstacle

obtener (ie) (*like* **tener**) to get, obtain

occidental western

ochenta eighty
octavo, -a eighth
octubre *m* October
ocupación *f* occupation
ocupado, -a occupied
ocupar to occupy
ocurrir to occur, happen
ochenta eighty
ocho eight
ochocientos -as eight
    hundred
oeste *m* west
oferta *f* offer
oficial *n adj m f* official
ofrecer (zc) to offer
oir to hear
ojalá (que) + *present
    subjunctive* I hope
    (that); ojalá (que) +
    past subjunctive I wish
    (that)
ojo *m* eye
ola *f* wave
oliva *f* olive tree
olvidar to forget
once eleven
ópera *f* opera
opinión *f* opinion
oportunidad *f*
    opportunity
oración *f* prayer,
    sentence
orden *m* order; *f* command;
    a la orden, a sus órdenes
    at your service
oreja *f* ear (outer)
organización *f* organization
organizar to organize
orgulloso, -a proud
oriental eastern
os to (for) you, you (used
    in Spain)
oscuro, -a dark
otoño *m* fall
otro, -a other, another
oyentes *m pl* audience

P

paciencia *f* patience;
    tener paciencia to be
    patient

pachanga *f* (slang) party,
    orgy
padre *m* father; *pl*
    parents
padrino *m* godfather;
    pl godparents
pagar to pay
país *m* country
palabra *f* word
palanca *f* (slang)
    influence, ''pull''; lever
pan *m* bread
pantalón, pantalones *m*
    pants
pañuelo *m* handkerchief
papa *f* potato
papel *m* role; paper
par *m* pair, couple
para to, for, in order to,
    by, toward; para que
    in order that, so that
parche *m* patch-on
parecer (zc) to seem,
    appear, look alike
pared *f* wall
parir to give birth
parque *m* park
parte *f* part, section;
    dar parte to inform
partido *m* political party,
    game or match
partir to leave, depart
pasar to pass, spend
    (time)
pasatiempo *m* pastime
Pascua *f* Easter
pasear to go for a walk,
    ride, drive
paseo *m* walk, ride
pasta *f* pasta
pastel *m* pastry
patata *f* potato
patinar to skate
patria *f* country (of
    residence
payaso *m* clown
paz *f* peace
peculiar peculiar
pedir (i) to request, ask
    for, order
pegar to hit, beat; to
    stick on
peinar (se) to comb
    (one's hair)

pelea *f* fight
película *f* film, movie
peligro *m* danger
pelo *m* hair
pelota *f* ball
pena *f* penalty; pain,
    grief
pensador *m* thinker
pensar (ie) to think;
    pensar de to think
    about (an opinion);
    pensar en (+ *n*/
    +*pron*) to think about
    (+ *m* or *pron*)
peor worse, worst
pepino *m* cucumber;
    pepino adobado pickle
pequeño, -a small, little
perder (ie) to lose; to
    miss (something)
perdón *m* Pardon;
    ¡Perdón! Pardon me¡
perdonar to pardon,
    forgive
periódico *m* newspaper
periodista *m f* journalist
permanente permanent
permitir to permit
pero but; pero sí
    but indeed
perro *m* dog
perseguido, -a per-
    secuted
persona *f* person
personal personal
pesado, -a heavy,
    unpleasant, boring
pesar to weigh; a pesar
    de in spite of
pesca *f* fishing; ir de
    pesca to go fishing
pescado *m* fish (already
    caught)
pescar to fish
petición *f* petition
petróleo *m* petroleum
petrolífero, -a *adj* oil
picante spicy (hot)
pie *m* foot
piedra *f* stone
pierna *f* leg
piloto *m f* pilot
pimentero *m* pepper
    shaker

pimienta *f* pepper

pintar to paint

piropo *m* flattery, compliment, a flattering comment

piso *m* floor of a building

placer *m* pleasure

plaga *f* plague

plan *m* plan, program

planeamiento *m* planning

planeta *m* planet

planta *f* plant (botanical or industrial)

plata *f* silver, money

plátano *m* banana, plantain

platillo *m* saucer

plato *m* plate, dish

playa *f* beach

plaza *f* plaza, square

plomero *m* plumber

pluma *f* fountain pen; regular pen; feather

poblacíon *f* population

pobre *adj* poor; *m f* poor person

pobreza *f* poverty

poco, -a little, a little; **poco a poco** little by little

poder *m* power; **poder (ue)** *v* to be able, can

poderoso, -a *adj* powerful; **poderoso** *n m* powerful person

policía *m* policeman

policía *f* policewoman, police department

político *m* politician

polvo *m* dust

pollo *m* chicken

poner to put, place; **ponerse** to get, become; to put on (clothing)

popularidad *f* popularity

por by, for, through, along, during, in exchange for, because of, on account of, on behalf of; **¿por qué?** Why?

porción *f* portion

porque because

portero *m* goalie; doorman

poseer to possess

posesión *f* possession

posible possible

posición *f* position

postre *m* dessert; **de postre** for dessert

precio *m* price

preferencia *f* preference

preferible preferable

preferir (ie) to prefer

pregunta *f* question; **hacer preguntas** to ask questions

preguntar to ask (a question)

prenda *f* article of clothing

prensa *f* press

preocupación *f* preoccupation, worry

preocuparse to worry (about)

preparar to prepare

presentar to introduce

presidenta *f* woman president

presidente *m f* president

prestar atención to pay attention

presumir to presume

previo, -a previous

primavera *f* spring

primer, primero, -a first; **ser de primera (clase)** to be first class

primitivo, -a primitive

primo, -a cousin

principal principal, main

principio *m* principle; beginning; **al principio** at the beginning

prisa *f* hurry; **tener prisa** to be in a hurry

privado, -a private

probar (ue) to taste, try

problema *m* problem

producir (zc) to produce

profesión *f* profession

profesional professional

profesor, -ra *m f* teacher, professor

profundo, -a deep

programa *m* program

progresista *n m f* progressive

prohibir to prohibit, forbid

promedio *m* average

promiscuo, -a promiscuous

promover (ue) to promote

pronto soon, quickly; **tan pronto como** as soon as

propio, -a own

propósito *m* proposal, purpose; **a propósito** by the way, incidentally

proscribir to proscribe, forbid

protegido, -a protected

protestar to protest

próximamente soon

próximo, -a next

proyecto *m* project

prueba *f* test

públicamente publicly

publicar to publish

público, -a public

pudridero *m* garbage dump

pueblo *m* town, village

puerco *m* pork

puerta *f* door

puerto *m* port

puertorriqueño, -a Puerto Rican

puesto, -a *pp adj* (*see* **poner**) put, placed

pulgada *f* inch

punto *m* point; **en punto** on time, on the dot

puro, -a *adj* pure; *n m* cigar

que *rel pron* that, which, who

¿qué? what?, which?; **¿para qué?** why?, for what reason?; **¿por qué?** why?

¡qué . . . ! What
(a) . . . !, How . . . !
quedar to be located;
quedarse to remain,
stay
quejarse (de) to com-
plain about
quemar to burn; quemar
etapas to burn laps (to
progress)
querer (ie) to wish, want;
querer decir to mean
querido, -a dear
queso m cheese
quien, quienes who,
whom
¿quién? who? whom?;
¿de quién? whose?
química f chemistry
quince fifteen
quinientos, -as five
hundred
quinto, -a fifth
quizá(s) perhaps, maybe

racimo m bunch
radicalizado, -a
radicalized
radio f radio program or
broadcast
radio m radio set
raíz f root
rana f frog
rápidamente quickly,
rapidly
rápido adj rapid, fast;
adv fast, quickly
rasgo m trait, charac-
teristic
ratero m pick-pocket
rato m moment; ya
hace un rato for some
time
raza f race
razón f reason; tener
razón to be right,
correct
razonable reasonable
realidad f reality
receta f recipe

recibir to receive
reciente recent; recién
llegado newcomer
recientemente recently
reclamar to claim,
demand
recoger to pick up,
collect, gather
reconsideración f recon-
sideration
recordar (ue) to
remember
recortar to cut back,
clip, cut out
recorte m cutback,
clipping, cut-out
recurso m resource;
recursos naturales
natural resources
rechazar to reject
red f net, network
redactor m editor
reemplacer (zc) to
replace
referir (i) to refer
refrán m proverb, saying,
refrain
refresco m refreshment
regalar to give (as a gift)
regalo m gift, present
región f region
regional regional
regla f rule
reglamento m ordinance
regresar to return, come
back
regular to regulate
reina f queen
reinato m reign
reír (i) to laugh, reírse
de to laugh at
relación f relation
reloj m clock, watch
relojería f watch shop
remediar (se) to remedy
remedio m remedy,
recourse, solution
reñir (i) to chide, scold
repartir to divide,
repetir (i) to repeat
reportar to report
representar to represent
requerir (ie) to require
requisito m requirement
resfrío m head cold

residente m resident
resolución f resolution
resolver (ue) (like volver)
to resolve, solve
respecto m respect;
con respecto a with
respect to
respeto m respect,
esteem, admiration
responder to answer,
respond
responsabilidad f
responsibility
respuesta f answer
restaurante m restaurant
resuelto, -a adj pp (see
resolver) resolved
resúmen m summary,
résumé
reunión f meeting
revelar to reveal
reverso m other side
(e.g., of a coin)
revés: al _____
backward, in reverse
revista f magazine
revolución f revolution
rey m king; pl king and
queen; Día de los
Reyes Epiphany
rezar to pray
rico, -a adj rich; n rich
person
río m river
risa f laughter
ritmo m rhythm
robo m theft, robbery
rodar (ue) to roll, roll
over and over
rodeado de surrounded by
rodear to surround
rodilla f knee
rogar (ue) to beg, plead
for, request
rojo, -a red
rompecabezas m sing pl
brainteaser, riddle
ropa f clothes, clothing
rosa f rose
rosado, -a rosecolored,
pink
rosario m rosary
rubio, -a blond(e)
ruido m noise

S

sábado *m* Saturday
saber to know (how); to find out *(in perfective tense)*
sabio, -a wise
sacar to take
sacerdote *m* priest
sacrificio *m* sacrifice
sal *f* salt
sala *f* auditorium, theatre, room; sala de clase classroom
salchica *f* sausage
salero *m* salt shaker
salida *f* leaving, departure; exit
salir to leave, go out
salsa *f* sauce
salubridad *f* health
salud *f* health
saludo *m* greeting
salvar to save
sanción *f* sanction
sandwich *m* sandwich
sangre *f* blood
sanguinario, -a bloody
santo, -a *m f* saint
sardina *f* sardine
satisfacer (zc) to satisfy
saxofón *m* saxophone
se *indir. obj.* to him, to her, to them, to you; *refl pron* himself, herself, yourself, themselves
secretario, -a secretary
sector *m* section, part
sed *f* thirst; tener sed to be thirsty
seguir (i) to continue
según according to
segundo, -a *n adj* second
seguridad *f* security
seguro, -a sure, certain; estar seguro, -a to be sure
seis six
selva *f* jungle
semana *f* week; fin de semana weekend

sembrar (ie) to sow
semestre *m* semester
senador *m* senator
sensacional sensational
sentado, -a seated; estar sentado, -a to be sitting
sentarse (ie) to sit down
sentido *m* sense
sentir (ie) to feel; to be sorry, regret; sentirse to feel
señal *f* sign, signal
señalar to point out
señor *m* (*abbr* Sr.) man, sir, mister, Mr.
señora *f* (*abbr* Sra.) lady, wife, Mrs.
señorita *f* (*abbr* Srta.) young lady, Miss
sepelio *m* burial
septiembre *m* September
séptimo, -a seventh
sepultado, -a buried
sepultura *f* grave
ser to be, exist; el ser humano human being
serio, -a serious
servilleta *f* napkin
servir (i) to serve; ¿En qué puedo servirle? May I help you?
serrano, -a *m f* person from the mountains
sesenta sixty
setecientos, -as seven hundred
setenta seventy
sexto, -a sixth
si if; como si as if
sí yes, indeed; sí mismo, -a himself, herself, yourself
siempre always
sierra *f* mountain range
siete seven
siglo *m* century
significado *m* meaning, significance
significar to mean, signify
significativo, -a significant
signo *m* sign

simbolizar to symbolize
símbolo *m* symbol
simpático, -a nice, pleasant
sin without; sin duda without doubt; sin embargo nevertheless; sin que without; sinvergüenza shameless person
sino but; sino que but (rather)
sintético, -a synthetic
siquiera even; ni siquiera not even
sistema *m* system
sitio *m* place, site
situación *f* situation
situado, -a situated, located
situar to locate, place; situarse to be located
sobre over, on, about; sobre todo above all, especially
sobretodo *n m* overcoat
sobrepoblación *f* overpopulation
sobresaliente outstanding, excellent
sobresalir to excel
sobrevivir to outlive
sobrina *f* niece
sobrino *m* nephew; *pl* nephews (and nieces)
sociarse to have a good time; to socialize
sol *m* sun; hacer sol to be sunny; hay sol It's sunny
solamente only, just
soldado *m* soldier
soler (ue) (+ *inf*) to be accustomed to (+ *pres. part*), to do habitually
solicitar to request
solo, -a alone, single
sólo only, just
solución *f* solution
solucionar to solve, to find a solution
sombrero *m* hat
sonar to sound

sonrisa *f* smile
soñar (con) to dream (about)
sopa *f* soup
sorpresa *f* surprise
sospechar to suspect
sospechoso, -a suspicious
su, sus his, her, your, its, their
subdesarrollo *m* underdevelopment
subir to go up
subordinado, -a subordinated
suceder to happen
suceso *m* event
suegra *f* mother-in-law
suegro *m* father-in-law; *pl* parents-in-law
sueldo *m* salary
sueño *m* sleep, sleepiness; dream tener sueño to be sleepy
suerte *f* luck; tener suerte to be lucky
suficiente sufficient
sufrir to suffer
sugestivo, -a suggestive
sumergido, -a submerged
sumiso, -a submissive
superar to overcome
superioridad *f* superiority
supermercado *m* supermarket
superstición *f* superstition
sur *m* south
suspender to suspend
suspendido, -a failed; suspended
suyo, -a his, hers, theirs, its, yours

 T

tacaño, -a stingy
tal such, such as, as; tal vez perhaps, maybe
talla *f* size

tamaño *m* size
también too, also
tampoco neither, not either
tan so, as; tan . . . como . . . as . . . as . . .
tanto, -a so much, as much; por lo tanto therefore; tanto . . . como as much . . . as . . .
taquilla *f* ticket window
tardar en to delay in
tarde *f* afternoon; *adj* late; Buenas tardes Good afternoon; de la tarde in the afternoon
tarea *f* homework
tarjeta *f* card
taxi *m* cab, taxi
taza *f* cup
te you, to (for) you; yourself
té *m* tea
técnica *f* technique
tecnología *f* technology
techo *m* roof
tela *f* cloth
televisión *f* television
tema *m* theme, subject, topic
temer to fear, be afraid
temperatura *f* temperature
temporada *f* period of time; de temporada seasonal
temprano early
tendencia *f* tendency
tender (ie) to stretch; to tend; tender a estudiar mucho to tend to study a lot
tenedor *m* fork
tener (ie) to have, hold; tener que to have to; ¿Qué tiene . . . ? What's wrong with . . . ?
tenis *m* tennis
tenorio *m* Don Juan type
teoría *f* theory
tercer, tercero, -a third
teritorio *m* territory
terminar to finish

término *m* term
ternera *f* veal
terquedad *f* stubbornness
terrorista *m f* terrorist
tesoro *m* treasure
testigo *m* witness
ti to (for) you
tibio, —a warm
tiburón *m* shark
tiempo *m* time, weather
tienda *f* store
tierra *f* land, earth
tinto: vino red wine
típico, —a typical, average
tipo *m* type, class (category); guy
título *m* title, heading
tobillo *m* ankle
tocar to touch, to feel (by touch); to play an instrument
todavía still, yet
todo, —a all, every
toma *f* take over
tomar to take, drink
tomate *m* tomato
tomista *f* person involved in a takeover
tonelada *f* ton
tontería *f* foolishness
tonto, —a foolish, stupid
torero *m* bullfighter
toro *m* bull
tos *f* cough
total total
trabajar to work
trabajo *m* work, job
tradición *f* tradition
traer to bring
tráfico *m* traffic
trampa *f* trap
tranquilo, —a quiet, tranquil
tras after; día tras día day after day
tratado *m* treaty
tratar to deal with, to treat; tratar de to try (to); to have dealings with
trece thirteen
treinta thirty
tren *m* train
tres three
trigo *m* wheat

tripas *f pl* ''insides,'' stomach; *sing.* tripe
triste sad
tristeza *f* sadness
triunfar to triumph, win
trofeo *m* trophy
trombón de varas *m* trombone
trompa *f* French horn
tronar (ue) to thunder
tropical tropical
truco *m* trick
tu, tus your
tú you
turista *m f* tourist
tuyo, —a your, yours

u or (*variant of* **o**)
Ud. (*abbr for* **usted**) you
últimamente ultimately
último, —a last, latest
un, uno, -a a, an, one; *pl* some; **a la una** one o'clock
único, —a only, unique
unirse to unite, join together
universidad *f* university
universitario, —a *adj* university
universo *m* universe
urbano, —a urban
usar to use, employ
uso *m* use
usted you
útil *adj* useful; **útil** *n m* tool
uva *f* grape

vaca *f* cow
vacación *f* vacation
vaciar to empty
vajilla *f* tableware
¡Vale! It's worth it!, OK!
valer to be worth
valor *m* value

valuar to value
vapor *m* vapor, mist
variar to vary
variedad *f* variety
varios several
vaso *m* glass (drinking)
Vd. (*abbr for* **usted**) you
veces: a ____ at times, sometimes; **muchas veces** many times
vecino *m* neighbor
vehículo *m* vehicle
veinte twenty
veintidós twenty-two
veintiún, veintiuno, —a twenty-one
velar to watch over, stand vigil
vencer (zc) to overcome, conquer
vendedor *m* salesman; **vendedora** saleswoman
vender to sell
venir (ie) to come; **el ir y venir** coming and going
venta *f* sale
ventana *f* window
ver to see; **tener que ver con** to have to do with
verano *m* summer
veras: de ____ really
verdad *f* truth
verde green
verdura *f* vegetable; *pl* greens
vergüenza shame; **sinvergüenza** shameless person
vestido *m* dress
vestir (i) to dress; **vestirse** to get dressed
veto *m* veto
vez *f* time; **en vez de** instead of
vía *f* route, way
viajar to travel
vicio *m* vice
victoria *f* victory
vida *f* life
vidrio *m* glass
viento *m* wind; **hacer viento** to be windy

viernes *m sing. pl.* Friday
vino *m* wine
viola *f* viola
violín *m* violin
visitar to visit
vista *f* view; **fijarse (la vista) en** to focus attention
vistazo *m* concentrated view; **echar un vistazo** focus attention
visto, —a *pp* (*see* **ver**) seen
viuda *f* widow
viudo *m* widower
vivir to live
volar (ue) to fly
voluntad *f* will; **buena voluntad** good will
volver (ue) to return (to a place); **volver a** *inf* to do . . . again
vos you
vosotros, —as you
votar to vote; **votar por** to vote for
voz *f* voice
vuelo *m* flight
vuelta: darse la ____ to take a walk, stroll; **de ida y vuelta** round trip
vuelto, —a *adj pp* (*see* **volver**) returned
vuestro, —a your

y and
ya now, already; **ya que** since; **ya no** no longer
yo I

zanahoria *f* carrot
zapatería *f* shoe store
zapatilla *f* sneaker, slipper
zapato *m* shoe
zona *f* zone
zumbar to buzz

INDEX

Numbers in boldface refer to **conceptos gramaticales.**

A-type verbs, **9**
Accent marks, p. 81
Active voice, p. 436
Adjectives, **39**
  agreement of adjectives and nouns, **12**
  as nouns, **48**
  demonstrative, **52**
  de-phrase as, **162**
  position of , **47**
  sin + infinitive as, **151**
  stressed possessive, **113**
  superlative of, **106**
  que-clause as, **78**
Adverbial clauses with subjunctive, **111**
Adverbs, **64**, p. 360
  of location, **64**
  of time, **82**
Ago, **143**, p. 622
Agreement, **5**
  of adjectives and nouns, **12**
Alfabeto, p. 20
Aquí, p. 205
Articles:
  definite, **3, 117, 118**
  indefinite, **4**
  neuter, **49**
Asking directions, p. 605
Augmentatives, **157**

Become, **127**
By
  translated by **para**, **80, 85**
  translated by **por** for agent, **140**

Capitalization, p. 53
Clothing, p. 73
Colors, p. 72
Commands, **88, 89, 90, 91, 98, 110,** p. 459

¿Cómo?, p. 35
Comparisons
  of equal amounts, **99**, p. 461
  of inequality, **94**, p. 460
  of sameness, **111**
  tanto como, 100, p. 461
Compound interrogatives, **30**
Compound words, p. 419, p. 450
Conditional tense, **119**, p. 464, **136, 137**
  of probability, **136**, p. 620
Conjunctions, **126**
Conocer, 41, 108
Conseguir, 116
Consonants
  /d/, /b/, /g/, p. 143
  /r/, /rr/, p. 179
  /i/, p. 209
  /p/, /t/, /k/, p. 240
  /s/, /z/, p. 268
  /ch/, p. 268
  /m/, /n/, /ñ/, /ll/ (ly), pp. 293—294
Contractions
  a + el = al, **19**
  de + el = del, **19**
¿Cuál (es)?, 40
¿Cuánto?, p. 37
Cuyo, 112

Dar, p. 254, **83**
Dates, p. 104
Days of week, p. 43, p. 152
De, 28, 29
De-phrases as adjectives, **162**
Deber, 149
Deber (de) + infinitive, **160**
Decir, 22
Definite article + relator pronoun, **131**
  for possession, **118**

Deletions, **87**
Demonstrative adjectives, **52**
Demonstrative pronouns, **53**
Desde hace (Time expression), **152**
Diminutives, **157**
Diphthongs, p. 111
Direct object, **34**
Direct object pronoun, **35, 36**, p. 152, **123**
¿Dónde? p. 36
Dormir, 45

E-type verbs, **16**
Ello, 51
Equivalents of ''to become,'' **127**
Estar, 20, 24, p. 149, **86**, p. 300
Exclamations, **125**

Fascinar, 43
Feminino, 3, 4
Foods, p. 515
Future tense, **105**, p. 620
  ir + **a** + infinitive, p. 47, **104**
  of probability, **135**, p. 620
  present tense for, **103**
Future perfect tense, **154**, p. 623

Gender, **1**
Gustar, 43, p. 153

Haber, 50, 62, 114, 115, 149
Hacer, p. 15, **33**, p. 80
Hay, 17, p. 153, p. 550, **162**
Hypothetical statements, **130, 137, 153**, p. 619

I-type verbs, **16**
Idiomatic expressions, p. 580
Imperatives, **88, 89, 90, 91, 98, 110**, p. 459

Imperfect (past) subjunctive, **128, 129,** p. 617
  with **como si, 130**
Imperfective, **67, 68 73, 82,** p. 299, **108,** p. 457
Imperfective and perfective: contrasted, **68, 108**
Impersonal phrases, **92,** p. 347, p. 550
Indefinite antecedents, **139**
Indirect commands, **110**
Indirect object, **42**
Indirect object pronoun, **42**
Infinitive, p. 18, **55, 75, 93, 104, 144, 151**
  sin + infinitive as adjective, **151**
Intensifiers, **76**
  adverbs and -**ísimo, 76**
Interesar, 43
Ir, 18, p. 254, **83**
  ir + **a** + infinitive, p. 47, **104**
  perfective of, **83**
-**ísimo, 76**
Más . . . que, 94, p. 460
Masculino, 3, 4
Metric system, p. 283
Mismo as reflexive, **146**
Months, p. 104, p. 152

-**ndo** form, **26, 109**
Negation, **11,** p. 465
  double negatives, **69**
Neuter article **lo, 49**
  with **todo, 150**
Neuter relative pronoun, **132**
Neuter pronouns **lo ello, 51**
Nouns, **1, 2, 5, 29, 93**
  noun phrases, **39**
  other endings for, **31**
  que- clause as, **79, 93**
Noun phrases and adjectives, **39**
Numbers, p. 13, p. 103, p. 161, p. 172

Obligation, **149**

Obtener, 116
Ordinal numbers, p. 172
Para, 80, 85, p. 458
Parecer, 44
Parts of the body, p. 135
Passive voice, **120**
  with reflexive verb, **121**
Past participles, **46, 114, 115**
  Irregular, **46**
  phrase for a whole clause, **155**
Past perfect tense, **114,** p. 466
Past progressive tense, **84**
Past tense, **57**
Pedir, 45
Pensar, 45
Perfective (preterite), **57, 65, 66, 68, 81, 83, 101, 102,** p. 299, **108,** p. 457
Pero, 124
Personal **a, 27**
Plural, **2**
Poder, 41, 108
Poner, 33, p. 80
Por, 80, 85, p. 458
Possession
  definite article for possession, **118**
  with **cuyo, 112**
  with **de, 28,** p. 463
Possessive adjectives, **38,** p. 152, p. 463
Prefixes, p. 523
Prepositions, **54, 60**
  + infinitive as adjective, **151**
  object pronoun with, **61,** p. 304
  para, 80, 85
  por, 80, 95
  verbs followed by, **156**
  with **estar, 86**
Present perfect tense, **50,** p. 302
Present progressive tense, **26**
Present tense, **8, 9**
Preterite (perfective), **57,** (continued next column)

65, 66, 68, 81, 83, 101, 102, p. 299, p. 457
  with irregular stems, **72**
Professions, p. 260
Progressive tense:
  Past, **84,** p. 301
  Present, **26,** p. 301, **109**
Pronouns
  demonstrative, **53**
  direct object, **35, 36,** p. 152, **123**
  indirect object, **42**
  neuter, **lo, ello, 51**
  neuter relative, **132**
  position of direct object, **37**
  prepositional object, **61,** p. 304
  reflexive, **70, 71,** p. 305
  reflexives with commands, **91**
  relative, **131**
  stressed positive, **113**
  subject, **6, 8**
  two object, **58, 59,** p. 303
  with commands, **90**
Punctuation:
  capitalization, p. 53
  exclamation marks, p. 3
  question marks, p. 3

¿Qué?, p. 35, **40**
Que-clauses as adjectives, **78**
Que-clauses as nouns, **79**
Querer, 41, 108
Question derivation, **13**
  compound interrogative, **30**
¿Quién?, 133
Quien(es), 133

Recibir, 116
Reciprocal use of plural reflexive, **147**
Redundant **lo** with **todo, 150**

Reflexive construction, **70**, p. 305, **121**
for unplanned events, 148
mismo as, **146**
reciprocal use of plural, **147**
with other verb forms, **71**
Reflexive for unplanned events, **148**
Rhythm, p. 209

Saber, 108
Salir, 33, p. 80
Seasons of the year, p. 171
Second person: formal and informal, **7**
Sentence types, **14**
Sentir, 45
Ser, 10, 24, 29, p. 149, p. 254, **83**, p. 300
Sinalefa (Linking sounds), p. 112
Singular, **2**
Sino, 124
Sino que, 124
Social levels, **7**
Stem-changing verbs, **41, 45, 56, 74,** p. 302
Stressed possessives adjectives and pronouns, **113**, p. 463
Subjunctive, **95**
adverbial clauses with, **111**, p. 462
formation of imperfect (past), **128**, p. 617
formation of present, **96**, p. 461, p. 462
if-clause with, **137**
imperfect (past), **128, 129**, p. 617
in noun clauses, **107**
in the past perfect tense, **153**, p. 623

in the present perfect tense, **140**, p. 623
in questions of doubt, **145**
past perfect, **140**, p. 623
present, **96**, p. 461, **134**
softened statements with past, **138**
with doubt or denial, **122**
with **tal vez** and **quizás, 97**
Suffixes, p. 492, p. 523
augmentatives, **157**
diminutives, **157**
Superlatives of adjectives, **106**
Syllable stress, p. 81

Tan . . . como, 99
Telling time, p. 44
Tener, 23, 77, 149, 162
Tense
conditional, **119**, p. 464, **136, 137**
conditional perfect, **153**, p. 623
future, **135**, p. 620
future perfect, **154**, p. 623
imperfective, **68, 73, 82**, p. 297, **108**, p. 457
past perfect, **114**, p. 466
past progressive, **84**, p. 301
perfective (preterite), **57, 65, 66, 68, 72, 81, 83**, p. 297, **101, 102, 108**, p. 457
present, **8, 9**
present perfect, **50**, p. 302, **115**

present progressive, **26**, p. 301, **109**
Time statements with **hacer, 142**, p. 621, p. 622
with **desde hace, 152**
Todo, 150, 159
Traffic signs, p. 600
Tú, p. 10, p. 315
Two object pronouns together, **58, 59**, p. 303

Usted, p. 10, p. 315

Variable position of direct object pronouns, **37**
Venir, 32
Ver, 21
Verb
A-type, **9**
E-type, **16**
ending in **-go** in first person singular, **25**
followed by preposition, **156**
-iar and **-uar, 158**
of motion + a + infinitive, **63**
other common verbs, **33**
plus infinitive, **55**
prepositions with, **54**
reflexive, **70, 71**, p. 305
special verbs with **haber, 62**
stem-changing, **41, 45, 56, 74**, p. 300
with subject pronouns, **6, 8**
with subjunctive or infinitive, **144**
Volver, 45
Vowels, p. 52, p. 111

Weather expressions, p. 201